国际私法学

"国家和北京市高等学校特色专业建设点"项目

国际私法学

PRIVATE INTERNATIONAL LAW

赵哲伟◎主编

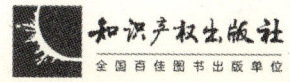

知识产权出版社
全国百佳图书出版单位

图书在版编目（CIP）数据

国际私法学/赵哲伟主编. —北京：知识产权出版社，
2014.8

　ISBN 978 - 7 - 5130 - 2886 - 8

　Ⅰ. ①国… 　Ⅱ. ①赵… 　Ⅲ. ①国际私法 - 法的理论 -
教材 　Ⅳ. ①D997

　中国版本图书馆 CIP 数据核字（2014）第 183937 号

内容提要

国际私法是调整涉外民商事关系的基本法律，是高等学校法律学专业的必修课程。本书在结构和内容方面基本上反映了国际私法的主要内涵，介绍了国际私法的基本理论问题、冲突规范与准据法、冲突规范适用中的一般制度、国际私法的主体、物权、知识产权、债权、婚姻家庭和继承等问题的法律适用原则、国际民事诉讼和国际商事仲裁以及区际法律冲突等的基础知识。本书可为法学界和法律界有关人士学习和了解国际私法提供参考之用。

责任编辑：蔡　虹　荆成恭　　责任校对：董志英　　责任出版：刘译文

Private International Law

国际私法学

赵哲伟　主编

出版发行：知识产权出版社 有限责任公司		网　　址：http：//www. ipph. cn	
社　　址：北京市海淀区马甸南村 1 号		邮　　编：100088	
责编电话：010 - 82000860 转 8324		责编邮箱：caihongbj@ 163. com	
发行电话：010 - 82000860 转 8101/8102		发行传真：010 - 82000893/82005070/82000270	
印　　刷：三河市国英印务有限公司		经　　销：各大网上书店、新华书店及相关专业书店	
开　　本：720mm×1000mm　1/16		印　　张：25.75	
版　　次：2014 年 8 月第 1 版		印　　次：2014 年 8 月第 1 次印刷	
字　　数：430 千字		定　　价：59.00 元	

ISBN 978 - 7 -5130 -2886 -8

编 委 会

主　编：赵哲伟

副主编：田晓云

撰稿人（以撰写章节先后为序）：

赵哲伟　田晓云　宋秀梅

吴莉婧　许军珂　李　英

目　　录

第一章　绪论

国际私法（Private International Law）是调整涉外民商事活动的基本法律，是重要的法律部门之一。国际私法的产生和发展离不开国际关系。在国际社会中，随着跨国民商事交往的开展，形成了各种涉外民商事法律关系，为了调整这种关系，国际私法应运而生。时至今日，国际交往日趋频繁，国际关系错综复杂，由此产生的各种纠纷不可避免，尤其需要由相应的法律规范加以调整。国际私法作为国际民商事法律关系的调节器和润滑剂，在国际社会生活中的作用和地位正在加强，日益受到人们的重视。❶国际私法由来已久，从产生发展至今，逐渐成为重要的法律部门，这是不言而喻的。然而学术界对于国际私法的一些基本理论问题，如国际私法的范围、性质和定义等，始终存在不同观点，见仁见智，分歧较大。国际私法在世界各国的立法与实践中也不尽相同，甚至对于其名称也有不同的称谓。从一个法律学学科的角度出发，针对这些基本理论问题的探讨和研究是十分必要的，而且对各国的立法与实践意义深远。因此，认真学习和领会国际私法的基本理论知识对于今后更好地掌握和运用这个法律部门具有非常重要的理论和现实意义。

第一节　国际私法的调整对象和调整方法

一、国际私法的调整对象

任何一个法律部门都有自己的调整对象，调整对象成为划分法律部门的重要标准。任何法律部门所调整的都是某种社会关系。国际私法作为重要的法律部门，有其特定的调整对象。通常认为，国际私法的调整对象是

---

❶ 黄进. 国际私法［M］. 北京：法律出版社，2005：3.

涉外民商事法律关系。

不同的学者和著作对于国际私法调整对象的表述不同，如"涉外民商事法律关系""涉外民商事关系""涉外民事法律关系""涉外民事关系""国际民商事法律关系""国际民商事关系""国际民事关系""跨国民事关系""涉外民法关系""涉外私法关系"等，这些用语习惯不同，含义略有差别，但仅仅从阐明国际私法的调整对象的角度而言，本书将它们看成是同义的。

（一）涉外民商事法律关系的概念

涉外民商事法律关系是指含有涉外因素或外国因素或国际性因素的民商事法律关系。民商事法律关系是由民商事法律调整和规范的社会关系，是一种平等主体之间的权利义务关系，包括财产关系和人身关系两大类。

作为国际私法调整对象的民商事法律关系必须含有涉外因素（Foreign Element），凡是含有涉外因素的民商事案件被称为涉外民商事案件。《中华人民共和国涉外民事关系法律适用法》（以下简称《涉外民事关系法律适用法》）第2条规定，涉外民事关系适用的法律，依照本法确定。其他法律对涉外民事关系的法律适用另有特别规定的，依照其规定。至于涉外民事关系的含义，可以参照最高人民法院的相关司法解释。《最高人民法院关于适用〈中华人民共和国涉外民事关系法律适用法〉若干问题的解释（一）》（以下简称《涉外民事关系法律适用法解释（一）》）第1条规定："民事关系具有下列情形之一的，人民法院可以认定为涉外民事关系：（一）当事人一方或双方是外国公民、外国法人或者其他组织、无国籍人；（二）当事人一方或双方的经常居所地在中华人民共和国领域外；（三）标的物在中华人民共和国领域外；（四）产生、变更或者消灭民事关系的法律事实发生在中华人民共和国领域外；（五）可以认定为涉外民事关系的其他情形。"

（二）涉外民商事法律关系的特点

涉外民商事法律关系作为国际私法的特定调整对象，与纯粹的国内民商事法律关系比较起来，具有以下两个明显的特点。

1. 涉外民商事法律关系的涉外性

"涉外性"是涉外民商事法律关系最显著的特点，主要可以从涉外民商事法律关系的主体、客体及内容方面来判断，即所谓的"三要素说"。（1）民商事法律关系主体的涉外性，即当事人一方或双方是外国公民、外国法人或者其他组织、无国籍人；或者当事人一方或双方的住所或经常居所地在一国领域之外。例如，一名中国籍女子与一名美国籍男子结婚，他们之间形成的关系是一种涉外婚姻关系；住所在中国的某公司与住所在法国的某公司订立的货物销售合同形成的是国际货物买卖合同关系；等等。(2) 民商事法律关系客体的涉外性，即民商事法律关系的客体是当事人之间的权利义务指向的对象，包括标的物和行为，必须位于国外。例如，一个中国公民要求继承其父亲位于德国的遗产，所形成的继承关系就是一种涉外继承关系；一家中国甲公司购买中国乙公司位于美国的房地产，所形成的是一个国际房地产买卖关系；等等。(3) 民商事法律关系内容的涉外性，即产生、变更或者消灭民商事权利义务关系的法律事实（包括事件和行为）发生在外国。例如，一名中国籍男子与一名中国籍女子在美国缔结婚姻，形成涉外婚姻关系；侵权案件中侵权行为发生在外国，如，两个美国纽约居民在加拿大安大略省旅游期间发生交通事故而产生的涉外侵权关系；等等。

在实践中，上述涉外民商事法律关系三个要素中可能只有一个要素同外国有联系，也可能不仅仅有一个要素同外国有联系，而有两个或两个以上的要素同外国有联系。涉外民商事法律关系的涉外性并不因其中涉外要素的多寡而受到影响。确定一项民商事法律关系的涉外性质，只要有一个方面认定其具有涉外要素就足够了。❶

此外，我国某些民商事专门法律也对特定问题涉外性的判定标准作了规定。例如《中华人民共和国票据法》（以下简称《票据法》）第 94 条第 2 款规定："前款所称涉外票据，是指出票、背书、承兑、保证、付款等行为中，既有发生在中华人民共和国境内又有发生在中华人民共和国境外的票据。"这一规定对涉外票据的涉外因素的判定范围显然是比较狭窄的，在判定票据的涉外性时，应依据该条款的规定，必须是相关的票据行为中，有的行为在外国而有的行为在国内，才可以认定为涉外票据。这是我国立法根据特定的商事问题的实际情况所做出的专门规定。

值得一提的是，涉外民商事法律关系的判定标准是一个比较复杂的问题，各国对此的判定标准不尽相同。比较而言，西方学界一般认为，所谓涉外因素就是指与本国法以外的某种法律体系的联系，或者称与两个或两

---

❶ 余先予. 国际私法学 [M]. 北京：中国财政经济出版社，2004：4.

个以上不同法域相联系的情况，或者，也有人认为是指国际利益因素。相对于"三要素说"而言，这可以被称为"多要素说"。我国学者也有持此观点的。事实上，涉外因素是一个内容广泛的概念，它的形式是很多的，不应狭窄地理解。与"三要素说"相比，"多要素说"没有明确的客观标准，具有高度的灵活性和开放性，但也有模糊性和不确定性，操作起来还要结合具体的联系因素进行判定。由于涉外民商事法律关系判定标准的不同，在某些情况下，根据"三要素说"的标准，某一民商事法律关系被判定为涉外民商事法律关系；而采用"多要素说"标准的国家，对于同样的情况却不认为该民商事法律关系为涉外民商事法律关系。此外，准确理解涉外民商事法律关系的涉外性，还需要对涉"外国"还是涉同一国家内部的"外法域"作进一步考察。在一些国家，"涉外"既包括涉及的外国，也包括一个国家之内的不同"法域"（Legal District）。法域是指实施独特法律制度的特定空间区域。例如，美国冲突法中的涉外因素包括涉及美国不同州之间的民商事关系。英国冲突法中的"Foreign"通常是指非英格兰的，它不意味着政治意义上的外国。有一些国家是多法域国家，在其内部存在着实施不同法律制度的多个法域，当某一涉外民商事法律关系的涉外因素只是涉及一国内部的其他法域时，形成的是涉及一国内部外法域的区际民商事法律关系，严格地讲，区际民商事法律关系应由区际私法来调整，而国际私法主要调整涉及外国因素的国际民商事法律关系。有些国家就同时规定有区际私法（或称区际冲突法）和国际私法（或称国际冲突法），如前南斯拉夫。但有些国家，主要是普通法系国家，对于外国和同一国家内部外法域以及区际私法和国际私法往往不作区分，统称为冲突法，同时适用于国际民商事法律关系和区际民商事法律关系。由于对国际民商事法律关系与区际民商事法律关系的法律调整有许多共通之处，调整区际民商事法律关系的区际私法已成为国际私法的一个分支。❶

由此可见，确定某一民商事法律关系是否为涉外民商事法律关系不仅具有理论意义，而且在国际私法实践各个环节具有极其重要的现实意义。一个民商事法律关系是否具有涉外性是国际私法的前提性问题，只有被认定为涉外民商事法律关系，才会有特定的国际私法问题存在，需要适用国际私法加以解决。这是理解和掌握国际私法的首要前提条件。

---

❶ 田晓云. 国际私法 [M]. 北京：北京大学出版社，2010：4 - 5.

2. 涉外民商事法律关系的广泛性

国际私法所调整的民商事法律关系是具有涉外因素的平等主体之间的财产关系以及与财产关系相联系的人身关系。这种涉外民商事法律关系的范围是非常广泛的，具体而言，包括涉外婚姻家庭关系、涉外继承关系、涉外侵权关系、涉外物权关系、涉外债权关系、涉外知识产权关系等一般民事关系；还包括特别的商事关系，如涉外经济贸易关系、涉外票据关系、涉外保险关系、涉外海事关系、涉外破产关系等；还包括国际民事诉讼和国际商事仲裁程序关系等。❶ 目前，传统民商事法律关系的范围在不断扩展，如在侵权关系中产生的产品责任关系、环境侵权关系，以及随着网络的发展所引起的电子商务合同关系、网络财产权关系、网络侵权关系等。

二、涉外民商事法律冲突的产生

（一）法律冲突的概念

国际私法中所讲的涉外民商事关系的法律冲突（Conflict of Laws），也称为法律抵触，是对同一民商事关系因所涉各国民商事法律规定不同而发生的法律适用上的冲突。一个涉外民商事关系必然涉及两个或两个以上的国家，是有关国家的法律对同一个民商事问题作了不同的规定，而且都竞相要求适用于该民商事关系而造成的法律冲突现象。例如，一个 18 周岁的日本女子在中国要求与一个 23 周岁的中国男子在日本登记结婚，根据《日本民法典》第 731 条的规定，结婚的法定最低年龄是男子 18 岁、女子 16 岁。而依中国《中华人民共和国婚姻法》（以下简称《婚姻法》）规定，结婚的法定最低年龄是男子 22 岁、女子 20 岁。显然，对于法定结婚最低年龄的规定，日本法与中国法的规定不同。对于这个涉外婚姻关系的效力，如果适用日本法律是有效的，如果适用中国法律，则该婚姻关系不能成立，因为结婚的女方没有达到中国法律所规定的可以结婚的最低年龄。因此，适用日本法律与适用中国法律会产生两种不同的结果。这就出现了涉外民商事关系的法律冲突，也就是涉外民商事关系的法律适用问题。

（二）法律冲突产生的条件

关于涉外民商事关系法律冲突产生的条件，归纳起来，主要有：

---

❶ 章尚锦，徐青森. 国际私法［M］. 北京：中国人民大学出版社，2011：5.

（1）在同一涉外民商事关系中，有关国家的法律对同一问题的规定不同。这是发生法律冲突的前提条件。由于各个国家政治制度、经济基础、历史文化、风俗习惯、宗教信仰的不同，各国的民商事法律规定不尽相同。例如，在法定婚龄上，各国的差异很大。西班牙、希腊规定男子 14 岁、女子 12 岁；法国规定男子 18 岁、女子 15 岁；日本规定男子 18 岁、女子 16 岁；英国、智利规定男女均为 18 岁；我国规定男子 22 岁、女子 20 岁。又如，在成年年龄的规定上，中国为 18 岁，法国为 22 岁，墨西哥为 23 岁。因此，适用不同国家的法律就必然会产生不同的结果，发生法律冲突。

（2）具有涉外因素的民商事关系的大量出现。随着生产力的发展，各国之间正常的民商事交往出现大量涉外民商事关系。如果各国之间没有正常的民商事交往或彼此之间很少有民商事往来，即使各国存在对相同民商事关系的不同规定，也不会实际产生法律冲突。可以说，各国之间正常的民商事交往和涉外民商事关系的存在是产生法律冲突的客观基础。

（3）各国承认外国人在内国的民商事法律地位。一般认为，内国给予外国人一定的民商事法律地位是国际民商事交往正常进行的基础，也是导致涉外民商事法律冲突的重要条件之一。一方面，如果内国法不允许外国人享有某项民商事权利，不赋予外国人在内国的民事法律地位，就不会出现外国人作为主体的涉外民商事关系，也就不会产生民商事法律冲突。另一方面，如果外国人在内国具有凌驾于内国法之上的特权地位，也不会产生涉外民商事法律冲突。例如，在旧中国，一部分帝国主义国家通过不平等条约，在中国攫取了领事裁判权，使外国人在中国处于中国立法与司法管辖之外的特权地位，这当然不会发生法律冲突，更谈不上进行法律的选择。

（4）内国在一定的条件下，承认外国民商事法律在内国的域外效力。这是产生涉外民商事法律冲突的直接原因。任何国家的法律都具有一定的效力范围，有的只有域内效力，有的既具有域内效力，也具有域外效力。法律的域内效力，又称属地效力，是指一国所制定的法律的空间效力，即国内立法对本国境内的一切人、物和行为均有效力。如《中华人民共和国民法通则》（以下简称《民法通则》）第 8 条规定："在中华人民共和国领域内的民事活动，适用中华人民共和国的法律。"法律的域外效力，又称属人效力，是指在制定国领域内发生效力的法律，对本国的一切人，不论该人是在境内还是在境外都有效，从而使在制定国国内有效的法律在该国境外也发生效力。例如，《法国民法典》第3条规定："有关个人身份及享受权利的能力的法律，适用于全体法国人。即使其居住于国外时亦同。"任何国家在制定法律时都可依据国家主权原则自行规定内国法具有某种域外效力，但是，这种法律的域外效力只有在别国依主权原则和平等互利原则予以承认后，才会是一种现实的域外效力。正是由于各国在一定条件下相互承认对方国家的民商事法律在本国领域内的域外效力，使得涉外民商事法律冲突由一种内容上的歧义演变为一种效力和结果的冲突，使得同一涉外民商事关系上产生了适用内国法还是外国法的选择问题。也就是说，一国法律的域内效力与另一国法律的域外效力同时出现在一个涉外民商事关系中时，便产生了不同国家法律的域内效力与域外效力之间的冲突。应当说，涉外民商事法律冲突实质上是不同国家法律的域内效力与域外效力的冲突，具体来讲，是一国法律的域内效力与另一国法律的域外效力的冲突，或者是一国法律的域外效力与另一国法律的域内效力的冲突。为了正常的国际民商事交往的需要，国家彼此之间相互承认对方国家某些法律的效力，并在一定条件下有必要适用有关的外国法。

从上面几个原因看，含有涉外因素的民事关系的大量产生和所涉各国法律规定的不同，只是提供了产生法律冲突的客观可能性，而要使这种可能性成为现实，还必须有后面两个条件。否则，即使在当今世界上，在各国不赋予外国人平等的民事权利地位的领域，或者国家基于安全的考虑而不承认外国法的域外效力的领域，仍然不会产生法律冲突。

三、涉外民商事关系的调整方法

调整方法主要是指反映在法律规范和法律体系中的对社会关系施加法律影响的手段。在确定调整对象的基础上，法律的调整方法也是划分法律部门的标准之一。国际私法作为一个法律部门，有其自己独特的调整涉外民商事关系的方法。一般认为，国际私法调整涉外民商事关系的方法有两种，即间接调整方法和直接调整方法。

（一）间接调整方法

间接调整方法，又称为冲突法调整方法，是指在有关国内法或国际条约中规定某类涉外民商事关系应适用何种法律，而不直接规定涉外民商事关系当事人之间的实体权利义务的一种调整方法。例如，《涉外民事关系法律适用法》第 31 条规定："法定继承，适用被继承人死亡时经常居所地法律，但不动产法定继承，适用不动产所在地法律。"按照这一规定，它只是指出遗产的法定继承适用什么法律来处理，并没有直接规定继承人的范围、继承的顺序和份额等实体权利义务内容，因而它只起到一种间接调整的作用。这种指明某种涉外民商事关系应适用何种法律的规范被称为冲突规范（Conflict Rules），它是国际私法特有的规范，用冲突规范调整涉外民商事关系的方法也是国际私法特有的调整方法。

（二）直接调整方法

直接调整方法，又称为实体法调整方法，是指用直接规定当事人的权利与义务的实体规范（Substantive Rules）来调整涉外民商事关系当事人之间的权利义务关系，从而避免涉外民商事关系法律冲突的一种方法。从国际私法角度来看，国际条约、国际惯例以及国内法中均存在这种直接调整涉外民商事关系的实体规范。国际条约和国际惯例中直接调整涉外民商事关系的实体规范称为统一实体规范或国际统一实体私法。例如，1980 年《联合国国际货物销售合同公约》就是一个直接调整国际货物销售合同当事人具体权利义务的实体法公约。国内法中直接调整涉外民商事关系的实体规范主要是直接适用的法或必须适用的法。

间接调整方法是国际私法调整涉外民商事关系的传统方法，在调整涉外民商事关系方面一直起着重要的作用。间接调整方法由于不能直接确定当事人的权利义务，因而不可避免地表现出缺乏可预见性、明确性等缺陷。直接调整方法的产生晚于间接调整方法，随着各国民商事交往的日益频繁和密切，各国在结成大量共同利益和相互理解信任的基础上达成越来越多的共识，签订了许多统一实体私法条约，直接调整涉外民商事关系的直接调整方法应运而生。由于适用统一实体规范避免了在国际民商事交往中可能发生的法律冲突，可以更迅速、更准确地确定当事人的权利与义务，在此角度上，用统一实体法规范调整涉外民商事关系较之适用冲突规范确实前进了一步，克服了间接调整方法的各种缺陷，是人们追求的更为理想的调整方法。但是，这并不意味着直接调整方法可以完全取代间接调整方法。直接调整方法在调整涉外民商事关系上也有其自身局限性，因为统一实体规范主要体现在国际商事贸易领域，由于各国历史传统和风俗习惯等方面的差异，婚姻家庭及继承等与人的身份、地位有关的法律制度很难形成国际统一实体规范。即使已经制定的国际统一实体规范，也往往不可能就调整的涉外民商事关系中的所有问题都达成一致并加以规定，而且，至今还没有一个统一实体私法条约为世界所有国家所接受。因此，在已经制定并适用统一实体规范的那部分涉外民商事领域，冲突规范的间接调整方法仍将起作用。有些统一实体条约并不排除当事人另行选择法律的权利，而且国际经济贸易方面的国际惯例多为任意性，往往需要当事人选择后才能适用，且当事人在选择统一实体条约和国际商事惯例时还有权对其加以更改或减损。应该说，间接调整方法和直接调整方法在调整涉外民商事关系方面是相辅相成、互为补充的关系，国际私法同时借助这两种调整方法，才能实现对涉外民商事关系更加合理有效的调整。

需要说明的是，从整体来看，间接调整方法和直接调整方法共同发挥着调整涉外民商事关系的重要作用，但就某一具体的特定涉外民商事关系而言，两者在具体适用时则是相互排斥的，如果适用了统一实体规范，则无须再运用冲突规范的间接调整方法。

第二节　国际私法的范围、名称和定义

一、国际私法的范围

国际私法的范围问题，就是国际私法包括什么内容，由哪些规范构成。❶ 对于这个问题，国内外学者历来存在分歧，各国在立法和司法实践中也持有不同的主张。

（一）国际私法范围的不同主张

英美普通法系国家的多数学者认为国际私法就是冲突法，但他们认为

---

❶　关于国际私法范围的含义，学者有不同理解。一些学者认为是"规范"范围，国际私法的范围就是国际私法规范的组成问题。另一些学者认为是"对象"范围，国际私法的范围是指国际交流中产生的涉外民事关系中哪些问题应由国际私法来调整，即调整对象的范围。还有的学者认为，国际私法的范围既指"对象"，又指"规范"，他们认为上述两种不同的理解是从两个不同的角度去认识的，其实质是一样的。因为从前者来看，有什么样的规范，就可以解决什么样的问题。从后者来看，涉外民事关系中什么样的问题应由国际私法来解决，就必须有什么样的法律规范。对调整对象范围的研究最终要落实到"规范"范围上来。从这个意义上说，调整对象的范围决定了国际私法规范的范围，二者是一致的。参见赵相林. 国际私法 [M]. 北京：中国政法大学出版社，2002：9 – 10.

国际私法解决三个问题：首先是法院在什么情况下对一个涉外案件有管辖权；其次是一国法院在确定自己对某一涉外案件有管辖权后，应决定适用哪一国家的法律来确定当事人的权利义务；然后是在什么条件下承认和执行外国法院的判决。因此，国际私法由涉外民商事案件管辖规范、冲突规范（法律适用规范或法律选择规范）以及外国民商事判决的承认和执行规范组成。也有其他国家的一些学者持此观点。

法国的国际私法学者多数认为国际私法解决国籍问题、外国人的法律地位问题、法律冲突和涉外民商事案件管辖权问题。"法国的传统将国籍、外国人地位、法律冲突和管辖冲突归为一类问题，这样就对个人在各国国际私法关系中的法律问题给予了一个完整的答案，法国传统的国际私法依次研究权利主体（国籍和外国人地位）、权利的行驶（法律冲突）和权利的承认（管辖冲突）。"❶ 因此，国际私法包括国籍法规范、外国人法律地位规范、法律适用规范以及有关涉外案件的管辖权规范。其他国家有一些学者受法国的影响而支持此主张。

德国和日本的多数学者以及受德国影响的其他国家的学者认为，国际私法的全部任务或主要目的是解决涉外民商事关系应适用何种法律的问题，也就是法律冲突问题，因而国际私法仅包括调整涉外民商事关系的冲突规范或法律适用规范。其反对把国籍问题（应归入宪法）和国际民事诉讼程序规范归入国际私法。

苏联及东欧各国的国际私法学者多数主张，国际私法包括外国人民事法律地位规范、冲突规范、国际统一实体规范、国际民事诉讼程序规范和国际商事仲裁程序规范。也有一些大陆法系国家的学者持此观点，如，有些法国学者主张统一实体私法应包括在国际私法范围中。❷

中国国际私法学者对国际私法范围问题也有不同观点，主要分为以下几种：①国际私法指在世界各国民法和商法相互歧义的情况下，针对含有涉外因素的民事关系，解决应当适用哪国法律的法律。这种理论被称为"小国际私法"❸。②国际私法主要是冲突规范，用以解决不同国家民商法

---

❶ 亨利·巴蒂福尔，保罗·拉加德. 国际私法总论 [M]. 陈洪武，等译. 北京：中国对外翻译出版公司，1989：7－8.

❷ 李双元. 国际私法（冲突法篇）[M]. 武汉：武汉大学出版社，2001：44.

❸ 李浩培. 中国大百科全书（法学卷）[M]. 北京：中国大百科全书出版，1984：228.

发生冲突时的法律适用问题，除此之外，还应包括管辖权规范和外国法院判决承认与执行规范。❶ ③国际私法应该包括冲突规范、外国人民事法律地位规范、国际民事诉讼程序规范与国际商事仲裁程序规范。❷ ④国际私法的范围应该包括有关外国人民商事法律地位的规范、冲突规范、国际统一实体规范和国际民事诉讼程序规范与国际商事仲裁程序规范。这种观点目前为我国较多学者所接受，是关于国际私法范围的主流观点，也被称为"大国际私法"。对此，该观点的代表性人物——我国著名的国际法学家韩德培先生曾经提出过著名的"机翼论"。其认为国际私法的内涵是飞机的机身，其外延是飞机的两翼。具体来讲，内涵包括冲突法，也包括统一实体法。两翼之一是国籍及外国人法律地位问题，这是处理涉外民事法律关系的前提；另一翼则是发生纠纷时，解决纠纷的国际民事诉讼及仲裁程序，包括管辖权、司法协助、外国的判决和仲裁裁决的承认与执行。❸ 此外，还有一种观点认为，国际私法除包括上述四种规范外，还应该包括国内立法中专门适用于涉外民事关系的实体规范。❹ 这种规范被称为国内专用实体规范。

纵观国内外关于国际私法范围的不同主张，虽然分歧很大，但从中可以看出：（1）各种不同的主张都认为冲突规范或称法律适用规范是国际私法的规范；（2）多数观点都认为，国际私法的规范除冲突规范外，还应包括其他与调整涉外民商事关系和解决涉外民商事关系法律冲突有关的一些规范，但对于其中哪些规范应纳入国际私法范围则有分歧。

（二）国际私法的规范

1. 外国人民商事法律地位规范

这种规范规定外国人（外国自然人、法人）在内国可以从事哪些民商事活动，在从事民商事活动中可以享受什么样的待遇。或者说，这种规范是规定外国人在内国能或不能享有什么样的民商事权利和承担什么样的民商事义务的规范。这种规范通常由所在地国家的国内法和所缔结的或参加的国际条约加以规定。例如，《中华人民共和国中外合资经营企业法》（以

---

❶ 唐表明. 比较国际私法 [M]. 广州：中山大学出版社，1987：15－23.

❷ 章尚锦. 国际私法 [M]. 北京：中国人民大学出版社，2007：7；董立坤. 国际私法论（修订本）[M]. 北京：法律出版社，2000：19.

❸ 韩德培. 国际私法 [M]. 北京：高等教育出版社，2000：7.

❹ 姚壮，任继胜. 国际私法基础 [M]. 北京：中国社会科学出版社，1981：2－7.

下简称《中外合资经营企业法》）第 1 条规定："中华人民共和国为了扩大国际经济合作和技术交流，允许外国公司、企业和其他经济组织或个人，按照平等互利的原则，经中国政府批准，在中华人民共和国领域内，同中国的公司、企业或其他经济组织共同举办合营企业。"中国与外国签订的一系列国际经济贸易、投资保护、工业技术合作等条约协定中，都有相互给予对方自然人和法人民商事权利的规定。例如，《中美贸易关系协定》第 3 条规定："为了确定两国的经济和贸易关系，缔约双方同意：向对方商号、公司和贸易组织提供的待遇不低于给予任何第三国或地区的待遇。"在国际交往中，给予外国人一定的民事法律地位是涉外民商事关系产生的前提，也是国际私法赖以产生和存在的基础。外国人民事法律地位规范多为实体规范，国际条约和各国国内立法都对外国人民事法律地位作了规定。

2. 冲突规范

冲突规范又称法律适用规范或法律选择规范，在一些国际法律文件中也常被称为国际私法规范。它是指明某种涉外民商事关系应适用何种法律的规范。冲突规范是国际私法借以间接调整涉外民商事关系的一种规范，是国际私法的特有规范，也是其最核心、最重要的规范。从国际私法发展的历史来看，冲突规范是其最古老的规范，产生于 13～14 世纪的意大利，为解决当时不同城邦之间的法律冲突问题。19 世纪以前，调整涉外民商事关系法律冲突的法律规范只有冲突规范。

3. 统一实体规范

统一实体规范又称国际统一实体私法规范，是指在国际条约和国际惯例中具体规定涉外民商事关系当事人的实体权利与义务的规范。由于冲突规范对涉外民商事关系只起间接调整作用，与实体规范比较起来，它缺乏应有的预见性、明确性和针对性，又由于各国国内法中的冲突规范的不同，同一案件在不同国家起诉，会因冲突规则的不同而做出不同的判决，因此，法律适用上的冲突并未从根本上避免或得到彻底解决。而统一实体规范在一定范围和程度上统一了有关国家的实体私法，一般不需要冲突规范的援引而直接适用，因而从总体上积极地避免和消除各国间法律冲突，在调整涉外民商事关系的直接性和解决国际民商事法律冲突的彻底性方面具有明显的优越性。

在国际私法学术界，对于统一实体规范是否应纳入国际私法范围，无论国内还是国外，历来都存在争论。反对者认为，统一实体规范不是用间接方式调整涉外民商事关系，在用统一实体规范调整的情况下，该涉外民商事关系已不存在法律冲突，而国际私法是专门为解决涉外民商事关系的法律冲突问题而存在的；统一实体规范的发展，有的已经形成了独立的部门法，这些法律应属于国际经济法。赞成者认为，国际私法是调整涉外民商事关系的部门法，统一实体规范也是为调整涉外民商事关系而产生的，它与冲突规范的目的、作用、调整对象都是一致的，只是调整方式不同罢了。另外，国际私法的发展也应该随着其调整对象的发展而发展，不应该是停滞不变的。19 世纪后期，特别是 20 世纪以来，随着国际经济及涉外民商事交往的发展，在国际合同、货物买卖、运输、保险、支付结算、知识产权以及其他国际商事领域制定了许多国际条约，形成了大量的国际商事惯例。统一实体规范在国际商事领域发挥着越来越重要的作用，因此，不能把统一实体规范排除在国际私法范围之外。当然，国际私法对统一实体规范的研究，应从法律适用角度研究统一实体规范的产生、发展、应用及其与冲突规范的关系，而不是去研究每一个统一实体规范的具体内容。国际私法研究统一实体规范的目的是掌握哪些领域已制定了统一实体规范，在什么情况下无须适用冲突规范而直接适用统一实体规范，以及如何用统一实体规范确定当事人的权利与义务，达到调整涉外民商事关系的目的。❶

4. 国际民事诉讼规范和国际商事仲裁程序规范

国际民事诉讼规范（Rules of International Civil Procedure）和国际商事仲裁程序规范（Rules of International Commercial Arbitration Procedure），是指规定司法机关或仲裁机构在审理涉外民商事案件时专门适用的程序规范。这种规范的任务在于解决涉外民商事纠纷中的司法冲突，主要是涉外民商事诉讼管辖权、司法协助、外国法院判决的承认与执行、仲裁管辖、仲裁协议、仲裁程序、仲裁裁决的审查与撤销、仲裁裁决的承认与执行等问题。由于这些规范在性质上是程序性规范，而不是直接调整涉外民商事关系当事人实体权利义务的规范，有观点认为它们不是国际私法的规范。然而这些规范是为调整涉外民商事关系服务的，与涉外民商事纠纷的解决有着密切的关系。没有这些规范，国际私法的目的就不能实现。

---

❶ 赵相林. 国际私法［M］. 北京：中国政法大学出版社，1996：13 – 14.

二、国际私法的名称

国际私法的名称繁多，德国国际私法学家卡恩（Franz Kahn）曾经指出，国际私法可以说是从书名页起就有争论的一个法律学科。❶ 从其发展的历史看，由于学者们对其范围、性质以及对象理解的不同，国际私法有许多名称，如法则区别说、法律冲突论、外国法适用论、法律适用法、冲突法、国际私法等。到目前为止，不同国家和地区及其学者对国际私法仍保留不同的称谓。但是，正如英国著名国际私法学家莫里斯所说，我们正在考察的这个法律部门曾有种种名称，其中最常见的是冲突法和国际私法。❷ 一般来讲，大陆法系各国比较普遍地称之为国际私法（Private International Law），而英美等国更多地称之为冲突法（Conflict of Laws），但在英国有些著名的关于这个法律部门的著作则冠名为《国际私法》，如戚希尔和诺斯的巨著。"Conflict of Laws" 是由荷兰学者罗登伯格（Rodenburg）于1653年首先使用国际私法这个称呼的。"Private International Law" 这个名词最早是美国国际私法学家斯托里在1834年发表的《冲突法评论》一书中提出的。❸ 而首先用这个名称的是法国学者弗利克斯（Foelix）。❹ 真正称国际私法的是德国学者谢夫纳（Schaeffner），他在一本研究国际私法历史的著作中，称这一法律部门为国际私法（International Privatrechts）。就各国立法来说，具体的称谓也有不同：德国最早称为"民法典施行法"；日本原称"法例"，现称"法律适用通则法"；旧中国称为"法律适用法"；前南斯拉夫的立法称之为"法律冲突法"；等等。这些不同的称谓，从不同的角度和层面反映了国际私法的某些属性和特点，或强调它所调整的法律关系仍属涉外民法性质，或强调它着重解决的是法律的冲突问题，或强调它要解决的是本国及外国的民商事法律适用问题。

三、国际私法的定义

由于对国际私法的调整对象、范围存在不同的观点，学者们从不同的

---

❶ 李双元. 国际私法（冲突法篇）［M］. 武汉：武汉大学出版社，2001：21.

❷ J. H. C. 莫里斯. 戴西和莫里斯论冲突法［M］. 李双元，等，译. 北京：中国大百科全书出版社，1998：26.

❸ 他在书中写道："关于法律冲突问题，也可以很适当地称之为国际私法。"但是，他并没有使用这个名称来给他的这本书命名。

❹ 他在1843年的著作《私国际法或冲突法论》中正式采用这一名称。

角度对国际私法所下的定义往往也是不同的，归纳起来主要有以下几种。

(1) 从国际私法的调整对象的角度下定义，认为"国际私法是调整涉外民商事关系的规范的总称"❶，或表述为"国际私法是调整涉外民事关系的法的部门"❷。有学者认为，这样的定义还不足以反映国际私法的其他本质特征和必要内容。❸

(2) 从解决涉外民商事关系中法律冲突角度下定义。法国学者弗利克斯认为，国际私法是供判定不同国家私法之间冲突的规范的总和。❹

(3) 从法律适用的角度下定义，认为"国际私法是指在世界各国民法和商法相互歧义的情况下，对含有涉外因素的民法关系，解决应当适用哪国法律的法律"❺。也有学者认为，"国际私法是有关涉及两个或者两个以上国家利益的民商事法律关系如何选择或确定所应适用法律的规范和制度的总和"❻。

(4) 通过列举国际私法范围的方式下定义。英国学者戚希尔和诺斯等都认为，国际私法是在处理涉外民事案件时解决管辖权、法律适用和外国法判决和承认与执行的规范的总和。❼

(5) 综合性定义。李双元教授认为："国际私法是以涉外民事关系为调整对象，以解决法律冲突为中心任务，以冲突规范为最基本的规范，同时包括规定外国人民事法律地位的规范、避免或消除法律冲突的统一实体规范以及国际民事诉讼规范与仲裁程序规范在内的一个独立的法律部门。"❽ 荷兰国际私法学者也有类似的定义："国际私法是指以涉外民事法律关系为调整对象，以解决法律冲突为中心任务，以冲突规范为最基本的规范，同时包括规定管辖权、外国判决的承认与执行、法律适用以及破产

---

❶ 姚壮，任继圣. 国际私法基础 [M]. 北京：中国社会科学出版社，1981：1.

❷ 韩德培. 国际私法 [M]. 武汉：武汉大学出版社，1989：8.

❸ 屈广清. 国际私法导论 [M]. 北京：法律出版社，2003：34.

❹ 李双元. 国际私法（冲突法篇）[M]. 武汉：武汉大学出版社：2001：52.

❺ 中国大百科全书（法学卷）[M]. 北京：中国大百科全书出版社，1984：228.

❻ 徐冬根. 国际私法趋势论 [M]. 北京：北京大学出版社，2005：10.

❼ Peter North & J. J. Fawcett. Cheshire and North's Private International Law. 13th ed. 1999：7－9.

❽ 李双元. 国际私法（冲突法篇）[M]. 武汉：武汉大学出版社：2001：52.

和仲裁规范在内的一个独立的法律部门。"❶

此外，黄进教授认为，国际私法是以直接规范和间接规范相结合来调整平等主体之间的涉外民商事关系并解决涉外民商事法律冲突的法律部门。❷ 这一定义试图揭示国际私法这一概念的本质属性，即国际私法所调整的社会关系是涉外民商事关系，而且在调整涉外民商事关系中解决涉外民商事法律冲突，并同时使用直接规范和间接规范来实现这一点。

上述列举的部分定义各有千秋，都反映了国际私法某一方面的特性。本书认为，国际私法是以涉外民商事法律关系为调整对象，以确定外国人民事法律地位为前提，以解决法律冲突问题为核心，主要由外国人民事法律地位规范、法律适用规范和国际民事诉讼与商事仲裁程序规范组成的一个独立的法律部门。

第三节　国际私法的渊源

根据法学理论，法的渊源（Source of Law）是指法的创制及其表现形式。国际私法的渊源是指赋予国际私法规范法律效力的法律文件的表现形式。由于国际私法调整的对象是涉外民商事法律关系，这种涉外因素决定了其渊源的特点：其一是国际私法渊源的双重性，既有表现为国际性质的法律形式，如国际条约和国际惯例；又有国内性质的法律形式，如国内立法和国内判例。其二是国际私法渊源的多样性。上述双重性本身已体现了国际私法渊源的多样性，不仅如此，国际私法的渊源既有制定法，又有判例法，同时还有习惯法，甚至有学者认为还应包括国际私法的理论和学说。具体来讲，国际私法的国内法渊源有国内立法和国内判例，国际法渊源有国际条约和国际惯例，此外，学者的理论、一般法律原则在一定情况下也可以成为国际私法的渊源。

一、国内法渊源

（一）国内立法

国内立法是国际私法的最主要渊源之一。从国内立法的历史发展来

---

❶　袁泉. 荷兰国际私法研究［M］. 北京：法律出版社，2000：5.
❷　黄进. 国际私法［M］. 北京：法律出版社，2005：33.

看，除了中国唐代《永徽律》中有个别规定外，各国普遍地在国内立法中规定国际私法规范是从 18 世纪下半叶开始的。❶ 从目前世界各国的立法状况来看，就立法内容而言，有规定外国人民事法律地位的国内法规范、冲突规范，以及国际民事诉讼程序和国际商事仲裁程序规范。就立法方式而言，国际私法的规范在各国国内立法中的表现形式主要有以下三种。

（1）散见式立法方式，即在民法典和其他法典的有关章节中，分散规定有关的国际私法规范。1804 年《法国民法典》是这一形式的代表，该法典在总则、权利能力、婚姻、继承等章节中分别规定了有关的国际私法规范。法国的这一立法形式在欧洲大陆和国际上有很大的影响。此后，意大利、奥地利、葡萄牙、西班牙、荷兰和希腊等国都曾采用这种立法形式。

（2）专节、专章、专编式的立法方式，即在民法或其他法典中列入专节、专章或专编，比较系统地规定国际私法规范。这种方式可以相对集中、系统地规定国际私法规范，而散见式立法方式随着国际民商事交往的不断发展已不能满足实际需要，一些国家在修订其民法典及相关法律时，开始采用专节、专章、专编的方式规定国际私法规范，以取代分散式立法方式，如 1942 年《意大利民法典》、1946 年《希腊民法典》、1948 年《埃及民法典》等；至今仍有不少国家采用这种方式，如 1966 年《葡萄牙民法典》第三章、1984 年《秘鲁民法典》第十编、1999 年《白俄罗斯共和国民法典》第七编等。

（3）单行法或法典式的立法方式，即以单行法规或专门法典的形式，专门系统地规定国际私法规范。最早采用这种形式的是 1896 年的《德国民法典施行法》和 1898 年的《日本法例》❷，此后国际私法逐步呈现法典化或单行立法趋势。20 世纪以来，特别是第二次世界大战（以下简称二战）后，世界许多国家都相继制定了国际私法典或单行的法规。例如，1964 年《捷克斯洛伐克国际私法及国际民事诉讼法》、1966 年《波兰国际私法》、1978 年《奥地利联邦国际私法法规》、1987 年《瑞士联邦国际私法法规》、1995 年《意大利国际私法制度改革法》等。其中，1987 年《瑞士联邦国际私法法规》是当今世界上国内立法中最系统、最全面的国际私

---

❶　如 1756 年《巴伐利亚法典》、1794 年《普鲁士邦一般法典》，参见马丁·沃尔夫. 国际私法［M］. 李浩培，汤宗舜，译. 北京：法律出版社，1988：55 - 56.
❷　该法经多次修订，2006 年修改后，称为《日本法律适用通则法》，该法于 2006 年 6 月 15 日经日本第 164 届国会通过，自 2007 年 1 月 1 日起施行。

法典之一。从内容上看，传统国际私法单行立法中，大多只含有涉及法律适用的冲突规范，而对国际民商事管辖权以及外国判决的承认与执行问题则未予涉及，往往由国内的民事诉讼法来规定。二战之后，尤其是20世纪60年代以来，随着国际民商事关系的不断发展，传统的国际私法单行立法已不能适应现实的要求，许多国家相继修改了其国际私法立法或制定了新的国际私法立法，这些立法在内容上都不同程度地反映出寻求法律适用和法院管辖权以及国际民事诉讼制度上的国际协调倾向。❶ 从形式上来讲，法典的形式是国际私法立法的最高形式，具有很强的系统性和完整性，它是世界各国国际私法立法的主要趋势和方法。

中国关于国际私法的国内立法方式较多，其中有散见式的规定方式，如，1979年《中华人民共和国中外合资经营企业法》第1条、第10条都是关于外国人的民事法律地位的规定；1986年《中华人民共和国继承法》（以下简称《继承法》）第36条，1987年《中华人民共和国民用航空法》（以下简称《民用航空法》）第184条、第188条、第190条，1999年《中华人民共和国合同法》（以下简称《合同法》）第126条，就是有关涉外民事法律关系法律适用的规定；同时，也有专章、专编的规定方式，例如，《民法通则》第八章就是专门规定涉外民事关系法律适用的规范，《中华人民共和国民事诉讼法》（以下简称《民事诉讼法》）第四编是关于涉外民事诉讼程序的特别规定，1995年《票据法》第五章是关于涉外票据关系法律适用的规定，1992年《中华人民共和国海商法》（以下简称《海商法》）第十四章是关于涉外海商关系法律适用的规定。此外，中国也制定了国际私法的单行法，即2010年《涉外民事关系法律适用法》，共有8章52条。

（二）国内判例

判例是法院可以援引作为审理同类案件依据的判决。一般而言，普通法系国家为判例法国家，大陆法系国家为成文法国家。英美普通法系国家都将判例作为法的重要渊源之一，就国际私法而言，除个别的成文法中有国际私法规范外，大量的国际私法规范则来自法院的判例，因此，国内判

---

❶ 即使在某些国家或地区，其国际私法立法仍作为民法典的一部分，而未采用单行立法或法典形式，但在内容的规定上也呈现这种倾向。例如，1991年《加拿大魁北克民法典》第10卷国际私法虽然为民法典的一卷，但内容自成体系，非常系统地对国际私法规范进行了规定，从结构和内容上与其他国家的国际私法典基本相同，包括一般规定、法律冲突、管辖权、外国判决的承认与执行及外国当局的管辖权。

例同样是国际私法的一种重要渊源。随着国际民商事关系的不断发展，以及两大法系的不断融合，判例在大陆法系国家的司法实践中也日趋重要。在国际私法上，判例作为一种法律渊源，无论是对普通法系国家还是对大陆法系国家来说，都具有重要意义。

英美普通法系的判例法是法官面对社会经济生活而逐渐形成和发展起来的法律原则和体系。法官根据遵循先例原则审理案件，或者在没有先例可循的场合，面对社会新问题，通过判例创造新的原则。但是，由于法院判决浩如烟海，且随着时间的推移越积越多，形成的法律规则内容繁多，需要对判例进行整理、汇编，构成判例法，以便法官处理案件时选取作为法律依据。对此，一般由一些著名国际私法学者或民间机构对判例进行系统的汇编和整理。如，在英国，著名国际私法学者戴西（Dicey）于1896年出版的《冲突法》就系统而全面地整理出版了英国判例法中的冲突法规则，并逐条加以解释，该书经莫里斯（Morris）等人修订，到1993年已出版至第12版，它一直是英国法院处理涉外民商事案件的重要依据。

在美国，其冲突法判例的编纂工作主要是由美国法学会这样一个民间性学术团体完成的，1934年由比尔（Beal）任报告员出版的《冲突法重述（第一次）》（the First Restatement on the Conflict of Law），其后，1971年由里斯（Reese）任报告员出版的《冲突法重述（第二次）》（the Second Restatement on the Conflict of Law），系统总结了美国法院适用的冲突规范，先后成为美国法院审理涉外民商事案件重要的参考依据。

在大陆法系国家，成文法是国际私法的主要渊源，许多国家在其民法典、单行法中规定了国际私法规范，有不少国家颁布了国际私法典。但国际私法的规定往往比较具有原则性，法官在适用过程中需要对有关的条文进行解释，在此情况下所做出的判决成为国际私法的渊源；同时，任何法律都不可避免地会有立法上的空白，对于法律所未涉及的问题，需要借助判例来解决。在许多大陆法系国家，判例也成为国际私法的一种渊源。20世纪中后期以来，大陆法系国家也极大地加强了法官在创造法律方面的作用，尤其是终审法院的判决所具有的事实上的权威性。法国学者巴蒂福尔认为："实际上，法国国际私法的主要渊源至今还是最高法院及其下属法院的判例。"❶ 事实上，在一些大陆法系国家，判例对于许多重要的国际私

---

❶ 亨利·巴蒂福尔，保罗·拉加德. 国际私法总论［M］. 陈洪武，等，译. 北京：中国对外翻译出版公司，1989：22.

法制度在本国的确立发挥了重要作用。❶ 国际私法中的许多制度正是通过判例而确立和发展起来的。此外，德国、日本、荷兰等大陆法系国家也都非常重视司法判例的作用，并且判例逐步成为这些国家国际私法的渊源之一。瑞士除其联邦制定法外，联邦最高法院的判例也是瑞士国际私法的渊源。❷

中国一般不承认判例具有普遍的法律拘束力，判例不能被认为是法律的渊源，因此，判例也不是国际私法渊源，不能成为法院处理案件的法律依据。但在国际私法领域，应重视判例的作用。随着涉外民商事关系的飞速发展，需要通过判例弥补成文立法的不足，在一定的条件下承认判例在中国国际私法中的渊源地位，这对推动中国国际私法立法进程、维护涉外民商事关系当事人的合法权益具有重要意义。在中国的司法实践中，最高人民法院针对地方各级人民法院的个案请求所做出的各种"答复""批复"等，对下级人民法院审理同类案件具有指导和借鉴作用；最高人民法院审定编纂定期在最高人民法院公报中公布的典型案例，对人民法院的审判有重要指导作用和影响力。另外，在处理涉外民商事案件时，如果冲突规范指向适用某个判例法国家的法律，就应当承认并适用该外国判例。

二、国际法渊源

（一）国际条约

国际条约是国际法主体之间通过协商谈判达成的确定它们之间权利义务关系的书面协议。国际条约是国际私法的主要渊源。作为国际私法渊源的国际条约可以称为国际私法条约，是在国际民商事交往中，主权国家之间根据国际法的基本原则，在平等、互利的基础上，就国际私法规范所达成的协议。根据条约必须信守原则，一个国家一旦参加某个条约，成为条约成员国，则在国际交往中必须遵守该条约的各项规定，忠实、善意地履

---

❶ 如，1878 年法国最高法院在审理福尔果案（Forgo Case）后，法国便接受了反致，同时这种主张在 1967 年《补充民法典关于国际私法内容的草案》中得到肯定。参见韩德培. 国际私法 [M]. 北京：高等教育出版社/北京大学出版社，2000：128；1878 年法国最高法院审理的鲍富莱蒙（Bauffremont）案和 1922 年法国最高法院审理的佛莱（Ferrai）夫人案使法律规避制度得以确立。参见韩德培. 国际私法 [M]. 北京：高等教育出版社/北京大学出版社，2000：132－134.

❷ 徐冬根. 国际私法趋势论 [M]. 北京：北京大学出版社，2005：10.

行条约所承担的国际义务，但国家声明保留的事项除外。

国际私法条约从不同的角度和标准可以有不同的分类。从缔约国的数量，可以分为双边和多边国际私法条约。双边条约涉及双边领事关系协定、双边经济贸易协定、司法协助协定等。就多边国际私法条约而言，其涉及国际私法的多个方面。从条约的内容上来分，国际私法条约包括规定外国人民事地位规范的公约、统一冲突法公约、统一实体法公约以及统一程序法公约。其中，有规定外国人民事地位规范的公约，如1928年的《关于外国人法律地位公约》、1951年《关于难民地位的公约》等。中国已参加1951年《关于难民地位的公约》以及1967年《关于难民地位的议定书》。统一冲突法条约，解决各国冲突法之间的法律冲突问题。海牙国际私法会议签订了一系列统一冲突法条约，如《遗嘱方式法律冲突公约》《产品责任法律适用公约》《国际货物销售合同法律适用公约》《死亡人遗产继承法律适用公约》等，在国际上产生了较为广泛的影响。由于各国国际私法冲突规范本身是各国国内立法和司法实践的产物，各国冲突法之间不可避免地存在差异乃至冲突，这种差异和冲突增加了涉外民商事关系的不稳定性，使之更加复杂化，而且会导致当事人"挑选法院"（Forum Shopping），从而降低冲突法的协调和统一功能。国际社会为寻求冲突规范的统一，实现判决结果的一致，避免当事人挑选法院，制定了许多统一冲突法公约。中国于1987年参加了海牙国际私法会议，已正式成为其成员，但目前中国尚未参加任何统一冲突法条约。统一实体法条约直接规定涉外民商事当事人的实体权利义务，如1980年《联合国国际货物销售合同公约》、1929年《统一国际航空运输某些规则的公约》（以下简称《蒙特利尔公约》）、《国际油污损害民事责任公约》等，中国已参加上述几个公约。此外，中国还参加了其他一些实体私法条约。国际程序法公约即国际民事诉讼和国际商事仲裁程序公约，如海牙国际私法会议1965年签订的《关于向国外送达民事或商事司法文书和司法外文书公约》（以下简称海牙《送达公约》）、1970年的《关于从国外调取民事或商事证据的公约》（以下简称海牙《取证公约》）、1958年《关于承认和执行外国仲裁裁决的公约》（以下简称《纽约公约》）、2005年海牙《排他性法院选择协议公约》等。中国已先后参加了《纽约公约》《送达公约》《取证公约》。

国际私法条约是国际私法统一的重要方式，随着国际私法统一化运动的兴起和不断推进，国际私法条约的数量不断增加，对于国际私法条约的制定起核心作用的是相关的国际组织。众多的国际组织，包括政府间和非政府国际组织（如联合国的机构和专门组织、国际贸易法委员会、欧洲经济委员会、世界知识产权组织、海牙国际私法会议、国际统一私法学会等），致力于推进国际法律的统一化进程，制定了许多国际条约，为国际私法的协调统一做出了贡献。

自改革开放以来，中国参加的国际私法条约逐年增加。根据《民法通则》第142条第2款的规定："中华人民共和国缔结或者参加的国际条约同中华人民共和国的民事法律有不同规定的，适用国际条约的规定，但中华人民共和国声明保留的条款除外。"2007年《民事诉讼法》第236条也作了同样的规定。《涉外民事关系法律适用法解释（一）》第4条规定："涉外民事关系的法律适用涉及适用国际条约的，人民法院应当根据《中华人民共和国民法通则》第一百四十二条第二款以及《中华人民共和国票据法》第九十五条第一款、《中华人民共和国海商法》第二百六十八条第一款、《中华人民共和国民用航空法》第一百八十四条第一款等法律规定予以适用，但知识产权领域的国际条约已经转化或者需要转化为国内法律的除外。"

（二）国际惯例

国际惯例是在国际交往中，经过长期反复的实践逐步形成的，具有确定的内容，为人们所共知的行为规则。作为国际私法渊源的国际惯例可以分为强制性国际惯例和任意性国际惯例。强制性国际惯例本身具有法律效力，不需要当事人选择，必须遵守。如，通过长期实践形成的"国家及其财产豁免权"原则应属于这种国际惯例。任意性国际惯例经过当事人的选择对当事人具有约束力（当然是在各国法律承认当事人选择惯例的基础上），在国际私法中比较多的是用于解决国际商事问题的任意性国际惯例，也就是国际商事惯例。国际商事惯例是在国际商事实践中反复使用、逐渐形成的，为国际商事关系当事人所广泛知悉并惯常遵守的，用以确定其权利义务的任意性行为规范。例如，国际商会制定的《国际贸易术语解释通则》《跟单信用证统一惯例》《托收统一规则》等。国际商事惯例一般是通过当事人的选择而得以适用，但也可能不经当事人选择而得到适用，这主要是通过国内立法或国际条约的规定。例如，根据《德国商法典》第346条的规定，商人的"行为和不行为的含义和效力"由商人的习惯和惯例确定；《日本商法典》第1条规定："关于商业，本法无规定的，适用商业习惯法，无商业习惯法时，适用民法"。根据《美国统一商法典》的规定，"当事人之间的交易过程和当事人所从事之行业或贸易中的行业惯例，或当事人知道的或应该知道的行业惯例，使协议条款产生特定含义，并对协议条款起补充或限制作用"。而西班牙和伊拉克则通过国内立法赋予了《国际贸易术语解释通则》在其国内法上作为实在法的地位。1964 年《国际货物买卖统一法》第 9 条第 2 款规定，当事人也应受合理的人在相同情况下考虑适用于其合同或其规定的惯例约束。1980 年《联合国国际货物销售合同公约》第 8 条第 3 款规定，在确定一方当事人的意旨或者一个通情达理的人应有的理解时，应适当地考虑与事实有关的一切情况，包括谈判情形、当事人之间确立的任何习惯做法、惯例和当事人其后的任何行为。国际商事惯例按是否被编纂成文的标准可划分为成文和不成文的国际商事惯例。成文国际商事惯例具有书面的存在形式，使国际商事惯例具有成文形式的有政府间国际组织、非政府间国际组织以及各类专业性组织。国际惯例也是统一各国法律的重要方式。国际组织在统一和协调国际商事惯例方面做出了贡献。特别是一些非政府组织，如国际商会，将全球范围内国际商事惯例的统一作为一个目标，对国际商业社会具有巨大价值。

一般认为，作为国际私法渊源的国际惯例主要是指统一实体私法意义上的国际惯例。但除此之外，国际私法中的国际惯例还应包括冲突规范方面的国际惯例和程序方面的国际惯例。冲突规范方面，经过长期的实践，形成了一些各国相同的惯例和各国普遍认可的法律适用原则，如确定合同准据法的当事人意思自治原则、不动产物权依不动产所在地法原则等；在程序方面，形成了程序问题依法院地法原则等。然而一些学者认为，在实践中，在冲突法和程序法领域，严格来说，尚未形成多少普遍公认的、直接肯定的国际惯例。❶

《民法通则》第 142 条第 3 款规定："中华人民共和国法律和中华人民共和国缔结或者参加的国际条约没有规定的，可以适用国际惯例。"《涉外民事关系法律适用法解释（一）》第 4 条规定："涉外民事关系的法律适用涉及适用国际惯例的，人民法院应当根据《中华人民共和国民法通则》第一百四十二条第三款以及《中华人民共和国票据法》第九十五条第二款、《中华人民共和国海商法》第二百六十八条第二款、《中华人民共和国民用

---

❶ 吕岩峰. 国际私法学教程［M］. 长春：吉林大学出版社，2007：18.

航空法》第一百八十四条第二款等法律规定予以适用。"

三、法理或学者的学说以及一般法律原则作为国际私法渊源的问题

（一）一般法律原则（the General Principles of Law）

根据《国际法院规约》第 38 条的规定，一般法律原则是国际公法的渊源之一，在国内和国际法律实践中被广泛适用，但对此概念没有统一的理解。我们认为，一般法律原则应为各国国内法律体系和国际法中包含的共同原则或法律理念。它不是那些只是偶然一致的法律规定，而是那些以一般的法律理念为基础并适用于国际交往的法律原则。至于具体包括哪些原则，并没有统一的答案。被国际法院及其法官、一些学者和仲裁庭引用过的一般法律原则有：约定必须信守原则、诚实信用原则、人道原则、特别法优于普通法原则、善意使用和禁止滥用权利原则、判决确定力原则、违反义务产生赔偿义务原则、对不履行者不必履行原则、不可抗力免责原则、不当得利原则和败诉当事人承担诉讼费用原则等。❶ 一般法律原则也应该是国际私法的渊源。其在国际民商事司法及仲裁实践中也常常被采用，用以调整涉外民商事关系当事人的权利义务关系，成为法院判决或仲裁庭裁决案件的依据。面对错综复杂的涉外民商事关系，一般法律原则可以对各国法律规定的遗漏和不足起补充作用。如，1984 年《秘鲁国际私法》允许在缺乏相应规定的冲突规则时，国际私法的原则和公认的准则可以补充适用。❷

（二）法理或学者的学说

关于法理或学者的学说能否作为国际私法渊源的问题，目前存在一定分歧。从理论上来讲，法理或者学者的学说是学者基于立法和司法实践对法律的概念、规则和制度所作的阐释或提出的观点、理论及主张。因此，在一般意义上，法理或学者的学说是个人意见，不具有法律效力，不能成为法律的渊源。按照《国际法院规约》第 38 条的规定，国际法院只可以

---

❶ 黄进. 国际私法 [M]. 北京：法律出版社，2005：64.

❷ 《秘鲁民法典》第十编《国际私法》第一章第 2047 条第 2 款。参见李双元. 国际私法教学参考资料选编（上卷总论·冲突法）[M]. 北京：北京大学出版社，2002：508.

援用各国权威最高的公法学家的学说作为确定法律规则的辅助性资料。就国际私法而言，国际私法最初就是从学说发展起来的，国际私法的每一步发展无不在各种学说理论的推动下进行。权威的学说对国际私法的立法和司法实践发挥重要的指导作用。即使在现代国际私法的立法与司法实践中，特别是英美普通法系国家，按照遵循先例原则，法官具有造法功能，在审理具体案件时经常借助权威学说或理论作为判决的依据。在此意义上，国际私法学说、理论在普通法系国家构成国际私法的渊源。事实上，即使在大陆法系国家，就国际私法领域来看，司法机关在判决中引述学者的学说来论证其裁判、解释成文立法的情况也经常出现。

在中国，学说或理论一般不能作为法律的渊源，当然也不能作为国际私法的渊源。但是，国际私法学者所提出的理论或主张对中国的国际私法立法和实践是具有一定影响的。

第四节　国际私法的性质及其与邻近法律部门的关系

一、国际私法的性质

这里所讲的国际私法的性质就是国际私法的地位问题，具体指国际私法是国际法还是国内法性质，或者是介乎两者之间的一个法律部门的问题，对此，中外学者始终存有争论和分歧。目前，对此问题国际上形成了三大学派。

（一）国际法学派：普遍主义—国际主义学派（Universalism-internationalism School）

该学派也可称为世界主义学派。国际法学派的代表人物主要有德国的萨维尼（Savigny）、巴尔（Bar），法国的魏斯（Weiss）、毕耶（pillet），意大利的孟西尼（Mancini）等。该学派学者认为国际私法的一些原则可以从超越于国家之上的国际法或自然法推演而得，并且根据这些原则就能构成一个普遍性冲突规则体系，用以界限各国的立法管辖权，并对各国具有一般拘束力。❶ 因此，国际私法具有国际法性质，是国际法的一部分。具体的理由：

---

❶ 中国大百科全书（法学卷）［M］. 北京：中国大百科全书出版社，1984：459.

国际私法是在国际交往中产生的，其调整的对象是超越一国范围的民商事关系，不仅涉及私人利益，而且与国家关系紧密相连，反映的是国家之间的关系，具有国际性；另外，它的渊源虽然有国内立法，但国际条约和国际惯例已成为国际私法的主要渊源，而且随着国际民商事关系的不断发展，其在国际私法渊源中的比重越来越重；国际私法的最终目的在于创造使不同国家民法体系共处的有利条件，建立一套统一约束各国的普遍规则体系。该学派着眼于国际共同法和国际的国际私法，是一种具有普遍主义和国际主义追求价值的国际法学派。

（二）国内法学派：特殊主义—国家主义学派（Particularism-nationalism School）

该学派也可称为民族主义学派。国内法学派的代表人物主要有法国的巴丹（Bartin）、尼波耶（Niboyet）、巴迪福（Batiffol），德国的沃尔夫（Wolff）、卡恩（Kahn），英国的戴西（Dicey）、戚希尔（Cheshire）、莫里斯（Morris）、诺斯（North），美国的比尔（Beal）和库克（Cook）等。国内法学派的学者认为国际私法属于国内法性质，它是国内法的一个部分。主要理由：国际私法所调整的对象是民商事关系，是一种私的关系，与国内民商法所调整的社会关系具有同样的性质；国际私法的渊源主要是国内法，其效力范围仅仅限于一国境内，国际条约和国际惯例的数量不多且不够普遍，而国际法的渊源主要是国际条约和国际惯例。并且，国际私法的制定、适用和争议的解决都是一国国内机关的行为，都体现一个国家自身的意志和利益，而非国际法的普遍要求和国际社会的共同意志。

（三）二元论或综合学派

该学派的主要代表人物是德国的齐特尔曼（Zitelmann）、捷克的贝斯特里斯基（Bystricky）等。这一学派认为，国际私法调整的对象既涉及国内，又涉及国际，其渊源既有国内立法，又有国际条约，其本身既涉及一国国内利益，又涉及国际社会的公共利益，因此，不能简单地说它是国际法还是国内法，它是一个兼具国际法和国内法特点的独立的法律部门。

中国学者对国际私法性质的问题也有不同观点，但比较普遍的看法是，国际私法是一个跨国际法和国内法的兼具双重性质的独立法律部门。也有观点认为，国际私法是国内法，或至少可以说它主要是国内法。国际私法首先是从国内法产生的，在一个很长的阶段内，它的确是具有国内法的性质。但是国际私法没有停留在这个阶段，它是发展的，在它发展的过程中，它的国际法成分越来越多。因为国际私法越发达，其国际因素就越强，国际私法的性质随着国际法成分的增加而由国内法发展到国际法。❶

从各学派的主张可以看到，他们都是将国际关系理解为国家间公的或政治的关系，因此，所谓国际法性质就是国际公法性质。随着全球化的不断发展，国际关系已经发生变化，国际关系早已不再只是传统上认为的国家间公的或政治的关系，而是包括政治、经济、商事以及民事等各种关系在内的新型国际关系，也就是说，公法关系和私法关系都是国际关系不可或缺的组成部分。同样，调整新型国际关系的国际法律也相应有了巨大发展。传统国际法即国际公法的概念，无论其内涵还是外延，都无法容纳已有巨大发展的国际法律本身，国际法已经发展为反映国家意志的，协调、调整超越国界的一切国际关系（不仅仅限于国家之间的政治、军事、外交关系）的，具有法律约束力的行为规范的总和。对这种国际法律规范从宏观的角度进行系统和科学的研究的法学，就是宏观国际法学。❷ 在这一视角下，国际法是一个体系，而不是一个部门法。在国际法体系中，既有国际公法，也有国际私法、国际经济法、国际商法、国际刑法和国际行政法等，它们共同构成国际法律体系。因此可以说，国际私法属于国际法或广义的国际法，它是国际法体系的一个独立法律部门。本书对于国际私法的性质问题即采纳此种观点。

二、国际私法与邻近法律部门的关系

如上所述，我们明确了国际私法的性质，作为一个独立法律部门，国际私法与其他邻近的法律部门，如国际公法、国内民法及国际经济法相比较，既有区别，又有一定的联系。

（一）国际私法与国际公法的关系

国际私法与国际公法之间的联系主要表现在：①两者所调整的都是在国际交往中产生的社会关系，都是一种国际关系；②两者遵循的基本原则相同，如主权原则、平等互利原则等；③两者的渊源有相同的地方，例如，国际条约和国际惯例既是国际公法的渊源，也是国际私法的渊源；④国际私法与国际公法相互渗透，相互合作，共同承担构建和维护国际新秩

---

❶ 徐冬根. 国际私法趋势论 ［M］. 北京：北京大学出版社，2005：17－20.

❷ 黄进. 国际私法 ［M］. 北京：法律出版社，2005：29.

序的责任。

作为独立的法律部门，国际私法与国际公法之间的区别是明显的。主要区别有：①两者的调整对象不同。国际私法所调整的是涉外民商事关系；而国际公法所调整的是国家之间的政治、军事及外交等公法关系。②两者的主体不同。国际公法的主体主要是国家和国际组织；而国际私法的主体通常是私人主体，包括不同国家的自然人、法人或其他经济组织。国家和国际组织也可能成为国际私法的主体，但它们参加国际民商事活动的范围通常比较有限，是特殊的国际私法主体。③两者的法律渊源不同。国际公法的渊源是国际条约和国际习惯；而国际私法的渊源除了国际条约和国际惯例以外，还有国内立法和判例。④解决争议的方式不同。国际私法中解决争议的方式一般是通过某一国国内法院或在某涉外仲裁机构解决争议；而国际公法中解决争议的方式则主要是通过谈判、调停、斡旋等外交途径，或到国际法院诉讼解决。

（二）国际私法与国内民法的关系

从对国际私法的性质的争论中可以看出，国际私法与国内民法之间有着紧密的联系，同时两者也有明显的区别。两者之间的联系主要表现在：①两者主体相同，即国际私法的主体和国内民法的主体主要是私人主体，包括自然人和法人及其他经济组织，当然，国家有时也可以成为两者的主体；②两者调整的社会关系都是建立在自愿、平等、等价有偿基础上的平等主体之间的民商事关系；③国际私法与国内民法上解决争议的方式相同，主要是通过诉讼或仲裁。

国际私法与国内民法之间的区别主要表现在：①两者调整的对象虽然都是平等主体之间的民商事关系，但国际私法调整的是涉外民商事关系，是跨越一国范围的民商事关系，而国内民法调整的则是纯国内民商事关系；②两者的渊源不同，国内民法一般以国内立法或判例作为法律渊源，而国际私法除了国内立法和国内判例以外，还包括国际条约和国际惯例；③两者的调整方法不同，国内民法调整国内民商事关系一般仅采用直接调整方法，国际私法调整涉外民商事关系则主要是采取间接调整的方式，同时也兼采直接调整方法。

（三）国际私法与国际经济法的关系

国际私法与国际经济法之间的关系是一个复杂的问题，这是因为关于国际经济法的性质问题即国际经济法是一个什么样的法律部门的问题本身在国内外学者中就存在争议，主要有广义国际经济法和狭义国际经济法之分，中国多数学者持广义说的观点。❶ 因此，我们在分析国际私法与国际经济法之间的关系时，就必须在一定的观点立场的基础上才能进行。在此，我们对作为独立法律部门的国际私法与广义国际经济法之间的关系加以分析。

国际经济法与国际私法有着密切的联系。首先，国际私法与国际经济法的调整对象都含有国际因素。国际私法与国际经济法都产生并存在于国际社会，其调整对象都涉及两个或者两个以上的国家及其社会、政治、经济利益。任何国家在制定或缔结国际私法和国际经济法规范以及参与国际民商事关系和国际经济关系时，都需要考虑其国际利益，遵守国家主权原则、平等互利原则等国际法的基本原则。其次，国际私法与国际经济法具有相同的法律渊源。国际私法与国际经济法都包括国际法渊源和国内法渊源两大部分。国际法渊源有国际条约和国际惯例，国内法渊源有国内立法及国内判例。这里所指的法律渊源只是国际经济法与国际私法规范的表现形式或法律规范的形成过程，而不是指法律规范的内容。

国际私法与国际经济法有本质的区别。区别主要有：①国际私法与国际经济法的调整对象不同。国际私法的调整对象是超越一国国境的民商事关系，这种关系可以分为财产关系和人身关系两大类，包括物权、债权、婚姻家庭、继承等民商事关系，而且基本上是私人之间的民商事关系。国际经济法的调整对象是国际经济关系，包括横向经济流转关系和纵向经济统制关系，如国际货物买卖、海商法、国际税法、外汇管制法、对外贸易管制法等。国际经济法不调整人身关系，它所调整的国际经济统制关系与国际私法所调整的财产关系明显不同，而且国际经济法调整的主要是不同国家之间的经济协调关系，以及不同国家及自然人、法人之间的纵向管理关系。如果说在调整对象上有相同的地方，那么就是在国际经济贸易过程中所发生的各种私法关系上，二者是重合的。②国际私法与国际经济法规范的性质不同。国际经济法就整体来说是实体法，国际私法虽然也涉及实体法，但主要是冲突法，同时还有国际民事诉讼程序及仲裁程序规范。

---

❶　狭义说认为国际经济法是国际公法的新分支，而广义说认为国际经济法是一个独立的法律部门。按照广义说观点，国际经济法的主体包括国家、国际组织、个人和法人，既调整纵向的经济统制关系，也调整横向的经济流转关系；其渊源既有国际法渊源（包括国际条约、国际惯例），又有国内法渊源（包括国内立法和判例）。

③由于两者法律规范的性质不同，它们的调整方法也是不同的。国际经济法的调整方法是直接调整方法，国际私法则主要是间接调整方法。可见，国际经济法与国际私法从调整对象到法律规范的性质及调整方法都有明显的区别，不可相互代替。

第五节　国际私法学说史

一、13～18 世纪的法则区别说

通说认为，国际私法肇始于 13 世纪出现的"法则区别说"。此后一个时期的国际私法理论都是建立在法则区别说基础之上的。

（一）意大利的"法则区别说"

意大利法则区别说的代表人物是巴托鲁斯（Bartolus，1314～1357）。巴托鲁斯主张将法则分为人法、物法和混合法。人法适用于在一国领域内有住所的人，即人法是属人的，具有域外效力。物法适用于一国领域内的不动产，即物法是属地的，不具有域外效力。混合法则适用于在一国领域内的一切契约。

巴托鲁斯抓住了法律的域内域外效力这一法律冲突的根本点。虽然巴托鲁斯对法则的区分标准界定得不够合理，但其为国际私法发展做出的开创性贡献不容否认，因此被誉为"国际私法之父"。

（二）法国的"法则区别说"

从 16 世纪开始，国际私法的研究中心从意大利转移到法国。法国法则区别说的代表人物是杜摩兰和达让特莱。

杜摩兰（Charles Dumoulin，1500～1566）也将法律区分为物法和人法，但主张极力扩大人法的适用范围，缩小物法的适用范围。另外，杜摩兰提出在契约关系中应适用当事人自主选择习惯法。即使当事人没有选择，法院也应该根据案件的各种情况来推定当事人意欲适用的习惯法。杜摩兰的理论也被称为"意思自治说"。

另一法国法学家达让特莱（D'Argentré，1519～1590）提出，一切习惯法原则上都是属地的，仅在立法者的境内有效，不能及于境外，但关于人的身份和能力问题可以例外地适用属人法。此外，达让特莱还发展了"混合法"概念，并且认为混合法更接近于物法，因此也具有属地法的性质。

杜摩兰提出的意思自治原则代表了新兴商人阶层的利益，因为按照该原则，双方当事人冲破了法律属地原则的禁锢。达让特莱在法律适用问题上几乎又回到绝对属地主义的立场，这反映了保守的封建势力的要求。

（三）荷兰的"法则区别说"

荷兰法则区别说的主要代表人物之一是尤利克·胡伯（Ulricus Huber，1636～1694）。胡伯在其代表作《论罗马法与现行法》一书中提出了法律适用的三个原则：①任何主权者的法律仅在其主权所及的领域内行使并约束其臣民，但在领域外无效；②凡居住在统治者领域内的所有人，无论是常住的还是临时的，都可视为主权者的臣民，并受其法律约束；③根据礼让，各统治者承认，已在其本国内实施的法律，应该到处保持其效力，只要这样做不致损害该统治者的主权权力及臣民的利益。这就是著名的"胡伯三原则"。

胡伯的学说将国家主权思想引入法则区别说，把适用外国法的问题放在国家关系和国家利益的基础上来考察，对于后世国际私法的研究也具有深远的影响。

13 世纪出现的法则区别说对欧洲大陆影响很大，该学说孕育了 18 世纪欧洲成文的国际私法规范。1756 年的《巴伐利亚法典》和 1794 年的《普鲁士法典》均接受了法则区别说中的一些理论原则。

二、近代国际私法学说

进入 19 世纪后，法则区别说逐渐难以适应实践的需要。在这种背景下，欧洲和北美地区出现了很多著名学者的经典学说，国际私法理论界出现了名家云集、学派纷呈的繁荣局面。

（一）萨维尼的"法律关系本座说"

萨维尼（Savigny，1779～1861）是 19 世纪德国最著名的国际私法学家，其在代表作《现代罗马法体系》中提出了著名的"法律关系本座说"。

萨维尼的法律关系本座说认为，像人有住所一样，每种法律关系也有自己的本座（Sitz）。解决法律冲突的方法就是对每一法律关系进行分析，确定其性质，然后按照这一性质，求得其应适用的实体法。❶ 萨维尼将国际民商事关系分为身份、物权、债权和婚姻家庭等几类，按照这些法律关

---

❶ 赵相林. 国际私法 ［M］. 北京：中国政法大学出版社，2007：30－31.

系的性质，分别确定其各自的本座以及本座法（地域法）之所在。例如，对于人的身份，以其住所地为本座，适用住所地法；对于物权，以物之所在地为本座，适用物之所在地法；对于契约之债，依当事人的意思决定本座，如果没有明确的意思表示，则以契约履行地为本座，适用契约履行地法；对于继承，以被继承人死亡时的住所地为本座，适用该住所地法；等等。

萨维尼的法律关系本座说从法律关系的性质入手讨论法律的选择和适用，从而开创了解决法律冲突的新途径。由于萨维尼的学说奠定了近代国际私法的基础，他被誉为"近代国际私法之父"，其学说直到现在仍影响着许多国家国际私法的理论与立法实践。

（二）孟西尼的"国籍法说"

意大利学者孟西尼（Pasquale Stanislao Mancini，1817~1888）主张，不论何种法律关系，其应适用的法律，原则上都应以国籍作为连接因素，以当事人的本国法作为准据法。只有在当事人另有意思表示，以及在适用国籍国法会与内国公共秩序（主权）发生抵触时，才可以适用除国籍以外的其他连接因素指引的法律。

孟西尼的学说也可概括为三原则：①国籍原则，即关于人的身份能力、亲属关系、继承关系均应适用当事人的本国法；②自由原则，即对于契约关系首先适用当事人选择的法律；③主权原则，即一国以公共秩序为目的的法律应当适用于该国领域内的一切人，包括外国人。孟西尼三原则中的国籍原则是其理论的核心。

孟西尼的学说对 19 世纪后期的国际私法立法产生了深远的影响。其国籍法原则促使大部分欧洲大陆法系国家以国籍作为属人法的连接点，即以本国法解决身份能力、亲属、继承等法律问题。在立法实践方面，《意大利民法典》《法国民法典》《德国民法典施行法》《日本法律适用通则法》，乃至 1918 年中国北洋政府的《法律适用条例》等，都采用了本国法原则，而后许多国际公约也采用了这个原则。

（三）斯托雷的"属地法说"

美国法官、学者斯托雷（Joseph Story，1779~1845）在其 1834 年发表的《冲突法评论》一书中，提出了解决法律冲突的三项原则：①每一国家的法律对位于其领域内的财产、居民，以及在其领域内缔结的契约和所为的行为，都具有约束力和效力；②每一国家的法律都不能直接对在其境外

的财产发生效力或约束力，也不能约束不在其境内的国民；③一个国家的
法律能在另一个国家发生效力，完全取决于另一国家适当的法学理论和礼
让，以及法律上的明示或默示同意。

斯托雷的属地法说对英美国际私法的属地主义理论和判例法的发展产
生了极大的影响。这一学说适应了美国当时的实际需要，因此得到了美国
社会的广泛支持。❶

（四）戴西的"既得权说"

英国学者戴西（Dicey，1835～1922）吸收了斯托雷的属地法学说，在
此基础上提出了具有英国特色的适用外国法的理论——既得权说。该学说
的核心内容是，英国法院是不承认外国法的，他们所承认和执行的只是依
外国法所创设的权利。戴西将其国际私法思想概括为六项原则，其中与法
律适用有关的有以下四项原则：①凡依他国法律有效取得的任何权利，一
般都应为英国法院所承认和执行（既得权理论）；②但如承认和执行这种
依外国法取得的权利与英国成文法的规定、英国的公共政策和道德原则以
及国家主权相抵触，则可作为例外而不予承认和执行（公共秩序保留）；
③为了判定某种既得权利的性质，只应该依据产生此种权利的该外国的法
律；④依照意思自治原则，当事人协议选择的法律具有决定他们之间的法
律关系的效力。

戴西的既得权说本质上坚持法律的严格属地主义。在 19 世纪末 20 世
纪初，该学说曾盛极一时，得到许多学者的赞同，并成为美国 1934 年
《冲突法重述（第一次)》的理论基础。

在国际私法理论蓬勃发展的背景下，主要西方发达国家出现了制定成
文国际私法的浪潮。在这一时期，国际私法方面的国内立法主要有 1804 年
《法国民法典》、1811 年《奥地利民法典》、1865 年《意大利民法典》、
1868 年《葡萄牙民法典》、1889 年《西班牙民法典》、1896 年《德国民法
典施行法》及 1898 年《日本法例》等。

三、当代国际私法学说

进入 20 世纪后，国际民商事交往日益密切，国际私法也进入了一个新
的发展时期，在对传统国际私法进行批判的过程中产生了许多创新性学

---

❶ 张伯仲. 国际私法学［M］. 北京：中国政法大学出版社，2007：48.

说,因而当代国际私法呈现百家争鸣、学说林立的局面。

（一）英美国家的国际私法学说

1. 英国学者的自体法理论

在既得权说之后,英国学者戴西和莫里斯先后就合同的法律适用问题提出了"合同自体法"（Proper Law of Contract）理论,并在获得普遍接受后,又进一步提出了"侵权自体法"（Proper Law of Tort）。自体法理论成为英国学者对当代国际私法的一大贡献。

2. 美国学者的冲突法革命

（1）库克的"本地法说"。"本地法说"的倡导者是实证主义法学家库克（Cook,1873～1943）。该学说认为,法院永远只适用本地法,不适用外国法。然而由于法院所受理的案件中具有涉外的因素,所以出于社会利益和司法实践的方便,法院可以考虑外国法,但是法院在这样做的时候,应当将所要适用的外国法规范转化为在很大程度上与本地法律相同或相似的规范,这样就把外国法"并入"了本地法之中。

库克的本地法说更进一步推动了美国国际私法中的属地主义倾向,其积极意义在于批判了盛行已久的既得权说,不足在于对法律选择问题并未提供建设性的解决方案,而且过于强调法律的属地性。

（2）卡弗斯的"优先选择原则说"（"公正论"）。卡弗斯（Cavers,1902～1986）是美国哈佛大学的著名教授,他主张"规则选择"或"结果选择"的方法,即直接就有关国家的实体法规则进行选择,以决定其适用是否能产生法院所追求的公正结果。卡弗斯为法律适用的结果提供了两条应遵循的标准:一是要对当事人公正,二是符合一定的社会目的。卡弗斯的这一理论提出了直接对实体法进行选择的大胆设想,对于后来"最密切联系说"的最终形成产生了重大影响。但是,"优先选择原则"由于其自身的抽象模糊性也遭到一些学者的批评。

（3）柯里的"政府利益分析说"。柯里（Brainerd Currie,1912～1965）提出的"政府利益分析说"（Theory of Governmental Interests Analysis）将法律冲突分为"虚假冲突"和"真实冲突":前者是指某个案件所涉及的两个国家的法律规定发生了冲突,但是二者所体现的政府利益没有发生冲突;后者是指某个案件所涉及的两个国家的法律不仅在具体规定上存在冲突,而且二者所体现的政府利益也存在冲突。柯里提出,解决法律冲突的最好方法就是对政府利益进行分析,如果只有一个国家有合法利益，就适用该国的法律；如果两个国家都有合法利益，而其中一国为法院地国时，适用法院地法；如果两个有合法利益的国家都是外国，法院地国为无合法利益的第三国时，既可以适用法院地法，也可以适用法院认为合适的法律。柯里的"政府利益分析说"揭示了法律冲突的本质，在美国学术界和司法实务界产生了较为强烈的反响。

（4）莱弗拉尔的"法律选择五点考虑"。1966 年，法学教授莱弗拉尔（Robert A. Leflar）提出了法院选择法律的五点考虑：①结果的可预见性；②州际和国际秩序的维持；③司法任务的简单化；④法院地政府利益的优先；⑤适用较好的法律规范。由于莱弗拉尔的第五点考虑是其理论的关键因素，因此他的理论又被称为"较好法律的方法"（Better Law Approach）。由于没有一个普遍性的标准来判断法律的好坏，所以该理论也遭到一些学者的批评，但在实践中产生了较大影响，为法官在法律选择过程中提供了指导。

（5）里斯的"最密切联系说"。尽管在批判美国《冲突法重述（第一次）》的过程中，美国国际私法学界出现了百家争鸣的局面，但最具影响力的还是哥伦比亚大学教授里斯（Reese，1913～1990）提出的"最密切联系说"。该学说认为，在选择法律时，要综合分析哪一个国家或地区与案件和当事人有着更密切的联系，就以哪个国家或地区的法律作为准据法。

最密切联系说是对此前美国学者各种观点与主张的一种反映和折中，在该学说的基础上，里斯教授主持编纂了美国《冲突法重述（第二次）》。目前，最密切联系理论已在世界范围内获得广泛接受，反映了各国国际私法理论和立法的新趋势。《涉外民事关系法律适用法》充分体现了最密切联系原则，其第 2 条第 2 款规定："本法和其他法律对涉外民事关系法律适用没有规定的，适用与该涉外民事关系有最密切联系的法律。"

（二）欧洲大陆国家的国际私法学说

20 世纪 60 年代以后，欧洲大陆国家也出现了许多代表性学者，对于传统国际私法的革新提出了一些颇有影响的理论。

1. 巴迪福的"协调说"

法国学者巴迪福（Henri Batiffol，1905～1989）认为，冲突法的使命在于尊重各国实体法体系的独立性，其任务是在国际上充当不同法律制度的协调人。在研究方法上，巴迪福主张以系统地考察各种法律为基础，采用经验的、实证的和对比的方法，进行国际协调。

2. 克格尔的"利益说"

克格尔（Kegel，1912～2006）是当代德国国际私法"利益法学"的代表人物。克格尔认为，法律适用的各原则其实就是"利益"，并且可以归结为"政治利益""当事人的利益""实体协调利益""最小冲突利益"和"可执行性利益"等。但他认为，其中只有三种最基本的利益，即"政治利益""实体协调利益"和"最小冲突利益"。克格尔在国际私法领域创立了"利益法学"，并主张以此来改造德国的国际私法，在国际上产生了较大影响。

3. 弗朗西斯卡基斯的"法律直接适用说"

弗朗西斯卡基斯（Francescakis）是出生于希腊的国际私法学家，他提出了"直接适用的法律"这一概念。为了使法律在国际经济交往中更好地维护国家利益，国家制定了一系列具有强制力的法律规范，用以调整某些特殊的法律关系。这些具有强制力的法律规范可以不经传统冲突规范的援引而直接适用于国际民商事法律，这就是"直接适用的法律"。法律直接适用说引导人们对现代国际法律生活中的一些基本问题进行深思，引起了许多学者对法律直接适用现象的研究。

4. 拉贝尔等的"比较国际私法学派"

欧洲大陆当代国际私法学的一大亮点是比较国际私法学派（Comparative Private International Law School）的问世。该学派的主要代表人物是德国学者拉贝尔（Ernst Rabel，1874～1955）等。这一学派特别强调采用比较方法进行研究，以期发现各国冲突法制度的异同，并从中抽象出一些能为国际社会普遍接受的新的冲突规则，从而达到各国冲突法的统一。

第二章　冲突规范与准据法

第一节　冲突规范

冲突规范是国际私法基本的核心规范。中国国际私法学界尽管对国际私法的范围或规范组成存在不同认识，但都认为冲突规范是国际私法的核心规范、核心内容、本体部分，离开了冲突规范，国际私法也就失去了它的本质特征而难以存在。

一、冲突规范的概念和特征

（一）冲突规范的概念

冲突规范（Conflict Rules），是指在调整涉外民商事关系时，指明某一涉外民商事关系应适用何国法律来确定当事人之间权利义务关系的法律规范。它又被称为"法律适用规范""法律选择规范"、狭义的"国际私法规范"或"冲突法规范"。

在国际私法中，存在大量的法律规范，如人的权利能力适用（或依）当事人本国法、不动产所有权适用不动产所在地法、合同方式依合同缔结地法、合同关系适用当事人所选择的法律，等等。这类规范，国际私法上的专用名词就叫冲突规范。中国《民法通则》第八章"涉外民事关系的法律适用"中第142～149条都属于这类规范。此外，中国《涉外民事关系法律适用法》中也存在大量冲突规范，如，第36条规定："不动产物权，适用不动产所在地法律。"

（二）冲突规范的特征

冲突规范，作为国际私法所特有的法律规范，具有以下特点。

（1）结构上：冲突规范的结构和实体法规范不同，冲突规范的结构由"范围"和"系属"两部分构成；而实体法律规范的结构，包括假定、处理和制裁三部分，分别概括了该法律规范的适用条件、规定内容和违反规定的后果。

（2）内容上：冲突规范只指明某一涉外民商事关系应适用何国法律，而并不直接规定涉外民商事关系当事人的权利、义务；而实体法律规范是直接规定当事人的权利、义务的。

（3）性质上：冲突规范是一种既不同于实体法规范，也不同于程序规范的特殊类型的法律规范，也有称之为技术性法律规范的：一方面，它不同于实体法规范，并不直接规定当事人的权利、义务；另一方面，它也不同于程序规范，不直接规定诉讼关系的内容或程序规则。因而，通常认定其为只规定法律适用规则的特殊法律规范。

（4）作用上：冲突规范对涉外民商事关系只起"间接调整作用"或"路标作用"。冲突规范只有与其所援引的某国实体法律相结合，才能最终确定涉外民商事关系当事人的权利和义务，这与实体规范直接确定当事人间的权利、义务不同。

二、冲突规范的结构

冲突规范是由范围和系属两部分组成的，通常表述为"……适用……法律"或"……依……法律"。例如，在"不动产物权，适用不动产所在地法律"这条冲突规范中，"不动产物权"是范围，"不动产所在地法律"是系属。

1. 范围

范围（Category），又被称为"连结对象""指定原因""诉讼动因"。它是指冲突规范所要调整的涉外民商事关系或所要解决的问题部分。在典型的冲突规范中，"范围"一般位于冲突规范的前半部分。例如，"自然人的民事权利能力，适用经常居所地法律"这条冲突规范中，"自然人的民事权利能力"是其"范围"；"侵权行为的损害赔偿，适用侵权行为地法律"这条冲突规范中，"侵权行为的损害赔偿"为其"范围"。此外，物权、知识产权、权利能力、合同方式、结婚、婚姻方式、抚养、法定继承、遗嘱继承等各种各样的涉外民商事关系或法律事实或法律问题，都是有关冲突规范的"范围"，是冲突规范的基础。

2. 系属

系属（Attribution），又被称为"冲突原则"。它是指冲突规范中指明该冲突规范所调整的涉外民商事关系应适用的特定法律那一部分。在典型的冲突规范中，"系属"一般位于冲突规范的后半部分。前述"范围"中列举的两条冲突规范中，"经常居所地法律"和"侵权行为地法律"分别为这两条冲突规范的"系属"，它们分别指明了"自然人的民事权利能力"这一法律问题和"侵权行为的损害赔偿"这一涉外民商事关系应适用的特定法律。

系属中包含一个非常重要的部分，通常被称为"连结点"，是冲突规范借以确定涉外民商事关系应该适用什么法律的根据。

三、连结点

（一）连结点的概念

连结点（Connecting Point），又称"连接因素""联系因素"（Connecting Factor）或"连接根据"（Connecting Ground），是指冲突规范系属中据以确定涉外民商事关系应当适用的法律的客观标志部分。连结点是冲突规范中一个很重要的部分，它是把冲突规范的"范围"与所应适用的法律联系起来的因素、纽带或媒介。它反映了某种涉外民商事关系与一定地域的法律之间客观的、内在的联系，从而使冲突规范调整的涉外民商事关系可以借助连结点作为纽带和媒介找到应适用的准据法。例如，"不动产物权，适用不动产所在地法律"这条冲突规范中，"不动产所在地"就是连结点，它是确定不动产所有权应予适用的法律的根据。

运用冲突规范解决涉外民商事法律冲突的方法，实际上就是"连结点"选择的方法、确定的方法。国际私法发展中出现的诸多理论、学说也都正是围绕"连结点"展开的，这些都说明"连结点"在国际私法上具有重要意义。

（二）连结点的种类

按照不同的标准和角度，可把连结点区分为不同种类。

1. 客观的连结点和主观的连结点

以是客观存在的标志还是当事人合意为标准，可以区分为这两类连结点：①客观连结点，是一种客观存在的标志，主要有国籍、住所、居所、物之所在地、法院地、行为地等；②主观连结点，是指当事人之间的合意，主要指当事人选择适用于合同之债的连结点。

2. 动态连结点和静态连结点

以是否可以改变为标准，可以区分为动态和静态两类连结点：①动态连结点，是可以改变的连结点，如国籍、住所、居所、动产所在地等；②静态连结点，是固定不变的连结点，主要是指不动产所在地，以及涉及过去的事件或行为地，如婚姻举行地、侵权行为地、合同缔结地等连结点。

3. 开放性连结点和硬性连结点

以是否具有灵活性为标准，可以区分为开放性连结点和硬性连结点：①开放性连结点，是具有一定灵活性的连结点，一般由法官根据具体案情自由裁量来确定，如最密切联系地等；②硬性连结点，是指非常确定的、不具有灵活性的连结点，如侵权行为地、住所地等。

（三）常见的连结点

在国际私法实践中，主要常见常用的连结点有以下一些。

1. 国籍、住所或居所

其主要用于解决有关人的身份、能力、亲子关系（亲权）、继承等的法律适用问题。例如，"人之能力依其本国法（或住所地法）"，"继承依被继承人国籍所属国法"；中国《涉外民事关系法律适用法》第 12 条第 1 款规定："自然人的民事行为能力，适用经常居所地法律。"

2. 物之所在地

其主要用于解决有关物权或与物权有关的问题的法律适用问题。例如，"物权依物之所在地法"，"建筑物区分所有权，适用建筑物所在地法律"，"相邻关系，适用不动产所在地法律"；中国《涉外民事关系法律适用法》第 36 条规定："不动产物权，适用不动产所在地法律。"

3. 行为地

其主要用于解决法律行为的法律适用问题。由于法律行为多种多样，行为地也分为很多种，包括合同缔结地、债务履行地、付款地、侵权行为地、出票地、背书地、婚姻举行地、立遗嘱等。

4. 当事人合意

这是主要用于确定合同关系法律适用的一个重要连结点。例如，中国《涉外民事关系法律适用法》第 41 条规定："当事人可以协议选择合同适用的法律"。

5. 法院地

这也是常见的连结点，经常用于解决对法院地国有重大影响的涉外民商事关系的法律适用，也常常作为法律适用的补救连结点。中国《涉外民事关系法律适用法》第 27 条规定："诉讼离婚，适用法院地法律。"《奥地利联邦国际私法法规》第 4 条规定："如经充分努力，在适当时期内外国法仍不能查明时，应适用奥地利法。"

6. 最密切联系地

这是从 20 世纪 50 年代发展起来的一个连结点，有逐渐发展成为一般连结点的趋势。例如，中国《涉外民事关系法律适用法》第 6 条规定："涉外民事关系适用外国法律，该国不同区域实施不同法律的，适用与该涉外民事关系有最密切联系区域的法律。"

以上列举的是一些常见的连结点，作为把特定的涉外民商事关系和特定国家的法律联系起来的"媒介或纽带"，其是在长期实践中形成的。

四、冲突规范的种类

根据系属的不同，可以将冲突规范区分为单边冲突规范、双边冲突规范、重叠适用的冲突规范和选择适用的冲突规范等四种类型。所谓"系属"不同，实际上就是"连结点"不同。

（一）单边冲突规范

1. 单边冲突规范的概念和特点

冲突规范的"系属"直接指出某种涉外民商事关系应适用某国法的冲突规范，叫作单边冲突规范（Unilateral Conflict Rules），也叫单方冲突规范。其"系属"或者指明应适用外国法，或者指明应适用内国法。这是单边冲突规范的本质特点。多数的单边冲突规范都是直接规定只适用国内法，而且多为一种附条件的指定，所附的条件多为当事人的国籍或住所、标的物的所在地等。

2. 单边冲突规范的两种不同情况

单边冲突规范根据制定方式可以分为两种不同情况，分别是：①某些单边冲突规范的"系属"直接指明应适用内国法。这类单边冲突规范在 1896 年《德国民法典施行法》中规定得最多；1804 年《法国民法典》中也有不少规定。前者，如第 24 条第 1 款规定："德国人之继承，虽于外国有住所，依德国法。"后者，如第 3 条第 2 款规定："不动产，即使属于外国人所有，仍适用法国法律。"在中国，新中国成立后最早的一条冲突规范也是单边冲突规范——1983 年《中华人民共和国中外合资经营企业法实施条例》第 15 条规定："合营企业合同的订立、效力、解释、执行及其争议的解决，均应适用中国的法律。"②某些单边冲突规范的"系属"明确指出应该适用特定国家的法律或国际条约。这类单边冲突规范都是规定在双边国际条约中。例如，《苏联和比利时、卢森堡经济同盟临时贸易专约》第 13 条规定："关于苏联驻比利时商务代表处订立或担保的贸易合同的一切争执，如在该合同中没有关于司法管辖或仲裁的专门条款，应受比利时法院的司法管辖，并依比利时法令解决。"

从上述内容可以看出，单边冲突规范只规定一个明确的连结点，而且常常是附条件的，因此，此类冲突规范已经很少被当今各国国际私法立法采用了。

单边冲突规范在特定条件下可用法院解释方式解释出双边冲突规范。在实践中，法国最高法院就通过对《法国民法典》第 3 条等的规定进行解释，推定出关于人的身份能力依本国法、关于物权依物之所在地法、关于法律行为及法律事实（如侵权行为、不当得利等）各依法律行为地法及事实发生地法等双边冲突规范。

（二）双边冲突规范

双边冲突规范（Bilateral Conflict Rules），是指系属中含有抽象的连结点，并以该连结点为依据，推定应适用某国法的冲突规范。这类冲突规范的连结点是抽象的，具有隐含的双边意义，它指向的法律既可能是内国法，也可能是外国法，因而被称为双边冲突规范。

例如，中国《民法通则》第 144、147、148、149 条都是双边冲突规范。以第 144 条中"不动产的所有权，适用不动产所在地法律"这条冲突规范为例，其"系属"只指明应根据"不动产所在地法律"来处理，至于到底依何国法处理，还要根据不动产具体所在地来确定，如果不动产位于德国，则依德国法处理；如果不动产位于北京，则依中国法处理。

可以说，双边冲突规范是一种比较完备、使用方便的冲突规范，近年来各国的国际私法立法已经越来越多地采用这种形式。

单边冲突规范和双边冲突规范是相通的、互相联系的，是可以互相转化的。前面提到过，单边冲突规范可以解释出双边冲突规范；而双边冲突规范则可分解为两条或两条以上的单边冲突规范。双边冲突规范也只有结合具体案情，分解为单边冲突规范后，才能确定应予适用的准据法。也就是说，只有把双边冲突规范抽象的连接点具体化才能确定准据法。

（三）重叠适用的冲突规范

重叠适用的冲突规范（Double Rules for Regulating the Conflict of Laws），是指规定了两个或者两个以上的系属，并且必须同时适用于某一涉外民商事关系的冲突规范。例如，1902 年《关于离婚和别居的海牙公约》第 2 条规定：“离婚之请求，若非依夫妇之本国法和法院地法皆有离婚之原因时，不得为之。”这表明，离婚理由必须同时适用夫妻的本国法和法院地法，只有两者均认为有离婚理由时，才准许当事人提出离婚请求。

在许多情况下，重叠适用的冲突规范所规定的两个或者两个以上必须同时适用的法律中都有一个是法院地法。之所以如此，无非是因为所要调整的法律关系对于法院地有重要影响，需要用法院地法对此加以限制。这种类型的冲突规范在立法中已经较少采用。

（四）选择适用的冲突规范

选择适用的冲突规范（Choice Rules for Regulating the Conflict of Laws），是指规定了两个或者两个以上的系属，选择其中之一适用于涉外民商事关系的冲突规范。

这类冲突规范，根据选择的方式又可分为两种：

（1）无条件选择适用的冲突规范。在这种冲突规范所规定的两个或两个以上的系属中，法院和当事人可以任意选择其中之一加以适用，而不分主次、前后，也不附带任何条件。例如，1964 年《日本关于动产遗嘱方式的准据法》第 2 条规定：“遗嘱方式符合下列法律之一的，其方式有效：①行为地法；②遗嘱人立遗嘱或死亡时国籍所属国的法律；③遗嘱人立遗嘱或死亡时的住所地法；④遗嘱人立遗嘱或死亡时的经常居所地法。”也就是说，动产遗嘱的方式只要符合上述任何一个法律的规定，即为有效。

（2）有条件选择适用的冲突规范。这类规范只允许在规定的两个或两个以上系属中按先后顺序或有条件地选择其中之一适用于有关涉外民商事关系。例如，中国《涉外民事关系法律适用法》第 41 条规定：“当事人可以协议选择合同适用的法律。当事人没有选择的，适用履行义务最能体现该合同特征的一方当事人经常居所地法律或者其他与该合同有最密切联系的法律。”这是按顺序选择的冲突规范，只有在前一种主要的法律无法得到适用或具备了适用后一种法律的条件时，才能选择较次要的或后一种法律。又如，1984 年《秘鲁民法典》第 2083 条规定：“婚姻中子女地位的确定，依婚姻举行地法或子女出生时婚姻住所地法，视其中何者最有利于子女的准正。"应该说，这是一条以"最有利于成为婚生子女"为条件的选择性冲突规范。

这里需要说明的一点是，实际上重叠适用的冲突规范和选择适用的冲突规范也可以说是特殊类型的双边冲突规范，只是其中规定了两个或两个以上具有双边意义的系属。

在现代各国国际私法立法中，上述四种冲突规范常常交替出现：国家如果认为对于某些涉外民商事关系特别需要依自己的实体法处理，就常采用单边冲突规范；国家如果要对某些涉外民商事关系从严掌握，可采用重叠适用的冲突规范，而且常要求重叠适用法院地法；国家如果认为某些涉外民商事关系可以从宽掌握，便可以采用双边冲突规范或选择适用的冲突规范。目前，双边冲突规范和选择适用的冲突规范，特别是选择适用的冲突规范，在各国国际私法立法中所占的比重明显增加，这提高了冲突规范中连结点的灵活性，符合当今国际民商事交往的需要。

五、冲突规范的"软化处理"问题

冲突规范的"软化处理"（Softening Process），是指20世纪中叶以来，在许多国际私法中出现的，旨在软化冲突规范，以克服其机械、僵化的缺陷，即实现通过规定多数连结点、开放的连结点、扩展或分割法律关系类型等方式，创造"灵活冲突规范"的基本目的，以适应调整当今涉外民商事关系的国际私法的立法倾向和理论思潮。总体来看，软化冲突规范的基本目的在于，通过软化连结点，即采用开放的连结点、扩展或分割法律关系类型等方式，创造"灵活的冲突规范"，以克服冲突规范呆板、僵化、机械的缺陷。

（一）冲突规范"软化处理"的理由

国际私法产生之时，涉外民商事关系的种类少且内容简单，相应的冲突规范也比较简单，同时，为追求稳定、确定和概括，往往只规定一个"连结点"，这在国际私法产生之初是合理和适宜的。随着国际民商事交往的日益频繁，特别是二战后，随着世界经济一体化趋势的出现，国际民商事交往长足发展，在涉外民商事关系日益多样化、内容日益复杂化的条件下，只有一个连结点的冲突规范过于简单和确定的缺陷逐渐暴露，并暴露出僵化和呆板的弱点：①使得冲突规范难以科学有效地解决当代国际私法实践中日益复杂的法律冲突；②在愈来愈多的个案中，往往造成有悖公平和正义的法律适用后果。因此，对传统的冲突规范进行改造，首先应克服这种传统的硬性规范所具有的僵化性，以增加法律选择的灵活性。为实现这个目标，国际上逐渐形成了一种对冲突规范进行软化处理的潮流。

（二）冲突规范软化处理的方式

在运用传统的冲突规范进行法律选择的过程中所形成的识别、反致、外国法内容的查明、公共秩序保留等制度，都赋予了法院法官一定的自由裁量权，从而在一定程度上克服了传统的冲突规范本身所具有的僵硬性和呆板性，是一种从消极方面对冲突规范进行软化处理的最初形式。除此之外，比较常见的软化冲突规范的方式还有以下几种。

1. 采用灵活开放或复数可以选择的连结点

冲突规范的软化处理，关键在于连结点的软化处理，实际上也就是连结点的软化处理。这里从灵活开放和复数可以选择两方面进行分析。

（1）采用灵活开放的连结点。

连结点的软化，最重要的是以灵活开放的连结点取代僵化封闭的连结点。实践中，就是以当事人的合意和最密切联系地等连结点来根本改变传统连结点的僵硬性，以灵活的连结点取代以僵化、确定为表征的连结点，以弹性而开放的连结点取代以封闭、公示为特点的单一客观标志的连结点。这样，就可使得冲突规范能在复杂的、多元化的涉外民商事关系中发挥积极、公正地处理争议的作用。

尽管还有人对"当事人合意""最密切联系地"等是否属于连结点有质疑，但这在当今各国国际私法立法中已经普遍地加以规定了。例如，中国《涉外民事关系法律适用法》第41条关于合同的法律适用问题规定："当事人可以协议选择合同适用的法律。当事人没有选择的，适用履行义务最能体现该合同特征的一方当事人经常居所地法律或者其他与该合同有最密切联系的法律。"《奥地利联邦国际私法法规》第1条规定："与外国有连结的事实，在私法上，应该依与该事实有最强联系的法律裁判。"

（2）采用复数可以选择的连结点。

这种方法就是在国际私法中，对适用于特定涉外民商事关系的冲突规范，规定两个或两个以上可供选择的连结点，从而软化连结点、软化冲突规范的方法。这种方法可以说是软化连结点的一种简单而有效的方法，使法院能够有机会适用使法律关系能有效成立的，或较能反映法律关系的重心所在地的，或有利于保护弱方当事人的法律。采用这种方法软化连结点，可从以下几点说明其合理性：①它与涉外民商事关系法律调整的要求存在内在的联系。采用多数连结点，可赋予冲突规范一定的选择性，例如，有的国家就允许当事人在侵权行为实施地和损害后果发生地这两个连结点中，选择一个作为确定侵权损害赔偿案件准据法的连结点；②它反映了国际私法发展的价值取向。给特定范围内的涉外民商事关系增加连结点，从而增强法律适用的可选择性，是国际私法为克服冲突规范和连结点僵化、机械的缺陷而形成的发展趋势；③它体现了"与其使之无效，不如使之有效"原则的精神。这是国际实践中出现的一种新倾向，尽量使涉外民商事关系有效成立，有复数连结点时，就可选择有效的连结点。

在国际私法的立法实践中，各国较普遍地采用了可选择连结点的冲突规范。例如，1982 年《土耳其国际私法和国际诉讼程序法》第 14 条规定："对于调整夫妻财产关系所适用的法律，夫妻双方可以在他们的住所地法或他们结婚时的本国法中选择。当事人没有选择的，适用夫妻双方共同的本国法。没有共同本国法的，适用缔结婚姻时夫妻共同住所地法。没有共同住所地法，则适用财产所在地法。"中国《涉外民事关系法律适用法》第 24 条规定："夫妻财产关系，当事人可以协议选择适用一方当事人经常居所地法律、国籍国法律或者主要财产所在地法律。当事人没有选择的，适用共同经常居所地法律；没有共同经常居所地的，适用共同国籍国法律。"在国际条约的实践中，1961 年《遗嘱处分方式法律冲突公约》第 1条规定："凡遗嘱处分方式符合下列国内法的，应为有效：立遗嘱人立遗嘱时所在地法；或立遗嘱人做出处分时或死亡时的本国法或住所地法或惯常居所地法；在涉及不动产遗嘱时，则适用财产所在地法。"

2. 对同类法律关系细分并分别制定冲突规范

这也是对冲突规范软化处理的常见方法。在国际私法中，对于同类法律关系，依其不同的性质加以进一步区分，并分别规定冲突规范。在国际私法中，原先囿于国际民商事交往类型的单调，对同类法律关系常常不进行细分，往往只规定一条冲突规范、一个连结点和一个准据法。这显然已经不能适应日益多样化和复杂化发展趋势的国际经济交往和国际经济关系。二战以后，由于科学技术的新发展，法律关系逐渐向复杂和多样化发展，而这种发展在侵权和合同领域表现得最为明显。

在侵权领域，产品责任、交通事故、环境污染、国际诽谤等越来越成为重要的问题，从而使侵权这一类法律关系更加复杂化和多样化。如果一味坚持适用侵权行为地法，就无法公平、公正地解决一些特殊的国际侵权案件，因此，必须对同类法律关系进行细分，分别制定各自的冲突规范。

在合同领域，许多国家都已经开始把合同划分为不同种类，并分别制定法律选择规则。另外，许多国家的法律和国际条约出于对弱方当事人的保护，针对雇佣合同、消费合同和保险合同等制定了专门的法律适用规则。

3. 对法律关系中的不同方面分别制定冲突规范

在国际私法中，对同一法律关系的不同方面分别制定冲突规范，也是对冲突规范软化处理的一种方法。自法则区别说以来，有些国际私法学者始终主张把法律行为能力、法律行为方式、法律行为内容加以区分，并依不同的连结点分别确定准据法。例如，有关合同关系的法律适用问题，可以针对合同的不同方面分别确定准据法，即缔约能力依属人法；合同方式依缔结地法；合同关系依当事人所选择的法律，没有选择的，依最密切联系的法律；等等。

法律关系往往由不同的方面和环节构成，并且部分和部分之间、环节和环节之间往往具有相对的独立性，它们一般都有自己的重心，如果一概要求所有的方面和环节都受同一个连结点所指引的法律支配，就会给人一种机械地运用法律适用规则的感觉。因此，对同一法律关系的不同方面进行划分，对不同的方面规定不同的连结点，也是一种对传统冲突规范进行软化处理的方法，这种方法虽然过去就已存在，但现在有进一步发展的趋势。

这里需要指出的是，冲突规范的软化处理就是在确定性的基础上给传统的冲突规范增加一定的灵活性，从这种意义上来说，对连结点的软化是有一定限度的。封闭性的冲突规范和灵活性的冲突规范代表两种不同的法律价值观，前者代表稳定性、明确性和可预见性，后者则代表灵活性。而法律通常是二者的统一，因此，既不能完全抛开确定性，也不能不增加灵活性，二者各有优劣，单靠其一是无法很好地解决国际私法问题的，需要在二者之间找到一种平衡，达到平衡也是一种理想的状态，并不是那么容易达成的，需要在实践中不断深入探索。

第二节 系属公式

一、系属公式的含义

在长期的国际私法实践中，有些双边冲突规范的系属因具有普遍、稳定和典型的性质而被逐渐固定和保留下来，成为"系属公式"（Formula of Attribution）。由于单边冲突规范的系属只具有具体而确定的含义，而重叠适用和选择适用的冲突规范虽然也可以说是双边冲突规范，但实际上是一般形式双边冲突规范的组合运用，所以，这些冲突规范的"系属"都不能形成真正的"系属公式"。

二、常见的系属公式

在国际私法实践中，常见的系属公式主要有以下几种。

1. 属人法

属人法（Lex Personalis；the Personal Law），是指涉外民商事关系主体的国籍、住所、惯常居所所属国家的法律，是以自然人的国籍、住所、惯常居所为连结点的系属公式。属人法经常用来确定人的权利能力和行为能力方面的一些问题，诸如能力、身份、婚姻家庭和动产继承等方面的法律冲突问题。

属人法这个系属公式，早在13、14世纪就已开始形成和使用。19世纪中叶以来的国际实践中，欧洲大陆法系国家，如法国、德国、意大利、比利时、荷兰、西班牙、葡萄牙、瑞典、芬兰、希腊、土耳其、伊朗、日本、叙利亚、古巴及拉丁美洲一些国家，把属人法理解为人的国籍所属国法，一般称为国籍国法或本国法；而普通法系国家，如英国、美国、阿根廷、巴西、秘鲁、尼加拉瓜、巴拉圭、挪威、丹麦、冰岛等，则把属人法理解为人的住所地法。之所以有这种不同连结点的安排和不同的理解，是有其历史原因的，与不同国家的人口流动、法域构成、国际民商事交往的特质等有内在联系。

在20世纪80年代以前，中国一直认为国籍才是一个人与国家最稳固法律联系的标志，所以以人的国籍国法或本国法作为属人法，只在例外情况下，如对无国籍人，才以住所地法作为属人法。但自20世纪80年代以来，有扩大住所地法适用范围的倾向，例如，中国《民法通则》第八章，已有两处开始使用"住所地法"和"定居国法"的概念；而中国《涉外民事关系法律适用法》开始使用"经常居所地"作为属人法的连结因素。根据《涉外民事关系法律适用法解释（一）》第15条规定："自然人在涉外民事关系产生或者变更、终止时已经连续居住一年以上且作为其生活中心的地方，人民法院可以认定为涉外民事关系法律适用法规定的自然人的经常居所地，但就医、劳务派遣、公务等情形除外。"

此外，还有一个法人属人法（the Personal Law of Legal Person）的概念，一般是指法人的国籍国法，经常用来解决一系列有关法人权利的问题，如法人成立的条件、内部组织及职权、权利能力和行为能力、法人财产的处理等。

2. 物之所在地法

物之所在地法（lex res situs；lex situs；the law of the place where thing is located），是指涉外民商事关系客体物的所在地国家的法律，是以民商事关系客体物之所在地作为连结点的系属公式。它曾被作为解决物权法律冲突最基本的原则，如"物权依物之所在地法"、"不动产所有权适用不动产所在地法"等。但在当前国际私法中，许多国家只对不动产物权关系适用物之所在地法，而对动产物权关系则适用当事人属人法。应注意的是，作为系属公式之一的"物之所在地法"和解决物权法律冲突的"物之所在地法原则"是两个不同的概念，千万不要混淆。

3. 行为地法

行为地法（lex loci actus；the law of the place where act occurs），是指法律行为完成地国家的法律，是以法律行为或有法律意义的行为完成地为连结点的系属公式。行为地法来源于古老的"场所支配行为"原则。由于法律行为的性质不同，客观上存在各种各样的法律行为，因而有各种各样的行为地法，所以，行为地法表示一系列的系属公式：①合同缔结地法（Lex Lloci Contractus）：是指合同签订地国家的法律，是以合同签订地为连结点的系属公式，通常用来解决合同成立、合同方式，特别是合同有效性问题；②合同履行地法（Lex Loci Solutionis）：是指履行合同义务地国家的法律，是以合同履行地作为连结点的系属公式，经常用来解决合同当事人之间的权利义务关系问题；③侵权行为地法（Lex Loci Delicti）：是指侵权行为发生地国家的法律，是以侵权行为地为连结点的系属公式，经常用来解决因不法行为而发生的债务问题，但对侵权行为地有加害行为地和损害发生地两种理解；④婚姻举行（缔结）地法（Lex Loci Celebrationis）：是指婚姻缔结地国家的法律，是以婚姻缔结地为连结点的系属公式，一般用来解决婚姻方式问题，但也不排除解决婚姻实质要件问题。

4. 当事人所选择的法律

当事人所选择的法律（亦即"当事人意思自治"；Lex Voluntatis；Party Autonomy），是以当事人的合意选择为连结点的系属公式，经常用来解决合同债务纠纷问题，也用于解决有关信托内容的法律冲突。意思自治原则是 16 世纪法国学者杜摩林（1500～1566）首创的，后来为许多资本主义国家所接受，目前为全世界所承认和采用的冲突原则。在中国，《涉外民事关系法律适用法》第 41 条关于合同的法律适用问题规定："当事人可以协议选择合同适用的法律。当事人没有选择的，适用履行义务最能体现该合同特征的一方当事人经常居所地法律或者其他与该合同有最密切联系的法律。"

5. 法院地法

法院地法（Lex Fori；Law of the Court），是指审理案件的法院所在地国家的法律，是以法院地作为连结点的系属公式，一般用来解决诉讼程序问题，但也解决下列问题：①国内立法、国际条约没有有关国际私法规范所规定的条文时；②国际私法案件的诉讼程序；③识别依据；④被冲突规范援引的外国法违反了法院地国家的公共秩序时；等等。但对于何为诉讼程序问题，大陆法系国家和普通法系国家有不同的理解，如时效、同类反请求问题等，大陆法系国家认为是实体问题，普通法系国家认为是程序问题。

6. 国旗国法

国旗国法（Law of the Flag），是指国旗所属国家的法律，是以国旗为连结点的"系属公式"，常常用来解决和船舶、飞行器等相关的一些问题。

7. 最密切联系地法

最密切联系地法（Law of the Place of Most Signification Relationship），是指与涉外民商事关系有最密切联系国家的法律，是以最密切联系因素为连结点的系属公式。最密切联系原则是自 20 世纪五六十年代在法律关系本座说基础上发展起来的冲突原则，开始是用来解决合同和侵权的法律冲突问题，目前有逐渐发展为解决国际民商事法律冲突一般法律适用原则的趋势。中国《涉外民事关系法律适用法》第 2 条第 2 款规定："本法和其他法律对涉外民事关系法律适用没有规定的，适用与该涉外民事关系有最密切联系的法律。"

第三节　准据法及其确定

一、准据法的概念和特征

（一）准据法的概念

准据法是国际私法所特有的概念，是指被冲突规范援引的，用来确定涉外民商事关系当事人之间具体权利、义务的某国（特定国家）的实体法。例如，中国《涉外民事关系法律适用法》第 36 条规定："不动产物权，适用不动产所在地法律。"在这条冲突规范中，不动产所在地国家的实体法就是有关不动产物权关系的准据法。受理案件的法院应用这条冲突规范时，如确认所涉不动产位于中国并适用中国实体法，则中国有关不动产物权的实体法就是该不动产物权关系的准据法。可见，准据法是涉外民商事关系所具体适用的法律，而不是冲突规范所抽象指定的法律，所以，冲突规范的法律调整作用不能离开准据法。

准据法的英文表述有三个含义类似的词：the Proper Law，the Applicable Law，the Governing Law。在中国，比较公认的英文是 the Applicable Law。

（二）准据法的特征

通常认为，准据法具有以下特征。

（1）准据法必须是由冲突规范援引的某国实体法。如不是由冲突规范所援引的某特定国家的实体法，则不能称为准据法。无论是统一实体法还是直接适用的国内专用实体法，因为未经冲突规范援引，都不能称为准据法。

（2）准据法必须是能够具体确定涉外民商事关系当事人间权利、义务的某国的实体法。内国冲突规范基于反致、转致、间接反致而适用的外国冲突规范，虽然也是被冲突规范所援引的外国法，但因其不能直接用来确定当事人间具体的权利义务关系，不能称为准据法。准据法通常应该是现行有效的，能够具体确定当事人权利、义务的某国实体法。但有时，已失效的或被废除的或尚未生效的法律也可能会成为准据法，这将根据我们下面所要讲的解决时际法律冲突问题时所持的态度而定。

（3）准据法不是冲突规范逻辑结构的组成部分，必须结合具体的事实才能确定。任何一个涉外民商事案件都有自己的准据法。准据法和系属是有区别的：系属是一个抽象的概念，准据法是具体确定当事人权利、义务的，只有和案件的具体事实结合起来才能确定。

（4）准据法不是笼统的法律制度或法律体系，而是一项项具体的"法"。也就是说，准据法是某国具体的实体法规范或法律文件，而非该国的法律制度或法律文件。因为法院不可能依据笼统的法律制度或法律体系（如中国法律或美国法律）来确定当事人的权利、义务，而只能依据具体规定了当事人权利、义务的具体的法律规范或法律条文来确定。

二、准据法的确定

准据法和冲突规范既有密切的联系，又是相对独立的两个问题。准据法是冲突规范所援引的某国实体法，所以，两者有密切的联系；但准据法又是独立于冲突规范的某国实体法，只是由于冲突规范的援引才成为处理某涉外民商事关系问题的准据法，因而准据法的选择和确定都离不开冲突规范。确定准据法，首先要有法可依。而所谓准据法的确定，是指当事人、司法机构和仲裁机构等如何根据国际私法上冲突规范的规定来确定应予适用的准据法。

（一）立法机关按照一定标准规定选择准据法的规则

实践中，制定国际私法中的冲突规范时，既要有利于立法者根据一定的标准规定选择准据法的方法，也要便于司法者、执法者和当事人根据冲突规范确定应予适用的准据法。选择准据法时，一般综合运用下列标准：法律的性质（法则区别的方法），法律关系的性质（法律关系的本座的方法），当事人间的协议（意思自治原则），有利于判决在外国的承认与执行，最密切联系因素，以及其他如"政府利益分析"、法律的社会目的和价值、平等互利等方法。而从根据国际私法规定确定准据法的过程来看，大致可以分为三步：确定应予适用的冲突规范和准据法，解决区际、时际、人际法律冲突等特殊问题，经过公共秩序保留等与冲突规范的适用有关的基本制度的筛选。

（二）根据国际私法规范来确定准据法的过程

准据法都是经过国际私法规范的指引，结合具体的案情来确定的。一般来说，这个过程大致可以分为三个步骤。

1. 通过"识别"，确定应予适用的冲突规范、连结点和可能的准据法

通过"识别"，确定有关涉外民商事关系的性质，确定连结点，找出应予适用的冲突规范，从而初步确定何国实体法为准据法。

2. 解决可能出现的准据法确定中的几个特殊问题

在确定了应予适用的冲突规范后，根据冲突规范的援引，可以确定应以某国实体法为准据法，但这时，还可能出现一系列特殊的问题需要解决。这一系列特殊问题，通常是指存在区际法律冲突，或时际法律冲突，或人际法律冲突；需要确定先决问题的准据法；等等。然而这些问题并不是所有案件都会遇到的。

3. 公共秩序保留等基本制度的制约

经过上述一系列过程，最终确定以某一外国法作为解决涉外民商事关系的准据法之后，还可能遇到公共秩序保留、反致、法律规避和外国法内容的查明等问题，这些都会对外国法的适用起到一定的限制作用。然而其中的反致和法律规避，也不是所有的案件都可能遇到的。

（三）解决准据法确定中的几个特殊问题

当确定准据法时，有时需要解决区际法律冲突、时际法律冲突、人际法律冲突，以及先决问题的准据法等问题。

1. 区际法律冲突与准据法的确定

当冲突规范援引某一外国法，而该外国是一个法律不统一的国家，冲突规范又是以国籍而不是以住所、居所或行为地为连结点时，就会发生适用哪个法域的法律的区际法律冲突问题。国际私法上称之为"准国际私法问题"，解决此类问题的法律称为区际私法。

国际实践中，解决区际法律冲突的原则有：①法院直接依据冲突规范中的连结点，如当事人住所、居所、行为地、物之所在地等来确定准据法。有人称这种方法为"直接指定"的方法。②依该国的区际冲突规则确定准据法。有人称之为"间接指定"的方法，就是根据冲突规范所援引的国家的法律规定的区际冲突法来确定。如，1966 年《波兰国际私法》第 5条规定："应适用的外国法有数个法律体系时，应适用何种法律由该外国法律确定。"③按解决国际法律冲突的原则解决区际法律冲突。如，《葡萄牙民法典》第 20 条规定："在外国无区际私法时，采用该外国的国际私

法。"这种方法只是较少国家采用。④如果冲突规范中的系属为"本国法",则以当事人的住所地法、居所地法或所属地法代替本国法。中国台湾地区"法律适用法"第 28 条规定:"依本法适用当事人本国法时,如其国内各地方法律不同者,依其国内住所地法,国内住所不明者,依其首都所在地法。"

近年来,在解决区际法律冲突时,国际上比较通行的方法是将间接指定和直接指定两种方法结合运用。如,1979 年《奥地利联邦国际私法法规》第 5 条第 3 款规定:"如外国法由几部分法域组成,则适用该外国法所指定的那一法域的法律。如无此种规则,则适用与之有最密切联系的那一法域的法律。"

中国《涉外民事关系法律适用法》第 6 条规定:"涉外民事关系适用外国法律,该国不同区域实施不同法律的,适用与该涉外民事关系有最密切联系区域的法律。"《中国最高人民法院关于贯彻执行〈中华人民共和国民法通则〉若干问题的意见(试行)》(以下简称《民法通则意见》)第 192 条规定:"依法应当适用的外国法律,如果该外国不同地区实施不同的法律的,依据该外国法律关于调整国内法律冲突的规定,确定应适用的法律。该国法律未作规定的,直接适用与该民事关系有最密切联系的地区的法律。"可见,我国在立法和司法实践中也是采用间接指定和直接指定相结合的方法。

2. 时际法律冲突与准据法的确定

时际法律冲突会发生在法律对时间因素不明确规定的场合。一国在制定国际私法规范时,对时间因素的考虑会出现两种情况:①考虑"时间"因素的影响,即在冲突规范中明确规定应适用何时的法律,这样就会避免时际法律冲突的产生。例如,中国《涉外民事关系法律适用法》第 31 条规定,"法定继承,适用被继承人死亡时经常居所地法律",其中就明确规定了是被继承人"死亡时"的经常居所地法律。②并不明确规定适用何时和何地的法律。如果立法中没有明确规定应适用何时和何场所的法律,实践中往往就会产生新旧法之间的矛盾,即产生时际法律冲突。例如,"不动产物权,适用不动产所在地法律"就没有规定适用何时的"不动产所在地法律",当不动产物权关系产生前后的法律规定不一致时,就会发生时际法律冲突。在合同关系领域,往往采用当事人意思自治原则,当事人选定的法律在合同履行时如果发生变更，也会产生时际法律冲突。

解决时际法律冲突的法律叫作时际冲突法或时际私法。它主要有两大原则：一是法律不溯及既往，即法律只适用于其施行后所发生的事件和行为，对于其施行前的事件和行为不具有溯及力，但法律明确规定有溯及力的除外；二是新法优于旧法，即对于新法施行后所发生的事件和行为，依新法的规定。

国际私法上的时际法律冲突有三种情况：

一是法院地国的冲突规范在涉外民商事关系确立后发生变更（可能是冲突规范中的连结点发生变化，或限定连结点的时间因素发生变化，也可能是二者同时发生变化）。对于这种情况，一般按照时际冲突法的基本原则，即法律不溯及既往和新法优于旧法的原则加以解决。所以，在国家改变冲突规则时，应在有关立法中明确规定新的冲突规则是否有溯及力，如果有溯及力，应明确溯及的范围和条件。如，1964年日本《关于遗嘱方式准据法》的附则规定："本法也适用于施行本法之前所立的遗嘱，但遗嘱人在本法施行之前死亡的，其遗嘱仍依从前的法律。"

二是法院地的冲突规范未变，但其指定的准据法发生了改变。这时究竟是适用涉外民商事关系成立时的旧法，还是适用已经改变了的新法，一般也是按照时际冲突法的一般原则解决。但是对于在国际合同当事人合意选择的准据法发生变化的情况下是否应适用新法的问题，在国际私法理论上一直有争议。一种观点认为，应该适用国际合同关系成立时的旧法，理由是：当事人协议选择的准据法是他们根据该国际合同关系成立时的情况决定的，它一旦订入合同，就成为合同的内容，不能随准据法本身的改变而改变，如依新法就等于改变了当事人之间的权利义务关系。另一种观点认为，应该以新法代替旧法，理由是：当事人既然选定某国的法律作为准据法，就表明他们已经认定他们之间的法律关系是由该国的整个法律制度调整的，包括其已经变化了的法律。

三是法院地国的冲突规范未变，但作为冲突规范的连结点的当事人的国籍、住所或物之所在地等发生了变化，需要确定是适用原来的连结点所指定的法律，还是适用新的连结点所指定的法律。这在国际私法理论上叫作"动态冲突"。对于这种情况，各国的立法和司法实践中没有形成一致的解决办法，一般是根据不同涉外民商事关系的性质，从有利于公正、合理解决案件的角度出发，分别采取可变原则和不变原则两种方法。所谓可变原则，是指某些涉外民商事关系可以适用变更后的连结点所指定的准据法。如，在英国，允许改变的连结点有动产所在地、船旗国、法人的经营或管理中心与个人的国籍、住所或居所。所谓不变原则，是指准据法不因连结点的变更而改变，即仍适用原来的连结点所指定的准据法。如，在英国，不允许变更的连结点包括不动产所在地、婚姻举行地、遗嘱成立地、侵权行为地和法人住所地等。

3. 人际法律冲突与准据法的确定

在理论上和实践中，人际法律冲突通常通过人际冲突法或人际私法来解决。当冲突规范指定适用存在人际法律冲突的国家的法律作为准据法时，就要根据该外国的人际私法确定应适用该外国哪一成员集团的法律，如果该外国没有人际私法，则适用与案件或当事人有最密切联系的法律。这一般是分别不同民族、种族、宗教而适用各自的法律。例如，在新加坡，穆斯林结婚按穆斯林法的规定，非穆斯林结婚适用妇女大宪章的规定；穆斯林和非穆斯林结婚，则根据其采用的仪式来决定适用穆斯林法还是妇女大宪章。

4. 先决问题及其准据法确定

先决问题（Preliminary Question），是指为解决涉外民商事关系的主要问题（Principal Question）而必须要先行解决的附带问题（Incidental Problem）。由于这个问题往往成为解决涉外民商事案件的前提条件，故称之为先决问题。

例如，在1968年英国布伦特伍德婚姻登记员案中，一个意大利人娶了一个瑞士女子为妻，不久，双方在共同住所地瑞士离婚。离婚后女方再婚，男方在英格兰准备和一个住所在瑞士的西班牙女子结婚，但婚姻登记员布伦特伍德以该意大利男子第一次离婚的效力有问题为由而拒绝为他们进行结婚登记。于是，该男子就其婚姻能力问题向英国法院提起诉讼。该案中的主要问题是意大利男子的再婚能力问题。依英国冲突规则，再婚能力得依当事人住所地法即瑞士法，但这个主要问题的解决取决于他的第一次离婚是否有效，这成为该案主要问题的先决问题。依瑞士的实体规则，该离婚有效；但如果依确定该男子再婚能力的国家的冲突规则即瑞士冲突规则，离婚适用当事人的本国法即意大利法，而意大利法却不承认意大利国民可以离婚。

在本案中，英国法院适用了瑞士冲突规则，因而确认该离婚无效，该意大利男子没有再婚能力。

从该案中我们可以看出：①该案的主要问题是再婚能力的有无，依英国冲突规则，应适用瑞士法；②离婚是否有效是因主要问题而产生的先决问题，它同时可以作为一个独立的问题存在，并且另有确定准据法的冲突规则；③对于离婚效力这一先决问题，若依英国冲突规则（法院地国冲突规则）指定的准据法，离婚为有效；但若依瑞士冲突规则（主要问题准据法所属国冲突规则）指定的准据法，离婚为无效。

上述案件中，主要问题即再婚能力问题，依法院地英国的冲突规则指定的准据法为外国法即瑞士法；先决问题对于主要问题来说具有相对的独立性，在一个案件中可作为一项争议向法院提出，并且该先决问题有冲突规则可供援引；依主要问题的准据法所属国的冲突规则（即瑞士冲突规则），离婚适用当事人的本国法即意大利法，意大利法不承认其国民可以离婚；依法院地冲突规则（即英国冲突规则），离婚适用当事人的住所地法即瑞士法，则离婚为有效。

一般认为，上述案件是一个非常典型的具有先决问题的国际私法案例，主要问题依据法院地的冲突规范确定的准据法为外国法，那么在确定先决问题准据法时，就需要在主要问题准据法所属国冲突规则和法院地国冲突规则中做出选择，也就是说，只有在这种情况下，才会出现先决问题准据法确定的问题。

对于先决问题准据法的确定，目前国际私法实践中没有统一的做法，大致存在两种对立主张，从而出现了三种意见：①先决问题的准据法应依主要问题准据法所属国家的冲突规范来确定。这种主张强调附随性，为了避免可能出现的人为地分割主要问题和先决问题，从而求得两者协调一致的判决结果。目前，英美等国采此做法。②法院地主义，即先决问题的准据法应依法院地国家的冲突规范来确定。该主张主要考虑问题的相对独立性，因为主要问题与先决问题是两个独立的问题，应按照先决问题的性质，由法院地国的冲突规范来指定其准据法。例如，1979 年美洲国家国际私法特别会议通过的《美洲国家间关于国际私法一般规则的公约》第 8 条规定："由主要问题产生的先决问题，不必一定依适用于主要问题的法律解决。"③个案分析主义，即根据先决问题是和法院地法还是和主要问题的准据法关系更为密切的情况，谋求个别解决。为了避免前述两种主张片面强调一方面所带来的缺点，其主张先要看看先决问题的重心究竟偏于哪个方面而定。

中国《涉外民事关系法律适用法解释（一）》第 12 条规定："涉外民事争议的解决须以另一涉外民事关系的确认为前提时，人民法院应当根据该先决问题自身的性质确定其应当适用的法律。"

第三章　冲突规范适用中的一般制度

第一节　识别

一国法院无论是审理纯国内案件还是涉外案件，都必须既准确理解法律的含义，又要了解案件的事实真相，这是正确审理案件必须具备的前提条件。如果对法律含义的理解不同，对事实构成的定性不同，那么对案件的审理结果也就不同。

一、识别的概念

国际私法上的识别（Characterization），又称为定性（Qualification）或分类（Classification），是指法院在适用冲突规范的过程中，根据一个特定的法律概念，对有关的人、物、行为构成的事实进行法律上的分类和解释，赋予它法律上的名称和给予它法律上的地位、分类与定性，以便具体确定应予适用的冲突规范及其所援引的某国实体法，并对有关的冲突规范进行解释的认识活动过程。

国际私法上的识别具有特殊的含义和意义，是和冲突规范的适用过程紧密相连的。识别包括相互制约和影响的两个阶段：①对有关的法律事实和问题进行识别，从而确定应予适用的冲突规范，即确定争议问题的性质。如，判定是合同问题还是侵权问题，是结婚能力问题还是婚姻形式问题，是实质问题还是程序问题，等等。②对冲突规范本身的识别，即对冲突规范中的"范围"、"连结点"中的有关法律概念进行解释。

国际私法学上对识别问题的研究，是由 1889 年法国最高法院对马耳他人案（或称安东诉巴特鲁案）的处理引起的。该案案情是：马耳他人安东夫妇在马耳他结婚，1870 年前住所在马耳他，后来移居到当时的法属阿尔及利亚，安东在那里购置了土地。1889 年安东去世，安东夫人根据马耳他法律，向法院要求夫妻共同财产的一半和死者遗产土地的 1/4 用益权。在当时，按法国法，未亡妻依继承权取得亡夫的遗产，不能取得亡夫不动产土地的收益；按马耳他法，未亡妻依配偶权取得亡夫的遗产，可取得亡夫不动产土地收益的 1/4。因此，对于安东夫人的要求这个事实，按法国法和马耳他法处理会得出不同的结果。而法国当时适用的冲突规范是：配偶权利依结婚时当事人的住所地法，不动产继承依物之所在地法（土地为不动产）。所以，按这个法国冲突规范，如认为是配偶权利则应适用马耳他法，安东夫人可取得亡夫不动产土地收益的 1/4；如认为是继承权则应适用法国法，安东夫人不能取得亡夫不动产土地的收益。最后，法国最高法院在 1889 年把安东夫人的要求确认为配偶权，按法国的冲突规范，应依结婚时当事人的住所地法，即马耳他法，安东夫人取得了亡夫不动产土地收益的 1/4。

从上述法国最高法院对马耳他人案的处理可以看出：①首先要运用一个特定国家的法律概念对案件加以解释；②这种解释是对特定的人、物和行为等事实构成进行的；③解释的结果是对所解释的对象进行法律上的分类，确定其法律性质，确定应予适用的冲突规范；④解决这个问题的认识过程就叫识别，也叫定性、分类。所以，当时的识别只是对事实构成进行定性，确定应予适用的冲突规范，并不包括对冲突规范、连结点的解释。

法国最高法院对马耳他人案处理的过程在国际私法学界引起了极大的兴趣。法国学者巴丹和德国学者康恩，在 19 世纪末叶，首先把识别作为国际私法上的独立问题提出来，他们把各国适用同一冲突规范而得出不同结果的现象称为"识别冲突"（巴丹）或"隐存的法律冲突"（康恩）；后来，又有学者称之为"冲突规范的冲突"。自此，识别问题在国际私法学界引起了广泛的重视和研究讨论。

二、识别产生的原因

识别产生的原因实际上就是识别冲突产生的原因。在处理国际私法案件时，案件总是与两个或两个以上的国家相联系，依不同国家的法律进行识别，其结果往往不同。这就是所谓的识别冲突现象，即由于法院地法与有关外国法对于冲突规范的范围或连结点中同一法律概念赋予不同的内涵，或对于同一事实做出不同的分类，因而采用不同国家的法律进行识别会导致适用不同冲突规范和不同准据法的法律冲突现象。

产生识别冲突的原因主要有以下几个方面。

（1）不同国家对同一事实赋予不同的法律性质，因而可能援引不同的冲突规范。例如，关于未达到婚龄的子女结婚必须得到父母同意的问题，法国法认为属于婚姻能力问题，而英国法认为属于婚姻形式问题。如果是婚姻能力问题，应适用当事人的住所地法；如果是婚姻形式问题，应适用婚姻举行地法。

（2）不同国家往往把具有相同内容的法律问题分配到不同的法律部门中。例如，关于时效问题，一些国家认为是实体法问题，应依有关冲突规范确定准据法；而另一些国家则认为是程序法问题，只能适用法院地法。

（3）不同国家对同一冲突规范中相同用语的连结点赋予不同的含义。例如，各国法律都主张"不动产物权依不动产所在地法"，但各国对于什么是不动产、什么是动产有不同理解。例如，法国把蜂房当作动产，而荷兰则认为是不动产。另外，对于"合同缔结地"，大陆法系国家一般采取到达主义，而英美法系一般是采取投邮主义，因此，可能会导致同一个合同的成立地是不同的。对于"侵权行为地"，不同的国家理解也不相同，有的国家认为是侵权行为实施地，有的国家认为是损害后果发生地。

（4）由于社会制度和历史文化传统的不同，一些国家所具有的法律概念是其他一些国家所没有的。例如，许多国家都有占有时效制度，而中国法中没有这一制度。

三、识别的主体

当今世界各国的诉讼模式可分为两类，即"当事人主义"和"法官职权主义"。"法官职权主义"对应的是"纠问式"审理方式。在这种审判方式下，诉讼程序的进行以及诉讼资料和证据的收集等职能均由法院为之。而"当事人主义"则与"对抗式"或"辩论主义"审理方式相适应。在此模式下，诉讼请求的确定、诉讼资料和证据的收集和证明均由当事人负责，法官则处于一种中立的地位。对于当事人没有提出的事实，即使法官通过职权调查已得到心证，仍然不能作为裁判的依据。

在资产阶级革命之前，欧洲各国司法诉讼程序普遍贯彻法院职权主义。当代西方国家，无论是大陆法系还是英美法系国家，在民事诉讼程序中大都奉行"当事人主义"。20世纪后，职权主义在西方国家虽有所复兴，但主要局限于某些涉及公共利益和第三人利益的诉讼。苏联及东欧国家的诉讼制度一般被认为属于典型的职权主义。

在涉外民事诉讼中，如果依照"当事人主义"，对诉讼标的的识别应当依据当事人的诉讼请求。

我国由于受苏联影响，一直实行的是"法官职权主义"的诉讼模式。在诉讼标的的识别问题上，法院发挥着决定性作用。在诉讼中，法官可以不受当事人诉讼请求的影响，依照职权确定该案的诉讼标的。

由此可见，识别的主体不是单一的，且在识别过程中的法律地位也是不平等的。当事人和法院都是识别主体。一个具有涉外因素的民商事案件发生后，当事人之间在不能对纠纷达成和解或调解的情况下，多会寻找司法的救济，为了选择最有利于自己的管辖法院，以及适用最有利于自己的国家的法律，当事人在起诉前就需要判断案件是什么性质的案件、拟将起诉的法院是否会受理，从而在向法院提交的起诉状中对案件性质作明确的陈述并提交相关证据材料予以佐证。而法院在确定案件管辖权时，首先也要对案件进行分类，根据本国的法律看法院是否有管辖权、是否行使管辖权。

当事人的识别和法院的识别是一个互动并相互制约的关系。在管辖阶段，当事人的识别会与法院的识别之间发生冲突。由于各国法律传统、文化和立法的不同，不同国家的法院对案件事实构成的识别不同直接影响到一国法院是否受理该案件。在当事人向不同国家法院起诉，而两国法院对事实构成识别相同的情况下，往往会形成管辖权的积极冲突。在这种情况下，一国法院的识别应从保护当事人合法的诉权和权益的角度来进行定性或分类。若过于强调当事人的识别和据此对管辖权的选择权，法院对此不加以审查，往往并不利于对案件公正地行使管辖权和相应的冲突规范的适用。因为司法实践中有很多当事人利用不同国家法律对案件性质的不同规定规避有管辖权法院的管辖，进而规避应该适用的冲突规范和实体法，这对被告来说显然是不利和不公平的。

在当事人的识别和法院的识别中，法院享有案件管辖权的最终决定权和适用法律的选择权，因此，识别的主体主要是当事人和法院。其中，法院对识别起决定性作用，且对事实情况的定性是终极性的。

四、识别的依据

识别的依据，也称为识别的解决或识别冲突的解决，是指应根据什么原则来确定依何国法律进行识别的问题。这是识别问题的关键。由于各国法律、法律观念不同，依不同的法律对相同的法律事实或同一冲突规范进行识别时，可能得出不同的结论，从而对案件做出不同的审判结果。对于识别依据问题，各国国际私法理论、立法和司法实践存在不同主张，综合起来有以下主要不同主张。

（一）依法院地法识别

此学说是德国学者卡恩和法国学者巴丹首先提出来的，得到许多国际私法学者的支持和许多国家立法与司法实践的肯定。其主张，除动产和不动产依物之所在地法进行识别、合同关系依当事人选定的法律进行识别外，其他方面的识别都应依法院地法进行。其理由是：

（1）冲突规范是国内法，其使用的名词或概念只能依照所属国的法律，即法院地法进行解释。依法院地法进行识别，可以保持一国冲突规范与该国其他法律对同一事实情况解释的同一性。

（2）法官熟悉自己国家的法律概念。依法院地法进行识别，简便易行，无须查明有关外国法的内容，并常常是唯一可行的途径。

（3）识别是适用冲突规范的先决条件，在没有解决识别问题之前，外国法的适用问题还没有提出来，因此，除了法院地法外，不可能有其他法律可作为识别的依据。

反对这种做法的学者认为，依法院地法进行识别比较武断、狭隘，在法院地法中没有被识别对象的法律概念时就无法识别了。

综观各国的国际私法理论和立法及司法实践，在审理涉外民商事案件时采用法院地法进行识别，在大多数国家的理论和实践中是占主导地位的。

（二）依法律关系准据法识别

这是法国的德帕涅和德国的沃尔夫倡导的。他们认为，应根据适用的冲突规范所援引的某特定国家的实体法（准据法）进行识别，即认为，用于解决基本法律冲突的准据法同时也应当是解决识别冲突的依据。其理由是：

（1）准据法是支配具体法律关系的法律，如不依它进行识别，结果就是等于准据法没有被适用。

（2）适用冲突规范的目的在于指定准据法，依准据法识别既可避免因对冲突规范识别不准确而歪曲适用法律，又可防止改变应适用的准据法。

（3）以事实构成为出发点来解决识别问题，应采用准据法识别，因为准据法是和事实构成有密切联系的法律。

当今大多数国际私法学者认为，这种主张自身存在很大的矛盾，即认为在识别之前尚未确定冲突规范，更无从确定准据法，因而这种主张在理论上是本末倒置、自相矛盾的，在逻辑上是讲不通的，故在理论和实践中支持者不多。

但是，近年来，也有一些学者通过分析英国的一些案例发现，在英国的司法实践中，有时是依准据法和法院地法相结合的方法进行识别的。所以，这个问题是需要进一步深入研究的。

（三）依比较法学和分析法学的方法识别

这是德国学者拉沛尔、英国学者贝克特等的主张，认为识别的标准不能仅仅局限于一国的法律，而应从建立在比较法研究基础上的分析法学中得来，即在比较研究各国法律的基础上得出普遍适用的共同原则、共同概念，寻找出某种各国都能接受的"普遍性概念"或"一般法律原则"，依此进行识别。其理由是：国际私法中的冲突规范，是在涉及的若干个法律制度中选择适用何国法的规范，在认识上具有国际普遍性，因而应在比较法和分析法的基础上来解决识别依据问题。这是一种理想化但脱离实际的想法，分析各国法律的工作将使法官不堪重负。因此，在司法实践中采用这种做法进行识别的例子并不多。

（四）个案识别

这是苏联学者隆茨和联邦德国学者克格尔等提出的，不主张对识别依据问题采取统一的解决办法，而主张对不同的案件分别依不同的法律进行识别。其理由是：识别问题归根到底是对冲突规范的解释问题，不存在统一的识别问题，因而不应采取统一的方法，而应按照案情的具体情况和一国制定冲突规范时所追求的目标来决定是依法院地法还是依相关国家的法律进行识别。

该学说考虑到识别问题的复杂性，具有一定的合理性。但是，其陷入了不可知论，使识别标准成为游移不定、经常变换的东西，不利于识别问题的解决。

（五）依法律制度的功能识别

此学说是德国的纽鲍斯在 1962 年提出的，主张依法律制度在社会生活中的功能进行识别。

持这种观点的学者认为，以上各种方法都是从法律结构上的定性来解决识别依据问题，存在一些不足，应该从考察法律制度的目的和社会功能入手，对相关问题进行识别，这可以较好地解决问题。例如，对于后死配偶的财产请求权，在国际私法上常用法律结构的定性方式，将之视为"夫妻财产法上的请求权"或"继承法上的请求权"，但它显然忽视了后死配偶财产请求权的目的。因为无论是哪种请求权，其目的都是相同的，无非是要使后死的配偶得到应得的财产，使之生活不致发生困难。依纽鲍斯的观点，既然两种请求权具有同样目的、同样功能，不如将"财产法上的请求权"的行使限制在配偶双方生存时的财产关系上，而在一方死亡时，即应适用"继承法上的请求权"，也就是适用死亡配偶（被继承人）死亡时的本国法。❶

（六）两级识别说

"两级识别说"（Primary-Secondary Characterization）最早由英国学者戚希尔（Cheshire）于 1938 年提出来，他把识别分为"一级识别"（Primary Characterization）和"二级识别"（Secondary Characterization）。"一级识别"的任务是"把问题归入适当的法律范畴"或按照法律分类对事实加以归类；"二级识别"是"给准据法定界或决定其适用范围"。两者的区别在于：一级识别发生在准据法选出之前，必须依法院地法；二级识别发生在准据法选出之后，要依准据法进行识别。

历史上"两级识别"只反映在英美等几个国家的判决中，如，苏联十月革命后英国法院对于哈斯股东公司在英国银行的存款被国有化后要求提款案，以及二战后美国法院对第三世界国家的国有化案，都是采用了"两级识别"。现在多数国家都不采用两级识别的方法。

反对"两级识别"的理由是：①客观上根本不存在"二级识别"。识别是在冲突规范适用的过程中产生的一个问题，目的在于确定一条应予适用的冲突规范，从而确定准据法。既然找到了准据法，识别的任务也就完成了。②难以给无限多样的事实划分出"一级"、"二级"识别的标准。既然要区分"一级"、"二级"识别，就需要一个划分的标准，但是，这个标准是很难确定的，而且将损害国际私法中原有的识别规则，导致混乱。因

---

❶ 马汉宝. 国际私法论文选辑（上）[M]. 台北：五南图书出版公司，1984：381－383.

此，所谓的"二级识别"是不存在的，它实质上是对外国法的解释和运用问题。

综观上述各种理论，都有一些缺陷和不足。法院地法说、准据法说和两级识别说的缺陷在于，它们都试图用一种方式或一种固定的模式来解决形形色色的识别问题。而个案识别说有相当大的灵活性，但其弹性太大，使识别方法成为游移不定的标准。

一般来说，各国法院普遍依法院地法对与案件有关的事实或问题进行识别，但又不能把依法院地法识别作为一种僵硬不变的模式。在下列情况下，应适当考虑用与案件有密切联系的有关法律制度来识别：①如果依法院地法识别，而法院地法中没有关于某一法律关系的概念时，就应按照组成该法律关系的外国法确定它的概念；②如果有关冲突规范是由条约规定的，应以该条约作为识别的依据；③特殊的或专门的涉外民商事关系，如动产或不动产的识别，应根据财产所在地国家的法律规定。

以上列举的不同识别依据的主张各有利弊，但利弊大小不同。除了上述五种主张以外，还有技术转让中依受方国家法律识别、根据具体情况和一国冲突规范所追求的目的来识别等。近些年，各国国际私法立法和司法实践中解决识别问题的趋势是：一般依法院地法识别，必要时也适当考虑其他有关国家的法律。1971 年美国《冲突法重述（第二次）》中就采用了此方法，即根据具体情况和冲突规范所追求的目的，一般依法院地法识别，在特殊情况下可考虑兼顾其他有关国家的法律进行识别。又如，2005 年《保加利亚关于国际私法的法典》第 39 条规定："1. 如果准据法的确定取决于对案件事实或法律关系的识别，则依保加利亚法律进行识别。2. 如果相关的法律制度或者法律概念在保加利亚法律中不存在，而且根据保加利亚法律进行解释后也不能确定，则在识别时应考虑规定这些法律制度或法律概念的外国法。3. 识别适应古籍所调整的法律关系中的国际因素以及国际私法的各种特性。"

五、中国有关识别的理论、立法和司法实践

在中国的国际私法学界，对于如何解决识别冲突问题也有种种不同的主张，归纳起来主要有以下三种。

第一种主张认为，每一项涉外民事关系中都含有一个主要方面。识别冲突的解决应该是比较一项涉外民事关系的各个方面，找出其主要方面，

依与主要方面关系有关的国家的法律进行识别。而所有的法律关系根据主要方面可分为三大类：第一类是以财产为中心的法律关系，应依财产所在地法进行识别；第二类是以人为中心的法律关系，应依人的属人法进行识别；第三类是以行为为中心的法律关系，应依行为地法进行识别。

第二种主张认为，一国法院在处理涉外民事案件时，应依与案件有最密切联系的国家的法律进行识别。所谓与案件有最密切联系的国家的法律，实际上就是可能成为准据法的所属国家的法律。也就是说，用来解决争讼问题的准据法同时也就是对有关事实构成等识别对象进行识别的依据。其理由是，与涉外民事案件联系最密切的法律对事实构成、名词概念的解释最切合有关案件的实际。用这种法律进行识别，可以避免因对有关案件事实构成等识别对象定性不准确而造成适用不同冲突规范、歪曲案件性质、导致相互抵触的判决等不合理结果。

第三种主张认为，一国法院在处理涉外民事案件时，一般情况下应依法院地法进行识别。这种主张有利于促进国际民事交往，保护民事关系稳定，有利于当事人合法权益的维护，也便于案件的处理。只有当出现特殊情况时，才考虑用与案件有密切联系的法律进行识别：①有条约明确规定时，依条约规定进行识别；②动产和不动产依物之所在地法进行识别；③对于法院地法未作任何规定的问题的识别，依对该问题有规定的有关外国法识别。

中国最高人民法院 1989 年发布的《全国沿海地区涉外、涉港澳经济审判工作座谈会纪要》专门提到了"两个诉因并存的案件的受理问题"，其中规定："一个法律事实或法律行为有时可以同时产生两个法律关系，最常见的是债权关系与物权关系并存，或者被告的行为同时构成破坏合同和民事侵害。原告可以选择两者之中有利于自己的一种诉因提起诉讼，有管辖权的受诉法院不应以存在其他诉因为由拒绝受理。但当事人不得就同一法律事实或法律行为，分别以不同的诉因提起两个诉讼。" 1999 年中国《合同法》第 122 条规定："因当事人一方的违约行为，侵害对方人身、财产权益的，受损害方有权选择依照本法要求其承担违约责任或者依照其他法律要求其承担侵权责任。"可见，我国法院对于侵权和合同的竞合问题是允许当事人选择的。

在 1988 年上海市高级人民法院"中国技术进出口总公司诉瑞士工业资源公司"案（界定为侵权案件，仲裁条款不发生效力，人民法院有管辖权）和 1997 年江苏省高级人民法院"江苏省物资集团轻工纺织总公司诉（香港）裕亿集团有限公司、（加拿大）太子发展有限公司"案（本案各方当事人均应受合同中订立的仲裁条款的约束，所发生的纠纷应通过仲裁解决，人民法院无管辖权）中，法院将案件纠纷定性为侵权损害纠纷还是合同纠纷，直接决定着当事人在合同中订立的仲裁条款是否有效、人民法院是否具有管辖权。从人民法院在这两个案件中对识别问题的不同态度也可以看出，识别表面上是对案件事实的定性问题，但在更深的层面也可能反映出法院在相关问题上某种具有倾向性的态度：为排斥仲裁制度的运用、确立法院的司法管辖权，上海市高级人民法院和江苏省高级人民法院将当事人在履行合同过程中的纠纷定性为侵权事件；相反，为了支持仲裁，最高人民法院则将后一案件事实定性为合同争议。

2010 年中国《涉外民事关系法律适用法》对识别的依据做出了明确的规定，采用了大多数国家的立法和司法实践所遵循的依法院地法进行识别的做法，该法第 8 条规定："涉外民事关系的定性，适用法院地法。"

第二节　反致

这里所说的反致是指广义的反致，包括狭义的反致、转致（二级反致）和间接反致。它也是冲突规范适用过程中产生的一个问题，反映了冲突规范的冲突，即"二级法律冲突"，实际就是连结点冲突。

一、反致的概念和种类

（一）反致的概念

广义的反致（Renvoi）是指在处理涉外民商事案件时，法院根据本国冲突规范的援引，在确定准据法的过程中没有援用外国的实体法，而接受了外国冲突规范的援引，最终适用本国实体法或第二、第三、第四国的实体法，处理了案件的法律适用过程。

尽管 17 世纪中叶，荷兰、瑞士法院中已出现过"反致"问题，但国际私法学界真正对"反致"问题产生广泛兴趣并进行研究，是从 1878 年法国最高法院对福尔果继承案的处理开始的。该案的案情是：居住在法国的巴伐利亚人的私生子福尔果，1801 年 5 岁时随母亲到法国，并一直在法国生活，在法国有事实上的住所。按照当时法国法律的规定，外国人在法国取得住所必须办理"住所准许"的法律手续，而福尔果在法国从未办过这种手续。1869 年福尔果死于法国，死前未立遗嘱，但在法国留下了一笔动产（存款）遗产。其在巴伐利亚的旁系亲属，根据巴伐利亚法律享有继承权，因而向法国法院要求取得这笔遗产。法国法院受理了这个案件，根据法国法，"动产继承依被继承人的原始住所地法"，应适用巴伐利亚法律；但根据巴伐利亚法律中的冲突规范，"无遗嘱的动产继承依事实上的住所（承认实际住所）地法"，据此，应适用法国法。法国最高法院在1878 年根据法国法做出了判决，确认这笔遗产为无人继承的财产，收归法国国库所有。法国法院这个适用法律的过程，被称为反致。

（二）反致的种类

广义的反致，包括狭义的反致和转致、间接反致，英国法中还有"双重反致"。

1. 狭义的反致（Remission）

狭义的反致，又称"一级反致""直接反致"，是指当甲国法院在审理某个涉外民商事案件时，根据内国冲突规范的援引，应适用乙国法，但根据乙国法中的冲突规范，这个涉外民商事案件应适用甲国法，最后，甲国法院按照内国实体法处理这个案件的法律适用过程。例如前述福尔果继承案。

2. 转致（Transmission）

转致，又称"二级反致"，是指当甲国法院在处理某涉外民商事案件时，根据内国冲突规范的援引，应适用乙国法，但乙国法中的冲突规范规定，这个案件应适用丙国法（第三国法），最后甲国法院按丙国实体法处理这个案件的法律适用过程。例如，德国法院在确定一个定居在法国的中国公民是否具有行为能力的问题时，根据德国冲突规范"自然人的权利能力和行为能力依其本国法"的规定，应适用中国法；而中国《民法通则》第 143 条规定，"中华人民共和国公民定居国外的，他的民事行为能力可以适用定居国法律"，如果德国法院根据这条规定，转而适用法国的实体法确定该中国公民的行为能力问题，这个适用法律的过程就构成了转致。从理论上讲，转致还可能出现再转致，即丙国冲突规范援引丁国法，丁国冲突规范又援引戊国法，最后，法院按戊国实体法处理了案件的法律适用过程，但这种再转致的情况不多。

3. 间接反致（Indirect Renvoi）

间接反致，又称"大反致"，是指当甲国法院在处理某个涉外民商事案件时，根据内国冲突规范的援引，应适用乙国法，但乙国法中的冲突规范规定，该案件应适用丙国法，而丙国法中的冲突规范却指向适用甲国法，据此，甲国法院适用内国的实体法作为准据法处理这个案件的法律适用过程。它比反致、转致更复杂，司法实践中不多见。

4. 双重反致（Double Remission，Double Renvoi）

双重反致是英国冲突法中独有的反致制度，是指英国法官在处理特定范围（如家庭法问题，以及遗赠有效性等问题）的涉外民商事案件时，如果依英国冲突规范应适用某一外国法，英国法官应将自己视为在该外国审判，依该外国对反致的态度，决定最后所应适用的法律。如果英国冲突规范所指向的那个外国承认反致，就会出现双重反致。如果英国冲突规范所指向的那个外国不承认反致，就只会出现单一反致。如果英国冲突规范所指向的那个外国还承认转致，则还可能出现转致。

二、反致产生的原因

国际私法上出现反致问题，是因为具备了产生反致的主客观两个方面的条件。

（1）主观原因，是产生反致的前提条件。审理涉外案件的法院认为，它的冲突规范指向的是某外国法的全部，既包括该国的实体法，又包括该国的冲突法。

如果法院地国把本国冲突规范所援引的外国法仅理解为该国实体法，依该实体法就可确定双方当事人的权利、义务，反致问题就不会发生。因此，认为本国冲突规范所指引的外国法是该外国法的全部，是反致产生的主观条件。

（2）客观原因，是产生反致的根本条件。相关国家针对同一涉外民商事关系或同一法律问题所制定的冲突规则内容不一致，彼此存在冲突，也就是说，不同国家就同一涉外民商事关系或法律问题制定的冲突规范的连结点不同，或在连结点表面相同的情况下，各自对连结点有不同的解释，这是导致反致产生的客观原因。如果仅仅是法院认为法院地国冲突规范指定的外国法也包括冲突规范，但相关国家的冲突规范相同，也不会产生反致。因此，相关国家冲突法的冲突是反致产生的客观条件或法律条件。

例如，对于不动产的法定继承，甲国规定适用不动产所在地法，乙国规定适用被继承人的本国法，且都认为本国冲突规范指定的外国法律包括冲突法。假如一个乙国公民死于甲国并在甲国留下不动产，如在甲国提起继承诉讼，并不发生指定乙国法的情况；反之，如在乙国提起诉讼，也不发生指定甲国法的现象，反致问题也就不会产生。

由此可见，必须同时具备上述两个条件，才会产生反致。在一国法院处理涉外民商事案件时，就可能出现反致问题。实践中，由于对属人法和侵权行为地有不同的理解，因而在确定婚姻、家庭、继承及侵权行为的损害赔偿的准据法时，也容易产生反致问题。

三、反致的理论分歧和各国的立法及国际条约的规定

对于反致问题，无论是理论上还是在各国的立法和条约实践中，都存在赞成和反对两种意见。

(一) 反致的理论分歧

在理论上，赞成反致制度和反对反致制度的焦点主要在于是否会妨碍尊重国家主权原则，能否达到判决结果的一致性，以及能否把外国法的冲突规范和实体法规范加以分割等问题。

1. 赞成反致的理由

赞成反致的学者认为，反致应当成为国际私法中的一个制度。其理由主要有：①承认反致制度符合尊重国家主权原则的要求。因为根据外国冲突规范的规定而适用法院地法，是尊重了外国的立法主权。既然外国冲突规范做出了这样的规定，说明该外国自动放弃了其实体法的适用而指定适用法院地法或第三国法，与该国的主权和立法意旨相一致。②承认反致制度有利于达到判决结果的一致性。这样，就可以避免对于同一案件在不同国家的法院做出不同的判决，这正是国际私法的重要目的之一，有利于内国法院的判决为外国法院所承认与执行。③承认反致制度有利于维护和尊重一国（外国）法律的完整性。因为外国法律是由冲突规范和实体规范共同构成的不可分割的整体，法院地国家的冲突规范援引外国法是一种总括性的援引，包括了外国的冲突规范和实体规范，是合理的。恶性循环的现象实际上是不易发生的。④承认反致制度可以扩大内国法的适用范围。在反致和间接反致情况下，可以导致法院地国家法律的适用，这有利于维护法院地国的公共秩序。

2. 反对反致的理由

反对反致的学者认为，采用反致制度不仅毫无实际意义，而且有碍于国际私法的发展和贯彻实施。其理由主要有：①采用反致制度只看到外国的主权而忽视了法院地国家的主权。既然法院地国家的冲突法规定适用外国法，就应依据规定去适用外国法，否则就是不尊重自己国家的主权和立法意旨，实际上就等于放弃了自己国家的冲突规范。②在各国都采取反致的情况下，也并不一定能取得判决的一致性。所以，前述福尔果继承案，如分别在法国和巴伐利亚法院处理，结果就将不同。③采取反致制度将出现相互援引、无限循环的现象，永远无法确定准据法。如果被内国冲突规范所援引的外国法也包括冲突规范，就会出现无限循环、互相援引的情况。否则最终确定适用内国法或第三、第四国实体法，就难免有过于武断之嫌疑，属于法律适用上的专横行为。所以，冲突规范所援引的外国法，不应包括冲突规范。1946 年《希腊民法典》第 32 条就规定："在应适用的外国法中，不包括该外国法的国际私法在内。"④采用反致制度大大增加了法官和当事人查明外国法内容的任务，给司法实践带来很大不便，有时甚至要查明多个国家的冲突规范、有关识别和公共秩序保留制度后，才能做出法律适用的结论。

上述赞成和反对反致制度的不同主张，从不同的标准和视角出发，各有其合理和不合理之处。采用反致，增加了法律选择的手段，多了一个选择的可能；但是也不能否认，赞成反致制度的主张反映了一些国家限制外国法适用的倾向。例如，1896 年《德国民法典施行法》规定了大量限制外国法适用的单边冲突规范，只规定了 8 条双边冲突规范，还在第 27 条规定了可以反致德国法，这就进一步限制了外国法的适用。一方面，一些国家采用反致的主要原因在于扩大少数领域的内国法的适用；另一方面，有的国家在发现依本国冲突规范适用外国实体法不利于贯彻自己国家的公共政策时，就有可能通过反致排除外国法的适用。

（二）关于反致的各国立法与国际条约

对于反致制度，采用反致和反对采用反致这两种主张也都同样存在于各国立法和国际条约中。

1. 各国关于反致的立法

自反致成为国际私法上的一个基本制度以来，就各国立法情况来看，一直存在采用和反对采用两种意见。自从 1896 年《德国民法典施行法》

第 27 条最先做出规定以来，目前各国立法中大致存在以下三种不同态度：

（1）接受全部反致制度，即在立法中对于狭义的反致、转致和间接反致都有规定。采取这种做法的国家主要有奥地利、法国、英国、波兰等。法国自 1878 年福尔果继承案以后就接受了反致制度；在 1967 年《补充民法典关于国际私法内容的草案》中肯定了接受反致和转致制度，但是规定，在合同、夫妻财产制及行为方式等方面不应适用反致制度，在一定条件下，当遗嘱人选定了本国法时，也不适用反致。英国只在有限的问题上接受反致和转致。在这些问题中，最常见的是关于遗嘱的形式、实质要件及无遗嘱继承的情况，以及子女因后继结婚准正的问题、婚姻的形式和能力问题，而在合同、侵权、保险、动产买卖、财产的生前赠与、抵押、票据、企业、合伙、外国公司的解散等领域，均不采用反致制度。而英国的双重反致只适用于遗赠的有效性、位于国外的不动产的权利、一些动产案件及家庭法等方面的问题。《波兰国际私法》第 4 条规定："①依本法而适用的外国法对波兰法反致时，则适用波兰法。②如依本法指定适用的外国法，对另一国法律转致时，则适用该另一国法律。"1979 年《奥地利国际私法法规》第 5 条第 1~2 款规定："①对外国法律的指定，也包括它的冲突法在内。②如外国法反致时，应适用奥地利内国法（不包括冲突法）；如外国法转致时，则对转致亦应予以尊重；但当某国内国法未指定任何其他国家的法律，或在它被其他法律首次反致时，则应当适用该外国的内国法。"这是最为详细规定反致制度的条款，而且各种法律关系都适用反致。

（2）接受部分反致制度，即在立法中只接受狭义的反致，拒绝转致和间接反致。采取这种做法的国家主要有俄罗斯、匈牙利、日本、泰国等。而且，日本只在以当事人国籍作为连结点的那些民事关系中接受反致，即只限于在当事人本国法与日本法之间发生反致。有的国家还规定了适用反致的具体的例外性规则。

（3）完全不接受反致制度。采取这种做法的国家主要有荷兰、希腊、巴西、埃及、秘鲁、伊朗、伊拉克、叙利亚、摩洛哥等，这些国家不接受任何形式的反致。例如，1964 年《希腊民法典》第 32 条规定："在应适用的外国法中，不包括该外国的国际私法规则。"

2. 国际条约关于反致的规定

在国际条约中，目前对反致制度的态度也可分为赞成和反对两种：①赞成反致制度的国际条约。1902 年《婚姻法律冲突公约》、1930 年《关于解决汇票和本票某些法律冲突的公约》、1931 年《解决支票法律冲突公约》等，都明确规定接受直接反致；而 1955 年《关于解决本国法和住所地法的法律冲突公约》，明确规定接受反致和转致。②排除反致制度的国际条约。有些国际条约明确规定排除反致制度，例如 1978 年《代理法律适用公约》。

这里需要说明的是，绝大多数国家都明确规定在合同领域是不采取反致制度的。应该说，这一做法基本上已经在国际上达成共识。

四、中国关于反致的理论和立法实践

中国国际私法学界对于是否采用反致态度是有分歧的，存在赞成部分采用反致和反对采用反致两种意见。赞成部分采用反致的意见认为，既然反致制度是国际私法上与适用外国法有关的一项制度，就没有反对的必要，不妨在如继承等有限的领域采取部分采用反致的做法，即采用狭义的反致或直接反致。

2007 年《最高人民法院关于审理涉外民事或商事合同纠纷案件法律适用若干问题的规定》（以下简称《合同法律适用若干问题的规定》）第 1 条规定："涉外民事或商事合同应适用的法律，是指有关国家或地区的实体法，不包括冲突法和程序法。"该规定只表明我国在决定涉外合同的法律适用方面不接受反致，但并不表明我国对反致制度的一般态度。

1988 年《民法通则意见》对于反致没有非常明确的解释。学术界对于该解释第 178 条第 2 款的规定，即"人民法院在审理涉外民事关系的案件时，应当按照民法通则第八章的规定来确定应适用的实体法"，出现了不同的理解：一种认为，根据此规定，在司法实践中将不采用反致、转致制度；另一种认为，该规定只说按第八章的规定来确定应适用的实体法，并没有规定不采用反致制度，因此在实践中对于反致应采取灵活的态度，根据具体需要可以采取反致，也可以不采取反致。

2010 年《涉外民事关系法律适用法》采取了完全不接受反致立场，该法第 9 条规定："涉外民事关系适用的外国法，不包括该国的法律适用法。"

第三节　法律规避

法律规避，是冲突规范适用过程中产生的一个问题，也是影响冲突规

范效力的一个问题；但它不是国家行为，而是当事人的行为，在国际私法上是被禁止的行为。

一、法律规避的概念

国际私法上的法律规避（Evasion of Law），也称"法律诈欺"，是指涉外民商事法律关系的当事人，为了逃避本来应该适用于他们之间民商事关系的实体法，通过故意制造条件、改变冲突规范的连结点（联系因素）而适用了对其有利的另一国实体法的行为。

国际私法上，对法律规避有广义和狭义两种不同的理解：狭义的法律规避只指规避内国法的行为；广义的法律规避是指所有法律规避行为，即不论规避内国法还是规避外国法，都属于法律规避。

法律规避在国际私法上引起广泛关注和研究，开始于1878年法国最高法院对鲍富莱蒙王妃离婚案的判决，该判决确定了规避内国法的行为无效的原则。该案案情是这样的：法国王子鲍富莱蒙的王妃原来是比利时人，与王子结婚后取得法国国籍。后来她想离婚，同一个罗马尼亚王子结婚，但在当时，1884年以前法国的法律不准其国民离婚。于是，她便移居到德国并加入了德国国籍，随即在德国获得离婚判决，然后在柏林与罗马尼亚王子结婚。鲍富莱蒙王子得知此事后，在法国最高法院申请宣告其妻子加入德国国籍以及离婚、再婚均无效。法国最高法院认为，依照法国法，离婚虽然应适用当事人的本国法，但鲍富莱蒙王妃取得德国国籍显然是为了逃避法国法律禁止离婚的规定，因而构成了法律规避，遂判决她在德国的离婚和再婚均属无效。至于入德国国籍问题，法院无权受理。这是有关法律规避的典型案件。

二、法律规避的性质

对于法律规避是一个独立问题还是公共秩序保留的一部分，在学术界存在不同的观点和主张。一派学者认为法律规避是一个独立的问题，不应与公共秩序保留问题混为一谈，法律规避着眼于当事人的虚假行为，而公共秩序保留着眼于外国法的内容和适用结果。另一派学者认为法律规避也属于公共秩序保留问题，是后者的一部分，在不适用外国法而适用内国法时，二者都是为了维护内国法的权威，法律规避可以视为公共秩序保留的一个附带条件。

中国的大部分学者认为法律规避是一个独立的问题，法律规避和公共秩序保留之间是有明显区别的。这主要表现在：①二者发生的原因不同。法律规避是当事人故意制造或改变连结点而构成的；而公共秩序保留则是由于适用内国冲突规范的结果与内国的公共秩序相冲突而产生的，是内国法律规定的结果。②二者的保护对象不同。法律规避是为了保护内国法或外国法中的强制性或禁止性规范；而公共秩序保留是为了保护内国的公共秩序。③二者的行为性质不同。法律规避是一种个人行为，是当事人通过故意制造或改变连结点来实现的；而公共秩序保留是一种国家司法行为。④二者的后果有所不同。二者都排除外国法的适用，但法律规避的当事人还可能承担其他法律责任；而公共秩序保留的当事人一般不承担其他法律责任。⑤二者的地位和立法上的表现不同。法律规避并不是所有国家都采用的一项制度；而公共秩序保留是各国立法中都普遍接受和采用的一项基本制度。

三、法律规避构成的要件

从法律规避的概念可以看出，构成法律规避必须具备下列要件。

（1）行为的主体是涉外民商事关系的当事人。

（2）当事人在主观上存在故意，也就是说，当事人主观上有逃避某种法律的动机，法律规避是当事人有目的、有意识的行为所致。因此，法律规避又被称为"僭窃法律"、"诈欺规避"、"诈欺设立连结点"等。

（3）规避的对象是本应适用的法律中的强制性或禁止性规范，而不是任意性规范。因为任意性法律对当事人来说，既是可以适用的，也是可以不适用的，当事人根本不需要采用规避手段。这里需要说明的是，因为各国的规定不同，被规避的法律是内国法或外国法，有时也决定是否构成法律规避。

（4）从行为方式上看，当事人是通过人为地制造或改变连结点来达到规避法律的目的的，如改变国籍、住所、行为地、物之所在地等。

（5）从客观结果上看，当事人达到了适用对自己有利的法律的目的。如，前述鲍富莱蒙王妃离婚案的当事人就已经实现了适用对其有利的另一国实体法的目的。如果当事人"想"规避某国实体法，但只是处于主观规避的"意图"，就不构成国际私法上所说的法律规避。

以上为构成法律规避必备的要件，必须同时具备方构成法律规避，其中，当事人改变冲突规范连结点这一具体事实体现了法律规避行为的基本或本质特征。

四、法律规避的效力

对于法律规避的效力问题，大陆法系国家和英美法系国家存在尖锐的对立。大陆法系国家普遍认为，法律规避是一种欺诈行为，根据"欺诈使一切归于无效"的原则，在发生法律规避行为的情况下，就应排除当事人希望适用的法律，而应当适用本应适用的法律。一些英美法系国家的学者采取宽容态度，认为探知当事人的内心意思是非常困难的，无故意应承认有效，那么故意和无故意，结果也没什么不同和害处。既然冲突规范给予了当事人选择法律的可能，当事人为了达到自己的目的而选择某一国家的法律，就不应归咎于当事人。如果要防止冲突规范被人利用，就应该由立法者在冲突规范中有所规定。例如，美国统一各州法律委员会于1907年制定的《撤销婚姻和离婚的统一法》中，把当事人任何一方"是一个州的善意居民"，而且在一定时间内"继续是这个州的善意居民"，作为该州法院对婚姻无效案件和离婚案件行使管辖权的条件，便可达到防止法律规避的目的。

从各国关于法律规避的法律规定来看，法律规避的效力大致可分为三种情况。

1. 规避法院地法无效，而规避外国法有效

法国法院在1922年审理"佛莱案"时就采取了这一立场。该案的当事人佛莱夫妇是意大利人，为了规避意大利法律中只许别居而不许离婚的限制性规定，两个人商定由妻子归化为法国人，并向法国法院申请离婚。法国法院对此案做出了准予离婚的判决。然而这种做法遭到很多批评。

2. 仅仅否认当事人规避内国法的效力

绝大多数国家的立法都明确否定当事人规避内国法的效力，而对于规避外国法的效力未作规定。如，《加蓬民法典》第31条规定："任何人不得利用规避加蓬法而使某个外国法得以适用。"1982年《南斯拉夫国际私法》第5条规定："如适用依本法或其他联邦法可以适用的外国法是为了规避南斯拉夫法的适用，则该外国法不得适用。"1979年《匈牙利国际私法》第8条也有类似规定。

3. 所有的法律规避行为均无效

法律规避的本质是一种欺诈行为，只要不存在其他相反的解释，就不应该承认其效力，无论是规避内国法还是规避外国法。如，《阿根廷民法典》第 1207 条规定："在国外缔结的规避阿根廷法律的契约无效，即使该契约依契约缔结地法是有效的。"该法第 1208 条又规定："在阿根廷缔结的规避外国法的契约无效。"1979 年《美洲国家间关于国际私法一般规则的公约》第 6 条规定："成员国的法律不得在另一成员国的法律基本原则被欺诈规避时作为外国法而适用。"根据该公约的规定，凡规避公约任一成员国法律基本原则的法律规避行为，均不具有规避效力。

五、中国有关法律规避的理论和立法实践

依照我国多数学者的观点，由于国际私法所调整的法律关系不仅涉及本国和某外国两个国家的法律，甚至常常涉及三个或四个国家的法律，当事人既可适用外国法来规避本国法，也可适用第二国法来规避第三国法，而第二国法和第三国法对法院来说都是外国法。因此，国际私法上的法律规避应包括一切法律规避在内，既包括规避内国法，也包括规避外国法。至于法律规避的行为是否有效，应视不同情况而定。首先，规避本国法一律无效。其次，对于规避外国法要具体分析、区别对待，如果当事人规避外国法中某些正当的、合理的规定，应该认为规避行为无效；反之，则应认定该规避行为有效。

但是，也有学者认为，对于规避外国法的效力问题，我国理论界普遍主张的"依据具体情况具体分析"的做法，显然不符合现代国际法上的国家主权原则，因为用法院地法的观念去判断，识别外国法是否"正当、合理"存在明显的理论缺陷，"正当、合理"的标准也含糊不清，很难掌握。因此，主张规避外国法也应是无效的。即使外国法的规定确实不合理，当法院地国在适用它的时候，如果与本国的公共政策相抵触，便可借公共秩序保留排除其适用，这也不会妨害法院地的法制。❶

在中国司法实践中，1988 年《民法通则意见》第 194 条规定："当事人规避我国强制性或者禁止性法律规范的行为，不发生适用外国法律的效力。"这里也只是规定了当事人规避我国强行性或禁止性法律规范属于无

---

❶ 肖永平. 国际私法原理［M］. 北京：法律出版社，2003：126.

效行为，而对于当事人规避我国法律行为无效后应适用者未作规定。2007年《合同法律适用若干问题的规定》第6条也明确规定了在涉外民事或商事合同纠纷案件中当事人规避中国法律、行政法规的强制性规定的行为，不发生适用外国法律的效力，同时，明确规定该合同争议应当适用中华人民共和国法律。2012年《涉外民事关系法律适用法解释（一）》第11条规定："一方当事人故意制造涉外民事关系的连结点，规避中华人民共和国法律、行政法规的强制性规定的，人民法院应认定为不发生适用外国法律的效力。"

第四节　外国法内容的查明

外国法内容的查明，也叫外国法的确定、证明或举证，是和适用冲突规范有关的一个问题。

一、外国法内容查明的含义

外国法内容的查明或确定，是指一国法院在审理涉外民商事案件时，当内国冲突规范指向某一外国法时，如何确定和证明该外国法关于这一特定问题的规定的问题。

世界各国的法律千差万别、纷繁复杂，任何法官都不可能通晓世界各国的法律。因此，当一国法院审理涉外民商事案件时，如依本国冲突规范的指引应适用外国法，就必须通过一定的方式和途径来查明外国法的内容。但是，因为各个国家对于经冲突规范援引而适用的外国法的性质如何有不同的观点，因而查明外国法内容的方法也各不相同。所以，我们必须首先探讨外国法的性质问题。

对于外国法的性质，各国有不同的观点，大致有以下三种主张。

1. 事实说

普通法系国家的学者普遍采取这种主张。他们认为，通过本国冲突规范的指引而适用的外国法相对于内国法而言只是一个单纯的事实，而非法律，在英国和美国的司法实践中均贯彻这种观点。他们的理由是：第一，一国的法律只在其国境内有效，如果内国承认所适用的外国法是法律，就等于承认了外国法的域外效力，而这同国家主权原则及他们一直坚持的"国际礼让"原则是不相容的。第二，内国法官审理案件时，只有适用内国法的职责，而没有适用外国法的义务，因此，依本国冲突规范指引适用的外国法只能作为事实，而不能作为法律。英国学者莫里斯说："外国法虽是一个事实问题，但它是'一个特殊类型的事实问题'。"❶

但是，外国法本来就是法律，并不因为人们把它说成是事实而改变其性质。如果把外国法说成是"事实"，就等于将一个"事实"适用于另外一些事实，那是毫无意义的。事实上，内国法院适用外国法是根据本国的冲突规范的指引，说到底，它是适用内国法的结果，承认外国法是法律也丝毫不会损害本国主权。

2. 法律说

此学说是意大利等国家的学者所主张的，认为一国依本国冲突规范而适用的外国法具有法律的性质，也就是法律。但是，这种主张又分为两种观点：一种观点认为内国法官适用外国法是根据法律关系的本座而确定，因此，内国法与外国法是完全平等的，内国法官适用外国法如同适用内国法一样，没有什么区别；另一种观点认为内国法官适用的外国法是法律，但在内国不能具有任何法律上的效力，必须成为内国法律的一部分才能得到适用。

这种观点认为外国法也是法律，是对的，但是，其认为外国法和内国法没有任何区别是错误的，而认为外国法必须成为内国法的一部分才能得到适用也是不对的。根据内国冲突规范的指引应该适用的外国法是法律，但始终是外国法，在适用该外国法时，通常会受到反致、法律规避等制度，尤其是公共秩序保留制度的制约。

3. 折中说

此学说是德国学者创立的，主要目的是调和事实说与法律说之间的矛盾。

此学说主张，外国法既非单纯的事实，也非纯粹的法律，而是根据内国冲突规范的指引而适用的外国法。从内国法观点而言，外国法是根据法院地法而被援用的，这样的外国法既有别于本国法，又有别于外国法，是一种特殊的法律事实。因此，证明外国法也必须采取既有别于确定事实的程序，又不同于确定法律的程序。德国、日本等国家采取这种做法。

中国大多数国际私法学者认为，中国的诉讼法律制度并不是在严格区

---

❶ 黄进. 国际私法 [M]. 北京：法律出版社，1999：274.

分事实问题和法律问题的基础上建立起来的，中国民事诉讼法确定的"以事实为根据，以法律为准绳"的基本原则，要求人民法院在审理涉外民商事案件时，要在查清事实和法律的基础上，做出切合实际的、合理的判决，所以，把外国法看成法律还是事实，在我国没有意义。

二、外国法内容的查明方法

由于不同国家对外国法性质的认识不同，有关查明外国法内容的方法也就因此有很大的不同。从各国关于外国法内容查明的理论和实践来看，外国法内容查明的方法大致有三种。

1. 由当事人举证证明外国法的内容

依据普通法，依据冲突规范所援引的外国法被看作事实，而不是法律，从而要求当事人举证证明。

在英国，外国法的查明必须经过抗辩，而且对外国法的证明要使法官能够接受，如果对该外国法的证明缺乏令人信服的证据，法院将适用英国法。因此，在正常的情况下，不可以将外国法视为已知的事实。不过，英国将欧盟法律作为司法认知而接受，将英格兰、苏格兰及北爱尔兰的法律视为已知的事实。对外国法的查明必须进行抗辩，如同任何其他令法官接受的事实一样，由适用外国法的一方当事人承担举证责任，证明该外国法的内容是什么，以及其与内国法的不同。外国法的查明必须依据适当的证据（如由适格的证人提供的证据）予以证明。根据 1972 年《英国民事证据法》第 4 条第 1 款的规定，任何人由于其具有的专业知识或阅历而成为关于外国法的查明的适格专家证人，不考虑他在有关国家是否从事法律事务或是否有资格从事法律事务。专家证人以口头陈述或提交正式书面陈述的方式对外国法予以证明。

由当事人举证证明外国法内容的具体做法是：如诉讼双方当事人对该外国法有一致的理解，应向法院提交双方就此达成协议的声明，法院就可按协议确定外国法的内容；如双方对该外国法的内容的理解不同，必须由双方各自在诉状或答辩状中引证外国法来证明，或请有关专家提供证明，然后由法院认定。

目前，采用这种方法的国家主要有英、美、英联邦国家、比利时、荷兰、部分东欧国家、阿根廷、墨西哥、智利、巴西等，只不过各国在具体做法上又有所不同。法国原则上也把外国法看作事实，要求当事人举证证明，但如果当事人举证受到限制，法院也可以依职权查证该外国法的内容。

2. 法官依职权查明外国法的内容

把冲突规范所援引的外国法当作法律而不是事实，外国法的内容无须当事人负责证明，按照法官知法的原则，由法官依职权调查并证明。欧洲一些大陆法系国家，如奥地利、意大利、荷兰等，以及采用《布斯塔曼特法典》的拉丁美洲 14 国，都采取这种方法。1979 年《奥地利联邦国际私法法规》第 3 条规定："外国法一经确定，应由法官依职权并按该法在原管辖范围那样予以适用。"该法第 4 条规定："外国法应由法官依职权查明，可以允许的辅助方法有：有关人员参加、联邦司法部门提供资料以及专家意见。"1928 年拉丁美洲国家签订的《布斯塔曼特法典》第 408 条规定："各缔约国的法官和法院应在适当的条件下依职权适用其他国家的法律。"

3. 法官依职权查明，当事人负有协助的义务

采用这种方法的国家有德国、瑞士、土耳其、秘鲁等国家。它们认为，经冲突规范援引的外国法既不是单纯的法律，也不是纯粹的事实，因此，查明的方法也与查明内国法及查明事实有所不同。原则上，应由法官负责调查，同时，当事人也有协助举证的义务。当事人必须在而且只能是在法院要求时，才可以举证。但法院对当事人的证据既可以确认，也可以拒绝或限制，同时也不受当事人所提供的材料的限制，还可以寻求其他来源，比如比较法研究机构和其他研究机构等。1987 年《瑞士联邦国际私法法规》第 16 条规定："外国法的内容由法官依职权查明。为此，可要求当事人予以合作。有关财产的事项，可令当事人负举证责任。"

三、外国法内容无法查明时的解决办法

在各国司法实践中，也会发生通过允许的方法仍然无法查明外国法内容的情况，各国的理论和实践中常采用的方法有以下几种。

1. 适用法院地法，即内国法

国际上采用这种方法的国家比较多。其理由为：外国法不能查明的事实，既可以推定为该外国法内容与内国法相同，也可以推定为当事人放弃了适用外国法的权利，在这种情况下，代之以法官最熟悉的法院地法是公平可行的。

奥地利、瑞士等国家采用的是直接适用法院地法即内国法的方法。例如，1979年《奥地利联邦国际私法法规》第4条规定："如经过充分努力，在适当时期内仍不能查明外国法内容时，应适用奥地利法。"1987年《瑞士联邦国际私法法规》第16条规定："外国法不能查明时，适用瑞士法律。"

而英美法系国家通常采用的是类推适用法院地法即内国法的方法。它们认为，既然外国法不能查明，就应推定外国法与内国法相同。如英国法院，在当事人提不出关于外国法内容的证据或法院认为该项证据不充分时，就用类推的方法适用英国法。1972年《英国民事证据法》第4条第2款规定："皇家法院、高等法院、枢密院委员会的判决和裁定，如引用外国法，则可以以它为证据；如果当事人提不出证据，或法院认为'证据不足'，则法院可用'推定'办法来适用'类似'的英国法。"美国法院也采用类似的方法：当事人不能证明外国法时，推定外国法与美国法相同，但这种推定仅限于普通法系国家的法律，诸如英国、加拿大、澳大利亚等国家的法律。

2. 驳回当事人的诉讼请求或抗辩请求

当外国法内容无法查明时，法院有权拒绝受理当事人的诉讼请求或抗辩请求，作为无法查明外国法的解决办法或辅助解决方法。采取这种做法的国家主要是德国和美国。《德国民事诉讼法》第293条规定：德国法院应依职权确定外国法的内容，但也有权要求当事人双方提供有关外国法的证明，如果负责证明外国法内容的一方不能提出证据，法院可以证据不足为由，驳回当事人的诉讼请求或抗辩请求。在美国，当事人不能证明外国法内容时，同属普通法系国家则可"类推"适用美国法，若属于非普通法系国家，则不能采用"类推"适用办法，在这种情况下，法院有权以"证据不足"为由，驳回当事人的请求。

3. 适用同本应适用的外国法相近或类似的法律

德国曾有案例采取这种做法。在该案例中，一个厄瓜多尔人依其父亲的遗嘱被剥夺了对其父亲遗产的保留份的权利，为此而发生争议。当时，第一次世界大战（以下简称一战）刚刚结束，无法得到《厄瓜多尔民法典》。但是，法院知道，《厄瓜多尔民法典》是以《智利民法典》为模本的，所以认为适用同《厄瓜多尔民法典》相似的《智利民法典》比适用法院地法（即德国法）似乎更接近于正确的解决方法。日本也有判例采取这种做法。东京家庭裁判所 1963 年（昭和三十八年）6 月 13 日关于养子关系认可申请一案的判决要点指出，被指定的外国法内容不明时，应依据《日本法例》关于准据法指定的精神探求其内容：首先应从该外国的整个法律秩序中推断其内容，如尚不明，则从其以前施行的法令，或政治上或民族上相近的国家的法律秩序中推定其法律的内容。

在立法上明确规定外国法无法查明时，适用同本应适用的外国法相近或类似的法律的国家几乎没有。值得一提的是，1978 年《瑞士联邦国际私法法规草案》曾考虑采用这一解决方法，该草案第 5 条第 3 款规定，外国法内容无法查明时，法官可以考虑适用最相近似的法律，若没有最相近似的法律，则适用瑞士法。然而 1987 年《瑞士联邦国际私法法规》正式颁布时，却删除了这一规定。❶

4. 适用最密切联系国家的法律

在应当适用的外国法的内容无法查明的情况下，就适用与当事人有最密切联系的国家的法律。例如，1995 年《朝鲜民主主义人民共和国涉外民事关系法》第 12 条规定："在外国的某一法律被确定为准据法而该法律内容无法查明的情况下，可以适用与当事人有密切联系的国家的法律。"

这种方法也是很少国家采用的，因为这看似一个好的解决方法，而实际上采用之后仍然有可能再次遇到外国法内容无法查明的问题。

5. 适用一般法律原则

这是法解释学中补充法律漏洞的通用方法在国际私法上的运用。所谓一般法律原则，应该是为各国普遍接受的法律原则和规则。这种方法在各国的立法中都没有规定，各国的司法实践中也很少采用。

四、适用外国法错误的补救方法

在适用外国法时，也可能发生错误适用的情况。错误适用外国法基本上有这样两种：一是依冲突规范本应适用某一外国的法律，却适用了内国或另一外国的法律，或者本应适用内国法，却适用了外国法，我们一般把这种错误叫作"适用冲突规范的错误"；二是虽依冲突规范适用了某一外国法，但对外国法的内容作了错误的解释，并据此做出了错误的判决，这叫作"适用外国法的错误"。对于法院在审理案件过程中出现的上述错误，

---

❶ 黄进. 国际私法 ［M］. 北京：法律出版社，2005：207.

各国的理论和实践都给出了救济的方法。

1. 适用冲突规范的错误

对于这类错误，虽然也把它归入外国法的错误适用，但从本质上讲，它是直接违反了内国的冲突规范，具有错误适用内国法的性质。因此，在实践中，各国都认为这与错误适用内国其他法律规范的性质相同，允许当事人依法上诉，以纠正这种错误。

2. 适用外国法的错误

对于这类错误，是否允许当事人上诉，在国际私法的理论和实践中有两种不同的主张：

（1）不允许当事人上诉。持这种观点的国家一般都是把外国法看作一种事实，而这些国家的最高法院只是对下级法院所审理的案件进行法律审，即它必须接受下级法院关于事实的认定，只能审查从事实得出的法律上的结论。因此，对于适用外国法的错误，不允许当事人上诉到最高法院。另外，还有一些国家虽然也把外国法看作事实，也不接受当事人的上诉，但是与上述国家的理由不同。它们认为，其最高法院之所以设立，是为了保证本国法律解释的正确性与一致性，至于外国法律的解释是否正确与一致，应由外国最高法院解决。而且，内国最高法院如果干涉外国法的解释，事实上也有所不便。况且，如果内国最高法院所作的解释与外国最高法院不相一致，或对外国法作了错误的解释，也会影响自己的声誉。因此，它们对于外国法的错误适用问题，也不接受当事人的上诉。采取这种制度的国家有法国、德国、瑞士、西班牙、希腊、比利时、荷兰等。

（2）允许当事人上诉。允许当事人以适用外国法的错误为由提起上诉的国家，大致有两种类型：第一种是奥地利、葡萄牙、芬兰、意大利、波兰、美洲国家，以及苏联、东欧等国家。它们认为，对外国法内容的确定与解释有误，就是对规定适用外国法的内国冲突规范的错误；当外国法作为处理涉外民商事关系的准据法时，它同内国法并无差异，对两者应同等看待；此外，在外国法的查明方面，进行上诉审的上级法院更容易查明外国法，从法律的安全性出发，应允许上级法院或最高法院对下级法院关于他国法律在解释上有无错误作最后决定。因此，它们允许当事人上诉。例如，1928年《布斯塔曼特法典》第412条规定："在有上诉或其他类似制度的各缔约国内，得以违反另一缔约国的法律或对之作错误解释或不当适用为理由提起上诉，与对其本国法有同样情况者相同，并以同样的条件为依据。"又如，2005 年《保加利亚关于国际私法的法典》第 44 条第 2 款规定："对外国法的不适用以及错误解释和适用，均可提出上诉。"第二种是以英国、美国为代表的普通法系国家。它们虽将外国法视为事实，但在诉讼程序中实行上诉审制度，法律赋予上诉审法院对于下级法院关于事实的认定和法律的适用问题进行审查的职能。因此，对于外国法的错误适用是可以提起上诉的。

五、中国关于外国法内容查明问题的规定

中国 1988 年《民法通则意见》第 193 条规定："对于应当适用的外国法律，可通过下列途径查明：①由当事人提供；②由与我国订立司法协助协定的缔约对方的中央机关提供；③由我国驻该国使领馆提供；④由该国驻我国使领馆提供；⑤由中外法律专家提供"；同时规定，通过以上途径仍不能查明的，适用中华人民共和国法律。1988 年 2 月 8 日生效的《中华人民共和国和法兰西共和国关于民事、商事司法协助的协定》第 28 条也规定："有关缔约一方的法律、法规、习惯法和司法实践的证明，可以由本国的外交或领事代表机关或者其他有资格的机关或个人以出具证明书的方式提交给缔约另一方法院。"

2007 年《合同法律适用若干问题的规定》第 9 条第 1 款规定："当事人选择或者变更选择合同争议应适用的法律为外国法律时，由当事人提供或者证明该外国法律的相关内容。"该条第 2 款规定："人民法院根据最密切联系原则确定合同争议应适用的法律为外国法律时，可以依职权查明该外国法律，亦可以要求当事人提供或者证明该外国法律的内容。"根据上述规定，如果依当事人意思自治原则确定合同准据法，则由当事人承担外国法查明的义务；如果法院依照最密切联系原则确定合同准据法，则由法院依职权查明外国法。

同时，上述司法解释第 10 条还规定："当事人对查明的外国法律内容经质证后无异议的，人民法院应予确认。当事人有异议的，由人民法院审查认定。"依据该条规定，外国法无论是由当事人提供还是由人民法院依职权查明，都需要经过双方当事人质证。经质证，如果双方当事人对外国法律内容无异议，人民法院应予确认；如果当事人有异议，由人民法院审

查认定。

另外，上述司法解释第 9 条第 3 款对于外国法无法查明的解决途径也作了明确的规定，即："当事人和人民法院通过适当的途径均不能查明外国法律的内容的，人民法院可以适用中华人民共和国法律。"

2010 年《涉外民事关系法律适用法》对于外国法查明的方法做出了明确的规定，该法第 10 条第 1 款规定："涉外民事关系适用的外国法律，由人民法院、仲裁机构或者行政机构查明。当事人选择适用外国法律的，应当提供该国法律。"该规定表明，当涉外民事关系需要适用外国法时，中国坚持法官依职权查明法律的原则，由人民法院、仲裁机构或者行政机关负责查明外国法，而只有在当事人选择适用外国法律的情况下，应当由当事人提供。

2012 年《涉外民事关系法律适用法解释（一）》第 17 条规定："人民法院通过由当事人提供、已对中华人民共和国生效的国际条约规定的途径、中外法律专家提供等合理途径仍不能获得外国法律的，可以认定为不能查明外国法律。根据涉外民事关系法律适用法第十条第一款的规定，当事人应当提供外国法律，其在人民法院指定的合理期限内无正当理由未提供该外国法律的，可以认定为不能查明外国法律。"该司法解释第 18 条规定："人民法院应当听取各方当事人对应当适用的外国法律的内容及其理解与适用的意见，当事人对该外国法律的内容及其理解与适用均无异议的，人民法院可以予以确认；当事人有异议的，由人民法院审查认定。"

第五节　公共秩序保留

公共秩序保留是国际私法中与适用外国法有关的一项基本制度，也是争议最多、内涵很不确定的问题之一，为世界各国所广泛适用。公共秩序保留在英美法中称为公共政策，在法国法中称为公共秩序，而在德国法中称为保留条款或排除条款。

公共秩序保留作为国际私法的一项基本制度，主要应用于以下几个方面：①应适用的外国法的具体规定违背了内国的公共秩序；②外国法院判决或仲裁裁决违背了内国的公共秩序；③在外国作成的法律文书，如公证文件等，要在内国使用时违背内国的公共秩序；等等。本节只涉及在适用外国法时的公共秩序保留问题。

一、公共秩序保留和公共秩序

（一）公共秩序保留和公共秩序的含义

1. 国际私法上的公共秩序保留

公共秩序保留（Reservation of Public Order），是指一国法院依其所属国的冲突规范本应适用外国法时，因该外国法的适用会与法院地国的重大利益、基本政策、道德的基本观念或法律的基本原则相抵触而排除其适用的一种保留制度。其实质是一国通过冲突规范调整涉外民商事关系时，用以维护本国公共利益和重要法律秩序的工具。它既有排除与内国公共秩序相抵触的外国法的适用的否定作用，又有直接适用内国法中的强制性规范的肯定作用。它是国际私法中的一项基本制度，在国内立法和国际条约中都有规定。

2. 公共秩序的含义

对于公共秩序，国际上一直没有一个明确的定义，它是一个富有弹性的政治—法律概念，在各国立法中有各种各样的名称，例如公共秩序、公共政策、外国法适用的限制、外国法的拒绝适用、适用外国法的例外、善良风俗、基本政策、制度基础、公共利益、社会利益、法律政策、法律目的等。从公共秩序的名称的多样化，便可知其含义是含糊不清的。总体来说，公共秩序是指一国的根本利益问题，是指关系到一国的国内基本制度、基本政策、基本原则和社会公共利益的法律秩序和道德秩序。但是，各国在不同历史时期都有不同的解释：①公共秩序就是保证社会平衡的法律的总和，由法官自由裁量而定；②公共秩序就是善良风俗和道德；③英国的公共政策就是英国司法的基本观念、英国的道德观念、联合王国对外正常关系和利益，以及英国的个性解放与行动自由的观念（戚希尔）；④公共秩序就是一国政治与法律的基本原则或基础；等等。

（二）公共秩序保留的起源和发展

公共秩序保留的概念和实践由来已久，早在 14 世纪，意大利后期注释法学派巴托鲁斯主张，一城市国家可以不承认另一城市国家的"令人厌恶的法则"，如否认妇女继承权的规则。17 世纪，荷兰的胡伯在提出国际礼让说的同时也指出，承认外国法的域外效力时，必须以其本国及人民的权利和利益不因此而遭受损害为条件。但当时，没有"公共秩序"的名词，"公共秩序"这个概念是在法国资产阶级大革命以后提出来的，并风行于全世界，广泛规定在各国国内立法中。20 世纪 80 年代以来，在一些国际条约中也有了关于公共秩序保留的规定。

1. 国内立法规定

1804 年《法国民法典》首次对"公共秩序保留"作了明确规定："不得以私人协议取消有关公共秩序及善良风俗法律的效力。"（第 6 条）这一规定原本是适用于国内契约案件的，但后来法国的审判实践也把它运用到涉外案件中，即援用的外国法如果违反法国的公共秩序，则不予适用。后来，"公共秩序保留"为美国学者施托雷在 1834 年出版的《冲突法论》中所接受。19 世纪 60 年代，其又为英国戴西所接受，不过改称为"英国的公共政策"。在西欧和拉丁美洲，公共秩序保留也得到了广泛的应用，如意大利、西班牙、葡萄牙、阿根廷等国家的民法典，以及《德国民法典施行法》（1896 年）、《日本法例》（1898 年）等，都对此作了明文规定。20 世纪以来，有更多的国家在立法中确立了公共秩序保留制度，如 1918 年中国的《法律适用条例》《泰国国际私法》《奥地利联邦国际私法法规》《加蓬民法典》《希腊民法典》《埃及民法典》《秘鲁民法典》《塞内加尔家庭法》《土耳其国际私法和国际诉讼程序法》《瑞士联邦国际私法法规》等。

2. 国际条约中的规定

这里只介绍规定了"公共秩序保留"的国际私法公约中的规定，不涉及公共秩序保留应否受国际条约的约束问题。《美洲国家间关于国际私法一般规则的公约》所附的《布斯塔曼特法典》对公共秩序保留规定得很详细，其总则 8 条中有 6 条是关于公共秩序保留的，6 条中有 5 条采取直接规定方式，1 条采取间接规定方式，并把公共秩序区分为国内公共秩序和国际公共秩序。

（三）公共秩序保留的特点和作用

公共秩序保留的特点和作用紧密相关，密不可分。

公共秩序保留之所以能起到排斥外国法适用的作用，而为世界各国所广泛采用，是因为它具有下列法律特点：①符合主权原则，为主权原则所允许；②内涵不具体、不明确、富有弹性，运用时具有较大的灵活性和伸缩性；③比其他限制外国法的制度更直接、更彻底地排除外国法的适用；④从法律上把不适用外国法的责任推给了相应外国法。

公共秩序保留的作用就是排除外国法的适用，否定根据外国法产生的权利和义务，是适用冲突规范必要的补充手段，起"安全阀"的作用。

二、公共秩序保留适用的理论

各国对于公共秩序保留适用的理论有很大的分歧，主要是大陆法系国家和英美法系国家之间的差别，存在歧义源于这两大法系国家对于法律的本质的认识不同。归纳起来，大致有以下不同的主张。

（一）区分国内公共秩序和国际公共秩序，只有国际公共秩序可以排除外国法的适用

这是大陆法系国家国际私法学者的主张。他们认为应该依据法律规范的性质来探讨公共秩序问题，任何国家的强行法都包括两类：①为保护个人利益而规定，例如自然人结婚年龄、行为能力年龄等，性质上属于"国内公共秩序"，不能作为排除外国法适用的根据；②既与保护个人利益有关，又与保护一国的基本制度、基本政策、基本原则、社会公共利益等有关的强行法，例如各国法律中关于禁止赌博和走私的规定等，性质上为"国际公共秩序"，通常可以作为排除外国法适用的根据。德国学者萨维尼和意大利学者孟西尼都持这样的观点。萨维尼把后一类强行法视为公共秩序法，不过，他主张公共秩序是国际私法基本原则的一种例外。

（二）具体列举应适用公共秩序的情况和条件，反对只以法律规范的抽象性质作为结论根据

与大陆法系学者不同，英美法系学者更注重公共秩序保留适用的具体情况和具体条件，反对仅根据法律规范的抽象性质做出结论；但英美国家对公共秩序保留的适用，远不如大陆法系国家普遍。除前面已提到过的戚希尔外，英国学者戴西认为："英国法院将不承认基于他国法律而获得的权利，只要这种权利与英国法律政策或英国法所支配的道德准则或英国政治法律制度是不相容的。"他把下列五种情况列为可以排除外国法上既得权的公共秩序：①违反英国法院所支持的道德；②违反英国关于人的身份能力的规则；③违反英国关于土地财产法的规则；④违反英国关于侵权法的规则；⑤违反英国关于诉讼程序法的规则。与此类似，美国学者库恩把必须适用公共秩序保留的具体情况分为三类：①将违背文明国家或文明人类的道德准则时；②将违背法院地国的禁止性规定时；③将违背法院地国的重要政策时。

而大陆法系国家的学者则认为，这种列举方法难以包括公共秩序的各种情况。

三、适用公共秩序保留的条件

对于这个问题，学术界主要有两种观点。

（1）主观说。该学说认为，法院地国依自己的冲突规范本应适用某一外国法时，如果该外国法的规定本身与法院地国的公共秩序相抵触，即可排除外国法的适用，而不问具体案件适用该外国法的结果如何。主观说强调外国法本身的可恶性、有害性或邪恶性，而不注重法院地的公共秩序是否因适用该外国法而受到损害。

（2）客观说。此说不重视外国法本身是否不妥，而注重个案是否违反法院地国的公共秩序。客观说又分为两种情况：

①联系说。该学说认为，外国法是否应被排除适用，除了该外国法违背公共秩序外，还必须看个案与法院地国的联系如何。如果个案与法院地国有实质性联系，则应排除该外国法的适用；如果个案与法院地国无实质性联系，则不应排除该外国法的适用。

②结果说。此学说认为，在援用公共秩序保留时，应区分外国法内容违反法院地国的公共秩序，还是外国法适用的结果违反法院地国的公共秩序。如果只是内容上违反，则并不妨碍该外国法的适用。只有外国法的适用结果危及法院地国的公共秩序时，才可以援用公共秩序保留排除该外国法的适用。例如，1979 年《奥地利联邦国际私法法规》第 6 条规定："外国法的规定，在其适用会导致与奥地利法律的基本原则互相抵触的结果时，不得适用。"按照这种规定，仅仅"规定"抵触还不构成适用公共秩序保留的理由，只有在导致违反公共秩序的结果时，才适用公共秩序保留。例如，甲国实行一夫一妻制，乙国允许一夫多妻。乙国一男子已经有一个妻子，拟在甲国再行结婚，按照甲国的冲突规则，婚姻的实质要件适用当事人的属人法，但甲国法院就会以适用乙国法会损害甲国的公共秩序为由，排除乙国法的适用，也就是说，适用乙国法的结果损害了甲国的公共秩序；但是，若乙国公民的第二个妻子到甲国要求继承遗产，甲国法院在依冲突规范适用乙国法确定其婚姻关系是否合法存在时，从法律适用后果来看，尽管乙国的多妻制与甲国的婚姻法原则相抵触，但并不违反甲国的公共秩序。

主观说尽管运用起来很方便，但因外国法内容本身违反法院地国的公共秩序的情况很少见，所以各国法院也很少采用。客观说，尤其是其中的结果说，重视个案的实际情况，对外国法内容违反法院地国的公共秩序及外国法的适用结果违反法院地国的公共秩序进行了区分，既能维护法院地国的公共秩序，又有利于个案公正、合理的解决，故为各国实践所普遍接受。

公共秩序保留制度的最大特点是它的不确定性，其实施带有极大的灵活性和伸缩性。这虽然有利于法官根据本国利益的需要，随机应变地决定是否适用冲突规范所指引的外国法——只要法官感到适用某一外国法对本国不利，他就可以以公共秩序保留为法律依据而拒绝适用——但是，公共秩序保留制度必须在相当严重的情况下，作为一种例外排除外国法适用的手段和措施，而不能无限制地滥用。在运用公共秩序保留时，首先，必须把国内民法上的公共秩序和国际私法上的公共秩序加以区别；其次，援用公共秩序保留不应与他国主权行为相抵触，并且不应与外国公法的排除混为一谈。

总而言之，公共秩序是一个笼统的、含糊的概念，各国在什么情况下运用公共秩序保留制度，是随着时间、国际国内形势、所涉及的问题，以及其他条件的不同而变化的。因此，不同时代、不同国家的学者，甚至同一国家的不同学者，对这个问题都不可能有统一的认识，我们没有必要，也不可能要求政治制度、社会结构和历史文化传统等方面都不相同的各个国家，对公共秩序有一个共同、统一的理解。也就是说，哪一外国法的适用违反了内国的公共秩序，只能由内国的立法机关、法院或适用国际私法的其他机关决定。但这并不是说一国对公共秩序的解释不受任何限制，至少国际法和国际社会公认的准则是任何国家都不能任意践踏和逾越的。

四、公共秩序保留的立法形式

由于在理论上存在分歧，各国立法对于公共秩序保留的立法方式也不相同。通常认为，公共秩序保留的立法方式大致有以下三种形式。

（一）间接限制的立法方式

这种方式，不直接规定在什么情况下排除适用外国法，只规定某些国内法规则为绝对强制性规范，必须直接适用，从而间接地排除了外国法适用的可能性。例如，《法国民法典》第 3 条第 1 款规定："有关警察和公共治安的法律，对于居住于法国境内的居民均有强行力。"此外，荷兰、比利时等国家也都有这种立法方式。

（二）直接限制的立法方式

这种方式，直接规定违背内国公共秩序的外国法不予适用。在目前的国际实践中，大多数国家都采用这种立法形式。例如，1948 年《埃及民法典》第 28 条规定："如果外国法的适用与埃及的公共秩序或善良风俗相抵触，则将排除依上述条款而适用的外国法。"1979 年《奥地利联邦国际私法法规》第 6 条规定："外国法的规定，在其适用会导致与奥地利法律的基本原则互相抵触的结果时，不得适用。"中国 2010 年《涉外民事关系法律适用法》第 5 条规定："外国法律的适用将损害中华人民共和国社会公共利益的，适用中华人民共和国法律。"这种规定直接、明确，绝大多数国家都采用这种立法方式。这种方式完全依靠法官的自由裁量来确定，一方面有利于法官依据实际情况做出适当的决定；另一方面，由于公共秩序概念的不确定性，也并不能保证法官的决定一定准确无误。

（三）合并限制的立法方式

这种方式是在同一法典中同时采用直接限制和间接限制两种立法方式。例如，《西班牙民法典》《意大利民法典》都采用这种方式。1978 年《意大利民法典》第 28 条规定："刑法以及警察和治安法拘束所有在意大利领土上的人。"第 31 条规定："尽管有前述各条的规定，外国国家的法律和法规、任何机构或实体的规则和规定或私人间的规定和协议，如果违背公共秩序或道德，在意大利领土上均无效力。"

通常所说的间接限制的立法方式是否存在，是一个值得进一步探讨的问题。因为从目前我们能够找到的相关规定来看，似乎都属于排除外国公法的适用的范畴。所以，根据所掌握的资料可以得出一个结论：公共秩序保留的立法方式实际上就只有直接限制的立法方式一种。

这里的另外一个问题是：在外国法被排除适用以后，内国法官应如何处理法律适用问题？对于这个问题，各国的主张和做法很不一致。一种主张和做法是用法院地法的相应规定取代被排除的外国法。这种做法符合某些国家通过公共秩序保留限制外国法的适用，扩大本国法适用范围的要求。因此，有许多国家的立法和实践采取这种做法。也有学者主张，在外国法被排除后，法院可拒绝审判。其理由是，冲突规范既已指定应适用的外国法，就表明它不允许用其他法律代替。因此，在该外国法被排除后，可视同外国法的内容不能作为证明，拒绝审判是恰当的。

五、中国关于公共秩序保留的理论和立法实践

中国无论是在理论上还是在立法实践中，对公共秩序保留制度都是持肯定态度的。

中国国际私法学界一般都认为，公共秩序保留制度是在长期的国际实践中形成的一项国际私法基本制度，为不同的国家所普遍采用，我国在实践中也应运用这项法律制度，以使国际私法案件获得公平、合理的解决和维护我国的权益。同时认为，由于公共秩序本身的灵活性，究竟在什么情况下才能运用，立法中不可能也不必要做出明确的硬性规定，它依赖法官的自由裁量。但从我国的实际情况出发，在下列情况下可援用公共秩序保留排除外国法的适用：①如果适用外国法违反我国宪法的基本精神，违反四项基本原则，有损于国家统一和民族团结，就应排除；②如果适用外国法有损于我国主权和安全，就应排除；③如果适用外国法违反有关部门法的基本准则，就应排除；④如果适用外国法违背我国缔结或参加的国际条约所承担的义务，或违反国际法上公认的公平正义原则，就应予以排除；⑤如果某一外国法院在审理涉外民商事案件时，无理拒绝适用本应适用的中国法律，则根据对等原则，我国也可以以公共秩序保留排除该外国法的适用，以作为报复措施。❶

从中国的立法实践来看，早在 1950 年，中央人民政府法制委员会在《关于中国人与外侨、外侨与外侨婚姻问题的意见》中指出，对于中国人与外侨、外侨与外侨在中国结婚或离婚的问题，我国婚姻登记机关应不仅适用我国的婚姻法，而且应在适当限度内照顾到当事人本国婚姻法，以免当事人结婚或离婚被其本国认为无效。但适用当事人本国婚姻法以无损于我国的公共秩序，即无损于我国的公共利益，也不违背我国目前的基本政策为限度。我国 1954 年《中华人民共和国宪法》（以下简称《宪法》）中也曾提到"公共利益"这个概念。1982 年、1991 年和 2007 年修正的《民事诉讼法》都有公共秩序保留条款，但都只是在承认和执行外国法院判决、裁决问题上具体应用。

1986 年《民法通则》第 150 条规定："依照本章规定适用外国法律或者国际惯例的，不得违背中华人民共和国的社会公共利益。"这一规定被

---

❶ 肖永平. 国际私法原理 [M]. 北京：法律出版社，2003：132.

认为是中国在国际私法方面第一次全面地确定公共秩序保留制度。根据这个规定，中国国际私法学者得出以下结论：第一，中国采取了直接限制的立法方式，适用起来比较灵活；第二，对于确定违反公共秩序的实际标准，中国采取了结果说，这有利于适当限制公共秩序保留的运用；第三，中国的公共秩序保留条款不仅指向外国法律，还指向国际惯例，这是中国所特有的。不足之处是，其没有规定排除外国法的适用后应该适用何种法律。另外，对于是否有必要借助公共秩序保留来排除国际惯例的适用问题，也需要进一步探讨。

2010 年《涉外民事关系法律适用法》延续了《民法通则》的做法并予以完善，明确规定排除外国法的适用后应适用我国法律，同时删除了借助公共秩序保留来排除国际惯例的适用的内容。该法第 5 条规定："外国法律的适用将损害中华人民共和国社会公共利益的，适用中华人民共和国法律。"

有学者认为，中国现行立法中用"社会公共利益"一词来表述公共秩序保留制度不能完全涵盖公共秩序的所有内涵，今后的立法中应该使用国际上通行的用语，即"公共秩序"；而且应该明确规定，只有在"严重"或"明显"违反我国公共秩序的情况下，才能够援用公共秩序保留制度排除某外国法的适用。

第四章 国际私法的主体

第一节 外国人的民事法律地位

一、外国人民事法律地位的含义

外国人的民事法律地位，是指外国人在内国享有民事权利和承担民事义务的实际状况。承认或赋予外国人一定的法律地位，是国际私法得以产生的一个重要前提。根据国家主权原则，内国赋予外国人什么样的民事法律地位，是内国主权范围内的事，除条约另有规定之外，应当由内国自行决定；但某一国家在决定应该给予外国人何等待遇时，也需要考虑国际上的普遍实践，以及国际法所确立的原则。外国人的民事法律地位，要受到内国人民事法律地位状况、国家之间关系、内国对外政策等多方面因素的影响。

二、外国人民事法律地位的历史发展

（一）奴隶制时期

奴隶制前期，各国将外国人视为敌人，一般是将捕来的外国人杀害或作为奴隶，完全不承认外国人的人格和地位。到了奴隶制后期，社会分工出现，商品交换有所发展并逐渐超出一国范围，奴隶制国家开始逐渐承认某些外国人有限的民事法律地位。整体而言，在这一时期，奴隶制国家大多对外国人采取敌视的态度，因而该时期被称为"敌视待遇时期"。

（二）封建制时期

在封建制时期，内国虽然承认外国人的民事法律地位，但外国人的民事法律地位和内国人的民事法律地位存在重大差别，内国人可以享有的许多民事权利，外国人并不能享有。因此，这一时期被称为"差别待遇时

期"。

（三）资本主义时期

在资本主义时期，随着商品经济的高度发达，产品销售突破了国界的限制，国际民商事交往日益频繁。于是，资本主义国家提出了国民待遇或平等待遇原则，这一时期可以被称为"平等待遇时期"。

当今，随着经济全球化进程的推进，内国在经济贸易领域对外国人给予平等待遇的局面正在逐步形成。

三、外国人民事法律地位的几种制度

根据各国的国内立法和有关的国际条约，用以确定外国人民事法律地位的制度主要有国民待遇、最惠国待遇、优惠待遇、普遍优惠待遇和不歧视待遇等。

（一）国民待遇

1. 国民待遇的含义

国民待遇（National Treatment），又称平等待遇，是指在民事法律地位方面，一国给予外国人的待遇与内国人相同。目前，国民待遇已成为各国赋予外国人民事法律地位方面最主要的制度。

国民待遇最早由资本主义国家所倡导。资产阶级早期曾经宣布过无条件地给予外国人国民待遇。但自19世纪开始，各国纷纷规定，给予外国人国民待遇须以互惠为条件。这种互惠的要求通常表现在条约或国内立法中。

2. 国民待遇的范围

各国立法和有关国际条约可以就某项特定的民事权利规定给予外国人国民待遇，也可以就一般的民事权利规定给予外国人国民待遇，但同时附加一定的限制。前者如《保护工业产权巴黎公约》（以下简称《巴黎公约》）规定，在工业产权保护方面，各缔约国应当给予其他缔约国的国民以及在缔约国内有住所或营业所的非缔约国国民国民待遇；后者如《民法通则》第8条第2款规定："本法关于公民的规定，适用于在中华人民共和国领域内的外国人、无国籍人，法律另有规定的除外。"这些规定表明，内国给予外国人国民待遇的范围是有限制的，内国可以明确规定某些民事权利只能由内国人享有，而外国人，即使居住在内国境内，也不得享有这样的权利。例如，1919年英国规定外国人不得在英国商船上担任船长、大副或轮机长，而现行的缅甸法律规定外国人在缅甸无法获得土地所有权。

（二）最惠国待遇

1. 最惠国待遇的含义

最惠国待遇（Most – Favored – Nation Treatment），是指一个缔约国根据条约的规定给予对方缔约国的自然人或法人的待遇，不低于该缔约国已经给予或将要给予任何第三国的自然人或法人的待遇。其中，承担给予最惠国待遇的国家称为授予国或给惠国，接受最惠国待遇的国家称为受惠国，第三国称为最惠国。

最惠国待遇一般以国家之间缔结的条约为依据。条约中所规定的关于最惠国待遇的条款称为"最惠国条款"。"最惠国条款"除规定缔约国之间互相给予最惠国待遇之外，还应明确最惠国待遇的适用范围。

最惠国待遇原本是一个国家给予另一个国家的待遇，但这种待遇常常要通过受惠国的自然人、法人、商船和货物等所享受的待遇加以体现，因此，最惠国待遇也不失为确定外国人民事法律地位的一种制度。但最惠国待遇与国民待遇不同：国民待遇是使外国人和内国人之间民事法律地位平等，而最惠国待遇则是使不同国籍的外国人之间民事法律地位平等。

2. 最惠国待遇的种类

（1）按给予最惠国待遇的方法，可以分为非互惠的最惠国待遇和互惠的最惠国待遇。前者是指缔约国单方面享有最惠国待遇，这是初期最惠国待遇条款所采用的一种形式，具有不平等性，现在已基本不存在；后者是指缔约国双方相互给予对方最惠国待遇。

（2）按给予最惠国待遇的条件，可以分为有条件的最惠国待遇和无条件的最惠国待遇。前者是指缔约一方给予缔约另一方最惠国待遇，必须以该缔约另一方回报某种权利或其他补偿为前提；后者是指缔约一方将某种优惠给予第三国时，应立即无条件地将此种优惠给予缔约另一方，而不得要求另一方回报任何权利或其他补偿。

（3）按给予最惠国待遇的范围，可以分为有限制的最惠国待遇和无限制的最惠国待遇。前者是指给惠国给予的最惠国待遇是在一定范围内的，并不包括经济贸易的一切领域，这是最常见的形式；后者是指最惠国享受的最惠国待遇的范围不受限制，涉及经济贸易的任何领域，如1962年《中朝通商航海条约》第13条规定："缔约任何一方的法人和自然人在缔约另一方境内，在各方面享受不低于给予第三国法人和自然人的优惠待遇。"

（4）按国际条约中最惠国条款缔约国的多少，可以分为双边最惠国待遇和多边最惠国待遇。前者以两个国家之间的双边条约为依据，后者以多边条约为依据。

随着 WTO 贸易体制的建立和加强，多边的、互惠的和无条件的最惠国待遇成为多边贸易体制的一部分，越来越广为适用。

3. 最惠国待遇的例外

在规定最惠国待遇的条约中，往往在规定最惠国待遇适用范围的同时，也规定最惠国待遇的例外。常见的例外事项包括：第一，一国给予邻国的特权和优惠；第二，边境贸易和运输方面的特权与优惠；第三，有特殊的历史、政治、经济关系的国家之间互相给予的特定特权与优惠；第四，经济集团内部各成员互相给予的特权与优惠。

（三）优惠待遇

1. 优惠待遇的含义

优惠待遇（Preferential Treatment），是指一个国家在某些方面给予外国自然人或法人特殊的权利或优待。给予外国人优惠待遇，可以采取两种立法方式：第一，在国内立法中做出特别规定；第二，在有关的国际条约中做出规定。

2. 优惠待遇与国民待遇、最惠国待遇的区别

优惠待遇不同于国民待遇。国民待遇适用的范围比较广泛，并且是以内国人所享有的民事权利为标准来确定外国人的民事权利。而优惠待遇则是在特定的事项上给予外国人优待，并且这种优待不以内国人享有的权利为依据，外国人所享有的某种优惠待遇甚至可能优于本国人所享有的待遇。

优惠待遇也不同于最惠国待遇。前者不以最惠国条款为依据，外国人可依内国的国内立法和有关的国际条约直接享有。而后者必须依赖最惠国条款的规定，也必须有内国已给予第三国更高待遇的事实。不过，优惠待遇的存在常常是最惠国待遇借以发生效果的事实根据。

优惠待遇与外国或外国人在内国谋取特权有着本质的区别：给予外国人优惠待遇，通常是出于内国社会经济利益的需要，是内国依其主权做出的决定；而外国或者外国人以任何方式和借口在内国谋取特权，均系违背内国的意志，在性质上是对内国主权的侵犯。

（四）普遍优惠待遇

1. 普遍优惠待遇的含义

普遍优惠待遇（Treatment of Generalized System of Preferences），简称普惠制，是指发达国家对原产于发展中国家或地区的制成品、半制成品单方面给予减免进口关税的优惠待遇。

普遍优惠待遇是发展中国家为了发展民族经济，维护自身利益，在建立国际经济新秩序的过程中不断斗争的结果。1970 年，联合国第二十五届大会接受联合国贸发会的建议，通过了建立普遍优惠制的提案。1974 年 12 月，联合国大会在《各国经济权利和义务宪章》第 19 条中又规定，为了加速发展中国家的经济增长，弥合发达国家与发展中国家之间的经济差距，发达国家在国际经济合作可行的领域内，应给予发展中国家普遍优惠的、非互惠的和不歧视的待遇。

2. 普遍优惠待遇的限制

普惠制的实施涉及发达国家的切身经济利益，因而各发达国家制定的普惠制方案都有不同程度的限制，主要的限制包括对受惠国范围的限制、对受惠商品范围的限制、对减免关税幅度的限制，以及严格实行原产国规则和直接运输规则等。

目前，普惠制虽已正式载入有关国际文件，但在现阶段，普惠制的法律基础还比较薄弱。在是否向其他国家提供单向的优惠待遇问题上，每个国家仍根据自己的意志来作最后决定。❶ 每一个发达国家都可以自行制定本国的普惠制方案，宣布对哪些国家及哪些商品给予普惠制待遇。可见，目前国际社会中所实行的普惠制还远非理想，要建立起真正平等互利的国际经济秩序，还有赖于广大发展中国家的不懈努力。

（五）不歧视待遇

不歧视待遇（Non-Discriminate Treatment）是歧视待遇的对称，是指有关国家约定，互相不把对其他国家的自然人和法人不适用的限制或者仅对个别国家的自然人和法人适用的限制适用于对方国家的自然人和法人。不歧视待遇能够防止不公正待遇的产生，保障国际民商事交往的正常进行。一个国家给予另一国家的自然人和法人不歧视待遇，只是保证该另一国家的自然人和法人不处于比其他大多数国家的自然人和法人更不利的地位，

---

❶ 车丕照. 国际经济法概要［M］. 北京：清华大学出版社，2003：44 – 45.

而并不意味着一个国家必须把本国人所享有的权利全部给予该另一国家的自然人和法人，也不意味着一个国家必须给予该另一国家的自然人和法人特殊优惠。

四、外国人在中国的民事法律地位

（一）1949 年之前外国人在中国的民事法律地位

在我国奴隶制初期，统治者视外国为蛮荒之地，视外国的人民为劣等民族而不屑与其往来，因而也就不存在赋予外国人法律地位的问题。但到了奴隶制后期，奴隶制国家开始在有限的范围内承认某些外国人的法律地位。

进入封建社会以后，随着对外经济、贸易、文化交往的发展，对外国人的权利给予保护成为必要。从封建制国家建立开始，一直到明朝中期，中国的许多王朝都赋予了外国人较广泛的民事权利。

从明末开始到 1840 年鸦片战争爆发，是中国的闭关锁国时期。在这一时期，由于外国不断对中国进行侵略，明清王朝采取了极端的排外措施，外国人在中国的民事活动受到了严格限制。这种无视外国人法律地位的做法，是中国历史的一个倒退。

1840 年鸦片战争以后，中国沦为半殖民地半封建国家。帝国主义国家通过种种不平等条约，攫取了在华的种种特权。外国人在中国享有特权的历史，直到 1949 年才宣告结束。

（二）1949 年之后外国人在中国的民事法律地位

1949 年中华人民共和国成立后，外国人在中国的民事法律地位开始进入正常时期。一方面，我国取消了帝国主义在中国的一切特权。另一方面，中国政府不仅明确宣布愿意在平等互利的基础上发展与各国的关系，还通过一系列法律、法规赋予了外国人在中国应有的民事法律地位。

（1）我国的宪法性文件对外国人民事法律地位做出了相应规定。如，1949 年发布的具有宪法效力的《中国人民政治协商会议共同纲领》第 57 条规定："中华人民共和国可在平等互利的基础上，与各外国的政府和人民恢复并发展通商贸易关系。"1982 年《宪法》第 18 条规定："中华人民共和国允许外国的企业和其他经济组织或者个人依照中华人民共和国法律的规定在中国投资，同中国的企业或者其他经济组织进行各种形式的经济合作。在中国境内的外国企业和其他外国经济组织以及中外合资经营的企业，都必须遵守中华人民共和国的法律。它们的合法权利和利益受中华人民共和国法律的保护。"这些规定，是我国关于外国人民事法律地位的制度的总纲。

（2）我国有关民事实体法赋予了外国人较广泛的民事权利。《民法通则》第8条第2款规定："本法关于公民的规定，适用于在中华人民共和国领域内的外国人和无国籍人，本法另有规定的除外。"但是，我国在赋予外国人广泛民事权利的同时，也对外国人享有民事权利的范围进行了一定的限制，如外国人不能在我国的国防、外交等机要部门任职等。我国的这些限制性规定，与其他国家的限制性规定大致相同，符合国际上的惯常做法。

（3）我国的民事程序法也赋予了外国人相应的民事法律地位。外国人在中国除享有民事诉讼权之外，还可以根据仲裁协议将具有可仲裁性的民商事争议提交中国的仲裁机构仲裁，在仲裁程序中，外国人也享有和中国人平等的地位。

除了国内立法中关于外国人民事法律地位的规定之外，我国缔结和参加的国际条约中所规定的国民待遇、最惠国待遇、优惠待遇和不歧视待遇等制度，也是确定外国人在中国的民事法律地位的重要依据。

第二节　自然人

一、自然人的国籍

自然人的国籍是自然人作为某一国家的国民或者公民而隶属于该国的法律资格，是区分某一自然人为内国人或外国人的根本标志。自然人的国籍是判断某一民商事关系是否构成国际民商事关系的依据之一；同时，国籍也是适用属人法的一个重要连结点；另外，国籍还构成国家行使国际民事诉讼管辖权的重要根据。因此，如何确定自然人的国籍就成为国际私法需要研究的问题。

（一）自然人国籍的冲突

自然人国籍的冲突包括积极冲突与消极冲突。前者是指一个自然人同时具有两个或两个以上国家的国籍，成为多国籍人；后者是指一个自然人不具有任何国家的国籍，成为无国籍人。

（二）自然人国籍冲突的原因

自然人国籍发生冲突的原因，在于各国对国籍的取得和丧失的规定有所不同。国籍主要是国内法的问题，自然人的国籍主要由各国的国籍法予以规定。各国的国籍法通常都要对自然人出生取得本国国籍、传来取得本国国籍以及丧失本国国籍等问题做出明确规定。但是，由于各国国情与传统不同，上述问题的具体规定存在一定的差异。

1. 取得国籍的规定

国籍的取得可分为出生取得与传来取得。对于生来国籍或原始国籍（Nationality by Birth）的取得，有的国家采取血统主义，即由父母的国籍来确定子女的生来国籍，凡本国人所生子女，无论其出生在何处，都具有本国国籍；有的国家采取出生地主义，即凡在本国领土内出生的人，无论其父母国籍如何，均可取得本国国籍；有的国家兼采两者，即"混合制"或合并主义，把血统主义和出生地主义结合起来确定自然人的国籍。目前，绝大部分国家采取的是混合制。在传来取得国籍方面，各国的规定也存在差别。传来取得国籍既有国内法上的原因，如归化、婚姻、收养等；也有国际法上的原因，如领土割让和国家合并等。不同的国家对于归化的要求各不相同。另外，有些国家规定外国人可通过与本国人通婚或被本国人收养而自动取得本国国籍；另一些国家则规定国籍不能通过婚姻或收养而自动取得，还应满足其他条件。

2. 丧失国籍的规定

丧失国籍的原因可分为自愿与非自愿两种类型。自愿丧失国籍包括申请出籍，以及具有双重国籍者按照有关法律，在一定期限内放弃某一国籍等。非自愿丧失国籍是指当事人根据国内法的规定，由于婚姻、收养、入籍等法律事实，自动丧失了原来的国籍。同时，也有国家规定，与外国人结婚的本国妇女或者被外国人收养的本国儿童仍然保留本国的国籍。❶另外，有些国家的法律还有剥夺国籍的规定。

正是各国对自然人国籍的得丧变更的规定存在上述种种差异，由此才会出现自然人的国籍冲突。例如，甲国规定本国儿童被外国人收养后仍保留本国国籍，而乙国规定本国人收养的外国儿童自动取得本国国籍，如果

---

❶　赵相林. 国际私法［M］. 北京：中国政法大学出版社，2007：54.

甲国某一儿童被乙国人收养，该儿童则同时具有甲国与乙国双重国籍，构成国籍的积极冲突。反之，若甲国规定本国儿童被外国人收养后自动丧失本国国籍，乙国规定本国人收养的外国儿童不能自动取得本国国籍，则在某一段时期内该儿童没有任何国籍，成为无国籍人，构成国籍的消极冲突。

（三）自然人国籍冲突的弊端

自然人国籍的冲突往往造成许多不便与困难。在国际公法领域，双重国籍者要对一个以上的国家尽国民义务，且难以确定外交保护权的行使国；无国籍者刚好相反，往往得不到任何国家的外交保护，被驱逐出境时也难以确定可将其收容的国家。在国际私法领域，当内国的冲突规范规定以国籍作为属人法的连结点时，或者内国的民事诉讼规范规定以国籍作为行使管辖权的依据时，自然人双重、多重国籍或无国籍的状态就会给准据法的选择或者管辖法院的确定造成困扰与不便。

（四）自然人国籍冲突的解决

1. 国籍积极冲突的解决

从各国的国际私法立法与实践来看，解决自然人国籍的积极冲突主要有以下方法。

（1）当事人同时具有外国国籍和内国国籍时，大都不问同时取得还是异时取得，国际上通行的做法是以内国国籍优先，即认为该人是内国人，以内国法作为其本国法。这一解决办法在许多国家的国内法和一些国际公约中均有所体现，如1930年海牙《关于国籍法冲突的若干问题的公约》第3条，等等。

（2）在当事人具有的两个或两个以上的国籍均为外国国籍时，各国采取的解决办法不尽一致，主要有以下几种。

第一，最后取得的国籍优先。例如，1939年《泰国国际私法》第6条第1款规定："在应适用当事人本国法时，如当事人非同时取得两个以上外国国籍，则适用最后取得的国籍所属国家的法律。"然而，最后取得的国籍优先原则只有在当事人多个外国国籍为异时取得的情况下才能适用，如果当事人的多个外国国籍为同时取得，这一原则就无法解决国籍的冲突问题，因此对该原则需进行必要的补充。如，《泰国国际私法》第6条第2款规定："在应适用其本国法时，如当事人同时取得两个以上国籍，则应以住所所在地法为其本国法。"

第二，当事人住所或惯常居所所在地的国籍优先。如，《南斯拉夫法律冲突法》第 11 条第 2 款规定，如果不是南斯拉夫公民的人有两个或更多的外国国籍，在适用其本国法时应以他既为其公民又在其领域内有住所的那国国籍为准。

第三，与当事人有最密切联系的国籍（或实际国籍）优先。所谓"实际国籍"或"关系最密切国家"的国籍，应综合考虑各方面的因素，如当事人在哪国出生、在哪国设定住所或惯常居所、在哪国从事业务活动等。这种方法为许多国家的立法和司法实践所采纳，如 1966 年《波兰国际私法》、1988 年《瑞士联邦国际私法法规》等。

第四，由法院裁定以哪一国籍为准。如，1977 年《约旦民法》第 26 条规定："在无国籍或多重国籍的情况下，由法官确定应适用的法律。"1948 年《埃及民法典》与 1951 年《伊拉克民法典》也有类似规定。

2. 国籍消极冲突的解决

对于国籍的消极冲突，一般主张以无国籍人住所所在地国家的法律为其本国法；如当事人无住所或住所不能确定的，则以其居住地法为其本国法。若居住地也不能确定，有些国家规定以内国法作为无国籍人的本国法，有些国家规定以无国籍人临时居住地或在场地点的法律作为其本国法，还有的国家则要求当事人归化法院地国国籍。

无国籍人在两个以上的国家都有住所或居所时，只要无国籍人的住所或居所之一在内国，通常应将内国法视为无国籍人的本国法。如果无国籍人在内国无住所或居所，而同时在两个以上外国有住所或居所的，应以与无国籍人关系最密切的住所或居所地国法律为其本国法。

（五）中国解决国籍冲突的有关规定

1988 年《民法通则意见》第 182 条规定："有双重或者多重国籍的外国人，以其有住所或者与其有最密切联系的国家的法律为其本国法。"对于自然人国籍的消极冲突，《民法通则意见》第 181 条规定："无国籍人的民事行为能力，一般适用其定居国法律；如未定居的，适用其住所地国法律。"而 2010 年《涉外民事关系法律适用法》对此问题采用了不同的解决方式。该法第 19 条规定："依照本法适用国籍国法律，自然人具有两个以上国籍的，适用有经常居所的国籍国法律；在所有国籍国均无经常居所的，适用与其有最密切联系的国籍国法律。自然人无国籍或者国籍不明的，适用其经常居所地法律。"

二、自然人的住所

自然人的住所是除国籍之外属人法的另一重要连结点，很多情况下构成了确定属人法以及管辖权的依据，在国际私法中占有重要地位。

（一）住所的概念和种类

1. 住所的概念

住所（Domicile）在不同时代、不同国家有着不同的含义。部分大陆法系国家主要是依当事人在某地"久住"、"定居"或"经常居住"的事实来确定住所，至于当事人有无在该地永久居住的意思，并不一定要加以考虑。如，日本以生活的根据地和中心为住所，前联邦德国规定以经常居住地为住所。也有一些大陆法国家关于住所的规定既强调居住的事实，也强调久住的意思，如瑞士。❶英美法系国家则通常认为住所是一个人具有久居意思的事实上居住的地方。这一住所概念包含主客观两个构成因素，即客观上在一定的地方有居住的事实，主观上居住者有长住的意图。

在国内民法中，多数国家都规定一个人只能有一个住所，英美法系国家更是强调这一点。但也有国家规定，一个人可以同时拥有多个住所，如，前《联邦德国民法典》第 7 条第 2 款规定："住所可同时设定于数地。"

2. 住所的种类

按照取得住所的原因，住所可分为以下三类：①原始住所（Domicile of Origin），是指自然人因出生而取得的住所，故又称"生来住所"。各国通常是以自然人出生时其父或母的住所为其原始住所。②选择住所（Domicile of Choice），也称为"意定住所"，是指自然人因自主选择而取得的住所。一般而言，只有完全民事行为能力人才有资格选择住所。③法定住所（Statutory Domicile），是指依法律直接规定而取得的住所。法定住所主要是未成年人等无完全民事行为能力人的住所，也有一些国家为已婚妇女、现役军人、服刑人员等规定有法定住所。

（二）住所与居所、惯常居所的区别

住所、居所与惯常居所三个概念之间既有区别，又有联系。

---

❶ 《瑞士民法典》第 23 条第 1 款规定："以有永久居住地意思的居住地为其住所。"

居所（Residence）是指居民暂时居住的某一处所。居所与住所的区别在于：住所是久住之处，而居所只是暂住或客居之地；法律上设定居所的条件没有住所严格，不要求居民有久住的意思，只要有一定居住时间的事实即可。

惯常居所（Habitual Residence）又称"习惯居所"，意味着持续一定时间的经常的实际居住之所。惯常居所与住所的区别在于惯常居所不要求居住者主观上必须要具有久住的意图，即去除了住所概念中对意向因素的强调；其与居所的区别在于对居住时间的要求不同。

上述三个概念的联系在于，三者都是属人法这一系属公式中指引准据法的连结点。同时，很多国家的立法规定，在适用住所地法的场合，如果当事人的住所不明或没有住所的，则转而适用其居所地或惯常居所地法。

（三）自然人住所的冲突及解决

由于各国关于住所的规定不同，可能导致有人同时取得两个以上住所；或者有人既丧失了原有住所，又未取得新住所，成为无住所之人。前者称为住所的积极冲突，后者称为住所的消极冲突。

1. 住所积极冲突的解决

当事人在内国和外国都有住所时，国际上通行的解决办法是"内国住所优先"，即以内国住所作为当事人的住所，而不考虑各住所取得时间的先后。如果当事人所具有的两个以上住所均为外国住所，且各住所是异时取得的，则一般采取"最后取得的住所优先"原则，以最后取得的住所为其住所。如果各住所是同时取得的，则一般以与当事人有最密切联系者为其住所。

2. 住所消极冲突的解决

对于自然人住所的消极冲突，即当事人无住所或住所不能确定的，各国在实践中主要采用两种解决方法：一是以曾经存在过的最后住所为住所；二是以当事人的居所或惯常居所代替其住所。如果无居所或惯常居所，一般把当事人的现在所在地视为住所。

（四）中国解决住所冲突的有关规定

《民法通则》第 15 条规定，公民以他的户籍所在地的居住地为住所；经常居住地与住所不一致的，经常居住地视为住所。《民法通则意见》第 9 条规定，公民的经常居住地是指公民离开住所地至起诉时已连续居住一年以上的地方，但公民住院就医的地方除外。

对于住所的积极冲突和消极冲突，《民法通则意见》第 183 条规定，当事人的住所不明或者不能确定的，以其经常居住地为住所。当事人有几个住所的，以与产生纠纷的民事关系有最密切联系的住所为住所。

另外需要说明的是，由于住所的认定存在上述困难，《涉外民事关系法律适用法》以经常居所地取代了传统冲突法中的住所，成为属人法最主要的连结点。《涉外民事关系法律适用法解释（一）》第 15 条规定："自然人在涉外民事关系产生或者变更、终止时已经连续居住一年以上且作为其生活中心的地方，人民法院可以认定为涉外民事关系法律适用法规定的自然人的经常居所地，但就医、劳务派遣、公务等情形除外。"此外，《涉外民事关系法律适用法》第 20 条规定："依照本法适用经常居所地法律，自然人经常居所地不明的，适用其现在居所地法律。"

三、自然人权利能力与行为能力的法律适用

自然人的民事权利能力（以下简称权利能力）是指自然人依法享有民事权利和承担民事义务的资格。权利能力是自然人成为国际民商事法律关系主体的前提。各国立法均规定了自然人的权利能力，但具体规定差异较大，法律冲突明显，需要国际私法加以解决。

（一）自然人权利能力的法律适用

1. 自然人权利能力的法律冲突

自然人权利能力的法律冲突主要体现在以下两方面。

（1）权利能力的开始。

各国大多规定自然人的权利能力始于出生，但各国民法对于出生的概念有不同的理解，概括起来有"阵痛说""露头说""脱离母体说""独立呼吸说""存活说"等不同主张。《西班牙民法典》还规定，自然人与其母体分离后必须存活至少 24 小时，才能被赋予权利能力。

中国对出生时间未作明确规定，一般以医学上公认的出生标准为准，即应符合两项要件：第一，全部与母体分离，能独立存在；第二，在与母体分离之际保有生命。

由于各国对权利能力开始的时间点的理解不同，在涉外民商事关系尤其是涉外继承关系中，就容易发生关于自然人权利能力的法律冲突。例如，一位西班牙妇女在中国产下一名婴儿后不久死去，该婴儿存活 3 小时后也不幸夭折。在此情形下，该婴儿依中国法取得权利能力，可以继承母

亲的遗产；而根据西班牙法律却尚无权利能力，自然也无权成为母亲遗产的继承人。

（2）权利能力的终止。

各国民法一般规定，自然人的权利能力于死亡时终止。死亡在法律上可分为生理死亡和宣告死亡。由于各国对这两种死亡的具体规定不完全一致，因而在权利能力的终止这一问题上，也可能产生法律冲突。

①权利能力终止的法律冲突，可能因各国对生理死亡的具体规定不同而引起。生理死亡又称自然死亡或绝对死亡，是指自然人的生命最终结束的客观事实。关于自然人生理死亡的时间界限，各国采用的标准也不尽相同。有的国家以心脏停止跳动为死亡标准，有的国家以呼吸停止为标准，还有部分国家承认脑死亡，即以脑电波停止作为死亡标准。我国在法律上尚未承认脑死亡，仅以呼吸、心跳停止作为判断死亡的标准。

自然人的死亡涉及婚姻终止、继承开始等一系列问题。当相互有继承关系的数人在同一事件中死亡，且无法确定每人实际的死亡时间时，为了确定继承顺序，就需要对数名死者的死亡时间做出法律上的推定。很多国家在法律上都规定了死亡推定制度，但具体规定差异较大。概括而言，国际上有两种不同的制度：一种是"推定同时死亡"制度；另一种是"推定异时死亡"制度（或称为"推定存活"制度）。前者如《德国民法典》第20条规定："数人因共同危难而死亡者推定同时死亡。"后者如《法国民法典》规定：互有继承权的数人，如在同一事故中死亡，何人死亡在先无法辨明时，死亡在后的推定，根据事实情况确定；如无此种情况，根据年龄或性别确定。[1] 如同时死亡的人不足15岁时，年龄最长的人为后死之人；如均在60岁以上时，年龄最小的推定为后死之人；如若干人不足15岁而若干人超过60岁时，前一种人推定为后死之人。[2] 如同时死亡的数人，年龄均在15岁以上、60岁以下，年龄相等或相差不超过一岁时，应推定男性为后死之人。如同时死亡数人为同一性别时，死亡在后的推定，应使继承能按照自然的顺序开始，即年龄较幼者被推定为比年龄较长者死亡在后。[3]

对于该问题，中国在司法实践中也采取"推定异时死亡"的做法。

---

[1] 《法国民法典》第720条。

[2] 《法国民法典》第721条。

[3] 《法国民法典》第722条。

《最高人民法院关于贯彻执行〈中华人民共和国继承法〉若干问题的意见》规定，相互有继承关系的几个人在同一事件中死亡，如不能确定死亡先后时间的，推定没有继承人的人先死亡。死亡人各自都有继承人的，如几个死亡人辈分不同，推定长辈先死亡；如几个死亡人辈分相同，推定同时死亡，彼此不发生继承，由他们各自的继承人分别继承。

②权利能力终止的法律冲突，可能因各国对宣告失踪或宣告死亡的具体规定不同而引起。宣告失踪是指法院依法认定离开自己住所没有任何消息满法定期限的自然人失踪的法律制度。宣告死亡是指自然人下落不明超过法律规定的时间，经利害关系人申请，由司法机构依照法定程序和方式宣告该自然人死亡的一种法律制度。宣告死亡可以引起与生理死亡相同的法律后果，但各国在宣告死亡领域的法律冲突表现得更为明显，主要体现在以下几方面。

首先，有些国家的立法只规定了宣告失踪制度，而没有规定宣告死亡制度，如法国和日本。在这些国家，宣告失踪将产生与宣告死亡相同的法律后果。有的国家只规定了宣告死亡制度而无宣告失踪制度，如民主德国。有的国家同时规定了宣告失踪和宣告死亡两种制度，各自产生的法律后果并不相同，如中国。

其次，各国立法对宣告失踪或宣告死亡所要求的时间也有较大差异。如，法国规定自然人离开住所下落不明满 4 年即可宣告失踪；❶ 日本规定必须满 7 年才可宣告失踪；❷ 苏联法律规定自然人下落不明满 1 年可宣告失踪，满 3 年可宣告死亡。中国法律规定，自然人下落不明满 2 年的，可宣告失踪；❸ 下落不明满 4 年的，或因意外事故下落不明，从事故发生之日起满 2 年的，可宣告死亡。❹

最后，法律所规定的宣告失踪或宣告死亡的实际法律后果有所不同。在财产管理或继承方面，有的国家规定，在宣告失踪的情况下，法院为失踪人的财产设立监护人，只有在宣告死亡后才能转移财产所有权；而有的国家规定，在宣告失踪的情况下，失踪人的财产由其继承人假占有，一旦宣告死亡，才完全按继承处理。在婚姻效力方面，《德国民法典》规定，

---

❶ 《法国民法典》第 115 条。
❷ 《日本民法典》第 30 条。
❸ 中国《民法通则》第 20 条。
❹ 中国《民法通则》第 23 条。

失踪人必须承认其过去的婚姻因其配偶二次结婚而解除，即保护失踪人配偶的后一婚姻；而西班牙、葡萄牙、意大利的法律则倾向于保护前一婚姻。❶

（3）权利能力的范围。

所谓权利能力的范围，是指自然人可以在哪些民事关系中享有权利和承担义务，即自然人可以作为哪些民事关系的主体。自然人的权利能力可分为一般权利能力和特别权利能力。一般权利能力是指自然人在一般民事关系中享有权利、承担义务的资格，其范围包括人格权关系、生活必需品所有权关系、与日常生活有关的债权关系、婚姻家庭关系和继承关系等。各国法律都规定一般权利能力应当人人享有，并且一律平等。特别权利能力是指参与某些特别的民事关系，并在该民事关系中享有权利、承担义务的资格。特别权利能力受一国政治制度、经济制度、传统习惯的影响，各国规定不完全一致。例如，有些国家赋予自然人取得土地所有权的权利能力，而有些国家的法律并不赋予自然人这一项权利能力。有些国家赋予自然人取得枪支所有权的权利能力，而多数国家却不允许自然人作为枪支的所有权主体。由于各国赋予自然人权利能力的范围不尽相同，因而在国际民商事交往中，自然人有无某一方面的权利能力问题也可能产生法律冲突。

2．自然人权利能力的法律适用

（1）国外的规定。

根据各国的立法和司法实践，自然人权利能力法律冲突的解决途径大致有以下三种。

①适用当事人的属人法。主张自然人的权利能力适用属人法的理由是：权利能力是自然人的基本属性，特定的人的这种属性是由一国伦理、历史、社会、经济和政治等方面的条件决定的，因而自然人的权利能力应适用其属人法来判定。这种观点不仅为大多数学者所坚持，而且被大多数国家的立法所采用。但是，各国对属人法的理解并不一致。对此，世界上主要存在两种主张：有些国家主张属人法是指国籍国法，或称本国法，如希腊、法国、德国、奥地利等；有些国家则以住所地法作为当事人的属人法，如英国、美国、阿根廷、秘鲁等。

---

❶　韩德培. 国际私法［M］. 北京：高等教育出版社/北京大学出版社，2000：155.

②适用法院地法。主张自然人的权利能力适用法院地法的理由是：自然人的权利能力制度涉及公共秩序，关系到法院地国法律的基本原则以及法院地国的公共利益，故应依法院地法判定。瑞士、日本的部分学者持此种观点，少数国家的立法也体现了此种主张，如瑞士、苏联等。❶

③适用各该法律关系的准据法所属国的法律。这种做法是将权利能力附属于特定的国际民商事关系，即特定的国际民商事关系应适用的准据法，同时也是该关系中各方当事人权利能力的准据法。此种主张的理由是：所谓权利能力，不外乎是特定的人在特定的国际民商事关系中是否有资格享受权利和承担义务的问题，因此，权利能力问题最适合依各国际民商事关系的准据法所属国的法律来判定。例如，若权利能力涉及合同关系，则应适用合同准据法所属国的法律；如权利能力涉及物权关系，则应适用物权关系准据法所属国的法律。这一主张曾被英美两国的一些判例所采用。

在以上三种主张中，由于自然人的权利能力与自然人的人身关系密切，因此一般情况下以属人法作为自然人权利能力的准据法较为合理。但属人法原则不宜绝对化，如果适用法院地法或法律关系准据法所属国的法律对案件处理更为公平合理，也不应排除其适用。尤其是当某种特别权利能力关系到内国的主权、安全或公共利益时，外国人在内国能否享有该种特别权利能力，如能否在内国取得土地所有权等，适用内国法更为现实、合理。总之，以属人法为原则，以法院地法和法律关系准据法所属国的法律为辅助和补充，可以更妥当地解决自然人权利能力的法律冲突问题。

（2）中国的规定。

《涉外民事关系法律适用法》第11条规定："自然人的民事权利能力，适用经常居所地法律。"此即自然人的民事权利能力适用属人法。作为属人法的标准，该法选择了经常居所地而不是国籍，这是受了当前本国法原则日益弱化而住所地法原则不断加强的影响。虽然国籍比住所更加稳定和容易确定，但相应地国籍也更缺乏弹性，在实际的民商事法律关系中当事人可能与国籍国没有实质上的联系，而住所地作为当事人生活的中心，与

---

❶ 1988年《瑞士联邦国际私法法规》第34条第1款规定："自然人的民事权利能力适用瑞士法。"苏联于1977年修订的《苏联和各加盟共和国民事立法纲要》第122条规定："外国公民在苏联有与苏联公民同等的民事权利能力。个别例外可由苏联立法加以规定。"

当事人的联系更为紧密。❶

3. 涉外失踪和死亡宣告的管辖权与法律适用

如上所述，失踪和死亡宣告是自然人权利能力终止的原因之一，对当事人影响极大，各国对此的规定又有较大差异，且涉外失踪和死亡宣告所涉及的司法管辖权和法律适用问题具有一定的特殊性，需要在此单独加以介绍。

（1）失踪和死亡宣告的管辖权。

关于涉外失踪或死亡宣告应由何国法院管辖的问题，国际上主要有以下三种主张。

①由失踪者国籍国法院管辖。这种主张的理由是：自然人的权利能力是由其国籍国赋予的，如果要宣告其失踪或死亡以终止其权利能力，也只能由其国籍国做出决定。但反对者指出，在失踪者远离其国籍国并已在外国发生了大量的法律关系的情况下，如果该外国法院无权做出失踪或死亡宣告，将会使发生在该国的法律关系长期处于不确定的状态，有违失踪或死亡宣告制度的立法初衷。

②由失踪者住所地国法院管辖。这种主张的理由是：住所是自然人生活的中心，如果住所地国法院无权宣告自然人失踪或死亡，该国的公共秩序和利益就难以得到有效维护。但反对者认为，如果失踪者对住所地而言下落不明、毫无音信，实际上却仍生存于其国籍国或第三国，或者失踪者的财产或法律关系集中在住所地国以外的其他国家，由失踪者住所地国法院管辖将会给国籍国或第三国带来不利。

③原则上由失踪者本国法院管辖，但在一定条件下和一定范围内，也可由失踪者住所地国或者认为对失踪和死亡宣告具有某种利益的国家的法院管辖。这种主张可以克服上述两种做法的弊端，因而为当今大多数国家所采用，如捷克、德国、日本、希腊等。

对于此问题，《民事诉讼法》第 166 条、第 167 条规定，宣告失踪或宣告死亡案件，由下落不明人住所地基层人民法院管辖。

在二战中，曾有大批自然人因战乱、种族歧视和政治迫害等原因而失踪。为了在法律上妥善处理这些人的死亡宣告问题，在联合国的参与下，国际社会于 1950 年通过了《关于失踪者死亡宣告的公约》。该公约规定，

---

❶ 黄进，姜茹娇. 《中国人民共和国涉外民事关系法律适用法》释义与分析 [M]. 北京：法律出版社，2011：67.

失踪人的最后住所或居住地、本国、财产所在地、死亡地，以及一定的亲属申请人的住所或居所地，都可以行使对这些人的死亡宣告管辖权。一经宣告，有关死亡及死亡日期等在各缔约国间均承认其效力。

（2）失踪和死亡宣告的法律适用。

在涉外失踪和死亡宣告的法律适用问题上，各国立法和实践中主要有以下几种主张。

①依失踪人的属人法。其理由是：失踪和死亡宣告关系到自然人的权利能力问题，应该同自然人的权利能力一样，适用自然人的属人法。在属人法的认定方面，依然存在两种主张：国籍国法与住所地法。主张前者的国家有希腊、奥地利等；坚持后者，即以住所地法为属人法的国家有秘鲁等。

②原则上依失踪人的属人法，但当法院地国对自然人的失踪或死亡宣告有利害关系时，适用法院地法。具体而言，这又包括以下三种情形。

第一，法院为内国的法律利益宣告外国人失踪或死亡时适用法院地法。如，1979 年《匈牙利国际私法》第 16 条规定："失踪人的最后属人法为宣告死亡、证明死亡和失踪的准据法。如果匈牙利法院为国内的法律利益宣告外国人死亡、失踪或决定该人死亡的证明，应适用匈牙利法。"

第二，原则上适用失踪人的属人法，但涉及在内国的不动产时例外。如，1939 年《泰国国际私法》第 11 条规定："对外国人的失踪宣告及死亡宣告的效力，除在泰国的不动产外，依外国人本国法。"

第三，如果宣告涉及失踪人在法院地国境内的财产，或者涉及依法院地法设立的法律关系，或者涉及法院地国利害关系人的利益时，可依法院地法。如，1982 年《土耳其国际私法和国际诉讼程序法》第 10 条规定："失踪和死亡的宣告适用当事人本国法律。如果被宣告失踪或死亡的人在土耳其有财产，其配偶或其中一位继承人具有土耳其国籍的，可以适用土耳其法。"

根据《涉外民事关系法律适用法》第 13 条的规定，宣告失踪或者宣告死亡，适用自然人经常居所地法律。可见，中国对于自然人宣告失踪或宣告死亡问题，适用自然人的属人法，且以经常居所地作为属人法的连结点。这种连结点的选择，其优势在于方便、快捷，能够扩大内国法院管辖

权，扩大内国法的适用范围，并能够迅速实现社会关系的稳定。❶

（二）自然人行为能力的法律适用

自然人的民事行为能力（以下简称行为能力），是指自然人能够以自己的行为行使民事权利并履行民事义务的法律资格。它是自然人凭借自己的行为有效进行民事活动的前提。

1. 自然人行为能力的法律冲突

自然人行为能力的取得，主要取决于两方面的因素：年龄因素，以及生理、心理因素。对于这两方面因素的规定，即满足什么条件才能具有完全行为能力，或者在何种情形下将被宣告禁治产，各国的立法和实践有较大差异，有关行为能力的法律冲突问题便随之产生。

（1）各国对法定的成年年龄的规定不同。

各国立法大多规定，必须达到法定的成年年龄才可能具有完全行为能力，不满法定年龄的未成年人只能是无行为能力人或限制行为能力人。然而各国对于成年年龄的规定却差异甚大。例如，中国、英国、法国规定满18岁为成年，日本、瑞士规定满20岁为成年，新加坡规定满21岁为成年，意大利规定满22岁为成年，荷兰、墨西哥规定满23岁为成年，奥地利规定满24岁为成年，丹麦、西班牙、智利规定满25岁为成年。各国对成年年龄的规定不同，很容易导致法律冲突。例如，一位19岁的中国人，依中国法已成年，具有完全行为能力，而当其去日本居住生活时，依日本法却尚未成年。

（2）各国对禁治产制度的规定不同。

绝大多数国家的法律都规定，已达成年年龄，但由于先天或后天原因造成的精神失常或能力低下的人，不能独立处理自己的事务，可被宣告为无行为能力或限制行为能力人，这一制度在许多国家被称为禁治产（Interdiction）或准禁治产宣告制度。自然人被宣告为禁治产或准禁治产人之后，其法律地位等同于未成年人，法院需要为其设置法定代理人或监护人。

各国禁治产制度的差异主要表现在宣告禁治产的原因和宣告的法律效力两个方面。

①宣告禁治产的原因。

---

❶ 齐湘泉.《涉外民事关系法律适用法》原理与精要［M］. 北京：法律出版社，2011：160.

因精神失常不能处理自己的事务是宣告禁治产的主要原因，也是各国民法的共同规定。除此之外，各国还规定了宣告禁治产的其他条件。例如，《德国民法典》第6条规定，具备下列条件的成年人可被宣告为禁治产者：一是因精神病或心神耗弱或低能而不能管理自己财产的人；二是因挥霍无度，致使自己或其家庭生活发生困难的人；三是因酗酒成性或吸毒成瘾而不能管理自己的事务，或因此而使自己或其家庭生活发生困难，或危及他人安全的人。法国、日本法律对禁治产与准禁治产进行了区分：心神完全丧失的人为禁治产人，即相当于无行为能力人；心神耗弱者，包括精神上的障碍、低能者、老迈人，甚至聋、哑、盲人，为准禁治产人，相当于限制行为能力人。中国法律规定，可宣告精神病人为无行为能力人或限制行为能力人，但未使用"禁治产（准禁治产）"宣告这一概念。

②禁治产宣告的效力。

对于禁治产宣告的效力，国际上主要有两种立场。多数国家主张被宣告禁治产者，其法律行为无效。即使宣告其为禁治产人的原因已消失，如精神病患者已病愈，只要其本人或与其有利害关系的人未申请法院撤销其禁治产宣告，则其法律行为始终无效。另一种主张是，被宣告禁治产或准禁治产者的行为是可撤销行为，并非当然无效；如无人主张撤销，该行为就可认定为有效。

2. 自然人行为能力的法律适用

关于自然人行为能力的法律冲突，自中世纪法则区别说开始，通行的原则就是依当事人属人法解决。但由于各国对自然人属人法的理解不同，国际上又有两种不同的主张：一种主张是自然人的行为能力依其本国法，即国籍国法，波兰、日本、奥地利等多数大陆法系国家采用这种主张；另一种主张是自然人的行为能力依其住所地法，英美法系国家，丹麦、挪威、冰岛等北欧国家，以及秘鲁等部分南美国家采取这种主张。

在以属人法作为自然人行为能力准据法的情况下，自然人只要依其属人法有行为能力，则无论在何处均承认其有行为能力；反之，若自然人依其属人法无行为能力，则在外国或非住所地也将被视为无行为能力人。这种情形对保护自然人而言比较有利，但如果严格适用属人法原则，有时可能会损害内国的交易安全。在与外国人进行交易时，交易人很难了解对方依其属人法是否具有完全民事行为能力，如果该外国人以"根据属人法，自己尚无行为能力"为由主张交易无效，则将影响交易关系的稳定，同时也会损害善意相对人的权益。

因此，为了保护内国的交易安全以及善意相对人的合理期待利益，很多国家都对自然人行为能力适用属人法这一原则加以适当的补充或限制。即：外国人在内国为民事行为时，如果依其属人法为无行为能力或者限制行为能力，而依内国法为有行为能力的，同样认定其为有行为能力。可见，适用于行为能力的准据法的范围扩大了，不仅有属人法，还有行为地法。这种对属人法原则的修正最初始于 1794 年的《普鲁士法典》，随后，德国、日本、瑞士、希腊、泰国等国家的法律中都增加了类似规定。

需要说明的是，上述行为地法对属人法的限制一般不适用于亲属法、继承法以及处理外国不动产的法律行为。1896 年《德国民法典施行法》第 7 条规定："外国人依其本国法为无能力或限制能力人，而依德国法为有能力者，就其在德国所为之法律行为视为有能力。但关于亲属法与继承法上之法律行为及其在外国不动产之法律行为，不在此限。"《意大利民法典》《波兰国际私法》中都有类似规定。1979 年《匈牙利国际私法》更明确规定，此种对于人的能力适用属人法所作的限制，只适用于"财产法上的交易"，即财产交易以外的有关行为能力的问题仍适用当事人的属人法。

此外，关于处分不动产的行为能力，有的国家规定应当适用不动产所在地法，而不适用属人法。如，1939 年《泰国国际私法》第 10 条第 2 款规定："对于不动产的法律行为的能力，依不动产所在地法。"

总之，关于自然人行为能力的法律适用，原则上适用当事人的属人法，但有两个例外或限制：一是处理不动产的行为能力适用不动产所在地法；二是民商事交易当事人的行为能力可以适用行为地法。

中国立法对自然人民事行为能力的法律适用也作了规定。《民法通则》第 143 条规定："中华人民共和国公民定居国外的，他的民事行为能力可以适用定居国法律。"《民法通则意见》规定：定居国外的中国公民的民事行为能力，如其行为是在中国境内所为，适用中国法律；在定居国所为，可以适用其定居国法律。❶ 外国人在中国领域内进行民事活动，如依其本国法律为无民事行为能力，而依中国法律为有民事行为能力，应当认定为有民事行为能力。❷ 无国籍人的民事行为能力，一般适用其定居国法律；

---

❶ 《民法通则意见》第 179 条。
❷ 《民法通则意见》第 180 条。

如未定居，适用其住所地国法律。❶

2010 年《涉外民事关系法律适用法》对于自然人行为能力法律适用的规定与原《民法通则》及其司法解释的规定略有不同。该法第 12 条规定：自然人的民事行为能力，适用经常居所地法律。自然人从事民事活动，依照经常居所地法律为无民事行为能力，依照行为地法律为有民事行为能力的，适用行为地法律，但涉及婚姻家庭、继承的除外。从该条规定中可以看出，中国坚持自然人的民事行为能力适用属人法，同时以行为地法矫正适用属人法可能产生的不足，但对于婚姻家庭、继承关系而言，属人法的适用一贯到底，不受行为地法的矫正。

《涉外民事关系法律适用法》以行为地法矫正属人法的不足，具有相当的灵活性，可以维护内国的交易安全，鼓励贸易，保护当事人的正当预期。中国的这一规定与各国立法相吻合，紧随了国际私法发展的潮流，有利于满足中国不断增长的国际贸易的需要，值得肯定。

婚姻家庭与继承作为法律规范中重要的一部分，一般都对之单列规范，《涉外民事关系法律适用法》也是将亲属与继承单列成篇。更由于亲属继承法律关系的适用规则庞大而琐细，不能简单地用"经常居所地法"和"行为地法"笼统概括。例如，仅婚姻中就包括结婚与离婚、亲子、收养、抚养、监护关系等。在婚姻家庭与继承关系中，当事人行为能力就不能适用"经常居所地法为主，行为地法为补充"的规则，而是按照特别法优于一般法的原则，适用亲属继承法的法律适用规则。❷

3. 禁治产宣告的管辖权与法律适用

如前所述，各国禁治产宣告制度存在较大分歧，而禁治产宣告直接影响到自然人的行为能力，因此，必须解决禁治产宣告本身的管辖权问题和法律适用问题。

（1）禁治产宣告的管辖权。

禁治产宣告本质上是对自然人行为能力的限制乃至剥夺，与自然人人身密切相关，因此理所当然地应由被宣告人所属国法院管辖。然而这一主张具有局限性。若某一自然人远离本国，本国法院难以进行事实上的调查，而如不及时做出禁治产宣告，又可能会影响居住国的公共利益或交易

---

❶ 《民法通则意见》第 181 条。

❷ 黄进，姜茹娇. 《中华人民共和国涉外民事关系法律适用法》释义与分析 [M]. 北京：法律出版社，2011：64.

安全。因此，多数国家的立法除承认自然人本国法院的管辖权外，也明确了居住国法院的管辖权，以此作为管辖权的必要补充。

对于符合哪些标准，内国法院才能对外国人的禁治产宣告案件行使管辖权的问题，各国规定不同，主要有以下几种标准。

①只要外国人在内国有住所或居所，内国法院就有权对其进行禁治产宣告。如，《希腊民法典》第 8 条第 2 款规定："希腊法院对于住所在希腊的外国人，可以宣告禁治产。"

②除外国人在内国有住所或居所外，还须该外国人依其本国法有禁治产的原因存在，并且这种禁治产原因也为内国法所承认时，内国法院才对其进行禁治产宣告。

③禁治产宣告案件原则上由禁治产人本国法院管辖，但对于居住在内国的外国人，如果其本国法院在一定期限内不做出宣告时，内国法院就有权进行禁治产宣告。

（2）禁治产宣告的法律适用。

关于禁治产宣告的法律适用问题，各国立法例主要有以下几种。

①适用被宣告人的属人法。其中，有的国家规定依被宣告人的本国法，如，《希腊民法典》第 8 条规定："禁治产适用（禁治产人）本国法。"也有的国家规定依被宣告人的住所地法，如，《秘鲁民法典》第 2071条规定："监护和其他保护无行为能力人的制度（包括禁治产宣告制度），依无行为能力人的住所地法。"还有的国家规定适用被宣告人的住所地或居所地法，如，《德国民法典施行法》第 8 条规定："对于在德国有住所或有居所之外国人，德国法院依德国法为禁治产宣告。"值得注意的是，在这一条单边冲突规范中，住所地或居所地法同时也是法院地法。

②适用被宣告人的属人法及法院地法。有的国家对此采用了属人法或法院地法的适用原则。

第三节　法人

一、法人的国籍

与区分内国人和外国人的标准相同，区分内国法人和外国法人的标准也是国籍，法人的国籍代表了其与某一国家固定的法律联系。

（一）确定法人国籍的标准

长期以来，确定法人的国籍并无统一的标准。从各国的学说、立法和实践来看，确定法人国籍的标准主要有以下几种。

1. 成员国籍主义

成员国籍主义又称资本控制主义。此说认为，法人的国籍应依组成法人的成员或依董事会董事的国籍决定。换言之，法人的资本实际上被哪个国家的人控制，用来为哪个国家的利益服务，该法人就具有哪个国家的国籍。这一国籍判断标准多用于战时，在和平时期，该主张在实践中操作性不强，认定法人国籍时多有不便。

2. 设立地主义

设立地主义也称成立地主义或登记地主义。此说主张依法人的设立地（登记地）决定法人的国籍，凡在内国登记成立的法人为内国法人，凡在外国登记成立的法人为外国法人。采用这一判断标准的理由是：国家的批准和登记创造了法人，同时，登记地容易辨识，确定不移，法人不能轻易变更国籍。英美法系大多数国家和东欧诸国普遍采用这一标准。该标准的不足之处在于，法人可以通过选择设立地来达到规避法律的目的。

3. 住所地主义

此说认为，法人的住所地是法人开展经营管理和经济活动的中心，因此，法人的国籍应依其住所所在地而定，即住所在内国的法人为内国法人，住所在外国的法人为外国法人。但对于何处为法人的住所，学者的主张和各国的实践并不统一。同时，反对者认为，住所可由法人随意设定，便于其规避法律。

4. 准据法主义

此说认为，任何法人都是依据一定国家法律的规定并基于该国明示或默示承认而成立的，所以，法人依哪个国家的法律而设立，就取得哪个国家的国籍。此说为一些英美学者和少数欧洲大陆的学者所主张。

5. 复合标准主义

复合标准是指综合运用上述标准来决定法人的国籍。由于法人在国际经济交往中的作用不断增强，特别是随着跨国公司的发展，一个一成不变的形式主义标准往往不能圆满解决问题，因此，有的学者主张并用法人的设立地和法人的住所地，或者综合法人的设立地和准据法来确定法人的国籍。这种主张在国际和国内的立法实践中已经得到支持。例如，中国 2001

年修订的《中华人民共和国中外合资经营企业法实施条例》（以下简称《中外合资经营企业法实施条例》）第 2 条就规定，依照《中外合资经营企业法》批准并在中国境内设立的合资企业是中国法人。在现实生活中，各国往往依上述几种标准，根据具体的情况，结合本国的利益和需要，加以灵活运用。

（二）中国确定法人国籍的立法与实践

在新中国成立初期，为了肃清帝国主义在华特权，曾采用过资本实际控制标准来确定法人的国籍。现阶段中国已不再采用该标准，而是在一些单行法规和司法解释中对法人国籍的认定问题作了规定，基本上并用了设立地和准据法标准。

1988 年《民法通则意见》第 184 条规定，外国法人以其注册登记地国家的法律为其本国法。2005 年修订的《中华人民共和国公司法》（以下简称《公司法》）第 2 条规定："本法所称公司是指依照本法在中国境内设立的有限责任公司和股份有限公司。"《公司法》第 192 条规定："本法所称外国公司是指依照外国法律在中国境外设立的公司。"2001 年修订的《中外合资经营企业法实施条例》第 2 条规定，依照《中外合资经营企业法》批准在中国境内设立的中外合资经营企业是中国的法人。根据 2001 年修订的《中华人民共和国中外合作经营企业法》第 1 条与第 2 条，在中国境内举办的中外合作经营企业，符合中国法律关于法人条件的规定的，依法取得中国法人资格。

可见，根据中国现行立法，依照外国法律在中国境外设立的法人为外国法人，依据中国法律在中国境内设立登记的法人为中国法人。

二、法人的住所

（一）确定法人住所的标准

在国际私法中，法人的住所在确定法人的国籍、法律适用、国际民事管辖权方面都具有重要意义。但是，不同国家以及学者对法人住所的理解并不一致，主要有以下主张。

1. 管理中心所在地说

管理中心所在地说又称主事务所所在地说。这种主张认为，法人的管理中心是法人的首脑机构，它决定法人活动的大政方针并监督其实施，因此，法人的住所应该是它的管理中心或主事务所所在地。另外，一个法人通常只有一个主事务所，以此作为确定法人住所的标志也比较明确。日本、德国、意大利、法国等一些大陆法系国家采用这种主张。但采此说确定法人的住所，容易导致法人将管理中心设于国外，从而规避了内国法律。

2. 营业中心所在地说

此说认为，法人运用自己的资本实际从事经营活动的所在地便是该法人的住所。以法人营业中心所在地为法人的住所地，最能反映法人与特定地域的真实联系。同时，法人的营业中心地相对比较稳定，可以防止法人进行法律规避。埃及、叙利亚等国家采用了这一标准。这一主张的缺陷在于，一个公司可能有几个营业中心，如从事保险业、运输业或银行业的法人，其营业范围常常跨越数国，难以确定其营业中心所在地。

3. 章程规定说

此说认为，法人在登记成立时一般都在其章程中规定了自己的住所，该章程中规定的住所即应认定为法人的住所。只有在章程未规定时，才以其他标准，如主事务所所在地来确定法人的住所。一些大陆法系国家，如瑞士、葡萄牙等，采用这种标准。采用这一主张的问题在于，有些法人章程中规定的住所地与主事务所所在地或营业中心地不一致，法人章程中规定的住所只是一个虚拟住所，将之作为确定属人法或确定国际民事诉讼管辖权的依据，可能会导致法人规避法律，从而造成不公正的结果。

4. 主要办事机构所在地说

这种主张认为，法人的住所应为法人的主要办事机构所在地。这是兼采管理中心所在地说和营业中心所在地说的一种主张，因为主要办事机构所在地既可能是管理中心所在地，也可能是营业中心所在地。[1]

5. 成立地说

此说认为，法人的住所类似于自然人的原始住所，即法人的住所在其成立地。部分英美法系国家即采此说。

对于法人住所的认定标准，中国原来的立法采用主要办事机构所在地说。《民法通则》第 39 条规定："法人以它的主要办事机构所在地为住所。"《公司法》第 10 条作了同样规定。同时，《民法通则意见》第 185 条规定："当事人有二个以上营业所的，应以与产生纠纷的民事关系有最密

---

[1] 黄进. 国际私法［M］. 北京：法律出版社，2005：141.

切联系的营业所为准；当事人没有营业所的，以其住所或者经常居住地为准。"但 2010 年《涉外民事关系法律适用法》放弃了传统的法人住所这一连结点，转而采用法人的经常居所地作为法人属人法的连结点，并在第 14 条规定，法人的经常居所地为其主营业地。

（二）法人住所的冲突及解决

由于各国对法人住所的认定标准不同，可能导致法人住所冲突的产生。对于此种冲突，各国一般是依"内国标准"加以认定，即每一国都只依内国法的标准来判定某一法人的住所在何地。这一解决方法有两方面的含义：

第一，只要依内国法的标准法人在内国有住所，内国便仅确定其在内国的住所，而对该法人在外国依有关外国法取得的住所不予确认。

第二，法人在内国无住所，而在两个以上外国有住所时，内国仍然依照自己的标准来判定该法人的住所在哪个国家。

三、外国法人的认可

外国法人的认可，又称外国法人的认许，是指内国在法律上承认外国法人的主体资格，并允许其在内国许可的范围内从事民商事活动。它是外国法人进入内国进行正常民商事交往的前提，包括对外国法人主体资格的认可和对外国法人活动范围的认可两个方面。

（一）外国法人主体资格的认可

1. 外国法人主体资格认可的概念

外国法人主体资格的认可，是指内国按照一定的方式承认外国法人在内国具有民事主体资格，享受民事权利并承担民事义务。这种认可是对已存在的外国法人的法律人格的确认，而不是重新赋予其法律人格。

内国对外国法人主体资格的认可涉及两个方面的问题：一是根据外国法人的属人法判断该法人在外国是否已经有效成立；二是依内国法判断是否应确认该外国法人在内国的主体资格。

2. 外国法人主体资格认可的方式

（1）一般认可：即凡依外国法已有效成立的法人，不问其属于何国，只需根据内国法规定，办理必要的登记或注册手续，即可在内国成为民事主体。英国、美国、西班牙等国采用这种认可方式。

（2）概括认可：即内国对属于某一特定外国国家的法人概括地加以认

可。概括认可的法律依据可以是内国法，也可以是国际立法。前者如法国于 1957 年制定的一项法律，概括地承认凡经比利时政府认可而成立的法人，均可在法国行使其权利；后者如 1968 年《布鲁塞尔关于相互承认公司和法人团体公约》规定，缔约国相互认可其他缔约国的法人。国家之间相互通过国际条约进行的概括认可，也称相互认可。

（3）特别认可：即内国采取特别批准程序对外国法人在内国的民事主体资格予以认可。对于拟在内国设立机构开展活动的外国法人，有关国家通常采取这种认可方式。如，《日本民法典》第 49 条规定，外国法人在日本设置事务所必须登记，在登记前他人可以否认该外国法人的存在。

（4）分别认可：即对外国法人分门别类，或采特别认可，或采概括认可，或采一般认可。例如，法国对有条约关系的国家的法人采取概括认可，对无互惠关系的采取特别认可；德国对商业法人采取一般认可程序，而对非商业法人必须经特别认可程序。

（二）外国法人活动范围的认可

外国法人活动范围的认可是指内国通过法律来规定外国法人在内国所具有的权利能力和行为能力的范围，即外国法人在内国可以从事哪些民事活动，或者不能从事哪些民事活动。各国为维护自身及其国民的利益，常常在立法中对外国法人的活动范围做出一些限制性的规定。

现代各国对外国法人的活动范围的认可，一般是采取两种方式来进行：①直接认可方式，即在内国立法中明确规定外国法人在内国可以从事哪些民事活动或不得从事哪些民事活动；②间接认可方式，即在内国立法中一般性地规定外国法人享有与内国同类法人相同的权利能力和行为能力，从而决定外国法人在内国的活动范围。❶

（三）中国有关外国法人认可的规定

1. 中国对外国法人主体资格的认可

外国法人在中国的经营活动包括临时来华进行经贸活动，也包括以外国公司或企业名义在中国设立分公司或代表机构等分支机构开展经营业务。对于采取第一种方式的外国法人，我国采取了一般认可原则，即自动

---

❶ 例如，《日本民法典》第 36 条第 2 款规定："经批准的外国法人，享有在日本的同类法人的私权，但外国法人不能享有的权利以及法律或条约中特别规定的，不在此限。"

承认其在中国的主体资格。❶ 对于需要在中国设立分支机构开展活动的外国法人，则控制较为严格，采用了特别认可制。《公司法》第 193 条第 1 款规定："外国公司在中国境内设立分支机构，必须向中国主管机关提出申请，并提交其公司章程、所属国的公司登记证书等有关文件，经批准后，向公司登记机关依法办理登记，领取营业执照。"另外，1980 年《中华人民共和国国务院关于管理外国企业常驻代表机构的暂行规定》、1993 年《国家工商行政管理局关于外国企业常驻代表机构有关问题的通知》、2002 年中国人民银行《外资金融机构驻华代表机构管理办法》及 2006 年《中华人民共和国外资银行管理条例》等均做出了类似规定。

2. 中国对外国法人活动范围的认可

中国对外国法人活动范围的认可主要表现为直接认可，如 2001 年修订的《中华人民共和国对外合作开采海洋石油资源条例》（以下简称《对外合作开采海洋石油资源条例》）❷、1995 年对外经济贸易合作部发布的《关于审批和管理外国企业在华常驻代表机构的实施细则》❸、1989 年国务院颁布的《中华人民共和国水下文物保护管理条例》（以下简称《水下文物保护管理条例》）❹ 等。

四、法人权利能力与行为能力的法律适用

（一）法人权利能力与行为能力的法律冲突

法人权利能力是指法人能够参与民事关系、享受民事权利和承担民事

---

❶ 中国《宪法》第 18 条第 2 款规定："在中国境内的外国企业和其他外国经济组织以及中外合资经营的企业，都必须遵守中华人民共和国的法律。它们的合法的权利和利益受中华人民共和国法律的保护。"根据该规定，宪法一般性地赋予了外国法人来华进行活动的权利，因而可以认为我国法律原则上采用了一般认可制。

❷ 《对外合作开采海洋石油资源条例》第 1 条规定，"在维护国家主权和经济利益的前提下允许外国企业参与合作开采中华人民共和国海洋石油资源"。

❸ 《关于审批和管理外国企业在华常驻代表机构的实施细则》第 4 条："外国企业常驻代表机构可以在中华人民共和国境内从事非直接经营性活动，代表该企业进行其经营范围内的业务联络、产品介绍、市场调研、技术交流等业务活动。"

❹ 《水下文物保护管理条例》第 7 条第 2 款："外国国家、国际组织、外国法人或者自然人在中国管辖水域进行水下文物的考古勘探或者发掘活动，必须采取与中国合作的方式进行，其向国家文物局提出的申请，须由国家文物局报经国务院特别许可。"

义务的法律资格，是法人享受民事权利和承担民事义务的前提。法人的行为能力则是法人通过其自身行为实现民事权利和履行民事义务的资格。法人的权利能力和行为能力同时产生，同时终止，并且二者范围基本一致，因此，各国立法大都将法人的权利能力和行为能力一并加以规定。由于各国对下列问题的具体规定不同，从而导致了法人的权利能力和行为能力存在法律冲突。

1. 法人权利能力与行为能力的产生

这方面的法律冲突主要表现为以下两方面：①满足什么实质要件可以取得法人资格。例如，《法国民法典》第 1842 条规定："除隐名合伙以外的合伙，自登记之日起享有法人资格。"意大利也有类似规定。而英美法系国家及大陆法系中的多数国家则对合伙组织与法人严格加以区别，不承认合伙组织的法人资格，即合伙不具有法人的权利能力与行为能力。再如，美国的一些州允许出租车公司将其下属的每一辆出租车登记成为"公司"，并承认这些"公司"享有法人的权利能力和行为能力，而绝大多数国家都不承认这种"法人"。②满足什么程序要件才可取得法人资格。例如，德国规定，登记是公司成立的要件，公司非经登记不得成立，即采用登记成立主义。而日本却规定，登记并非公司成立的要件，而仅为对抗第三人的要件。由于各国对法人成立的实质要件和程序要件规定不一致，在国际民商事交往中，一个组织是否具有法人的权利能力和行为能力就可能存在法律冲突。

2. 法人权利能力与行为能力的范围

法人权利能力与行为能力的范围，是指法人依法可以享有哪些民事权利，以及应当承担哪些民事义务。

在法人的权利能力方面，有些国家有某些特别限制。例如，法国和比利时等国家规定，有限责任公司不能向公众发行债券，而德国等国家却没有此种禁止性规定；少数国家或地区允许法人享有经营博彩业务的权利能力，但大多数国家都不赋予法人此种权利能力。

法人的行为能力通常情况下与其权利能力的范围一致，但在某些国家也可能存在差异。例如，在专利保护方面，各国一般都赋予了外国法人享有专利权的权利能力，但有些国家赋予了外国法人直接申请专利或办理其他专利事务的行为能力；有些国家却规定外国法人只能委托内国指定的代理机构代为办理专利事务，即没有赋予外国法人在内国直接办理专利事务的行为能力。

3. 法人权利能力和行为能力的消灭

法人的权利能力和行为能力通常随法人的终止而消灭，但各国法律对于法人的终止条件以及终止程序的规定不尽相同。例如，《日本民法典》第71条规定，法人无正当理由连续3年以上不经营其事业者，主管官署可以撤销其设立许可，宣布解散该法人。有些国家的法律中则没有这样的规定。此外，法人的权利能力和行为能力可因破产而终止，各国对法人破产的规定也有很大差异。

（二）法人权利能力和行为能力的法律适用

解决法人权利能力和行为能力的法律冲突，国际上通行的原则是依法人的属人法。但对于如何确定法人的属人法，又有以下几种主张。

1. 法人设立地（登记地）国法律

匈牙利、秘鲁、瑞士、美国的一些州、苏联等采用这一原则。如，《匈牙利国际私法》第18条规定："法人的法律能力、从事经济活动的资格、人格权和成员之间的法律关系，适用属人法。法人的属人法为法人登记国法。"

2. 法人住所地国法律

该原则被法国、阿尔巴尼亚等国采用。例如，1967年《法国关于补充民法典中国际私法规范的立法草案》第2302条规定："法人由在住所地国对其适用的法律规定。住所位于法国境内的法人受法国法支配。"

3. 法人主事务所（管理中心）所在国法律

希腊、埃及、葡萄牙、奥地利、土耳其、约旦等国采用这一原则。在采用该原则的国家中，有的规定适用法人章程中所规定的管理中心地所在国法律，有的规定适用法人的实际管理中心地所在国的法律。如，《土耳其国际私法和国际诉讼程序法》第8条第3款规定："法人或团体的民事权利能力和行为能力适用其规章规定的管理中心所在地的法律。如果管理的实际中心在土耳其，则适用土耳其法律。"《葡萄牙民法典》也规定，法人的属人法，为其主要管理机构的实际所在地法。

4. 法人营业所所在地国法律

波兰、韩国等国就采用了这一原则。《波兰国际私法》第9条第3款规定，法人或自然人为与其营业有关的法律行为时，其能力依其主要营业所所在地法。《韩国国际私法》第 29 条规定，商业公司的法律行为能力适用其营业地法。

上述做法中，成立地标准为大多数国家所采用。其优点主要体现在两个方面：其一，成立地理论充分符合私法自治理念，保护私人自治和私人选择，公司可以自由设立，这与国际私法的基本理念是不谋而合的；其二，与其他连结点相比，成立地更易于确定，较为明确。然而成立地标准自产生起就有一个问题：易导致法律规避。这项缺点在法人的国籍和住所上也有体现。**❶**

需要指出的是，属人法原则虽然是国际上解决法人权利能力和行为能力法律冲突的通行原则，但外国法人在内国活动，首先必须遵守内国的法律。对于是否允许外国法人在内国活动及其活动的范围、对外国法人的监督，以及外国法人在内国享有权利与承担义务的限制等问题，应适用内国法的相关规定来确定，即实践中通常是重叠适用属人法与行为地法来最终确定法人的实际权利能力与行为能力。

《民法通则意见》对外国法人行为能力的法律适用问题作了规定。该意见第 184 条规定："外国法人以其注册登记地国家的法律为其本国法，法人的民事行为能力依其本国法确定。外国法人在我国领域内进行的民事活动，必须符合我国的法律规定。"该条款考虑到外国法人在我国进行民事活动的行为能力，不仅受其属人法的支配，还受其活动地国法律的支配，因此在属人法中的本国法基础之上重叠适用了内国法，体现了属人主义与属地主义的折中。

对于法人的民事权利能力与民事行为能力的法律适用，《涉外民事关系法律适用法》第 14 条规定："法人及其分支机构的民事权利能力、民事行为能力、组织机构、股东权利义务等事项，适用登记地法律。法人的主营业地与登记地不一致的，可以适用主营业地法律。法人的经常居所地，为其主营业地。"《涉外民事关系法律适用法解释（一）》第 16 条规定："人民法院应当将法人的设立登记地认定为涉外民事关系法律适用法规定的法人的登记地。"

---

❶ 赵相林. 国际私法［M］. 北京：中国政法大学出版社，2007：174.

第四节　国家

一、国家的国际私法主体资格

在国际社会中，国家可以依据民事法律，与自然人、法人、其他国家或国际组织进行民商事交往，取得民事权利或承担民事义务，如发行国债、接受无主财产等。在这种关系中，国家不是以主权者的身份出现，而是在有限的范围内作为民商事法律关系的主体，即国际私法主体。但是，与自然人、法人不同，国家作为国际私法主体具有某些特殊性，主要表现在以下几方面。

（一）名义上的特殊性

国家作为国际私法的主体，参加国际民商事活动是以国家本身的名义并由其授权的机关或负责人进行的，这种活动所产生的结果直接由国家承受。在实践中，必须把国家作为国际私法的主体与国有企事业作为国际私法的主体严格区别开来，以独立法人身份出现并以自己的名义参加国际民商事活动的国有公司和企业不能代表国家。

（二）责任上的特殊性

国家作为国际私法的主体参与国际民商事关系时，应当以国库来承担民事财产责任。由于国家不存在破产的问题，因而国家所承担的责任实际上是一种无限责任。

（三）权利上的特殊性

国家作为国际私法的主体，理应与对方当事人具有平等的法律地位，与对方当事人平等地享有权利，承担义务。但国家毕竟是主权者，仍然享有主权者的某些特权，如国家及其财产的司法豁免权。

二、国家及其财产豁免

（一）国家及其财产豁免的概念

国家及其财产豁免，简称为国家豁免，是指在国际民商事交往中，一个国家及其财产未经其同意免受其他国家的管辖与执行。国家豁免的根据是国家主权。主权国家之间是平等的，而平等者之间无管辖权。国家豁免是国家固有的权利，它来源于国家主权原则，同时又维护和巩固着国家主权原则。

（二）国家豁免问题的产生

具体而言，国家及其财产豁免问题可能在下列情况下产生：①国家在外国法院被诉；②国家虽然没有在外国法院直接被诉，但在某诉讼中涉及该国家及其财产；③某些案件中，国家明示或默示地放弃了管辖豁免，但在判决做出之前或之后，涉及对该国财产采取扣押或强制执行措施；④一国在他国法院提起诉讼时，对方当事人提出反诉。

（三）国家豁免的内容

按照一般的国际惯例，国家及其财产的司法豁免主要包括司法管辖豁免、诉讼程序豁免及强制执行豁免。

司法管辖豁免，是指除非一个国家同意，否则其他国家不得受理以该国家为被告或者以该国家的财产为标的的诉讼。诉讼程序豁免，是指在一个国家放弃司法管辖豁免，主动向他国法院起诉或自愿在他国法院应诉的情况下，未经该国同意，他国法院不得对该国或该国的财产采取诉讼强制措施，如不得强令该国提供证据、不得以诉讼保全为由查封或扣押该国财产等。强制执行豁免，是指即使一个国家主动向他国法院起诉或自愿在他国法院应诉，未经该国同意，他国法院不得依其判决对该国财产采取强制执行措施，如不得拍卖该国财产、不得强行划拨该国的银行存款等。

以上三项内容，既有联系，又有相对的独立性。一方面，司法管辖豁免是第一层次的豁免，国家只要不放弃其司法管辖豁免，就当然地享有诉讼程序豁免和强制执行豁免；另一方面，国家自愿放弃前一项或前两项豁免时，并不等于同时也放弃了后一项豁免。

（四）国家豁免的理论与实践

对于国家豁免问题，各国学说和实践存在较大分歧。传统的理论有绝对豁免论和限制豁免论，二战后，国际法学界又出现了废除豁免论和平等豁免论。前两种理论在一些国家的实践中得到了贯彻与支持，而后两种主张尚限于理论探讨之中。

1. 绝对豁免论

绝对豁免论（Doctrine of Absolute Immunity）是最古老的国家豁免理论。这种理论认为，一个国家，不论其行为的性质如何，在他国享有绝对的豁免，除非该国主动放弃其豁免权。享有国家豁免的主体包括国家本身、国家元首、中央政府及各部、其他国家机构、国有公司或企业等。另外，该理论主张在国家未自愿接受管辖的情况下，通过外交途径解决有关国家的民商事争议。

在19世纪中叶以前，绝对豁免论几乎为所有西方国家所赞同，并在当时的司法实践中得到广泛采用。绝对豁免论在豁免问题上把国家本身同国有公司或企业混同起来并不妥当，另外，强调通过外交途径解决涉及国家的民商事争议的主张也不利于国际民商事纠纷的及时解决。❶ 目前，绝对豁免主义仍然得到一些国家的支持。

2. 限制豁免论

限制豁免论（Doctrine of Restrictive Immunity）又称为相对豁免论或职能豁免论。其基本观点是：把国家的行为划分为主权行为与非主权行为，或者公法行为与私法行为，并主张对国家的主权行为或公法行为给予豁免权，而对国家的非主权行为或私法行为不给予豁免权。关于主权行为与非主权行为的划分依据，存在行为性质标准、目的标准和混合标准三种主张，赞同行为性质标准的人居多。同时，限制豁免论主张应由外国法院依据法院地法来识别外国国家的行为是否构成主权行为。

限制豁免论最早产生于19世纪后期。二战后，许多西方国家从绝对豁免立场转向限制豁免立场。国内立法方面，意大利、美国、英国、加拿大、澳大利亚、新加坡、南非、巴基斯坦等国先后颁布了采用限制豁免立场的法律。国际立法方面，1972年，一些欧洲国家缔结了具有限制豁免内容的《关于国家豁免的欧洲公约》。联合国1991年《国家及其财产的管辖豁免条约草案》和2004年通过的《联合国国家及其财产管辖豁免公约》中也明确采用了限制豁免论。

3. 废除豁免论

废除豁免论（Doctrine of Abolishing Immunity）产生于20世纪40年代末50年代初，是限制豁免论陷入困境的情况下的产物。该理论对绝对豁免论和限制豁免论都持否定的态度，主张加快国内立法和国际立法的步伐，从根本上废除国家及其财产的豁免权，并提出国家不享有豁免是一般原则，在某种情况下享有豁免是例外。废除豁免主义这种观点，实际上与国家主权原则的要求完全相背离。因此，废除豁免主义不仅在实践中难以得

---

❶ 黄进. 国际私法［M］. 北京：法律出版社，2005：147.

到支持，在理论上也受到多数学者的批判。

4. 平等豁免论

平等豁免论既不承认国家及其财产享有绝对豁免权，也反对一个国家武断地对其他国家的豁免权加以限制，而是从国际民商事交往的实际需要出发，主张国家之间在平等基础上对豁免权实行自我限制或自动放弃，从而为解决国家及其财产豁免问题提供了新的思路。

（五）中国在国家豁免问题上的立场

目前我国还没有关于国家及其财产豁免的专门立法，但在实践中，我国对国家及其财产豁免一贯持肯定态度。在著名的"湖广铁路债券"案❶中，中国表明了支持绝对豁免论的立场。然而近年来，我国对国家豁免问题的立场也发生了变化，这种变化集中体现在我国对于《联合国国家及其财产管辖豁免公约》的态度上。该公约采纳了限制豁免论，而我国积极参加且推动了该公约的起草工作，并于 2005 年 9 月 14 日签署了该公约。虽然至今我国尚未批准公约，但签署行为表明我国在国家及其财产管辖豁免问题上的态度已经越来越明确。按照《联合国国家及其财产管辖豁免公约》的规定处理国家豁免问题，既符合国际社会的共同利益，也符合我国的根本利益。

第五节　国际组织

一、国际组织的国际私法主体资格

国际政治、经济、文化交往发展到一定阶段后，国家之间共同利益增多，导致国际合作机制逐渐开始建立。具体表现之一就是主权国家或地区通过国际条约设立某一国际组织，以协调成员之间的利益冲突，实现某些特定宗旨并履行组织本身的职能。二战后，国际组织有了长足的发展，在当今世界中发挥着日益重要的作用。

国际组织都是基于特定目的而设立的。为了实现自身的宗旨，国际组织对内需要维持正常的工作机能，对外需要开展活动，这就必然要和国家、其他国际组织、自然人、法人发生各种关系，包括国际民商事关系，

---

❶ 黄进. 国家及其财产豁免问题研究 ［M］. 北京：中国政法大学出版社，1987：267－270.

因此，国际组织是国际民商事法律关系的主体，即具有国际私法主体资格。

虽然同为国际私法主体，国际组织参与涉外民事关系的方式、范围及其在国际民事交往中的地位，与自然人、法人乃至国家都有所不同。其特殊性表现在以下几方面。

（一）国际组织是依国际协议而派生的主体

国际组织是由若干成员方为实现特定目的而创设的法律人格，其主体资格既不来源于该组织本身，也不来源于任何国家的国内立法，而是来源于成立该国际组织的有关国际协议。

（二）国际组织只能在有限的范围内进行民事活动

国际组织的民事权利能力和民事行为能力是有限的，其能力范围应由有关的国际协议加以规定，即国际组织只能进行为保障其职权的行使或宗旨的实现所必需的民事活动。

（三）国际组织具有独立的法律人格

国际组织虽然由各个成员方组成，但一经成立即保持自己的独立性，而不隶属于任何国家。首先，国际组织以自身名义独立进行国际民商事活动，无须任何成员方的授权；其次，国际组织以自己的财产对其行为的后果独立承担责任，成员方对其债务并不负连带责任；最后，国际组织参与的国际民商事关系发生纠纷时，它有权以自身名义起诉或应诉，并独立行使诉讼权利，承担诉讼义务。

此外，政府间国际组织在参与国际民商事活动时还享有一定的特权与豁免。

二、政府间国际组织的特权与豁免

目前，国际上存在大量的全球性和区域性的政府间国际组织。这些政府间国际组织作为国家主权活动的产物，在协调国家间关系方面发挥着重要的作用。

国际组织本身不享有主权，所以它并不是自始便享有豁免权。政府间国际组织的特权与豁免最初来源于外交特权和豁免。在国际法实践中，为了保障政府间国际组织有效地行使其职权，各成员方通过签订条约，一致承认政府间国际组织应当享有特权与豁免。如 1946 年《联合国特权及豁免公约》、1994 年《马拉喀什建立世界贸易组织协定》等都有明确的规定。有关成立区域性国际组织的条约，也对区域组织的特权与豁免做了相应的规定。

国际组织的特权与豁免来自成员方的授权，对于该特权与豁免的理论根据，有职能说与代表说两种观点。职能说认为，国际组织享有的特权和豁免是其履行职能的需要，成员方为了使国际组织能实现自身的宗旨和任务，才授予其特权和豁免。代表说则认为，国际组织享有特权和豁免是因为在一定程度上或某些方面代表着成员方。多数人支持职能说，但有学者认为应将职能说与代表说结合起来才能较圆满地解释国际组织享有特权和豁免的依据。❶

国际组织的特权与豁免是广义的，国际组织在国际民商事交往中的特权与豁免只是其中的一部分，而且仅指国际组织本身的特权与豁免，并不涉及国际组织的官员和职员除执行公务外个人所享有的特权与豁免。根据有关条约的规定，国际组织在国际民商事交往中的特权与豁免主要有：国际组织及其财产享受司法管辖与执行豁免；国际组织的会所、公文档案不受侵犯；国际组织的财产和资产免受搜查、征用、没收、侵夺或其他任何形式的干涉，等等。

---

❶ 韩德培. 国际私法［M］. 北京：高等教育出版社，北京大学出版社，2000：77.

第五章　物权关系的法律适用

第一节　物权及其法律冲突

一、物权和国际物权的概念

物权一词最早起源于罗马法，直到 1900 年，才由《德国民法典》第一次在法律上予以正式确认。此后，许多国家民法典都规定了物权制度。物权作为一个法律范畴，是法律确认的主体对物依法享有的支配权利，换言之，是指权利人在法定的范围内直接支配一定的物，并排斥他人干涉的权利。❶ 物权是与债权相对应的一种民事权利。物权的权利主体是特定的，而义务主体是不特定的；物权的内容是直接支配一定的物，并排斥他人干涉；物权的标的是物。❷ 从本质上讲，物权为支配权，物权人无须借助他人的行为，就能够行使其权利，即直接支配其标的物，并通过对标的物的直接支配享受其利益；物权为绝对权，可对抗世间一切人的权利，权利人之外的一切人均为义务主体，均负有不得侵害其权利和妨害其权利行使的义务❸，因此，物权在性质上属于绝对权或对世权。在英美法中，没有"物权"这一法律术语，与之相近的是"财产权"；基于多重所有权观念，英美法将财产权在整体上分为法律上的所有权、衡平法上的所有权和期限性财产权，其每一种财产权又可细分为无限多样的"物权类型"。

国际物权是指具有外国因素的物权或"财产权"。这就是说，国际物权既包括物权主体为外国人的情况，也包括物权客体处于外国的情况，还包括引起物权产生、变更或消灭的法律事实发生在国外的情况。在国际物

---

❶　王利明. 民法 ［M］. 北京：中国人民大学出版社，2000：142.

❷　同上。

❸　梁慧星. 中国物权法研究（上）［M］. 北京：法律出版社，1998：26.

权关系中，具有极端重要性的是涉外所有权关系，各国所有权法上的冲突往往构成各类国际私法问题的基础。尽管各国的物权法或财产法有着极大的差别，但确认物权人在法律规定的范围内对其权利客体享有支配权和排除他人干涉的权利是各国法共同接受的基本原则。

二、物权的类型

从国际范围来看，不同国家的物权类型有着极大的差别，其中，大陆法系物权类型与英美法系财产权类型的差别尤其令人瞩目。了解两大法系在物权类型制度上的差别，对于完整地理解涉外物权关系，对于正确地运用国际私法调整方式，显然有着重要的意义。

按照物权关系的客体不同，大陆法国家通常将物权仅分为动产物权和不动产物权两类，并认为物权的客体仅限于物；而英美法国家的法律则认为，财产权关系的客体并不限于即存物，还应包括利益、权利和"未来存在的物"等，依此，财产权应包括动产财产权、不动产财产权和对利益的所有权等多种。英美法上的这一观念对于大陆法系的物权法有着深刻的影响，近几十年来，一些大陆法国家的法律亦将"权利财产"作为物权的客体，由此产生了对股票、债券、票据、专有权证书的"所有权"概念。

按照大陆法系所奉行的物权类型法定原则，大陆法国家通常将物权分为自物权（所有权）和他物权两类，他物权又分用益物权和担保物权两类。用益物权通常包括地役权、地上权、永佃权、典权等，担保物权通常包括抵押权、质权、留置权等。大陆法系国家的法律认为，此等物权类型仅可由法律规定，禁止当事人通过特约创设"物权类型"。而英美法系国家则否认有物权类型法定和一物一权原则的必要性。在英美各国财产法中，财产权可分为衡平法上的所有权、法律上的所有权和期限性财产权三类，每一类所有权或财产权又均可分为上级所有权与下级所有权多种；此外，每一类财产权均可依其客体不同、权利期限不同、产生形式不同、特约权利内容不同而分为极多种类，其中最能体现这一特征的就是信托受益人所有权和各种各样的信托财产所有权。

在物权内容上，大陆法国家根据物权内容法定原则，通常以立法明确规定各种类型物权的具体内容，禁止当事人以特约规定有别于法律规定的具体物权内容，依此立法原则，任一当事人依法取得的所有权或任一他物权均具有完全等同的内容。而在英美法国家，法律并不禁止当事人以信托证书、私法文件、公司章程创设特定内容的所有权或财产权，依此原则，不同当事人依法创设或取得的同名所有权或财产权可能具有不同的内容和含义，以此满足经营性财产权多样性的要求。

三、国际物权关系的法律冲突

物权或财产权是各国民法中的重要制度，由于政治、经济、历史传统和法律文化的不同，各国物权法的规定往往存在较大的差异，这不仅体现在不同法系的国家之间，而且体现在同一法系的国家之间。由此，在国际物权关系中往往产生复杂的法律冲突。这些法律冲突主要体现在以下几方面。

（一）物权的主体

依照多数国家的法律，自然人、法人、国家和外国人均可作为平等的主体取得物权，享有同等的法律保护；但有些国家基于政策考虑，对于不同主体的物权取得能力加以限制。例如，挪威等国的法律规定：外国人在内国不能取得房屋的所有权，而只能取得房屋租赁权。中国目前的法律规定：土地所有权的主体仅限于国家和集体组织，其中，矿藏、水流、水面、海陆资源则仅归国家所有，因而在我国，一般的法人、自然人不能成为此类不动产的所有权主体。

（二）物权的客体

按照多数国家的法律，物权的客体可以分为动产和不动产，但各国在对动产和不动产的内容规定上有所差别。例如，德国和日本的法律仅将土地及固定在土地上的物视为不动产；而法国和奥地利的法律则认为土地和地上设施的收益和固定附着物皆为不动产。此外，英国、美国和法国的法律认为，除有体物之外，"权利财产"或"无体财产"也可以作为物权或财产权的客体，因而诸如股票所有权、债券所有权、信托利益所有权之类的说法并无不妥；而德国法系的民法则认为，物权的客体仅为有体物，所谓股票"所有权"实质上即为股权，而债券、票据、按揭的"所有权"实质上为债权。

（三）物权的种类与内容

各国法律对物权的种类及各种物权的具体内容往往有不同的规定，这不仅体现在大陆法系和英美法系各国之间，而且体现在同一法系的不同国家之间。例如，德国民法规定的法定他物权为地上权、地役权、先买权、抵押权、动产质权和不动产质权等；法国民法规定的法定他物权包括人役权、地役权、优先权、抵押权、质权等；我国民法规定的用益物权则包括土地使用权、承包经营权、采矿权、企业经营管理权、相邻权等。

（四）物权的取得与变动规则

各国法律对于物权的原始取得规则往往有不同的规定。例如，《日本民法典》规定的物权原始取得方式为无主物先占、遗失物拾得、埋藏物发现、财产附合、物之混合、加工、添附、取得时效等；《意大利民法典》规定的物权原始取得方式包括先占、发现、添附、加工、附合、混合及多种占有时效；中国目前的民事法规和政策所认可的物权原始取得方式仅为加工、添附、善意取得等几种。❶ 在物权变动规则上，德国民法规定：动产移转以交付为变动要件，不动产移转以登记为变动要件；日本和法国民法则规定：动产和不动产移转均依当事人意思表示为变动要件，交付和登记仅为对抗第三人之要件；英美国家的法律不仅允许财产依当事人意思表示而移转，而且允许当事人约定在交付财产占有后仍保留所有权不变动，即"所有权保留条款"。

（五）物权的保护方法

各国法律对于物权的保护方法往往也有很不同的规定。其中，德国民法对于各种物权提供了极为详尽的保护方法，包括所谓"自力救济"和"公力救济"，包括占有保护和本权保护，还包括物权保护方法和债权保护方法等。法国民法对于物权保护的规定较为简练，依其占有保护制度，财产权利人仅在其占有物遗失或被盗窃时，才可在时效期内主张财产返还之保护方法，其物上请求权制度也较德国法简单。

由于各国物权法在上述各方面的规定不同，因而，同一涉外物权关系依不同国家的法律处理，将可能得到很不相同的结果。为了合理公平地解决涉外物权关系的法律适用，国际私法在长期的实践中逐渐形成了接近于当事人法律行为预期且有利于司法执行的冲突原则。物之所在地法原则即为解决国际物权关系法律适用的基本原则。

---

❶ 参见《民法通则意见》第4条第（1）项。

第二节　物之所在地法原则

一、物之所在地法原则的产生和发展

物之所在地法原则是对物权法律冲突依标的物所在地法解决的概括表述，它反映了物权关系与特定法律之间的规律性联系。这一冲突规则目前已成为世界各国解决物权冲突最普遍接受的原则。

物之所在地法原则是一古老的原则，其产生可追溯至十三四世纪意大利的法则区别说。当时的著名法学家巴托鲁斯即主张将物权区分为动产物权和不动产物权，并进而提出，不动产物权依物之所在地法，即"物法"；而动产物权则依当事人的属人法，即"人法"。自法则区别说之后，不动产物权适用物之所在地法原则相继被世界各国的法律接受；19世纪后，该原则又为欧陆各国的法典法所沿袭；目前，世界各国的冲突法均确认了不动产物权适用物之所在地法的原则，无一例外。例如，1804年《法国民法典》第3条规定："不动产，虽为外国人所有，亦适用法国法。"1865年《意大利民法典》第7条规定："不动产物权，适用物之所在地法。"中国《涉外民事关系法律适用法》第36条也规定："不动产物权，适用不动产所在地法律。"不动产物权适用物之所在地法原则为世界各国普遍接受的原因在于：首先，世界各国的诉讼制度基于专属管辖原理，几乎均对位于其境内的不动产主张司法管辖权，这必然要在实体法律适用上也采取与之相适应的原则；其次，非不动产所在地国即使想适用其本国法律，但由于该不动产的处所和司法管辖权均不在其境内，故在财产控制和司法执行方面实际上很难实现；最后，不动产物权关系的当事人在取得权利或转让权利时实际上已经遵守和考虑到物之所在地法，而不可能对其没有预期，否则其权利根本无从实现。

至于动产物权的法律适用，各国法在很长一个时期内均采取属人法原则。传统的国际私法学者往往以"动产随人""动产附骨""动产无场所"等理由解释动产物权依当事人本国法或住所地法的规则。这实际上反映了早期国际民商事活动中，动产价值较小、种类少、重要性远不及不动产，且通常存放于所有者住所的现实；反映了早期国际民事诉讼中，动产与当事人所在地密切联系的现实。自19世纪末以来，随着现代社会国际经贸活动的发展，涉外民事关系越来越复杂，动产在经营性财产中所占的比例越

来越高，它们往往分布于世界各地，而动产所有人的住所也日益具有复杂性和多变性。这时，再将动产物权的法律适用集中于所有者的住所地法或本国法，不仅有悖于当事人的利益和意志，还会受到来自动产所在国的抵制，而且在多数情况下，物权争议双方的住所地往往也并不相同。正鉴于此，19世纪以后，许多国家相继在立法和司法中抛弃了"动产随人"的规则，而使动产和不动产物权关系尽可能地统一适用物之所在地法。至此，物之所在地法原则不仅成为支配不动产物权的基本原则，而且成为支配动产物权的原则。目前，英国、美国、日本、法国、意大利、西班牙、智利、阿根廷等许多国家均在一定程度上确认了这一原则；此外，1889年《蒙得维的亚国际私法公约》和1928年《布斯塔曼特法典》也接受了这一原则。

值得说明的是，尽管动产物权和不动产物权统一适用物之所在地法代表了国际私法的发展趋势，并且许多国家的冲突法也接受了这一原则，但动产物权适用物之所在地法的问题较之不动产物权的法律适用要远为复杂。一方面，动产的构成较之不动产要更为复杂，在许多情况下，不同类型动产的处所是很难确定的；另一方面，简单地使动产物权一律适用物之所在地法原则往往仍会发生难于适用或不合理适用的情形，故许多确认这一冲突原则的国家往往又规定了种种例外规则。我国目前的法律对于动产物权的法律适用尚未加以规定。

二、物之所在地的确定

以物之所在地法来解决物权法律冲突，须首先解决物之所在地的确定问题。原则上，对于物之所在地的确定，应以法院地法为依据，但由于动产之所在地，特别是权利财产或无体动产之所在地具有相当的复杂性，故多数国家的法律对其鲜有明确的规定，实践中的做法可简要归纳为以下几点：①对于不动产而言，物之所在地应以其物理所在地为准。②对于有体动产而言，物之所在地的确定方法主要有以下情况：一是某些国家在其冲突法中对动产所在地加以时间限定。例如，1948年《埃及民法典》第18条规定，占有、所有及其他物权，不动产适用不动产所在地法，动产适用导致取得或丧失占有、所有或其他物权的原因发生时该动产所在地法。二是就处在运输过程中的有体动产而言，以发送地或目的地作为其物之所在地，或者以从事运输的船舶或飞行器的注册国为准。如，1966年《葡萄牙民法典》第46条规定，在运输过程中的物，被视为位于目的地国家的领域内。正在经过登记注册的运输工具上运输的物的物权，适用运输工具登记地国法。三是船舶、航空器等交通工具，多以其登记、注册地为其所在地。③对于权利财产或无体动产而言，其情况较为复杂。按照许多国家冲突法的理论与实践，无体动产所在地原则上以该无体财产能够被追索或被执行的地点为准。依此原则，有价证券和流通票据的物之所在地以证券上权利的实现地为准；公司股票的物之所在地以股票的过户登记地为准；信托权益的物之所在地以信托财产所在地或受托人居住地为准；专利商标权的物之所在地以允许此项权利转让的登记地为准；等等。应当说明的是，由于德国法系国家的法律尚未普遍承认权利财产可以作为物权的客体，因而债券、票据、专利权、商标权的法律冲突实际上被纳入债权的法律冲突、专利权的法律冲突、商标权的法律冲突，等等。

三、物之所在地法的适用范围

物之所在地法原则是各国解决涉外物权法律冲突的基本原则，从世界各国的立法和实践来看，这一原则主要用于解决以下有关物权的法律冲突。

（一）以物之所在地法决定物权客体的范围

各国民法对于物权客体的范围有不同的规定，在发生此类法律冲突时，通常依据物之所在地法解决。这一原则实际上避免了涉外物权依物之所在地法不可能或不合法的情况。

（二）以物之所在地法决定动产与不动产的识别

各国民法对于动产和不动产的区分规则不同，往往会造成识别冲突，随着国际民事交往的发展和法律观念的变动，传统的一成不变的标准正在发生变化。尽管各国冲突法要求对于识别问题适用法院地法，但在动产与不动产识别上无一例外地适用物之所在地法。

（三）以物之所在地法决定物权的内容和种类

如前所述，各国民法对于物权种类和内容的规定极不相同，除两大法系在物权法制度上具有根本性差别外，在同一法系内部，各国在法定物权之外的物权发展（如公司财产权）和法律规则间的差别均可形成法律冲突。此类法律冲突也只能依物之所在地法解决。

（四）以物之所在地法决定物权的取得与变动

在国际私法实践中，在物权的取得、变动和消灭上也常常发生复杂的法律冲突，这不仅仅涉及物权移转变动规则，而且还涉及物权原始取得规则、物权灭失风险规则等。在通常情况下，在物权取得、变动和消灭上的法律冲突也是依物之所在地法解决。

（五）以物之所在地法决定物权的保护方法

各国民法对于物权保护方法的规定也不尽相同，其中，大陆法系国家规定的公力救济方法主要是对物上请求权的维护，主要包括判令停止侵害、排除妨碍、消除危险、恢复原状、返还原物、确认产权、损害赔偿等；英美法中，对物权保护的方法更为繁琐和全面，但其主旨大体相同。在发生物权保护方法上的法律冲突时，多以物之所在地法来解决。由于在物权客体、物权内容与类型、物权取得与变动、物权保护方法等方面的法律冲突具有关联性，因此，其准据法的确定通常是统一解决的。

四、物之所在地法原则的例外

虽然物之所在地法原则在解决物权法律冲突方面有广泛的适用，但由于某些客体物具有特殊性或者处于某种特殊状态之中，若适用物之所在地法，则或是不可能，或是不合理。因此，世界各国通常将一些特殊情况作为物之所在地法原则的例外，令其适用其他的冲突原则。

（一）关于运输途中货物的物权

对于运输途中的货物而言，其位置处于不断变化中。如在此过程中发生了货物的出售、抵押等物权变动，则很难确定该货物在权利变动时处于哪个国家；即使能够确定物之所在国，依此种偶然因素确定该国法律为准据法也未必合理。此外，运输中的货物在途中转让时，可能处于公海或公海的上空；在此种情况下，也不可能适用物之所在地法。因此，各国国际私法通常规定，运输途中货物的物权变动不适用物之所在地法原则，而适用例外规则。

（二）关于船舶和飞行器的物权

由于船船、飞机等运输工具在航运过程中往往也途经许多国家，难以确定其所在地，并且往往也可能处于公海或公海的上空，因此，有关船舶、飞机等运输工具的物权变动也不适用物之所在地法。

（三）关于外国法人主体终止时的财产清算

根据多数国家接受的国际私法规则，在外国法人自行终止或者依其登记国法令被解散时，其财产清算和清算财产的归属问题也不适用物之所在地法，而通常适用该法人的国籍国法或设立登记国法。这一冲突原则实际上与各国的管辖权规则和法人财产整体清算的要求有着内在的联系。应当说明的是，这一例外规则仅仅适用于外国法人依据其国籍国法终止时的财产清算冲突，如果是外国法人因侵害了东道国的利益而被东道国取缔营业，或者外国法人在其终止清算程序之外的财产物权变动，仍应适用东道国法律或物之所在地法律。

（四）关于国家豁免财产的所有权

根据世界各国普遍接受的国家财产豁免权原则，外国国家享有司法豁免权的财产也不受物之所在地法管辖，而应适用该财产所属国法律。实际上，国家财产豁免权的本质正在于司法管辖豁免、法律适用豁免、诉讼程序豁免和强制执行豁免。但是，按照发达国家普遍接受的有限豁免主张，仅以主权国家名义从事的主权行为和与此有关的国家财产才享有豁免权。依此主张，下列行为和相关的国有财产不享有豁免权：①一国国有法人从事的国际民事活动及与之相关的财产；②一国驻外的代理机构或办事机构从事的商业性活动或财务活动及与之相关的财产；③主权国家因涉外商业行为而引起的财产负担或争议，如境外债务或留置船舶；④由东道国专属管辖案件涉及的财产或行为，如主权国家位于专属管辖国的不动产或因境外侵权而被扣押的财产。而不少发展中国家则主张绝对豁免主义，要求对以主权国家名义从事的行为和相关的财产均赋予豁免权，除非主权国家以明示或默示方式放弃该权利。

第三节　不动产与动产物权的法律适用

尽管各国关于物的分类有多种，但是动产和不动产是法律上对物进行的重要分类。特别是在国际私法中，动产与不动产的区分尤为重要。❶几乎所有国家有关物权的国际私法规则都主要是区分动产与不动产而对其物

---

❶ 马丁·沃尔夫. 国际私法 [M]. 李浩培，等，译. 北京：法律出版社，1988：714.

权的法律适用做出规定的。

一、不动产物权的法律适用

（一）各国关于不动产物权法律适用的规定

1. 不动产物权适用不动产所在地法

如前所述，不动产物权适用不动产所在地法已被世界各国冲突法普遍采用。从当代各国立法的具体情况来看，作为一般规则，多数国家都规定动产和不动产物权适用物之所在地法。例如，1939 年《泰国国际私法》第 16 条规定："动产及不动产，依物之所在地法。" 1982 年《土耳其国际私法和国际诉讼程序法》第 23 条第 1 款规定："动产和不动产的所有权以及其他物权适用物之所在地法。"有少数国家则明确对不动产物权适用不动产所在地法做出单独规定。例如，1987 年《瑞士联邦国际私法法规》第 99 条规定："不动产物权适用不动产所在地国家的法律。"也有一些国家则规定，"物权及其公示适用所涉财产之所在地法"❶，"有体财产物权的产生、内容、消灭，依这种物权形成时物之所在地法"❷。无论是哪一种规定方法，都可以毫无疑问地确定物之所在地法适用于不动产物权。

2. 不动产物权的其他法律适用规则

应当注意到，在各国普遍采用不动产物权适用不动产所在地法的同时，有些国家的立法规定某些情况下适用其他法律适用规则。例如，1966 年《葡萄牙民法典》第 47 条规定："不动产的占有权和使用权适用物之所在地法，如果该法对此有规定的。在其他情况下，适用当事人的属人法。"又如，1999 年《德国关于非合同债权关系和物权的国际私法立法》第 43 条第 1 款规定："对物的权利，适用物之所在地国法律。"而该法第 46 条则规定，如果存在比照上述规定"所确定的法律具有更密切联系的另一国法律，则适用该国法律"。德国该法的规定已明确地表示，物权除与物之所在地有密切的联系之外，还可能存在与之有国家密切联系的法律。但对于与物权还有更密切联系的法律可能是什么法律，该法未提出具体衡量标准，而交由法院自由裁量，这显然在坚持物之所在地法为主导原则的前提下，又赋予了物权法律适用上的灵活性，从而突破了传统的物之所在地法

---

❶ 1991 年《加拿大魁北克民法典》第 3097 条第 1 款。

❷ 1984 年《秘鲁民法典》第 2088 条。

的意思。

（二）中国关于不动产物权法律适用的规定

关于不动产物权的法律适用，中国《民法通则》第144条规定："不动产的所有权，适用不动产所在地法律。"1988年《民法通则意见》第186条进一步规定："不动产的所有权、买卖、租赁、抵押、使用等民事关系，均应适用不动产所在地的法律"。对于何谓不动产，《民法通则意见》第186条作了如下解释："土地、附着于土地的建筑物及其他定着物、建筑物的固定附属设备为不动产。"1995年《中华人民共和国担保法》第92条第1款规定："本法所称不动产是指土地以及房屋、林木等地上定着物。"可见，我国立法关于不动产物权的法律适用的规定与各国普遍采用的不动产物权适用物之所在地法的原则是一致的。但是，以上我国的规定仅限于所有权。所有权是物权的核心，但物权体系中还有其他物权，如用益物权和担保物权等。

中国2010年《涉外民事关系法律适用法》第36条规定："不动产物权，适用不动产所在地法律。"这条规定比较全面，适用范围为不动产物权，包括民法中有关不动产物权的全部内容。

二、动产物权的法律适用

（一）各国关于动产物权法律适用的规定

1. 一般动产物权关系的基本法律适用原则

关于动产物权的法律适用，自19世纪以后，许多国家相继在立法和实践中采用物之所在地法原则，而不再适用属人法原则。目前，大多数国家都在一定程度上确认了动产物权适用物之所在地法的原则。根据各国立法，大部分采用物之所在地法原则确定动产物权的国家，都是将物之所在地法作为确定一般性动产物权法律适用的基本规则。而且，由于动产不具有不动产那样的永远不变的物理位置，它是可以移动的，因此，许多国家针对动产物权的法律适用，往往都对所应适用的物之所在地加以了时间限定。例如，1948年《埃及民法典》第18条规定："动产适用导致取得或丧失占有、所有或其他物权的原因发生时该动产所在地法。"1987年《瑞士联邦国际私法法规》第100条规定："动产物权的取得与丧失，适用物权取得或丧失时动产所在地国家的法律。动产物权的内容和行使，适用动产所在地的法律。"1991年《加拿大魁北克民法典》第3102条规定："动产担保的有效性依照担保设立时作为担保物的财产所在地国法确定。"1982
年《土耳其国际私法和国际诉讼程序法》第 23 条第 3 款规定:"动产场所
的变化和尚未取得的物权,适用财产最后的所在地法律。"

由于动产作为物权的客体具有多样性,某些动产具有特殊性或处于特
殊的状态,因此,与不动产物权的法律适用相比较,动产的法律适用更加
复杂。各国立法中关于动产物权的法律适用规则的规定内容也比较多,往
往针对这些特殊的动产物权做出专门的规定。

2. 特殊动产物权关系的法律适用

(1) 关于运输途中货物的物权关系的法律适用。

对于运输途中的货物,由于无法判断物之所在地,许多国家就其物权
的法律适用都作了专门的规定,而不适用物之所在地法原则。根据各国的
立法,对于运输中的货物的物权关系,法律适用规则主要包括以下几种:
①适用货物运输目的地法。这是多数国家普遍采用的规则,且具有合理之
处;在实践中,无论法律效力如何,对货物的途中处分一般仅在运达目的
地时才会发生实际效果。②适用货物运输的起运地法。目前,捷克、罗马
尼亚、白俄罗斯等国的国际私法采用这一规则。而且,罗马尼亚和白俄罗
斯的国际私法还允许当事人协议约定适用其他法律。❶ ③适用货物所有人
的属人法。这一冲突规则由萨维尼提出,《泰国国际私法》目前仍采用此
规则,该法第 16 条第 2 款规定:"把动产运出国外时,依起运时其所有人
本国法。"

应当说明的是,运输途中的货物并非绝对不适用物之所在地法,在有
些情况下,如,运输货物的所有人的债权人申请扣押了运送中的货物,结
果运送暂时停止,或运送中的物品因其他原因长期滞留于某地,则该物品
的买卖和抵押应适用该物品的现实所在地法。此外,当运输货物的权利已
被证券化,成为提单交易的工具时,则其物权变动也应依属物原则适用交
易所登记地法。

(2) 关于船舶、飞行器及其他运输工具的物权关系的法律适用。

目前,多数国家的法律规定,有关船舶和飞机等运输工具的物权关系
应适用其旗帜国法或其登记国注册法,即该船舶或飞机等运输工具在何国
登记注册或悬挂何国旗帜,就适用何国法。这实际上是一种属人法。例

---

❶ 1992 年《罗马尼亚关于调整国际私法法律关系的第 105 号法》关于动产的第
53 条第 2 款;1999 年《白俄罗斯共和国民法典》第 1122 条。

如，1978 年《奥地利联邦国际私法法规》第 33 条第 1 款规定，水上或空中运输工具的物权，依注册国的法律；铁路车辆依营业中使用该车辆的铁路企业有其主营业所的国家的法律。1999 年《白俄罗斯共和国民法典》第 1121 条规定："交通工具及其他应在国家注册登记簿上登记的财产的所有权及其他物权，应依该交通工具和其他财产注册登记地国家法律规定。"

但是这并不能排除所有权人或其债权人把在外国领水内的船只依其实际所在地法予以处置的权利。

3．关于动产物权关系法律适用的其他原则

物之所在地法原则是确定动产物权关系的基本法律适用原则，但物权关系也有许多方面问题不适用物之所在地法；即使在物之所在地法的适用范围中，虽然物权关系的许多问题是用物之所在地法来解决的，但对此不能绝对理解，从目前各国的立法来看，也存在适用其他法律适用规则的可能。

关于对动产物权的行为能力，一些国家法律规定适用当事人的属人法。如，《日本法例》第 3 条规定，人的能力依其本国法而定；而《德国民法典施行法》第 7 条的规定是属人法兼采行为地法。英美普通法系国家则主张，当事人对动产的能力适用住所地法；在当事人根据行为地法有能力，而根据住所地法没有能力时，则适用行为地法。❶

关于动产物权的行为方式，一般应依物之所在地法。如，1946 年《希腊民法典》第 12 条规定："物权的法律行为的方式适用物之所在地法。"但在英美普通法系国家，行为的方式是按照关于商业契约的规则解决的；所以，除财产所在地法，也可遵行行为地法。❷

关于物权取得、变更和消灭的条件，只能说一般应适用物之所在地法。物权的得失、变更往往由于物权法律行为而发生，而作为这种物权法律行为的根据却可能是债权法律行为，因此，各国多主张对其中独立的物权行为（如物的交付、权利的登记等），其成立与效力依物之所在地法，而对因转移物权所产生债务的债权行为，则不应适用物之所在地法。例如，1999 年《白俄罗斯民法典》规定，作为法律行为标的财产的所有权及其他物权，如果构成某一法律行为的标的，则其产生和消灭适用行为地法

---

❶　马丁·沃尔夫. 国际私法［M］. 李浩培，等，译. 北京：法律出版社，1988：742.

❷　同上注。

律。只有不是因某一法律行为而产生的财产所有权及其他物权（如因时效、继承等），才应适用该权利产生和灭失的行为或结果发生时该财产所在地国法律。● 1958 年《海牙国际有体动产买卖所有权转移法律适用公约》关于有体动产的所有权转移，主张适用买卖合同的准据法。当事人与第三人或者第三人相互之间有关所有权的问题，适用第三人提出请求时物之所在地法。也有的国家如上述《瑞士联邦国际私法》第 100 条确定了动产物权适用物之所在地法的基本原则，但在该法的第 104 条则直接规定动产物权适用当事人意思自治原则，即"当事人得是动产物权的取得和丧失受发送地国家或目的地国家的法律支配或受物权的权利和丧失据以发生的法律行为所适用的法律支配"，只是"此项法律选择不得用以对抗第三人"。此外，如前所述，根据 1999 年《德国关于非合同债权关系和物权的国际私法立法》的规定，动产物权也可能运用最密切联系原则而适用物之所在地法之外的另一国的法律。● 美国《冲突法重述（二）》第 244 条规定，动产权益转让的有效性和效力，由当事人、动产及转让与之有最重要联系的州的本地法在该特定问题上的规定来决定。在这个规定中，物之所在地法只是适用法律的考虑因素之一。

关于物权的保护方法，一般也应受物之所在地法支配。但前述 1999 年《白俄罗斯共和国民法典》第 1123 条第 1 款规定："对于所有权及其他物权的保护，权利人可以选择适用财产所在地法或法院地法。"这在物权的法律保护的法律适用中引入了当事人意思自治原则。

（二）中国关于动产物权的法律适用规定

中国《民法通则》并未规定关于动产物权的法律适用规则，在相关的单行立法中有一些零星的规定。中国的《海商法》第 270 条："船舶所有权的取得、转让和消灭，适用船旗国法律。"第 271 条规定："船舶抵押权适用船旗国法律。船舶在光船租赁以前或者光船租赁期间，设立船舶抵押权的，适用原船舶登记国的法律。"第 272 条规定："船舶优先权，适用受理案件的法院所在地法律。"中国的《民用航空法》第 185 条和第 186 条也规定："民用航空器的取得、转让和消灭，适用民用航空器国籍登记国法律。""民用航空器抵押权适用民用航空器国籍登记国法律。"第 187 条

● 1999 年《白俄罗斯共和国民法典》第 1120 条。

● 1999 年《德国关于非合同债权关系和物权的国际私法立法》第 46 条。

规定："民用航空器优先权，适用受理案件的法院所在地法律。"中国《海商法》和《民用航空法》的这些规定是关于船舶和航空器的有关物权关系的法律适用问题，其所确定的法律适用原则与多数国家的规定基本一致。

中国 2010 年《涉外民事关系法律适用法》第 37 条规定："当事人可以协议选择动产物权适用的法律。当事人没有选择的，适用法律事实发生时动产所在地法律。"该法第 38 条规定："当事人可以协议选择运输中动产物权发生变更适用的法律。当事人没有选择的，适用运输目的地法律。"

第四节　信托财产权的法律适用

一、信托及其构成

信托法是英美法中特有的制度，是其财产法的重要组成部分，在大陆法中并没有与其完全对应的制度。21 世纪以来，日本、韩国等大陆法国家以法典法方式移植概括了英美信托法的某些基本规则，开创了信托法成文化之先河。信托是指委托人将其财产附有信托意图交付于受托人（Trustee）所有，并使信托受益人依法享有信托财产上利益或受益请求权的制度。按照英美法学者的意见，成立一般的财产信托须具备四项构成要件：①确定的信托财产。英美法上的信托并非合同制度，而属于财产法范畴，确定的信托财产是构成信托关系和信托财产权的必备要素。②确定的信托意图。使信托意图附着于信托财产是信托法的主旨，信托意图具有限定受托人信托财产权内容和权利行使意图的作用，超越信托意图而滥用信托财产权将构成"违背信托"；正是依据信托意图，才使信托分成了私益信托、公益信托、商事信托、遗产信托、年金信托等名目繁多的类型，才产生了无限多样的信托财产权类型。③确定的受托人。尽管信托的成立不一定取决于受托人的意志，但受托人是信托成立的必备要素；根据信托法规则，当信托依法成立后，受托人将对信托财产享有"法律上的所有权"，而非一般意义上的受托管理权。④确定范围的受益人。根据信托法原理，受益人仅对信托财产利益享有"衡平法上的所有权"，但无权直接支配信托财产。受益人可以是委托人，也可以是委托人的亲属或其他无关第三人；可以是法人，也可以是自然人，还可以是一定范围的当事人。

二、信托关系的法律冲突

由于信托法并非各国普遍存在的制度，而在某些设有信托制度的国家中，其具体规定也不尽一致，这就使得有关信托财产权或类似信托财产权的法律冲突显得复杂和尖锐。这些法律冲突主要包括以下几类：

（1）信托法原理和规则建立在多重所有权的基础上，这与多数大陆法国家的物权法规则产生了尖锐的冲突。

按照英美法的规定，受益人享有的请求权（衡平法上的所有权）属于上级所有权，而受托人享有的法律上的所有权属于下级所有权。许多接受信托法的大陆国家则认为，受益人享有的权利本质上为所有权，受托人的信托财产权本质上则为限制物权。这一状况甚至阻碍了大陆法国家将信托财产权制度与物权制度做类同比较。

（2）对于信托财产权客体的问题，两大法系国家的法律规定和法律观念也有很大的差别。

多数大陆法国家的法律认为，物权的客体仅限于即存物；而英美法国家的法律则历来认为除有体物之外，诸如未来将存在的物、有体物上将形成的利益、土地使用权、租赁权、请求权、债权等，均可成为信托财产权或所有权的客体。

（3）在信托财产权的类型和内容上，两大法系国家的法律原则也有着极大的差别。

多数大陆法国家基于物权法定原则，认为物权的类型和每种物权的内容仅可由法律规定，禁止当事人以特约创设物权类型和具有特约内容的物权，以此来维护物权之公示性。而英美信托法和财产法则不限制当事人以信托证书创设信托类型和每种信托财产权的特约内容；依此，信托财产权实际上具有无限多样的类型和无具体限制的内容（但受到原则限制），这虽然使得信托财产权具有了极为重要的社会经济作用，但显然阻碍了将两大法系的物权制度做类同比较。

（4）在信托的成立和效力问题上，许多业已接受信托制度的大陆法国家的法律与英美信托法仍有很大的差异。

根据英国的判例法和成文法，信托的成立按照委托人意志，按照信托成立方式，按照信托的公益性质，也可分为复杂的类型，每一类型的信托又适用复杂的成立规则、效力规则和内容推定规则。这是大陆国家成文信托法所不能比拟的。此类法律冲突由于具有较强的技术性，往往是信托法律冲突的重点。

（5）在关于信托的管制法规则上，各国的信托法之间也有很大的差异。

英美法学者认为，信托法不同于合同法，对它的移植不能简单地套用意思自治原理，信托法必须保有某些基本的强行法或管制法规则。按照戴西和莫里斯的意见，信托管制规则中至少应包括以下内容：①各类信托受托人最低限度的权利和义务；②受托人违背信托的责任制度和规则；③对于信托财产、资本和收益的定义规则和判断规则；④判断受托人正当投资行为和正当权利行为的规则；⑤任命受托人规则和受托人变动更新规则；⑥不得担任受托人的范围及规则；⑦法院对于信托的权力，包括指定受托人、裁定信托内容、对受托人发出命令等。应当说，各国对于信托法上的此类具体规则也有着许多差异。

三、信托财产权的法律适用

随着国际间民商事交往的发展，信托制度不仅在英美法系国家被广泛运用，而且也为一些大陆法系国家所采用。但是，并非各国都对信托制度有所规定，即使存在信托制度的国家，其有关信托的法律规定也不一致，国际信托法律冲突问题日益突出。从各国的国际私法立法来看，直接对涉外信托的法律适用做出规定的比较少，主要是少数英美国家，如英国、美国。而规定有信托法的大陆法系国家，大都未对涉外信托的法律适用做出规定。而且，各国通过其内国冲突法规则解决国际信托法律冲突比较麻烦，还经常出现冲突规范所指向的国家无信托制度的情况。因此，为了解决信托法国家之间的信托法冲突，也为了解决它们与非信托法国家之间法律间的冲突，1984 年第十五届海牙国际私法会议制定了《关于信托的法律适用及其承认的公约》，该公约已于 1992 年 1 月 1 日生效。该公约对信托的概念、可以适用公约的信托类型、先决问题、法律适用、信托的承认和适用法律时应考虑的强行性规则都做了统一的规定。

该公约第 2 条对信托作了描述：在本公约中，当财产为受益人的利益或为了特定目的而置于受托人的控制之下时，"信托"这一术语系指财产授予人设定的在其生前或身后发生效力的法律关系。信托具有下列特点：该项财产为独立的资金，而不是受托人自有财产的一部分；以受托人名义或以代表受托人的另一个人的名义握有信托财产；受托人有根据信托的条件和法律所加于他的特殊职责，管理、使用或处分财产的权利和应尽的义务。财产授予人保留某些权利和权力以及受托人本身得享有作为受益人的权利这一事实，并不一定与信托的存在相矛盾。

该公约第3条规定，本公约仅适用于自愿设定并以书面证明的信托，但也允许成员国将其扩展适用于法定信托和指定信托。如，1987年《英国信托承认法》已将其规定适用于根据英国法创设的各类信托。关于信托的法律适用，公约在第6~10条做了规定。①信托依当事人的意思自治，即信托依财产授予人所选择的法律。该项选择必须是明示的或默示地规定在设定或书面证明信托的文件的条款中，必要时，须根据案件的情况予以解释。②如果当事人选择国家的法律中不存在信托制度，则其选择无效。如果当事人没有选择信托的准据法，或者其选择无效时，则应当适用与该信托有最密切联系国家的法律，这通常包括信托管理地、信托财产所在地、受托人居所或营业所、信托意图及该意图的实现地等。在信托的法律适用中，如果与信托有最密切联系的国家没有信托法制度，可对该信托法律关系不予承认。③对于信托的法律适用可适用分割制原则，同一信托关系中的不同事项，特别是法律管制事项，可以受不同国家法律的支配。适用于信托有效性的法律应决定该项法律或支配信托某一可分割事项的法律能否为另一法律所替代。

根据该公约第8条规定，当事人所选择的法律或根据最密切联系原则确定应适用的法律应支配信托的有效性、解释、效力及其管理。该项法律尤其应适用于：①受托人的委派、辞职或撤换，作为受托人的行为能力，受托人职责的转移；②受托人相互间的权利和义务；③受托人将其义务的履行或权利的行使全部或部分地委托给他人的权利；④受托人管理或处分信托财产、在信托财产上设定担保利益或取得新的财产的权利；⑤受托人进行投资的权利；⑥对信托存续时间以及积累信托收益的权利的限制；⑦包括受托人对受益人的个人责任在内的受托人和受益人之间的关系；⑧信托的变更和终止；⑨信托财产的分配；⑩受托人报告管理情况的义务。

第五节　国有化问题

一、国有化的含义

国有化是指主权国家根据其本国的法律制度，将原属于私人（包括外国自然人和法人）所有的某项财产以征收、征用或其他类似方式收归国有的法律措施。通常认为，征收又称为"没收"，是指国家以不支付补偿的方式将原属于私人所有的某项财产收归国有的法律措施，它具有无偿性与惩罚性；征用是指国家以支付补偿的方式将原属于私人所有的某项财产收归国有的法律措施；所谓其他类似方式，是指实际上将产生所有权变动效果的类似法律措施，包括逐步国有化等措施。国有化的结果导致所涉财产所有权的变更，使该财产的所有权从原私人转移到实施国有化措施的国家，是一种物权变动，因而属于物权问题。

二、国有化措施之效力

国有化的国际私法问题主要是国有化的效力问题，包括国有化法令的域内效力即国有化法令的效力能否及于外国人在东道国境内的财产，以及国有化法令的域外效力即国有化法令的效力能否及于本国人在外国的财产。根据世界各国目前的实践，国有化措施是一种主权行为，它可发生使私人财产转归国家所有的效力，对于这一原则是没有争议的。然而对于国有化措施之效力是否及于外国人在本国的财产，以及国有化措施是否具有域外效力的问题，不同国家的法律则有不尽相同的主张。

本书认为，国有化作为一种主权行为具有域内效力，其效果及于一国境内的所有财产，既包括本国人的财产，也包括外国人在本国的财产；同时，国有化措施又具有域外效力，其效果及于本国人在境外的财产。在国际交往中，各国应当在不影响其公共秩序的基础上相互承认对方国家法律的效力，包括承认对方国有化措施对其本国人在境外财产的效力。

西方国家的法律在原则承认外国国家国有化措施法律效力的基础上，通常以三种方式否定该外国国有化措施的效力（特别是域外效力）：①公共秩序保留，即凡外国国家的国有化措施与该国的公共秩序有抵触时，其国法院有权以公共秩序保留为由否认其国有化措施的效力；②以法院地法识别，凡属于无偿征收或没收的国有化措施将被认为属于"刑罚性处分"，从而以外国刑法不予适用为由否认其国有化措施的效力；③"实际控制理论"，凡外国国家国有化措施所依据的国有化法令生效时，有关财产实际上已经处于该国之境外的，其国法院可以以该外国法令对相关财产没有实际控制力为由否认其国有化措施的效力。

三、国有化措施的条件与补偿问题

尽管各国法律原则上均承认国有化措施的法律效力，但在对国有化措施的条件和国有化补偿问题上，发达国家与发展中国家有着尖锐的对立。多数发达国家认为，国有化作为一种主权行为是可以采取的，但应当有"前提条件"问题，在一般情况下，主权国家只有基于公共政策，并依据正当程序，方可实施此种措施；另一方面，在国有化措施实现所有权变动的同时，东道国应当给予"充分、有效、及时"的补偿。许多发展中国家则认为，国有化仅仅为东道国本身的主权行为，不应受主权之外的限制；在国有化补偿问题上，发展中国家多根据国际经贸中的不平等事实，主张只给予"适当合理的补偿"。

中国目前基于本国国情和发展与世界各国平等互利投资关系的宗旨，通过与许多国家签署的双边投资保护协定和国内立法，在国有化和国家征收问题上确定了以下基本规则：①原则上对外资企业、中外合营企业和外国投资者的财产不实行国有化和征收；只有在根据社会公共利益的需要❶，按照法律程序，并且是在非歧视性的条件下，才可对外资企业、合营企业或外国投资者的财产采取征收或其他相同效果的措施。②实行国有化或相同效果的措施应当给予补偿，该补偿应当等同于被征收财产的实际价值，该补偿应当是可自由兑换和可自由转移的，该补偿不能不适当和无故迟延。③对于外国投资保护和国有化补偿的争议，可以提交第三方按照双方所签订的协定和一般的国际法原则进行仲裁。④确认和承认与我国缔约的资本输出国在对其私人投资者进行了保险补偿后，将取得代位求偿权，但该代位权只能在经过国内司法救济和仲裁而仍得不到解决之后才可行使。❷

---

❶ 参见中国 1990 年 4 月第七届全国人大第三次会议通过的《关于修改中外合资经营企业法的决定》；另参见《中华人民共和国外资企业法》第 5 条，《中外合资经营企业法》第 2 条。

❷ 李双元，等. 中国国际私法通论［M］. 北京：法律出版社，1996：240.

第六章　知识产权关系的法律适用

第一节　国际知识产权的概念和特点

一、知识产权与国际知识产权

知识产权（Intellectual Property），又称无形财产权、智慧财产权，是指个人或集体对其从事科学、技术、文学艺术等智力活动而创造的精神财富或智力成果依法享有的权利。在法律学科中，它作为一种特殊的财产权，与有形财产权不同，具有独占性、时间性和地域性等特点。

国际知识产权是指含有国际因素或外国因素的知识产权，也就是在知识产权法律关系的主体、客体、法律事实等环节含有一个或一个以上的国际因素或外国因素。对于这里所讲的国际因素中的"国际"应作广义的理解，除了通常意义上所指的外国国家之外，有时候还包括一个国家中的不同法域。

知识产权一般分为两大类：一类是工业产权（Industrial Property），包括专利权和商标权，具体指发明、实用新型、外观设计、商标、服务标记、厂商名称和标记、原产地名称等内容；另一类是著作权，亦称版权，具体包括文学、艺术、科学作品的版权和音像及计算机软件的版权等。

二、国际知识产权的特点

知识产权作为一种特殊的民事权利，与其他民事权利相比，在法律上具有以下特点：第一，知识产权虽然也是一种财产权，但其客体是智力成果，属于精神财富，既不是有体物，也不是行为；第二，知识产权的主体、客体和内容须经法律直接确认；第三，知识产权的内容具有财产权和人身权的双重属性；第四，知识产权具有独占性，只有权利主体本人才能享有这种权利，其他任何人未经权利人同意或法律特别规定，不得享有或使用这种权利；第五，知识产权具有地域性，在一国境内根据该国法律取得的权利，只在该国境内有效，受该国法律保护，在其他国家则没有效力；第六，知识产权具有时间性，各国法律对知识产权的保护有严格的时间限制。

国际私法研究的国际知识产权，除了具有以上知识产权的一般特点外，还具有下列特点：第一，国际知识产权的主体突破了一国国籍的限制，除了本国人外，外国人也能取得主体资格；第二，国际知识产权通常受到两个或两个以上国家法律的保护，权利人一般先在一国取得知识产权，然后向外扩张到另一国或多国去取得知识产权；第三，国际知识产权可能同时受到国内法和国际法的双重保护。

传统观点认为，知识产权所具有的严格的地域性决定了在一国取得的知识产权仅仅具有域内效力，原则上不发生域外效力，因而根本不会产生法律冲突问题。然而，自人类进入 19 世纪后半叶以来，随着各国之间经济、技术和文化交流的迅速开展，知识产权也逐步国际化，人们在一国取得的专利、商标和著作的专有权，也迫切需要在其他国家得到相应的承认和保护。但由于各国有关知识产权的法律在保护范围、保护期限及权利取得方式等问题上存在立法差异，知识产权在法律保护方面也出现了明显的冲突现象。由此可见，研究和解决各国在保护知识产权过程中的法律冲突问题，已成为国际私法学的新任务和要求。

第二节　知识产权的法律保护和法律冲突

一、知识产权的国内法保护

知识产权的法律保护制度是随着西方社会工业革命的到来和对外经济交往的开展而逐渐发展起来的，这种保护首先是由一国的国内法保护开始的。时至今日，世界上几乎所有的国家都颁布了各自的专利法、商标法和版权法，以使知识产权纳入法律保护轨道。

世界上最早建立的知识产权保护制度是专利制度。世界上第一部专利法是威尼斯共和国于 1474 年 3 月颁布的专利法。该法规定的三个基本原则，即"保护发明创造原则、专利独占原则、侵权处罚原则"，为现代专利制度奠定了基础。英国于 1624 年颁布了具有现代专利法意义的《垄断法》（又称《专卖条例》），它所确立的一些原则至今仍为大多数国家专利法所沿用。随后，法、美、德、日等国相继颁布了各自的专利法，建立了自己的专利保护制度。迄今为止，世界上已有 190 多个国家和地区制定了专利法，专利制度已成为世界上最为广泛应用的制度之一。世界上最早的商标法是 1809 年法国制定的《关于工厂、制造场和作坊的法律》。在该法中，把假冒商标行为比照私自伪造文件罪加以处罚。1857 年，法国又制定了《关于以使用原则和不审查原则为内容的制造标记和商标的法律》，在全国范围内统一施行。此后，英国于 1862 年，美国于 1870 年，德国于 1874 年，日本于 1875 年相继制定了商标法。世界上第一部现代意义的版权法是 1709 年英国议会通过的《安娜法》，它首次通过立法形式确认了作者对作品享有首先印刷的权利。美国于 1790 年颁布了联邦版权法。法国于 1791 年颁布了《表演权法》，1793 年颁布了《作者权法》。此后，其他国家也相继颁布了版权法。

各国保护知识产权的国内法虽然内容不尽相同，但都具有严格的地域性，受到一国领土范围的限制，在一国取得的知识产权只在授予国境内有效，没有域外效力。在这种情况下，不会发生法律冲突现象，因此，国际私法学也不需要去研究知识产权的法律保护问题。

二、知识产权的国际法保护

随着西方社会垄断资本主义的形成和国际经济技术文化交流的日趋频繁，知识产权具有严格地域性的国内法保护已满足不了现实需要。特别是 19 世纪末以来，西方垄断资本家为了扩张，不仅输出商品，也输出资本和技术。他们迫切需要把知识产品的专有权从国内扩张到国外，使其知识产权能在域外产生效力。在国际商品市场、投资市场不断扩大的同时，知识产品的国际市场也开始形成和发展起来。许多知识产品打破一国界限而流入其他国家，成为全人类共享的财富，在客观上促进了国际科学文化的交流，也产生了知识产权国际保护的需要。为了适应这种需要，国际社会先后签订了一些保护知识产权的国际条约，并成立了一些全球性或地区性的国际组织，在世界范围内逐步形成一套卓有成效的知识产权保护体系。

世界上签订的知识产权保护公约主要有以下几个方面。

（1）工业产权方面：①1883 年《巴黎公约》。公约自缔结以来，先后经过了 7 次修订，目前大多数成员国采用的是 1967 年的斯德哥尔摩文本。公约发起成员国有 11 个，迄今为止已有包括中国在内的 100 多个国家加入了公约。②1970 年在美国华盛顿缔结的《专利合作条约》，该条约于 1978 年 6 月正式生效，包括中国在内的成员国有 60 多个。③1891 年《商标国际注册马德里协定》（以下简称《马德里协定》），目前有包括中国在内的 40 多个成员国。④1994 年缔结的《商标法条约》，包括中国在内的 40 多个国家签署了该条约，但条约至今尚未生效。⑤此外，还有《制止商品产地虚假或欺骗性标记马德里协定》《保护原产地名称及其国际注册里斯本协定》《工业品外观设计国际保存海牙协定》《保护奥林匹克会徽内罗毕条约》《国际专利分类斯特拉斯堡协定》《建立商品图形要素国际分类维也纳协定》等。

（2）著作权方面：①1886 年《保护文学艺术作品伯尔尼公约》（以下简称《伯尔尼公约》），该公约签订后经过 8 次修订，最近一次修订是在 1971 年进行的，目前已有包括中国在内的 120 多个成员国。②1952 年《世界版权公约》，目前包括中国在内的 80 多个国家参加了公约。③《罗马公约》，又称《保护表演者、唱片制作者和广播组织的国际公约》，于 1961 年 10 月在罗马签订，1964 年 5 月生效，目前有 40 多个国家参加了公约。④《唱片公约》，全称是《保护唱片制作者禁止未经许可复制其唱片的日内瓦公约》，目前有包括中国在内的 50 多个成员国。⑤1989 年 4 月在日内瓦签订的《视听作品国际登记公约》，缔约时有 13 个国家，目前该公约已生效。⑥《卫星公约》，全称为《发送卫星传输节目信号布鲁塞尔公约》，1974 年通过，1979 年生效，目前有 20 多个国家参加了公约。⑦1989 年在华盛顿外交会议上缔结的《集成电路知识产权公约》。

国际社会还建立了一些全球性和地区性的国际组织来保护知识产权，其中重要的有：①世界知识产权组织（WIPO）是当今国际上最重要的世界性保护知识产权组织。1967 年斯德哥尔摩外交会议上缔结了《成立世界知识产权组织公约》，该公约于 1970 年生效。根据公约规定，成立了世界知识产权组织，其常设机构——世界知识产权组织国际局设在日内瓦。1974 年，该组织正式成为联合国的专门机构之一。迄今为止，包括中国在内的 170 多个国家参加了该组织。②1995 年 1 月正式成立的世界贸易组织（WTO）也在知识产权的国际保护方面发挥了重要作用。世贸组织是在《关税及贸易总协定》的基础上建立的。关贸总协定在第八轮乌拉圭回合谈判中将知识产权问题列入三项新议题之中，经过各方努力，于 1993 年乌拉圭回合谈判结束前达成《与贸易（包括假冒商品贸易在内）有关的知识产权协议》（TRIPs），该协议为世贸组织在全球范围内保护知识产权规定了基本原则、适用范围标准、实施、程序及争端解决等。

三、知识产权法律冲突的产生

随着知识产权国际法保护的发展，有关知识产权国际保护的法律冲突也逐渐产生。特别是 20 世纪中叶以来，信息产业的国际化趋势更为知识产权的跨国保护提出了新的要求。在这种情况下，国际私法学逐渐重视知识产权国际保护中产生的法律冲突现象，并提出了一系列与此相关的法律适用原则。

知识产权在国际保护中产生法律冲突的原因多种多样，其中主要有：第一，国际条约的缔约国之间相互承认和保护知识产权，为法律冲突的产生提供了前提条件。如前所述，知识产权具有严格的地域性，但通过缔结或参加国际条约，缔约国之间相互承认和保护对方的知识产权，这就为法律冲突的产生提供了前提条件。第二，各国法律在知识产权的取得、行使、保护范围和保护期限等方面的规定有所不同。由于历史文化传统的差异，各国有关知识产权的国内立法不可能完全相同，而根据条约的规定又要相互承认知识产权所有人的独占权，法律冲突的产生由此不可避免。第三，即使是受国际条约约束的国家，相互给予对方公民或法人的也是"有限制的国民待遇"，因此，在权利的原始国法律与被请求给予属地保护的国家法律之间，就会因各自的法律规定不同而发生法律冲突。

四、互联网与知识产权的保护

近年来，随着互联网技术的迅猛发展，网络知识产权的侵权现象日益严重，切实保护互联网上的知识产权也成为备受人们关注的重点问题。国际私法学研究的网络知识产权是含有国际因素或外国因素的网络知识产权。

众所周知，由于互联网的特点，在现实生活中发生的网络侵权案中，其直接侵权主体往往是大量的个人用户，而网络用户的匿名性和不确定性（如通过电话的拨号上网者，其 IP 地址实际上经常处于不确定的状态）导致网上的实际侵权者通常很难被发现。含有国际因素或外国因素的侵权行为就更加复杂了。仅就著作权方面的保护而言，在这种情况下，被侵权的版权人、版权管理组织会将矛盾指向网络服务提供商，追究其为他人提供侵权便利的责任，因为网络服务提供商是通过为用户提供网络服务而获利者。在这里，网络服务提供商包括提供内容服务的网络服务提供者 ICP（Internet Content Provider）和一般网络服务提供者 ISP（Internet Service Provider）。在实践中，根据从事服务的性质不同，一般网络服务提供者至少可分为三种类型：一是提供连线服务的网络服务提供者，如联通、电信公司对互联网的连线接入服务等；二是为互联网用户提供在线信息等服务的网络服务提供者，如电子公告栏、聊天室、电子邮件等；三是提供中介和信息载体及其相关的网络内容服务者。三者的服务范围和方式不同，因而对于各自的责任也应分别予以明确。上述网络服务提供者的三种类型中，只有为用户提供服务器的服务商对于在明知侵权行为存在时的不作为才承担侵权责任，其他类型的网络服务提供者一般不承担民事责任。当然，如能证明网络服务提供者主动参与他人侵犯著作权行为，或教唆、积极帮助他人实施侵权行为的除外。

关于互联网的知识产权保护，尤其是著作权保护问题，业已引起国际社会的高度重视。由于世界贸易组织（WTO）的 TRIPs 协议并未解决新技术带来的许多具体问题，1996 年 12 月 20 日，在世界知识产权组织（WIPO）主持召开的"关于著作权及邻接权问题的外交会议"上通过了两个被新闻界称为"因特网条约"的《世界知识产权组织版权条约》（WIPO Copyright Treaty）和《世界知识产权组织表演和录音条约》（WIPO Performance and Phonograms Treaty）。此后，美国、日本、欧盟等很多国家均通过修改国内法的形式，分别针对网络环境下的著作权及相关权利保护做出了不同的立法选择，以顺应两个版权条约的要求，如 1998 年《美国数字千年版权法》（CDMA）、《法国信息与通讯服务规范法》等。其中，像《美国数字千年版权法》中关于 ISP 如果只是作为被动的传输管道，未主动传输、挑选编辑受指控侵权信息及暂存这些信息，未超限定时间的情况下，不因其系统传输或者机器自动复制而承担直接侵权责任的规定，以及协助侵权责任或者代理侵权责任的规定，和只要 ISP 遵循了预先确定的程序与规则，就可以以此条款抗辩侵权指控的"安全港"条款（Safe Harbor）等，在网络立法和知识产权保护方面具有一定的现实意义。中国已先后出台了与此相关的若干法律规范、司法解释和行政规章，包括《中华人民共和国著作权法》（以下简称《著作权法》），《计算机软件保护条例》，以及最高人民法院通过的《最高人民法院关于审理涉及计算机网络著作权纠纷案件适用法律若干问题的解释》《最高人民法院关于审理著作权民事纠纷案件适用法律若干问题的规定》等。这些法律、行政法规、司法解释等在各自的适用领域均发挥着重要作用。

网络知识产权保护是一个崭新的领域，新问题层出不穷，因此，这方面需要国际社会积极努力和协作，逐步健全和完善行之有效的网络知识产权保护体系。

第三节 知识产权的法律适用原则

一、专利权的法律冲突和法律适用

（一）专利权的法律冲突

专利权（Patent）是指一国专利主管部门根据该国法律的规定，授予发明创造人或合法申请人对某项发明创造在法定期限内所享有的一种独占权或专有权。专利权的主要内容有制造权、使用权、销售权、进口权、转让权和许可使用权等。一般而言，专利包括发明专利、外观设计专利和实用新型专利三类。专利权具有独占性、商品性、地域性和时间性等特点，是知识产权最重要的组成部分。

专利制度是世界上最早建立的知识产权保护制度。迄今为止，世界上已有190多个国家和地区制定了专利法。然而各国专利制度的建立和专利法的内容都是由本国的政治、经济、技术、文化发展状况所决定的，因此，各国的专利法存在差别，这也是造成国际专利权的保护产生法律冲突的直接原因。专利权法律冲突主要表现为以下几点：

（1）专利种类的冲突。各国专利法对于专利种类的保护不尽相同。如，英国和德国现行专利法只保护发明专利，不保护实用新型专利和外观设计专利。美国现行专利法保护发明专利、外观设计专利和植物专利三种，不保护实用新型专利。法国专利法则保护发明、实用新型。中国专利法对于发明、实用新型和外观设计三种专利都加以保护。

（2）保护范围的冲突。各国专利法对于专利保护范围的规定也不一样。英国、德国专利法保护范围较广，几乎对所有技术领域的发明都给予保护，对食品、饮料、调味品、药品、化学物质和微生物品种也不例外。美国专利法规定，除了原子核裂变物质不能取得专利外，对一切科技发明创造都给予保护。法国专利法规定，除了动物品种外，凡具有创造性及工业实用性的新发明均可获得专利。中国专利法规定，除了动物和植物品种以及用原子核变换方法获得的物质之外，对其他领域的科技发明均可授予专利。

（3）申请原则的冲突。这主要解决两个或两个以上申请人分别就同样的发明创造申请专利时，专利权的归属问题。英国、法国、德国、日本和中国专利法规定了先申请原则，当两个或两个以上相同的发明分别申请专利时，按申请日的先后确定，将专利权授予最先申请的人。目前，世界上绝大多数国家实行先申请原则。美国专利法规定了先发明原则，当两个或两个以上同样发明分别申请专利时，专利权授予先发明的人，而不考虑申请时间的先后。

（4）审查制度的冲突。对于各国专利机关在受理专利申请之后如何进行审查和批准，各国专利法规定不同。英国、德国、日本和中国的专利法都规定了早期公开、延迟审查制度，但具体时间上的规定有差别。英国法规定，专利申请自申请日或优先权之日起 18 个月以后公开，公开后 6 个月申请人可提出实质审查请求，然后专利局对该申请进行实质审查。德国和日本专利法规定，专利申请自申请日后 18 个月早期公开，7 年内可以提出实质审查请求。中国专利法规定，国务院专利行政部门收到申请文件后经初审合格，自申请日起满 18 个月即行公开，也可根据申请人的请求提前公开，公开后 3 年内可提出实质审查请求。美国专利法采用完全审查制，凡提交到专利局的申请，全部进行形式审查和实质审查，直至专利申请被批准后，才公布其申请文件并授予专利权。法国专利法采用登记与半审查相结合的制度，只进行形式审查和新颖性审查，不审查创造性。

（5）保护期限的冲突。各国专利法对于专利权有效期限的规定不同，这也是国际专利权产生法律冲突的原因之一。英国规定，发明专利的保护期限为 20 年，自申请日起计算。美国法规定，发明专利和植物专利保护期限为 17 年，外观设计分别为 3 年半、4 年或 14 年。法国法规定，发明专利保护期限为 20 年，实用新型为 6 年，均自申请日起计算。德国法规定，发明专利保护期限为 20 年，自提出申请第二天起计算。中国专利法规定，发明专利的保护期限为 20 年，实用新型和外观设计保护期限为 10 年，均自申请日起计算。

（二）国际专利权的法律适用

各国专利法对于专利保护规定了不同的法律制度，总而言之，专利权的保护受属地主义和专利权独立原则支配。在一国取得的专利权仅能在该国领域内受到保护，原则上不发生域外效力，要想在他国受保护，则应分别依各国法律提出申请，并且，在各国取得的专利权，彼此之间互为独立。专利权由于跨国保护而产生了法律冲突现象，关于解决与此有关的法律适用问题，现有如下几种主张。

（1）专利权的成立、内容和效力，适用专利申请地法。专利权具有明显的地域性，无论申请人国籍、住所在何处，在哪里申请专利，都必须按那里的法律规定办理申请手续。被授予的专利权，也只能在授予国境内有效。专利权人要想就同一发明创造在另一国境内享有权利，必须按该国的专利法到其境内办理有关申请手续并获得批准。因此，一项发明创造是否符合法定申请条件，是否能被授予专利，以及专利权的内容和效力如何，只能依专利申请地法律来确定。

（2）专利权的保护，适用专利权原始国法。这条冲突规范适用得最为普遍。如，1928年《布斯塔曼特法典》第105条规定："一切财产，不论其种类如何，均依其所在地法。"第108条规定："工业产权、著作权以及法律所授予并准许进行某种活动的一切其他经济性的类似权利，均以其正式登记地为其所在地。"第115条规定："著作权和工业产权应受现行有效的或将来缔结的特别国际公约的规定支配。如无上述国际公约，则此权利的取得、登记和享有均应依授予此项权利的当地法。"由此可见，国际专利权的保护，应适用专利权原始授予国的法律。

（3）专利权的保护，适用专利证发出国或专利申请地国法。原则上，专利在登记国的保护依登记地国的法律。但是，这种法律适用显得过于机械，不能适应现今国际交流的发展，因此，有的国家提出了专利权原始国法与申请地法兼用的双边冲突规范。如，1979年《匈牙利国际私法》规定："对发明者或其利益继承人的保护，适用专利证发出国或专利申请地法。"因此，解决国际专利权冲突问题应平等地适用内国法或外国法，主要看专利证发出国或专利申请地国在何处而定。

（4）专利权的创立、内容和消灭，适用实施权利行为或侵权行为发生地法。一项在原始国产生的专利权能否在某外国真正得到保护，应取决于专利权实施地或侵权行为地，而不是其他准据法。如，1978年《奥地利联邦国际私法法规》第34条规定："无形财产权的创立、内容和消灭，依使用行为或侵权行为发生地国家的法律。"

（5）对于国际专利权的法律冲突，应根据其特点，分别适用不同的准据法，亦即法律适用上的"分割论"。如，有关专利申请日及优先权，适用被申请的国内法；关于是否批准外国人的发明专利权，适用被申请国法律；专利权的保护范围和保护方法，适用被请求保护该权利国家的法律；有关专利职务发明，适用劳动合同准据法；有关专利的转让，适用当事人选择的法律，在当事人没有明示或默示选择法律时，适用与专利权转让有最密切联系的国家的法律、受让方或转让方国家的法律。

目前，中国涉及专利权方面的立法主要有：《中华人民共和国专利法》《中华人民共和国专利法实施细则》《专利代理管理办法》《关于受理台胞专利申请的规定》《中国专利局关于受理台胞国际申请的通知》《关于港澳地区专利申请若干问题的规定》《中国专利局关于香港回归后中国内地和香港专利申请若干问题的说明》，以及《涉外民事关系法律适用法》等。

中国有关涉外专利权方面的法律适用，主要有以下几种做法。

（1）在中国没有经常居所或者营业所的外国人、外国企业或外国其他组织在中国申请专利的，按照其所属国同中国签订的协议或共同参加的国际条约，或者按照互惠原则，根据中国专利法办理。外国人的一切专利事务应当委托中国国务院指定的专利代理机构，向中国国务院专利行政部门提出有关申请，经国务院专利行政部门依中国法律审查批准和授予专利权。

（2）外国申请人就同一发明或实用新型在外国提出申请之日起 12 个月内，或者就同一外观设计在外国第一次提出申请之日起 6 个月内，又在中国提出申请的，依照其所属国同中国签订的协议或者共同参加的国际条约，或者依照相互承认优先权的原则，可以享有优先权。

（3）港澳地区的法人向中国国务院专利行政部门申请专利时，应当委托国务院指定的或者授权中国国务院专利行政部门指定的专利代理机构办理。港澳地区居民向中国国务院专利行政部门申请专利时，除可以委托上述专利代理机构外，还可以通过其在内地的亲友委托国内专利代理机构办理。

（4）中国单位或者个人将其在国内完成的发明创造向外国申请专利的，应当首先向中国国务院专利行政部门申请专利，并经国务院有关主管部门同意后，委托国务院指定的专利代理机构办理。

二、商标权的法律冲突和法律适用

（一）商标权的法律冲突

商标（Trade Mark），通常由文字、图形、字母、数字、三维标志和颜色组合或上述要素的组合构成，是商品生产者或销售者在自己的商品上使用的用于区别其他商品生产者或销售者的商品的一种专有的可视性标记。商标权是商标所有人对法律确认并给予保护的商标所享有的权利，主要包括商标专用权、商标续展权、商标转让权和商标许可使用权等。商标权是一种无形产权，属于工业产权的一种，具有专有性、时间性和地域性等特征。

商标作为在商品上使用的专有的可视性标记，是商品经济社会发展的产物。随着商标的广泛使用和商业竞争的加剧，仿制商标行为屡有发生。为了维护商标权人的合法权益，制止商业欺骗行为，保护商品生产者、销售者和消费者的合法权益，世界各国法律对于商标权的保护由来已久。目前，世界上大多数国家和地区都颁布了商标法，但是各国商标法因其各自的社会、历史、文化传统不同而有所差异，这就使得商标权的跨国保护产生了法律冲突现象。商标权的法律冲突主要表现为以下几个方面。

（1）商标权获取原则的冲突。在如何获得商标权的问题上，有的国家采取"注册在先"原则，规定商标权只能通过法定的注册程序先后才能取得；有的国家采取"使用在先"原则，依据对商标的使用先后获得商标权；还有的国家采取"使用与注册互补"原则。如，美国联邦商标法实行"使用与注册互补"原则，商标权原则上属于最先注册的人，但最先使用人可以在 5 年内提出异议，请求撤销注册商标，如果法律确认请求成立，则商标权属于最先使用的人。法国、日本、中国等国商标法采用"注册在先"原则，按照申请注册的先后顺序来确定商标权的归属，即谁先申请商标注册，商标权就授予谁。如果商标最先使用人不及时申请注册，一旦被他人抢先申请注册，便无法对该商标取得商标权。

（2）商标注册原则的冲突。采取"注册在先"原则的国家在获取商标权的规定上也存在差别，主要有自愿注册、全面注册、自愿与强制相结合注册三种做法。有些国家采取自愿注册的原则，任由商标使用人自愿决定对其使用的商标采取注册与否的做法。苏联、东欧等国采用全面注册，要求所有生产者生产的产品和销售者经销的商品都应当使用注册商标。多数国家采取自愿注册与强制注册相结合的方式，规定除药品、食品、化妆品、烟草制品等必须使用注册商标外，其他商品是否使用注册商标由当事人自愿申请而定。

（3）注册商标使用规定的冲突。一般而言，对注册商标的使用分为两种情况：一是实际使用，即注册人或经注册人许可的人将商标使用在商品之上；二是商业使用，即除了实际使用之外，将商标用于广告或展览。有些国家只承认第一种情况为使用，大多数国家将两种情况都作为使用。各国商标法一般都规定，注册商标在获得注册后一段时间内必须使用，否则利害关系人可以申请撤销注册商标，商标局也可以主动撤销注册商标。至于在商标获准后多长时间内必须使用，各国商标法规定有异，这也是容易引起冲突之处。

（4）注册商标保护期限的冲突。各国商标法对于商标专用权的有效期限，规定从 5 年到 60 年不等，包括中国在内的世界上半数国家规定为 10 年。对于保护期限，有的国家从申请日起计算，有的国家从核准日起计算。另外，各国一般都规定商标注册期满可以续展，续展次数不限。

（二）国际商标权的法律适用

世界各国商标法对于注册商标的规定存在差异，同一商标如在数国注册，其权利内容、范围、效力等相互独立，因此，国际商标权保护的法律冲突在所难免。为了解决这一问题，目前有关商标权的法律适用提出了如下几种主张。

（1）商标权的成立、内容和效力，适用商标注册地法。世界上大部分国家采取商标注册原则，商标权通过注册核准产生，受法律保护。由于商标权具有严格的地域性，在一国或地区内核准的商标只能在该国或地区内才有效力。因此，有关商标权的得失、内容、范围和效力等的法律适用，均应依注册地法，亦即权利成立地法。《布斯塔曼特法典》第 108 条和第 115 条对此作了类似的规定。

（2）商标权的成立、内容和效力，适用商标先使用地法。世界上有些国家的商标法按照使用商标的先后来确定商标权的归属，商标注册手续只从法律上起到申请和告示作用，而不能决定商标权的归属，他人可以使用在先为理由对抗使用在后、注册在先的人，请求撤销注册商标。商标权的地域性也要求有关商标权的生效要件、范围、效力及存续期间等的法律适用，依商标先使用地法。

（3）商标权的保护，适用商标注册证发出国或商标申请地法。1979年《匈牙利国际私法》规定，商标权的法律冲突可以采用专利权法律冲突的原则，也就是依商标注册证发出国或商标申请地国法。

（4）商标权的创立、内容和消灭，适用实施权利行为或侵权行为地法。1978年《奥地利联邦国际私法法规》第34条规定："无形财产权的创立、内容和消灭，依使用行为或侵权行为发生地国家的法律。"商标权是无形财产权的一种，可以适用这条冲突规范。

（5）商标权法律适用的"分割论"。对于商标权的法律适用，根据其具有的特点，分别适用不同的准据法。如，有关商标注册申请日及优先权，依被申请注册国法；有关是否批准外国人的商标注册，适用向其提出申请的国家的法律；有关商标的保护范围和保护方法，依被请求保护国法；有关商标的转让，适用当事人选择的法律，当事人没有做出选择的，按照最密切联系原则来确定准据法。

中国调整涉外商标权关系的现行的法律、法规主要有：《中华人民共和国商标法》《中华人民共和国商标法实施条例》《马德里商标国际注册实施办法》《特殊标志管理条例》，以及《涉外民事关系法律适用法》等。

根据以上法律、法规，中国在涉外商标权方面的法律适用的规定主要有以下几个方面。

（1）外国人或外国企业在中国申请注册商标的，应按其所属国和中华人民共和国签订的协议或者共同参加的国际公约办理，或者按对等原则办理。在具体程序上，外国人在中国申请注册商标或办理其他商标事宜，应当委托国家认可的具有商标代理资格的机构进行代理，并应当使用中文，外文书件应附中文译文。提交的代理委托书应办理有关公证、认证手续。

（2）外国人在中国注册商标所享受的优先权问题，根据中国参加的《巴黎公约》的原则，中国政府规定，凡是公约成员国国民，已向《巴黎公约》的任何一个成员国提出了商标注册申请之后，又在中国就同一商标在相同商品上提出注册申请的，可以从第一次申请后6个月内要求享受优先权。凡要求享受优先权的，应当提交书面声明，以及在其他成员国第一次申请的副本和其他有关证明文件。

（3）中国商品须在国外注册的，首先应在国务院工商行政管理部门商标局注册，然后按照中国参加的《巴黎公约》和《马德里协定》，或根据对等原则以及对方国家规定的无条件国民待遇原则，并委托国家认可的具有商标代理资格的机构在外国申请商标注册。到国外申请商标注册的，申请者应先到所在地县、市工商行政管理局登记。到国外申请注册的商标，必须是申请者自己的商标。

三、著作权的法律冲突和法律适用

（一）著作权的法律冲突

著作权（Copyright），又称版权、文学产权，是指文学、艺术和科学作品的创作者依法对这些作品所享有的一种民事权利。这里所指的作品具有特定的含义，是指文学、艺术和科学领域内具有独创性并能以某种有形形式复制的智力创作成果，它是一种无形财产。著作权包括人身权和财产权两类。人身权是指与作者本身不可分割的权利，又称精神权利，包括发表权、署名权、修改权和保护作品完整权。财产权是指作者对自己所创作的作品享有使用和获得报酬的权利，又称经济权利。它是指以复制、表演、播放、展览、发行、摄制电影、电视、录像或者改编、翻译、注释、编辑等方式使用作品的权利，以及许可他人以上述方式使用作品，并由此获得报酬的权利。

著作权作为一种特殊的民事权利，世界各国法律一般都加以保护，这样可以鼓励和调动作者创作的积极性，以及推动作品在社会的广泛传播。著作权法也成为调整文学、艺术和科学技术领域因创作作品而产生的各种社会关系的法律。随着版权保护为各国国内法所确认，以及作品跨国界的广泛传播，世界上也出现了保护国际著作权的国际条约。著作权作为知识产权的组成部分，它的保护具有严格的地域性，各国著作权法只是国内法，只在本国境内有效，不具有域外效力。各国著作权法客观上的差异，使得著作权的跨国保护产生了冲突。这些法律冲突主要表现如下。

（1）著作权保护范围的冲突。各国著作权法对著作权保护范围的规定有所不同。如，中国著作权法保护的范围较广：有文字作品，口述作品，音乐、戏剧、曲艺、舞蹈作品，美术、摄影作品，电影、电视、录像作品，工程设计、产品设计图纸及其说明，地图、示意图等图形作品，计算机软件，法律、法规规定的其他作品；有的国家将计算机软件另外列入商业秘密法、合同法或专利法加以保护，或者采用专门立法来保护。

（2）著作权取得原则的冲突。对于著作权的取得，有的国家采用"创作主义"，作品不论是否发表，均享有著作权，著作权的取得不需要任何手续；有的国家采用"注册主义"，作品必须经过注册登记并具有版权标记才能受著作权法保护。

（3）著作权内容限制的冲突。大多数国家著作权法对于著作权内容的行使规定了"合理使用"和"强制许可"制度，但是具体做法不同。如，英国现行版权法对版权合理使用的情况规定较严，只允许为科研或个人学习目的而使用文字、音乐、绘画或雕塑等艺术作品，因此，在英国，为个人娱乐目的，未经作者同意而使用作品，也被认为是一种侵权行为；日本著作权法却规定了较宽的强制许可制度，对于版权所有者不明的作品、广播或录制已发表的作品都可以得到强制许可，为印刷供教学使用的课本，可以不经作者同意而复制已经公开的作品，但必须支付报酬。

（4）著作权保护期限的冲突。如，《美国联邦版权法》对作者权利的保护期限是作者有生之年加 50 年，共同作品的保护期限为最后一位作者的有生之年加 50 年，匿名作者的作品及雇佣作者的作品的保护期限是发表之日起 75 年。《德国版权法》规定版权保护期限为作者有生之年加 70 年；遗著如在作者去世后 60～70 年间发表的，其保护期限为 10 年；作者不详的作品，保护期限为自发表之日起 70 年；摄影作品的保护期限为发表之日起 25 年；生前未发表的作品，保护期限为自完成创作之日起 25 年。

（二）国际著作权的法律适用

著作权保护具有严格的地域性，各国著作权法属于国内法，只在本国境内生效，跨国保护著作权就可能产生法律冲突现象，从而涉及法律适用问题。目前，关于著作权的法律适用主要有如下几种主张。

（1）著作权的成立、内容和范围，适用最初发表地法。作者的文学、艺术和科学作品通过正式发表，即享有著作人格权，并在社会上产生经济价值和文化价值，因此，发表地对该著作权的联系最为自然和重要。如，《法国民法典》第 2305 条规定："文化及艺术产权由作品的首次发表地法规定，工业产权由注册或登记地法规定。"1974 年《阿根廷国际私法》第 21 条规定："文学和艺术作品受作品首次发表国的法律支配。外国文学艺术作品的保护期依照其原始国的规定，但不得超过阿根廷准许的期限。"对于同时在数国发表的作品，发表日期不同者，以最先发表日为准；如为同期发表，从顾全大众利益和作者利益的角度出发，依据作品的重要性决定其主要发表地。

（2）未发表作品的著作权，适用作者的属人法。对于未发表作品的著作权保护的内容、范围等问题，因其缺乏最初发表地的因素，则应以作者的属人法，包括本国法、住所地法或惯常居住地法确定其经常创作及完成创作之场所。作品是创作者人格的直接表露，因此作品与作者有密不可分的关系，对于未发表作品的著作权的保护适用作者的属人法较宜。

（3）著作权的创立、内容和消灭，适用实施权利行为或侵权行为地法。著作权是无形财产权的一种，这种权利的保护在权利实施地或侵权行为地最能体现其有效性。1978 年《奥地利联邦国际私法法规》第 34 条规定："无形财产权的创立、内容和消灭，依使用行为或侵权行为发生地国家的法律。"

（4）著作权的保护，适用被请求保护国法。如，1979 年《匈牙利国际私法》第 19 条规定："著作权依被请求保护的国家的法律。"1987 年《瑞士联邦国际私法法规》也规定，智慧财产权受请求保护国之法律的支配。

（5）有的国家主张从著作权合同的角度来确定解决法律冲突的原则。如，1966 年《波兰国际私法》规定，出版契约依发行人缔约时住所地法。也有国家规定，对于利用受著作权法保障的作品的合同，依利用人主营业所所在地所依据的法律。有人主张，也可依当事人意思自治原则或最密切联系原则来确定国际著作权的准据法。

（6）著作权法律适用的"分割论"。国际著作权的法律适用应根据著作权的特点来分别适用不同的准据法。如，有关作品国籍的取得，依作品最初刊行国法；有关著作权是否存在，适用作品最初刊行国法或作品来源地法；有关是否和如何保护著作权，依该国缔结或参加的国际公约和所在国法律规定；有关著作权保护的范围、期限和向作者提供保护的救济方法，依向其提出保护要求的国家的法律；有关著作权的转让，适用当事人选择的法律，或按最密切联系原则来确定准据法。

中国现行的有关涉外著作权的法律、法规主要有：《著作权法》《中华人民共和国著作权法实施条例》《实施国际著作权条约的规定》《计算机软件保护条例》《计算机软件著作权登记办法》，以及《涉外民事关系法律适用法》等。

根据以上法律、法规，中国在涉外著作权法律适用方面的主要做法有以下几种。

（1）对于国际著作权的保护采取"双国籍国民待遇原则"，即中国公民、法人或非法人单位的作品，无论其在境内或境外是否发表，均作为中国作品，受中国著作权法保护。外国人的作品，首先在中国境内发表的，也视为中国作品，受中国著作权法保护。如果外国人的作品在中国境外首先发表，30 天内又在中国境内发表的，也视为在中国境内首先发表，受中国著作权法的保护。

（2）外国人已在中国境外发表的作品，应根据其所属国同中国签订的协议或共同参加的国际条约，受中国著作权法保护。

（3）中国公民、法人或非法人单位的作品，要想在外国受到法律保护，可根据中国已参加的国际公约的规定，在公约某一成员国首次发表的，在其他成员国也同时得到保护；或者首次在中国发表后 30 天内，也在《伯尔尼公约》中的成员国发表的，也被视为同时发表，受到所有成员国的法律保护。

2010 年《涉外民事关系法律适用法》对于知识产权的法律适用没有具体区分专利权、商标权和著作权的法律适用原则，而是作了统一法律适用的规定。该法第 48 条规定，知识产权的归属和内容，适用被请求保护地法律。第 49 条规定，当事人可以协议选择知识产权转让和许可使用适用的法律。当事人没有选择的，适用本法对合同的有关规定。第 50 条规定，知识产权的侵权责任，适用被请求保护地法律，当事人也可以在侵权行为发生后协议选择适用法院地法律。

第四节　世界知识产权组织和有关知识产权的国际公约

一、世界知识产权组织

目前，世界知识产权组织（World Intellectual Property Organization, WIPO）是国际社会最重要并最具影响力的一个世界性知识产权组织。

（一）世界知识产权组织的建立

1893 年，保护工业产权巴黎同盟的国际局与保护文学艺术作品的伯尔尼同盟的国际局合并，成立了"保护知识产权联合国际局"。在该联合国际局的建议下，经过多年酝酿，51 个国家于 1967 年 7 月 14 日在瑞典的斯德哥尔摩外交会议上签订了《关于成立世界知识产权组织公约》，该公约于 1970 年 4 月 26 日生效。根据该公约成立了一个政府间的保护知识产权的国际机构，定名为"世界知识产权组织"。1974 年 12 月，该组织正式成为联合国下属的第 14 个专门机构，总部设在瑞士的日内瓦。

世界知识产权组织的成立实际上取代了包括《巴黎公约》《伯尔尼公约》《马德里协定》《专利合作条约》在内的大多数知识产权保护公约的国际联盟，并行使这些联盟的职能，在协调各国对知识产权的国际保护方面发挥着重要的作用。中国也是该组织的成员国。

（二）世界知识产权组织的宗旨和职能

1. 世界知识产权组织的宗旨

通过各国间的合作，并在适当情况下与其他国际组织进行协作，以促进在全世界范围内保护知识产权，并保证各知识产权同盟间的行政合作。

2. 世界知识产权组织的职能

第一，在促进全世界对知识产权的保护方面，鼓励缔结新的国际条约，协调各国的立法，给予发展中国家法律、技术援助，搜集并传播情报，以及办理国际注册和成员国间的其他行政合作事宜。

第二，在知识产权同盟的行政合作方面，世界知识产权组织将各同盟的行政工作集中于日内瓦国际局。

第三，在对发展中国家的援助方面，就技术转让、起草知识产权方面的立法、建立专利机构和专利文献机构、培训专业工作人员等事项，向发展中国家提供援助。

（三）世界知识产权组织的组织机构

世界知识产权组织主要有四个机构：

（1）大会：是该组织最高权力机构，由参加本公约的各同盟成员国组成。大会的主要职责是：任命总干事，审查并批准总干事和协调委员会的工作报告，通过各同盟共同的三年开支预算，通过本组织的财务条例等。大会每三年召开一次。

（2）成员国会议：由参加本公约的国家组成，而不管其是否为任何同盟的成员国。会议的主要职责是：讨论知识产权方面普遍感兴趣的事项，通过成员国会议的三年预算方案，在预算限度内制订三年法律—技术援助计划等。

（3）协调委员会：是为保证各同盟国之间的合作而设立的机构，由担任巴黎同盟执行委员会委员或伯尔尼同盟执行委员会委员或兼任该两委员会委员的本公约参加国组成。其主要职责是：就一切有关行政、财务等事项提出意见，拟订大会的议程草案等。

（4）国际局：是世界知识产权组织各种机构和各同盟的秘书处，即常设办事机构。其主要职责是：提供报告和工作文件，为会议做准备，组织实施本组织各种会议决定。国际局设总干事一人和两个以上的副总干事。总干事为本组织的行政首脑，任期不得少于六年，可以连选连任。

二、《巴黎公约》

《巴黎公约》（*Paris Convention for the Protection of Industrial Property*）是保护工业产权方面最主要的一个全球性的国际公约。

1883 年 3 月 20 日，法国、比利时、荷兰、西班牙、意大利、葡萄牙、瑞士、巴西、危地马拉、萨尔瓦多和塞尔维亚等 11 个国家在巴黎签订了《巴黎公约》，公约于 1884 年 7 月 7 日生效。《巴黎公约》曾于 1900 年在布鲁塞尔、1911 年在华盛顿、1925 年在海牙、1934 年在伦敦、1958 年在里斯本、1967 年在斯德哥尔摩分别进行过修订，1979 年又作了修改。中国也是该公约成员国。

《巴黎公约》并没有给各缔约国提供一套统一适用的工业产权法，只规定了一些基本原则和若干统一实体规范。它的主要内容如下。

1. 国民待遇原则

《巴黎公约》第 2 条规定，在工业产权方面，任何成员国的国民，无论是否在一成员国内有永久住所或营业所，只要遵守对该国国民适用的条件和程序，就享有同该国国民同样的保护，并在他们的权利遭受侵害时，得同样依法纠正。第 3 条规定，非缔约国国民，只要在一成员国境内设有住所或营业所，也享有国民待遇。公约规定的国民不仅包括自然人，也包括法人。国民待遇原则是《巴黎公约》的首要原则。

《巴黎公约》中的国民待遇原则有两项例外：第一，该原则并不妨碍缔约国的国内法给予外国国民高于本国国民或公约规定的最低标准的待遇；第二，该原则不妨碍缔约国在司法、行政程序、管辖权及代理人资格等方面对外国人的限制或提出的要求等。

2. 优先权原则

《巴黎公约》第 4 条规定，对专利权、实用新型、外观设计、商标和发明人证书的申请给予优先权。优先权是指，申请人从首次向成员国之一提出申请之日起，可以在一定期限内，如发明、实用新型为 12 个月，外观设计和商标为 6 个月，以同一内容向其他成员国提出申请，而以第一次申请的日期为以后提出申请的日期。在优先权期限内，即使有任何第三者就相同内容提出申请或已予以实施、使用，申请人仍因享有优先权而获得专利权、商标专有权。优先权的目的是使发明人或商标权人在第一次提出申请后，有充足的时间考虑还要在哪些国家提出申请，并有时间选择法律代理人办理申请手续。

3. 强制许可原则

《巴黎公约》第 5 条规定了强制许可原则，该原则适用于专利权、外观设计、商标和标记。公约规定，每一成员国有权采取立法措施颁发强制许可证，以防止专利权人可能对专利权的滥用。如，甲国国民在乙国取得专利权，但是在没有正当理由的情况下拒不实施专利，或不充分实施专利，这种状况持续一定的时间后就被认为是滥用权利。《巴黎公约》规定，专利权人自提出专利申请之日起满 4 年，或自批准专利之日起满 3 年后（取其中期限较长者）未实施该专利而又无正当理由的，就可以对其采取强制许可措施，任何人都可以向有关主管部门提出申请，要求发给强制许可证，允许申请人实施。在颁发强制许可证后满 2 年，如果专利权人仍无正当理由不实施或不充分实施，该项专利权可被撤销。

公约第 5 条还规定，如果某一成员国规定已经注册的商标必须加以使用，只有经过一定合理期限而且当事人不能提出其不使用的正当理由时，才能撤销其注册。商标所有权人使用的商标，与其在成员国之一所注册的商标的形式只有细节不同，而并未改变其主要特征的，不导致注册无效，也不应减少对该商标所给予的保护。

4. 独立性原则

《巴黎公约》第 4 条之（2）规定，同一发明在不同国家所获得的专利权彼此无关。各缔约国独立地根据本国法律的规定授予、拒绝、撤销、终止任何一项专利权，而不受该项专利权在其他缔约国的决定的影响。所以，在一国申请的一项专利权并不能以此为由要求其他国家必须授予其专利权，相反，被某一国撤销的或无效的专利并不意味着在其他国家不能取得专利权。《巴黎公约》同时也确立了同一商标在不同国家的独立原则。公约第 6 条规定，申请和注册商标的条件，由每个成员国的本国法决定。对成员国国民提出的商标注册申请，不能以未在本国申请、注册或续展为理由而加以拒绝或使其注册失效。也就是说，同一商标在不同国家所受到的保护是相互独立的。因此，同一商标在一个成员国申请注册可能被核准，而在另一个成员国申请注册可能被驳回。

5. 驰名商标的特殊保护

驰名商标自动获得保护，是指在一成员国取得的商标如果是驰名商标，在其他国家也受法律保护。这样规定的目的是为了防止他人抢先注册。公约第6条之（2）规定，商标注册国或使用国主管机关认为一项商标在该国已成为驰名商标，已经为有权享有公约利益的人所有，而另一商标构成对此驰名商标的复制、仿造或翻译，用于相同或类似商品上，易于产生混淆情形时，各成员国应依职权，或应有关当事人的请求，根据本国法律的规定，拒绝或取消另一商标的注册，并禁止使用。如有人在先抢注的，自注册之日起至少5年内应允许驰名商标的权利人提出取消这种商标注册的要求，允许提出禁止使用的期限，可由各成员国规定。公约同时规定，对于那些以不诚实手段，即恶意取得注册或使用商标的，对于驰名商标的权利人提出取消注册或禁止使用的要求不应规定时间限制。但是，公约并没有规定驰名商标的认定标准，而由各缔约国商标主管机关自行认定。同时，公约对于驰名商标的保护也有一定的限度。

三、世界贸易组织《与贸易有关的知识产权协议》

世界贸易组织（WTO）是在《关税及贸易总协定》（*GATT*）的基础上建立的，于1995年1月1日正式成立。《关税及贸易总协定》原来仅仅与国际有形货物贸易关系密切，但自从乌拉圭回合把知识产权等列为多边贸易谈判议题后，知识产权就越来越成为该协定中一个备受瞩目的焦点。关贸总协定在第八轮乌拉圭回合谈判中将知识产权问题列入三项新议题之中。1991年12月，经过各方的努力，终于形成了"与贸易有关的包括冒牌货在内的知识产权协议草案"这样一个框架文件，并载入《乌拉圭回合多边贸易谈判结果最后文件草案》。

《与贸易有关的知识产权协议》（*Agreement on Trade-Related Aspects of Intellectual Property Rights*，简称 *TRIPs*）包括七部分，共73条。其中，第一部分为一般规定与基本原则；第二部分为知识产权适用范围；第三部分为知识产权的实施；第四部分为取得和维持知识产权的有关程序；第五部分涉及防止和解决争端；第六部分为过渡安排；第七部分为机构设置安排及最后条款。协议的主要内容如下。

（一）关于总则和基本原则

协议在第一部分确立了成员义务的性质和范围，包含《巴黎公约》《伯尔尼公约》《关于合同义务法律适用的公约》（以下简称《罗马公约》）和《华盛顿公约》所规定的义务。其基本原则主要是国民待遇原则和最惠国待遇原则，为知识产权所有人提供前所未有的高标准保护。

（二）关于知识产权的适用范围

协议第二部分是关于知识产权适用范围的规定，协议把包括商业秘密在内的几乎所有知识产权形式都纳入了保护范围，在保护的权利范围和有关使用的规定方面，都大大超过了现有任何国际条约的规定。

1. 版权

协议要求成员国遵守《伯尔尼公约》1971 年文本的规定，同时对计算机软件、数据库和租赁权加以保护。协议还规定保护演出者、音像生产者和广播机构的权利，保护期由原来的作者死后 20 年延长到作者死后 50 年。由此可见，一个国家即使只参加《关税及贸易总协定》而不参加《伯尔尼公约》，它也必须依照《关税及贸易总协定》的知识产权分协议去履行《伯尔尼公约》规定的义务。协议规定的保护内容和保护水平与《罗马公约》也是基本相同的。

2. 商业标记

协议所指的商业标记，包括商标和原产地标记。

关于商标问题，协议在《巴黎公约》的基础上又补充了新的内容，服务商标也可注册登记。关于注册与实际使用商标的关系，协议规定，一方面缔约方可以规定商标注册的目的是为了使用商标，但另一方面又不能把已经实际使用商标作为申请注册的先决条件；缔约方可以就商标的转让规定条件，但不得要求强制转让，商标持有人可以只转让商标，而不转让同商标相联系的业务。

关于原产地标记问题：原产地标记在国际贸易活动中具有特殊的重要意义，它标示着该产品来源于哪个地方。协议中所称的原产地标记，是从它含有的无形产权的意义上讲的。协议规定，禁止将原产地标记作为商标使用，但如果已经善意取得了这种标记的商标注册，又不会在公众中引起误解的，则可以不撤销其注册，不禁止其使用。

3. 专利

专利保护是该协议的核心和重点。协议关于专利保护的技术领域十分广泛。协议规定，缔约方有义务对任何发明专利提供保护，无论是产品还是方法，无论在任何地方发明，无论是进口产品还是国内产品，一律加以保护。保护范围包括食品、化工、药品、生产方法等很宽泛的领域，只有诊断方法、理疗方法、外科手术方法和动物品种等排除在专利保护之外。

协议对专利的强制许可规定了严格的限制条件。按照协议规定，只有在专利的潜在使用方以合理的价格和条件向专利权人要求许可，并在一定合理期限内未能达到目的，或在国家紧急状态或极度紧急的情况下，才能允许强制许可。关于专利的保护期，协议规定为 20 年。

4. 禁止不正当竞争

关于不正当竞争的问题，协议主要涉及专利管不到的发明成果及商标管不到的防止对商品本身假冒，它是一种知识产权含义下的不正当竞争。禁止不正当竞争，被《成立世界知识产权组织公约》确定为智力创作者应享有的知识产权之一。《巴黎公约》也将它列为对成员国国内法的最低要求之一。

《关税及贸易总协定》允许缔约方通过国内立法来控制许可证协议中的不正当竞争行为，制止滥用知识产权以达到垄断目的的行为。协议中除将许可证协议中的滥用知识产权列入禁止不正当竞争外，还有关于保护未泄露信息的规定，也即对商业秘密的保护。协议规定了可以受到保护的"信息"的条件：第一，该信息的全部或一部分，在有关领域不是人所共知的；第二，该信息处在保密状态，且具有商业价值；第三，该信息的所有人采取了合理的保密措施。协议要求缔约方采取适当措施，以使未公开信息的合法所有人有可能禁止未经许可的其他人采用违背诚信经营方式获得或使用这类信息。

（三）关于知识产权的实施程序

协议的第三部分详细规定了知识产权的法律实施程序，包括行政、民事、刑事，以及边境措施和临时程序。这一点与以往的知识产权国际条约不同。在以往的国际条约中，大都规定知识产权保护的实施程序完全由各国国内法解决，而协议中统一了规定实施程序，是从程序上保障知识产权实施的高标准国际保护的体现。

（四）关于知识产权的获得和维持

协议第四部分规定，知识产权的取得应以知识产权被许可或被注册为准，即采取非自动保护原则。

（五）关于争端的防止与解决

协议第五部分规定，各缔约方应本着"透明度的原则"，公布各自的有关立法，以便其他缔约方和知识产权持有人了解它们。政府间或半政府间机构所签订的有关知识产权的协议，必须通知协议生效后的知识产权机构。一旦缔约国间发生知识产权争端，协议规定适用《关税及贸易总协定》的争端解决程序，允许采取跨行业交叉贸易报复来制止知识产权侵权行为。

四、《伯尔尼公约》和《马德里协定》

（一）《伯尔尼公约》

《伯尔尼公约》（*Berne Convention for the Protection of Literary and Artistic Works*）是世界上第一个保护文学、艺术和科学作品的国际条约。在英国、法国、德国、意大利、比利时、海地、利比里亚、西班牙、瑞士、突尼斯等 10 个国家的倡议下，经多次协商，于 1886 年 9 月 9 日在瑞士首都伯尔尼签订了《伯尔尼公约》。该公约于 1887 年 12 月 5 日生效，到目前为止进行过 8 次修订，现行的 1971 年《伯尔尼公约》巴黎文本被认为是版权保护水平最高的国际公约。我国也是该公约的成员国。

《伯尔尼公约》的基本原则主要如下。

1. 国民待遇原则

《伯尔尼公约》的主要目的是在缔约国之间确立国民待遇原则。公约规定了"双国籍国民待遇"原则，双国籍是指作者国籍标准和作品国籍标准。该原则是指：如果作者为一成员国国民，不论其作品在哪个国家出版，或者作品首次在一成员国出版，不论作者为哪国国民，在上述两种情况下出版的作品，在其他成员国中均享有各成员国给予其本国国民的作品的同等保护。根据《伯尔尼公约》第 5 条的规定，国民待遇标准包括两个方面的内容：第一，享有公约各缔约国依本国法已经为其本国国民提供的版权保护；第二，享有公约专门提供的保护，即公约规定的最低标准。该原则也适用于在任何成员国有长期住所的不具有成员国国籍的作者。

2. 自动保护原则

根据该原则，作者在公约成员国享受版权的保护，不需要履行任何手续。作品只要一产生，就自动受到保护，不必登记注册，不必送交样本，也不必在出版物上刊载任何形式的标记。按照这一原则，公约成员国国民及在成员国有经常居所的人，在作品创作完成时就自动享有版权；同时，即使不是公约成员国国民，以及不在成员国有经常居所的人，只要其作品在缔约国出版，就自动享有版权。

3．独立保护原则

《伯尔尼公约》第 5 条第 2 款规定，各成员国给予其他成员国作品的法律保护，不受该作品在原属国保护条件的约束。在符合公约规定的最低标准的前提下，作者的权利保护水平、司法救济方式等均适用于提供保护的缔约国的国内法。

4．最低限度保护原则

《伯尔尼公约》对于受保护的作品、权利内容、保护期限等几个方面，要求各成员国无论是对本国作者还是外国作者的作品的版权保护水平都不低于公约规定的限度。根据公约，作者所享有的权利内容起码要包括复制权、翻译权、公演权、广播权、摄制电影权、改编权等。公约规定，一般文学艺术作品的保护期不得少于作者有生之年加上死后 50 年。

（二）《马德里协定》

《巴黎公约》虽然规定了商标权的国际保护，但对商标权的国际注册未作规定，因此，商标所有人要在不同国家获得注册与保护，就要分别在每个国家寻找一次代理人、交付一次注册费、使用不同文字和履行一遍注册手续，这给申请商标注册人造成极大不便。因此，1891 年 4 月 14 日，由法国、比利时、西班牙、瑞士、突尼斯等国发起，在西班牙的马德里缔结了《马德里协定》（*Madrid Agreement Concerning the International Registration of Trade Marks*），作为对《巴黎公约》中有关商标国际保护的补充。该协定是非开放性的，即只有《巴黎公约》的成员国才可申请加入该协定。协定于 1892 年生效，后经过 6 次修订，现在适用的是 1967 年的斯德哥尔摩文本。我国也是该协定的成员国。

《马德里协定》的主要内容包括：

（1）商标国际注册的申请人，必须是《马德里协定》的成员国的国民，或者是在某个成员国有居所或设有从事实际商业活动的营业场所的人。

（2）申请国际注册的商标，必须由申请人首先在其本国取得商标注册。

（3）申请人如要对商标进行国际注册的，必须通过本国的商标主管部门，向世界知识产权组织国际局提交申请文件。申请文件的语言必须用法文。

（4）国际局对申请文件进行形式审查，如若通过，就得到了"国际注册"。国际局公布"国际注册"，同时把申请文件、审查结果和国际注册复印若干份送给申请人要求在其境内得到保护的成员国（即指定国）。

（5）指定国的商标主管部门收到上述文件后，有权在 1 年内，在说明理由的前提下拒绝为该商标提供保护。如果在 1 年内未表示拒绝，则该商标的"国际注册"即在该成员国自动生效，转变为该成员国的国内注册商标。

（6）自国际注册日开始满 5 年后，国际注册才具有独立性。而在自注册日起 5 年内，国际注册所取得的保护仍有赖于申请人所属国给予的保护，即如该商标在申请人所属国已全部或部分不再享受法律保护时，该商标国际注册所得到的法律保护也全部或部分不再享有权利。

（7）经国际注册的商标均享有《巴黎公约》规定的优先权。国际注册的商标，有效期为 20 年。期满可以续展，续展期仍为 20 年。有效期届满前 6 个月，国际局发送非正式通知，提醒商标权人注意届满日期，在宽展期内续展须缴纳罚款。

《马德里协定》就商标国际注册问题提供了卓有成效的保护，申请人只需一次国际申请，便可在所有的指定国获准注册。但它并不是十全十美的，主要缺陷是申请国际注册必须先在本国注册，而要等到本国批准后再申请国际注册。这样一来，该商标就有可能在其他缔约国被他人抢先注册。此外，由于《马德里协定》中存在 5 年内国际注册不具有独立性、审查过于简单及必须使用法语等问题，有些发达国家，如美国、日本等国，因此就没有参加该协定。

第七章 合同之债的法律适用

第一节 国际合同及其法律适用

一、国际合同的含义

合同是当事人设立、变更或消灭某种民事权利义务关系的协议。合同是民法上产生债的主要原因。国际合同是国际私法上债的重要依据，在国际民商事流转中占有重要的地位。国际合同，是指含有国际因素的合同。这里所说的国际因素主要表现在以下几个方面。

（一）合同当事人一方或双方具有外国国籍，或者虽然不具有外国国籍，但住所或营业所设在外国

当事人具有不同国家国籍的合同为国际合同，这为许多国家特别是大陆法系国家所接受。但是，英美普通法系国家历来都把合同当事人具有不同住所作为确定合同国际性的主要因素。

在当今的国际交易中，合同的当事人除了自然人以外，主要或绝大部分由公司、企业等法人来充当。它们通常在其营业所进行经营活动。当事人的营业所客观而实在，便于国家对当事人的监督和管理。因此，以当事人的营业地位于不同的国家作为"国际"的判断标准，比较合理。以当事人的"国籍"作为合同国际性的判断标准为许多国家所接受，也为人们常识上易于接受，"国籍"可以使合同当事人隶属于一定国家的支配和保护。然而对于作为国际合同当事人的法人的"国籍"，各国有不同的确定标准，再加上跨国公司的存在，使法人的"国籍"产生了很大的不确定性。一个跨国公司在奉行不同的确定法人国籍标准的不同国家便有不同的国籍，这就往往掩盖了跨国公司所从事的国际交易同有关国家的真正联系。鉴于此，一些有关国际货物买卖的国际公约（如 1980 年《联合国国际货物买卖合同公约》、1985 年《国际货物销售合同法律适用公约》等）明确规

定，以当事人的营业地在不同的国家为"国际性"的判断标准。❶

（二）合同标的是位于外国的物、财产或需要在外国完成的行为

合同当事人的国籍或住所（营业所）具有外国因素是判定合同"国际性"的两个基本标准，这两个基本标准在国际法律实践中得到了广泛的运用。而有些合同，虽然合同当事人国籍或住所（营业所）都相同，但它们也可以被称为国际合同，这是因为合同的标的物是位于外国的物、财产或需要在外国完成的行为。例如，国际货物运输合同，既不考虑合同当事人的国籍，也不考虑当事人的营业地（住所），而是看所运输货物的发运地或目的地是否位于国外，也就是说，看所运货物是否位于国外。在关于国际海上运输的 1978 年《联合国海上货物运输公约》（以下简称《汉堡规则》）以及关于国际航空运输的 1929 年的《统一国际航空运输某些规则的公约》（以下简称《华沙公约》）中都有此种规定。❷

（三）合同当事人权利义务关系据以产生的法律事实发生在外国

也就是说，合同的订立或变更发生在国外，从而使合同具有了国际性。

以上是传统的确定合同"国际"性的三要素，只要合同中三要素的任何一项涉及外国，就是国际合同。国际合同由于含有国际因素，所以，在合同的诸方面会涉及不同国家的法律，而不同国家的法律存在很大的差别。例如，关于合同要约的生效、合同的成立、合同的撤销等方面，大陆法系和英美法系就存在区别。因此，就同一合同会产生法律冲突，需要确定其应适用的法律。

二、国际合同的法律适用及理论

国际合同的法律适用就是指如何确定国际合同的准据法（Applicable Law of Contract），即依照冲突规范确定国际合同应适用的实体法。国内外国际私法学界历来对如何确定国际合同的准据法存在不同的观点，归纳起来主要有以下几种理论。

（一）关于合同法律适用的主观论和客观论

合同法律适用的主观论认为，在合同中，当事人既然有权按照自己的

---

❶ 邵景春. 国际合同法律适用论［M］. 北京：北京大学出版社，1997：3.

❷ 赵承璧. 国际贸易统一法［M］. 北京：法律出版社，1998：430－435.

意志和协议创设某种权利义务，就当然有权选择适用于他们之间的合同的法律。这两个方面应该是一致的，有机地结合在一个合同之中。按照普遍的实践，能更好地选择支配一个合同的法律，既不能由立法通过机械的规定来完成，又不能由法庭来实现，而只能由当事人依据自己切身的利益才可以在各种不同国家的法律中选择那个最合适的法律。只有在当事人无明示与默示选择时，才能适用其他法律。

合同法律适用的客观论认为，合同的有效成立和效力是与一定的客观标志相联系的，因而合同应适用何国法律不能根据当事人自己的选择，应根据合同与一国或哪几种因素有最密切联系的客观标志来确定。

（二）关于合同法律适用的单一论和分割论

合同法律适用的单一论认为，一项合同无论从经济还是从法律观点来看，都应是一个整体，因而其履行、解释、解除都应该只由一种法律支配。从当事人的主观愿望来讲，他们也不可能期望将一项合同分割为若干方面，使之分别受制于不同的法律。

合同法律适用的分割论认为，合同当事人的行为能力、合同的方式、合同的有效成立及合同的效力，可以受不同的法律调整。这一理论可以追溯到意大利巴托鲁斯的法则区别说。巴托鲁斯主张对合同的不同方面适用不同的法律，例如，合同的方式及合同的实质有效性，应适用合同缔结地法；合同当事人的能力，适用住所地法；合同的效力在当事人一致同意于某地履行的情况下，应适用该履行地法律，如果当事人没有一致同意的履行地时，则可以依法院地法解决；等等。后来许多国家的理论和实践都沿用了这种分割方法。如，美国最高法院法官亨特（Hunt）在 1875 年的"斯卡德诉芝加哥联合国民银行"（Scudder V. Union National Bank of Chicago）案中认为，合同的解释与有效性适用缔结地法，而履行应适用履行地法。这种分割方法在 1934 年写进了美国《冲突法重述（第一次）》，《冲突法重述（第二次）》延续了这一主张。

但是必须明确的是，这些原本对立的理论和实践，在它们发展的不同阶段并未相互否定和相互排斥，而是交错存在，互为补充，互相结合，在不同的阶段一种理论主导，另一种理论补充，从而大大丰富了合同准据法的确定方法。比如，以客观方法确定合同的准据法（主要是缔结地法），从法则区别说产生到 16 世纪杜摩兰提出"意思自治"说，一直占据主导地位。以意思自治为主，强调依当事人主观意向确定合同准据法，自 1865

年《意大利民法典》首次确定后，成为各国确定合同准据法最为普遍的原则。进入 20 世纪后，意思自治原则虽仍为各国立法所接受，但最密切联系说也占据了十分重要的位置。

第二节　合同准据法及其确定方法

一、合同准据法的概念

合同准据法，英语一般译为"the Applicable Law of Contract"，是英国学者韦斯特勒克（Westlake）在萨维尼"法律关系本座说"理论的基础上提出的一个概念，最初见于其《国际私法论》一书。其在该书中认为，一个合同违反其准据法即为无效，但对于何为合同的准据法，该书并未阐述。❶ 后来，各国学者从不同的角度对合同准据法进行了定义。戴西在 1896 年所著的《冲突法》（第 1 版）中认为，合同准据法就是合同双方当事人打算，或能合理地认为他们打算使合同受其支配的那一个或那几个法律。1980 年莫里斯在修订戴西《冲突法》（第 10 版）中认为，合同准据法是指当事人意欲适用于合同的法律，或者在当事人意思没有表示，也不能根据情况做出推断时，指与交易有最密切和最真实联系的法律。❷ 努斯鲍姆则认为，合同准据法是根据合同的具体情况，指定为最适合于合同的法律。❸ 有的学者采用分割论的观点，认为合同准据法是指经当事人自主选择适用于合同的最重要方面如合同的成立和效力的法律，至于合同的形式和缔约能力，则因不允许当事人意思自治而应由别的冲突规则来决定它们的准据法。

从上面的定义中我们可以看出，合同准据法就是指通过冲突规范的指引，合同所应适用的实体法。

---

❶　中国政法大学研究生院. 国际法文集 [M]. 北京：中国政法大学出版社，1987：187.

❷　莫里斯. 戴西与莫里斯论冲突法 [M]. 李双元，等，译. 北京：中国大百科全书出版社，1998：1114.

❸　李双元. 国际私法（冲突法篇）[M]. 武汉：武汉大学出版社，2001：513.

二、合同准据法的确定方法

如何确定合同准据法呢？从各国的立法和实践来看，大体有以下几种方法。

（一）当事人意思自治原则

1. 意思自治原则的含义、产生及发展

意思自治原则是指合同当事人可以通过协商一致的意思表示自由选择支配合同的准据法。这是一项古老的原则，在 14 世纪意大利波伦亚大学教授萨利塞的著作中已出现过这种观念。到 15 世纪，巴黎大学教授罗朱斯·库尔蒂乌斯明确指出，合同之所以适用行为地法，是因为"当事人默示同意适用该法"。这就为当事人选择法律的观念开辟了道路。但是，这种思想没有引起人们更多的注意，直到 1525 年法国法则区别说的代表人物杜摩兰再次提起之后，才受到人们的广泛关注。杜摩兰在对加内夫妇夫妻财产制的法律咨询中，赞成对全部财产适用结婚时的共同住所地即巴黎的习惯法。其理由是夫妻财产制应视为一种默示合同，可以认为，夫妻双方已将该合同置于其婚姻住所地法的支配下。他还指出，如果说行为地法是出于当事人的意愿，那么他们也可以要求适用另一种法律。后人把杜摩兰的这一论述概括为意思自治原则。这一项原则适应了时代的需要，为许多国家的理论和实践所接受。

在理论上最先接受意思自治原则的是荷兰法学家胡伯，随后，德国的萨维尼、意大利的孟西尼、美国的斯托里都接受了这一学说。在实践中，英国是第一个适用意思自治原则的国家。1760 年，曼斯菲尔德勋爵在"罗宾逊诉布兰德"（Robinson v. Bland）案中指出，作为一种例外，当事人可以选择缔约地以外的法律。到 1865 年英国法院通过利比利亚半岛—东方海运公司诉香德案和劳埃德诉吉伯特案，最终确立了意思自治原则在合同法律适用领域的支配地位。美国于 1825 年由马歇尔法官在韦曼诉索沙德案中引入意思自治原则。另外，法国、德国、比利时、荷兰、瑞士等国法院也都承认了这一项原则。❶ 1865 年的《意大利民法典》最早在立法上明确接受了意思自治原则，并将之提高到合同准据法首要原则的高度。该法第 25

---

❶ 韩德培. 国际私法 [M]. 北京：高等教育出版社，北京大学出版社，2000：197.

条规定："……在任何情况下，如当事人另有意思表示，从当事人的选择。"此后，日本、泰国、埃及、西班牙、希腊、阿根廷、土耳其、秘鲁、波兰、德国、瑞士等国也都在立法上确立了意思自治原则的地位。美国《冲突法重述（第二次）》接受了这一项原则。此外，一些重要的国际公约，如1965年《解决国家与他国国民间投资争端公约》、1980年《罗马公约》，以及1985年海牙《国际货物销售合同法律适用公约》等，都接受了这一原则。

2. 当事人意思自治的效力

当事人选择法律的协议（包括合同中的法律适用条款和单独的法律选择协议）是否有效关系到合同准据法的确定。只有在肯定了法律选择有效性的情况下，才能进而依照这个有效的选择确定合同的准据法。目前，当事人法律选择协议是一个独立的合同已经得到普遍的接受。主合同的效力并不影响法律选择协议的效力。对于法律选择协议准据法的确定，主要有以下主张。

（1）适用法院地法。

主张依据法院地国家的法律确定法律选择条款有效性的学者认为：①合同当事人选择法律的行为与他们之间的合同行为不同，它并不是关于合同当事人之间实体权利义务的，而是关于确定支配他们之间合同的法律的。因此，客观上，可以把当事人选择法律的行为和其他合同行为分离开来，区别对待。法律选择条款应是独立于合同整体的，可以看作独立于合同的另一项协议。也就是说，法律选择条款的有效性不受主合同的影响。鉴于此，确定合同实体权利的准据法不一定就是确定法律选择条款的准据法，两者可以分别确定自己的准据法。②当事人意思自治原则是和其他冲突规则一样的冲突规则，它只是一项赋予了当事人一种特殊权利的冲突规则。然而，确定一个国际合同的准据法是法院的司法任务，即使当事人不选择法律，法院也得通过其他冲突规则确定合同准据法，法院地法律既然可以决定其他冲突规则的有效性，那么理所当然地也应决定当事人意思自治这一冲突规则的有效性。③如果当事人选择的法律的效力由当事人选择的准据法来决定，是不符合逻辑的，因为此时当事人选择的法律还未被确定为准据法，还不能作为准据法。依一个未被确定效力的法律来确定该法自身的效力，无疑会陷入一个循环的怪圈。兰多（Lando）曾分析道：合同当事人意思自治由法院地的冲突规则来裁决可以最大地满足逻辑的需要。不能因为在订立合同的时候当事人还不知道要起诉的法院，就主张法院地法不能适用于当事人的合意。在美国《冲突法重述（第二次）》中，对第 187 条规定的解释说道：如果合同一方当事人对法律选择条款所作的同意是通过不正当的方式，诸如谎报、胁迫，或过度地影响或错误地获得的，该条款无效。这种同意是否事实上通过不正当方式或错误获得，将由法院依据它自己的规则确定。德国法院在司法实践中也采用这样的主张。

（2）当事人选择的法律。

法律选择条款应依据当事人选择的准据法来确定其效力。持此主张的学者认为：既然允许当事人选择法律，就应依其选择的法律决定法律选择条款的有效性，若依据其他法律来确定，则会使意思自治成为一句空话。另外，法律选择条款的有效性由他们选择的法律来决定，合同当事人对自己约定的法律选择条款的有效性就有了一定的预见性。这种主张为一些国际公约所采纳。1955 年海牙《国际有体动产买卖法律适用公约》第 2 条第 3 款规定：影响当事人对被声称适用的法律同意的条件由该法律决定。1980 年《罗马公约》和 1985 年海牙《国际货物销售合同法律适用公约》也采用了此主张，但都有一定的补充。1980 年《罗马公约》第 8 条规定：合同或合同的任何条款是否存在，是否有效，应由如果该合同或条款有效时，根据本公约应予适用的法律来决定。如果情况表明，按照前述规定的法律来决定当事人行为的效果不够合理时，一方当事人得援引其惯常居所地国的法律以确定其不同意适用该项法律。欧洲议会和（欧盟）理事会 2008 年 6 月 17 日通过的《关于合同之债法律适用的第 593/2008 号（欧共体）条例》（以下简称《罗马条例 I》）沿袭了这一主张。1985 年海牙《国际货物销售合同法律适用公约》第 10 条规定：凡符合第 7 条规定的，则关于当事人选择适用的法律，这种同意是否存在，是否具有实质意义上的效力的问题，由所选择的法律来决定。但是如果依据情况，按照前述所规定的法律确定这个问题是不合理的，则为了确定他们没有同意的这种法律选择、这个合同或者任何合同条款，当事人可以依据它设有营业所的国家的法律。❶

3. 当事人意思自治的空间范围

有关当事人意思自治的空间范围，历来存在两种对立的观点。

---

❶ 邵景春. 国际合同法律适用论［M］. 北京：北京大学出版社，1997：86.

一种主张意思自治是绝对的、无限制的，当事人可以选择与合同毫不相关的法律。传统的英国冲突法理论和判例就主张无限制的意思自治，1939 年，英国枢密院在审理"维他食品公司诉乌纳斯轮船公司"案中充分体现了这一主张。该案原告维他食品公司与被告加拿大乌纳斯轮船公司订立了一份租船合同，由原告租用被告所有的船只从纽芬兰装货去纽约。根据提单规定，合同受英国法支配，并约定被告对于其船员因过失而造成的损害负责，后来因船长过失引起了货损，此案上诉到英国枢密院。审理此案的英国枢密院赖特法官认为，虽然合同与英国毫无联系，但当事人选择了英国法，这并不妨碍合同适用英国法。除英国以外，目前日本、泰国、奥地利、丹麦、比利时、瑞士等国在立法中也没有要求必须选择与合同有客观联系的法律。1978 年海牙《代理法律适用公约》、1980 年《罗马公约》和 2008 年《罗马条例 I》，以及 1985 年海牙《国际货物销售合同法律适用公约》也都没有禁止当事人选择与合同无任何联系的国家的法律。

另一种则主张意思自治是相对的、有限制的，当事人必须选择与合同有实际联系的法律。如，《美国统一商法典》第一章第 105 条规定：有关货物买卖合同，当事人可以任意选择另一国、州的法律，但这些国家或州的法律必须与合同有"合理的联系"。

4. 当事人意思自治内容的范围

当代世界各国的立法和司法实践特别强调对当事人意思自治内容的限制。这主要体现在以下几个方面。

（1）当事人选择的法律不违反公共秩序。

适用公共秩序保留制度限制当事人的意思自治是各国通行的做法。例如，1986 年《联邦德国关于改革国际私法的立法》第 6 条规定："如果适用某一外国法律将导致违背德国法律的原则，尤其是与其基本法发生冲突时，则不适用该外国的法律，而适用德国的法律。"2010 年修订的《德国民法典施行法》第 6 条延续了这一规定。

（2）当事人选择的法律不违背强制性规范。

强制性规范（Mandatory Rules），也有人称之为"直接适用的法律"，是指当事人不能通过协议减损的法律规则。它具有直接适用的效力，不管当事人是否选择了它，或者是否选择了其他法律，都应予以适用。目前的各国立法和国际公约基本上都承认强制性规则的优越地位和优先适用性，例如，1980 年《罗马公约》第 5 条第 2 款规定：在消费合同中，由双方当

两个履行地，究竟以哪个履行地作为准据法确定的地点呢？因此，2007 年
《土耳其国际私法和国际诉讼程序法的第 5718 号法令》修正了这一规定，
采用了最密切联系原则。

3. 法院地（仲裁地）

当事人对合同的法律适用未作选择时，适用法院地的法律。其理由
是：既然当事人在法院地起诉，法官就有责任适用法院地法，而且在当事
人不指定其合同所应适用的法律时，法官只有依其职责适用内国法。在英
国的法律实践中，曾有这种判例。但这种主张也有不妥之处，原告可以在
有利于自己的法院地起诉，从而忽略与合同有真正联系的法律。

4. 当事人国籍

有的国家规定，在当事人对他们之间的合同的法律适用未作选择时，如
果当事人国籍相同，则适用当事人国籍国法。例如，1939 年《泰国国际私
法》第 13 条规定：当事人明示或默示的意思不明时，如当事人是同一国家
的，依共同的本国法。但这一客观标志的不妥之处在于，当当事人的国籍国
法与当事人之间的合同无任何关系时，适用当事人的国籍国法有些不公平。

5. 债务人住所地

调整合同关系的法律应保护债务人的利益，而债务人住所地法最能体
现这一点，因此，在当事人无协议时，宜适用债务人所在地法。例如，
1979 年《奥地利联邦国际私法法规》第 37 条规定："单务合同及产生单方
债务的法律行为，依债务人有习惯居所的国家的法律。"但如果是双务合
同，当事人互为债务人时，应以哪个当事人的住所地法为其准据法呢？有
鉴于此，2009 年《奥地利联邦国际私法法规》放弃了这一规定。

6. 不动产所在地

对于涉及不动产的合同，一般主张依不动产所在地法。例如，1972 年
《加蓬民法典》第 58 条规定："与不动产物权转让有关的合同，依财产所
在地法。"

从以上分析中我们可以看出，采用客观标志原则只着重某一方面，从而忽
视了另一方面，而且客观标志具有僵化、执行困难等缺点。为了避免上述弱
点，各国都纷纷探求一种灵活、易于执行的解决方法，即最密切联系原则。

（三）最密切联系原则

1. 最密切联系原则的含义及产生、发展

最密切联系原则（the Most Significant Relationship Theory），又称最强

联系原则，是指法院在审理某一国际民事案件时，不能拘泥于某一个或几个客观因素来决定适用哪一国家的法律，而应从质和量这两个角度对与案件有关的各种主客观因素进行分析，寻找法律关系的"重力中心地"，该重力中心地所属国的法律即为审理该案应适用的法律。

最密切联系原则是近年来世界范围内广泛流行的一种法律选择与法律适用的理论，代表了当代国际私法理论的最新发展。其思想渊源可以追溯到萨维尼的"法律关系本座说"。萨维尼认为，每一种法律关系，根据其自身的特性，都与某一法律制度相联系，而其联系依据所在，就是该法律关系的本座。每一法律关系只有一个"本座"，要在某一法律关系上达到适用法律的一致性，就必须适用以"本座"为标志而确定的法律制度。萨维尼理论是一整套机械的法律选择理论，而最密切联系原则恰恰反对这种机械的法律选择理论，它不是对萨维尼理论的简单承袭，而是对它的扬弃。后来，英国学者韦斯特勒克在 1880 年的《国际私法论》一书中提出了"最真实联系"的概念。在 20 世纪 40 年代和 50 年代，美国法院做出的判例中已有不少涉及这一概念。1954 年，富德法官在审理"澳汀诉澳汀"案中明确采用了"重力中心地"和"联系聚集地"的法律选择方法。在 1963 年"贝科克诉杰克逊"案中，富德法官又发展了他的上述法律选择方法。里斯在研究和评论上述案例以后，创立了"最密切联系"原则，并写进了美国《冲突法重述（第二次）》。

2. 特征性履行说（Doctrine of Characteristic Performance）

为了更好地运用最密切联系原则，自 20 世纪 60 年代开始，大陆法系国家纷纷采用特征性履行方法来具体贯彻最密切联系原则。特征性履行说，也称特征性给付说，是由瑞士学者施尼泽（Schnitcer）创立的，该学说主张按照合同的特征性给付来决定合同的准据法，实际上就是关于如何认定最密切联系的根据的学说。所谓特征性履行，就是指双务合同中代表合同本质特征的当事人履行合同的行为，例如，买卖合同中卖方交付物品的给付行为、雇佣合同中受雇人提供劳务的给付行为反映了这两种合同的本质特征，因而属特征性履行；而买方支付货款的行为、雇佣人支付劳务费的行为均属金钱给付，这种金钱给付反映了双务合同的共性，不能反映买卖合同和雇佣合同的本质特征。按照特征性履行说，合同准据法应为负担特征给付性义务的当事人的住所地法或惯常居所地法，或者当事人营业所所在地法。从实践来看，最密切联系原则和特征性履行说常常是结合运用的，前者作为基本的原则，后者则为前者的确定找出根据。目前，瑞士、奥地利、荷兰、德国、匈牙利、日本等国，以及 2008 年《罗马条例 I》、1985 年海牙《国际货物销售合同法律适用公约》，都采纳了这一学说。

（四）合同自体法（the Proper Law of the Contract）

合同自体法说是英国学者创立的一种学说。关于其具体内容，不同时期的学者有不同的论述。早期，一些学者认为合同自体法是支配合同内在有效性和效力的、与合同存在最真实联系的法律。后来有些学者认为，合同自体法是缔结合同所关联的法律制度，就是当事人选择的法律，或者与合同有最密切联系的法律。目前一般都认为，合同自体法首先是当事人明示选择的法律；如当事人未明示选择，便是依合同有关情况推定当事人所选择的法律；如推定不可能时，则为与合同有最密切和最真实联系的法律。

合同自体法说实质上是合同法律适用上的意思自治和最密切联系原则的结合，合同自体法是对支配与合同有关的各种问题的法律的一种概括、简洁和方便的表述。它完成了合同法律适用问题上的主观论与客观论的协调和结合，既肯定了意思自治原则，适应了各国经济发展的要求，又补充了意思自治原则的不足，对当事人没有选择的情况做出规定。值得注意的是，尽管合同自体法仍在英国一些场合适用，但它已开始被英国关于合同的成文规则和在英国适用的关于合同的国际公约所代替和限制。例如，1990 年的《英国合同（准据法）条例》已广泛地取代了合同自体法理论。❶

第三节　中国关于合同法律适用的规定

中国关于国际合同的法律适用原则主要规定在《民法通则》《合同法》《涉外民事关系法律适用法》中。此外，《中外合资经营企业法》《海商法》等单行法规中也有国际合同法律适用的规定。1988 年《民法通则意见》、2007 年《合同法律适用若干问题的规定》和 2012 年《涉外民事关系法律适用法解释（一）》等司法解释对一些涉外合同法律适用的具体问题作了规定。总体来看，中国有关国际合同法律适用的立法和司法实践既

---

❶ 李双元. 国际私法（冲突法篇）［M］. 武汉：武汉大学出版社，2001：511.

适应了国际上通行的惯例，同时又具有鲜明的中国特点。归纳起来，中国确定国际合同的准据法的规则有以下几个方面。

一、当事人意思自治原则

《合同法》第 126 条第 1 款中规定：涉外合同的当事人可以选择处理合同争议所适用的法律，法律另有规定的除外。《涉外民事关系法律适用法》第 41 条规定：当事人可以协议选择合同适用的法律。《民法通则》第 145 条、《海商法》第 269 条也作了类似的规定。这说明，我国关于国际合同法律适用的首要原则是当事人意思自治原则。

1. 当事人选择法律的时间

关于当事人选择法律的时间，中国采用了比较宽松和灵活的规定，即当事人在订立合同时，或者在发生争议后，甚至在一审法庭辩论终结前，都可以做出选择。例如，2007 年《合同法律适用若干问题的规定》第 4 条第 1 款规定：当事人在一审法庭辩论终结前通过协商一致，选择或者变更选择合同争议应适用的法律的，人民法院应予准许。

2. 当事人选择法律的方式

对于选择方式，《涉外民事关系法律适用法》明确规定应明示选择，其第 3 条规定：当事人依照法律规定可以明示选择涉外民事关系适用的法律。2007 年《合同法律适用若干问题的规定》第 3 条也有规定：当事人选择或者变更选择合同争议应适用的法律，应当以明示的方式进行。

3. 当事人选择法律的范围

当事人选择的法律既可以是中国法，也可以是外国法，但必须是实体法，不包括冲突法规范和程序法。如，《涉外民事关系法律适用法》第 9 条规定：涉外民事关系适用的外国法律，不包括该国的法律适用法。2007 年《合同法律适用若干问题的规定》第 1 条规定：涉外民事或商事合同应适用的法律，是指有关国家或地区的实体法，不包括冲突法和程序法。

4. 当事人选择法律的适用范围

当事人所选择的法律可以适用于合同的成立、成立时间、合同内容的解释、合同的履行、违约责任，以及合同的变更、中止、转让、解除、终止等方面。如，2007 年《合同法律适用若干问题的规定》第 2 条规定：本规定所称合同争议包括合同的订立、合同的效力、合同的履行、合同的变更和转让、合同的终止以及违约责任等争议。

5. 当事人选择法律的限制

我国通过公共秩序保留和强制性规范对当事人的意思自治做出了限制。《涉外民事关系法律适用法》对此有明确规定，其第4条规定：中华人民共和国法律对涉外民事关系有强制性规定的，应当直接适用。第5条规定：适用外国法律将损害中华人民共和国社会公共利益的，应当适用中华人民共和国法律。2012年《涉外民事关系法律适用法解释（一）》第10条规定："有下列情形之一，涉及中华人民共和国社会公共利益、当事人不能通过约定排除适用、无需通过冲突规范指引而直接适用于涉外民事关系的法律、行政法规的规定，人民法院应当认定为涉外民事关系法律适用法第四条规定的强制性规定：（一）涉及劳动者权益保护的；（二）涉及食品或公共卫生安全的；（三）涉及环境安全的；（四）涉及外汇管制等金融安全的；（五）涉及反垄断、反倾销的；（六）应当认定为强制性规定的其他情形。"

2007年《合同法律适用若干问题的规定》第7条规定："适用外国法律违反中华人民共和国社会公共利益的，该外国法律不予适用，而应当适用中华人民共和国法律。"第8条规定："在中华人民共和国领域内履行的下列合同，适用中华人民共和国法律：（一）中外合资经营企业合同；（二）中外合作经营企业合同；（三）中外合作勘探、开发自然资源合同；（四）中外合资经营企业、中外合作经营企业、外商独资企业股份转让合同；（五）外国自然人、法人或者其他组织承包经营在中华人民共和国领域内设立的中外合资经营企业、中外合作经营企业的合同；（六）外国自然人、法人或者其他组织购买中华人民共和国领域内的非外商投资企业股东的股权的合同；（七）外国自然人、法人或者其他组织认购中华人民共和国领域内的非外商投资有限责任公司或者股份有限公司增资的合同；（八）外国自然人、法人或者其他组织购买中华人民共和国领域内的非外商投资企业资产的合同；（九）中华人民共和国法律、行政法规规定应适用中华人民共和国法律的其他合同。"

二、最密切联系原则

中国《合同法》第126条规定：涉外合同的当事人没有选择的，适用与合同有最密切联系的国家的法律。《涉外民事关系法律适用法（草案）》在第3条中肯定了最密切联系原则，其规定："涉外民事关系适用的法律，应当与该涉外民事关系有最密切联系。本法或者其他法律对涉外民事关系的法律适用没有规定的，适用与该涉外民事关系有最密切联系的法律。"第43条进一步明确了在合同当事人没有选择合同应适用的法律时，应依据特征履行说确定合同应适用的法律，该条规定："没有协议选择的，适用履行义务最能体现该合同特征的一方当事人经常居所地法律或者合同履行地法律。"《民法通则》《海商法》中也有类似规定。可以说，最密切联系原则是中国涉外合同法律适用的补充原则。

2007年《合同法律适用若干问题的规定》按照最密切联系原则，结合特征性履行方法，做了如下规定：当事人未选择合同争议应适用的法律的，适用与合同有最密切联系的国家或者地区的法律。人民法院根据最密切联系原则确定合同争议应适用的法律时，应根据合同的特殊性质，以及某一方当事人履行的义务最能体现合同的本质特性等因素，确定与合同有最密切联系的国家或者地区的法律作为合同的准据法。

（1）买卖合同，适用合同订立时卖方住所地法；如果合同是在买方住所地谈判并订立的，或者合同明确规定卖方须在买方住所地履行交货义务的，适用买方住所地法。

（2）来料加工、来件装配以及其他各种加工承揽合同，适用加工承揽人住所地法。

（3）成套设备供应合同，适用设备安装地法。

（4）不动产买卖、租赁或者抵押合同，适用不动产所在地法。

（5）动产租赁合同，适用出租人住所地法。

（6）动产质押合同，适用质权人住所地法。

（7）借款合同，适用贷款人住所地法。

（8）保险合同，适用保险人住所地法。

（9）融资租赁合同，适用承租人住所地法。

（10）建设工程合同，适用建设工程所在地法。

（11）仓储、保管合同，适用仓储、保管人住所地法。

（12）保证合同，适用保证人住所地法。

（13）委托合同，适用受托人住所地法。

（14）债券的发行、销售和转让合同，分别适用债券发行地法、债券销售地法和债券转让地法。

（15）拍卖合同，适用拍卖举行地法。

（16）行纪合同，适用行纪人住所地法。

（17）居间合同，适用居间人住所地法。

如果上述合同明显与另一国家或者地区有更密切联系的，适用该另一国家或者地区的法律。

三、国际条约和国际惯例的适用

（一）国际条约的适用

1. 国际条约的含义

《民法通则》第 142 条第 2 款规定："中华人民共和国缔结或参加的与合同有关的国际条约与中华人民共和国法律有不同规定的，适用该条约的规定，但中华人民共和国声明保留的条款除外。"作为一个主权独立的国家，中国一贯恪守条约必须遵守的国际法原则。国际条约依照不同的标准可以划分为不同的种类，这里所指的国际条约主要是与合同有关的各类国际民商事条约，既包括国际统一实体法条约，也包括国际统一冲突法条约；而且，这些条约对于司法机关来讲具有直接适用性。

2. 国际条约的适用

从中国司法实践来看，与合同有关的国际条约的适用主要有以下途径：（1）国际条约的直接适用。它主要是指一国的司法机关及其他法律适用的专门机关，以条约的规定作为其适用法律的渊源，并以与适用国内法同样的方式适用条约的规定。❶ 但直接适用有两个条件：①国际条约在中国的直接适用通常需要完成一定的法律程序，包括批准程序和在政府公报上公布。②具体到某一案件，双方当事人所属国均是条约缔约国。（2）国际条约的间接适用。如果某一案件的双方当事人中的任何一方当事人所属国不是国际条约的缔约国，国际条约就不能在中国直接适用，只有双方当事人在合同中或争议发生后，协议选择适用某一国际条约，该国际条约才可以得到适用。但间接适用必须符合以下条件：①当事人的选择必须是共同的明示选择，其具体形式既可以是书面的，也可以是口头的；②具体案件所争讼的问题属于该条约的调整范围；③当事人的选择不违反中国法律中的强制性规则和公共秩序。

当应适用的国际条约与国内法有冲突时，根据国际法的原则，一国不

---

❶ 肖永平. 国际私法原理［M］. 北京：法律出版社，2003：295.

得援引国内法规定为由而不履行条约。但在实践中，各国的具体做法不同：有些国家以国内法优先为原则（如阿根廷）；有些国家以条约优于国内法为原则（如荷兰）；有些国家则认为国内法与条约地位相等，如有冲突，则生效在后的国际条约或国内法优先（如美国）。中国在《民法通则》第142条、《海商法》第268条等相关法律条文中均规定了优先适用国际条约的原则，但中国声明保留的条款除外。

2012年《涉外民事关系法律适用法解释（一）》第9条规定："当事人在合同中援引尚未对中华人民共和国生效的国际条约的，人民法院可以根据该国际条约的内容确定当事人之间的权利义务，但违反中华人民共和国社会公共利益或中华人民共和国法律、行政法规强制性规定的除外。"

（二）国际惯例的适用

1. 国际惯例的含义

《民法通则》第142条第3款规定："中华人民共和国法律未作规定的和中华人民共和国缔结或者参加的国际条约没有规定的，可以适用国际惯例。"关于国际惯例的性质及效力，不同的学者有不同的理解，但就与合同有关的国际惯例来说，主要是指国际商事惯例，即在长期的商业或贸易实践基础上发展起来的用于解决国际商事问题的国际惯例，它不具有当然的法律约束力，是任意性规范。

2. 国际惯例的适用

从司法实践来看，中国法院在援用国际惯例作为合同的准据法时，一般通过以下途径。

（1）当事人协议选择。如果当事人在合同中或在争议发生后选择国际商事惯例作为合同准据法，法院或仲裁机构应适用国际惯例，但这种选择不能与国内强制性规范相抵触，更不能违背公共秩序原则。如，2005年11月14日《最高人民法院关于审理信用证纠纷案件若干问题的规定》第2条规定："人民法院审理信用证纠纷案件时，当事人约定适用相关国际惯例或者其他规定的，从其约定；当事人没有约定的，适用国际商会《跟单信用证统一惯例》或者其他相关国际惯例。"

（2）补充适用。《民法通则》与《海商法》中均有这样的规定——中华人民共和国法律未作规定和中华人民共和国缔结或者参加的国际条约没有规定的，可以适用国际惯例，但同时应符合以下条件：①根据中国国际私法的规定，某个涉外合同应适用中国法作为准据法；②中国法律没有解决有关涉外合同争议的法律规定；③中国参加或者缔结的国际条约也没有相应规定；④适用国际惯例不得损害中国的社会公共利益，不得与中国相关的强制性规定相抵触。

四、消费者合同和劳动合同的法律适用

《涉外人民事关系法律适用法》专门对消费者合同和劳动合同的法律适用做出了规定，限制或排除了当事人意思自治原则，充分体现了对弱者的保护。该法第42条规定：消费合同，适用消费者经常居所地法律；消费者选择适用商品提供地法律或者经营者在消费者经常居所地没有从事相关经营活动的，适用商品提供地法律。第43条规定：劳动合同，适用劳动者工作地法律；难以确定劳动者工作地的，适用用人单位主营业地法律。劳务派遣，可以适用劳务派出地法律。

第八章 国际经济贸易关系的法律适用

第一节 国际货物买卖的法律适用

国际货物买卖，是指营业所在不同国家的当事人之间所进行的进出口货物交易。提供出口货物并收取货款的一方称为卖方，接受进口货物并支付货款的一方称为买方。国际货物买卖具有以下特点：①买卖双方当事人营业地必须分属不同的国家。签订合同的主体既可以是不同国家从事国际贸易的各个不同的专业公司，也可以是作为自然人的商人或合伙组织。在较少情况下，国家也可能以自己的名义订立合同。②买卖双方的权利义务是：卖方提供货物，移交一切与货物有关的单据并转移货物所有权；买方则依合同约定条件接受货物和交付货款，并以此构成合同权利义务的核心内容。③买卖标的是指一切有形货物，既不包括股票、债券及其他流通票据，也不包括专门提供服务的交易和专门提供技术的交易。④买卖的完成必须经过多项环节，例如，必须进行超越国境、途经多处港口的运输，时间长，风险大，所以一般要投运输保险。买方支付货款，则一般采取外汇结算方式进行。由此可以看出，一项国际货物买卖的完成要历经买卖合同、运输、运输保险、支付四个环节。

这里我们将讨论国际货物买卖各个环节的法律适用，但是支付环节中的票据将在后面以专节讨论。

一、国际货物买卖合同的法律适用

（一）国际货物买卖合同及其法律适用规则

国际货物买卖合同，是指营业地分处在不同国家的当事人之间为了进行进出口交易而订立的协议。国际货物买卖合同的法律适用，是指从事国际货物买卖活动的双方当事人之间，因合同的订立、履行等发生争议，依照冲突规范来确定合同的准据法。可以作为国际货物买卖合同准据法的，既有国内法，也有统一实体规范。由于国际货物买卖在历史上一直是各国国际贸易的重要组成部分，因而各国对这一领域的法律环境关注得比较多。在这个领域，统一实体法规范出现得较早，也较为集中，这些统一实体规范或者载于国际条约（如 1980 年《联合国国际货物销售合同公约》）中，或者载于经加工整理的、条文化的国际贸易惯例（如国际商会的《国际贸易术语解释通则》）中，以不同的方式调整国际货物买卖合同关系。这是国际货物买卖合同法律适用的特点。

从各国立法及实践来看，当事人的意思自治原则是国际货物买卖合同法律适用的首选原则。但在当事人未做出有效的法律选择时，从历史上看，各国的法律规定和司法实践各不相同。

1. 最密切联系原则

中国《民法通则》《合同法》《涉外民事关系法律适用法》都规定，在当事人没有选择时，适用最密切联系原则确定合同的准据法。目前大多数国家或地区在确定国际货物买卖合同时都采用此原则。

2. 行为地法

如果当事人未做出有效的法律选择，国际货物买卖合同就受当事人的行为地法的支配。例如，1989 年修订的《日本法例》第 7 条规定，法律行为的成立及效力，依当事人意思确定应适用的国家的法律；当事人意思不明时，依行为地法。接着，该法在第 9 条中又解释了"行为地"，对于不同法域的当事人之间的合同的成立及效力，以要约通知地为行为地，但若接受要约的人承诺时不知其要约发生地，则以要约人的住所地为行为地。但需要注意的是，2006 年《日本法律适用通则法》修正了这一做法，改为依据最密切联系原则确定准据法。

3. 卖方营业地法

如果当事人未做出有效的法律选择，国际货物买卖合同就应当受卖方营业地法的支配。例如，1964 年《捷克斯洛伐克社会主义共和国国际私法及国际民事诉讼法》第 10 条第 1 款和第 2 款第（1）项规定，在当事人未选择法律时，国际货物买卖合同一般应受缔结合同时卖方所在地法的支配，1978 年《奥地利联邦国际私法法规》在第 35 条、第 36 条中规定，在当事人未做出法律选择时，或虽然做出法律选择，却不为联邦法院所承认时，主要由一方负担金钱债务的双务合同，依他方有习惯居所的国家的法律，如果他方是以企业家身份缔结该合同的，则以与缔结合同有关的那个常设营业所代替习惯居所。2009年《奥地利关于国际私法的联邦法》已经废除了此规定。

4. 各种硬性法律适用规范综合适用

1966年《波兰国际私法》第26条、第27条规定，合同当事人未选择准据法时，受缔结合同时双方当事人住所地法的支配；当事人住所不在同一国内，又未选择法律时，国际动产的买卖合同或交货买卖合同依卖方或交货人缔结合同时的住所地法支配。当卖方或交货人为公司或企业时，适用公司或企业的主事务所所在地法或营业地法。

5. 硬性法律适用规范与最密切联系原则相结合

1979年《匈牙利国际私法》第24条、第25条规定，如果当事人没有选择法律，国际买卖合同应适用卖方订立合同时的住所地法或居所地法或商业主事务所所在地法或工厂所在地法；如果仍不能确定买卖合同准据法时，则应以与该合同关系的主要因素具有最密切关系的法律作为准据法。

但是有些国家的法律规定，既不采取"当事人意思自治"原则，也不诉诸"最密切联系"原则，而是直接适用硬性法律适用规范。例如，根据阿根廷的法律规定，在确定合同有效与否及效力如何时，应适用合同订立地法。

（二）1985年《国际货物销售合同法律适用公约》

海牙国际私法会议曾于1955年订立《国际有体动产买卖法律适用公约》，但该公约因过分考虑法律适用上的简便、通俗，以及主要反映大陆法国家的观点，以致影响不大。到后来，由于国际贸易关系的进一步发展，该公约更显得过时和陈旧，于是，在1976年第十三届海牙国际私法会议上便提出对之进行修改。经过多年的努力和准备，1985年10月30日终于产生了《国际货物销售合同法律适用公约》。该公约充分考虑到与1980年《联合国国际货物销售合同公约》的配套与衔接。公约关于合同的法律适用规定如下。

1. 公约不确定以下事项的准据法

它们是：①合同当事人的行为能力或因某一当事人无能力而导致合同无效或撤销的后果。②代理人能否约束本人或某一机关能否约束某一法人或非法人公司或团体。③所有权的转移。④买卖对当事人以外的任何人的影响。⑤关于仲裁或选择法院的协议，即使此种协议已载入合同。

2. 合同准据法的确定原则

国际货物销售合同应受当事人选择的法律支配。这种选择必须是明示的或能从合同条款和当事人的行为中得到表现的（不排除默示方式）。合同当事人可以约定将合同的一部分或全部置于他们选择的法律的支配之下，并且可以随时改变已做出的这种选择而使之受另一法律支配。

如果当事人未进行选择，合同应适用卖方营业地法律，但在下列情况下，应适用买方营业地国法律：①合同谈判在该国进行，并由当事人当场签订。②合同约定卖方应在该国履行其义务。③合同主要是根据买方提出的条件，通过投标缔结的。除以上各种情况外，合同应适用最密切联系的国家的法律。由于拍卖、展销等方式进行的国际货物买卖的特殊性，公约另行规定，虽然仍适用当事人自行选择的法律，但应以该交易进行地国法律不禁止这种选择为条件。

3. 合同准据法的适用范围

合同准据法适用于以下事项：①合同的解释。②各方的权利和义务及合同的履行。③买方能成为由货物产生的产品、成果和收入的权利人的时间。④买方对货物承担风险的时刻。⑤对货物保留所有权的条款在各当事人之间的效力和后果。⑥不履行合同的后果，包括可以获得赔偿的损失的种类，但以不妨碍法院地诉讼法的适用为限。⑦消灭义务的各种方式，如时效和诉讼期限。⑧合同无效或撤销的后果。

另外，公约对当事人营业地也作了规定。公约规定，如当事人有一个以上的营业地时，应以与合同及合同履行关系最密切的那一个营业地为营业地，但也应注意各当事人在订立合同前或订立合同时所知道或所考虑过的种种情况。如果当事人无营业地，则以其习惯居所地为营业地。

二、国际货物运输合同的法律适用

国际货物运输是指采用一种或多种运输方式，把货物从一国运至另一国的运输。它包括以下几种方式：海上运输、江河运输、铁路运输、公路运输、航空运输、管道运输，以及由以上若干方式组成的多式联运。不论采用哪种方式，一般都是通过当事人之间订立运输合同来实现。目前，国际货物运输仍以海运为主，铁路运输和航空运输也占有相当大的比例，近年来国际多式联运发展也较快。这里，我们将着重论述海上运输合同、铁路运输合同、航空运输合同和国际多式联运合同的法律适用问题。

(一) 海上货物运输合同

根据各国海商法和有关国际公约的规定,海上货物运输合同是指承运人或船舶出租人用船舶将货物由装运港运至目的港交给收货人,由托运人或承租人支付约定运费的协议。该协议有两种形式:一种是租船运输合同;另一种是班轮合同。租船合同是指出租人和承运人之间关于租赁船舶以运送货物所签订的一种海上货物运输合同。班轮合同的形式为提单,提单是指用以证明海上货物运输合同和货物已经由承运人接收或者装船,以及承运人保证据以交付货物的单证。班轮运输多用于运输数量少、交接港分散的货物,是海上货物运输中使用最广泛的一种方式。

关于租船合同的准据法的确定,各国的普遍做法是适用合同约定选用的法律。实践中,因英国的航海业发达、法律完备,目前相当数量的租船合同都选用英国的法律,或者是根据英国法律形成的习惯法。租船合同中没有约定应适用的法律时,受理争议纠纷的法院或仲裁机构一般都按最密切联系原则,适用船旗国法或合同缔结地法。

关于提单的准据法的确定,首先由当事人在提单中约定。如果提单中没有约定,则应适用与提单有最密切联系的法律,例如装运港所在地法、船旗国法、目的港所在地法、承运人主要营业所所在地法等,多数国家倾向于适用船旗国法和承运人的属人法。例如,法国法规定,除非当事人协议选择了法律,否则,海上货运合同涉及国际性争议,受船旗国法律支配。而1978年《奥地利联邦国际私法法规》和1987年《瑞士联邦国际私法法规》都规定,在当事人未选择法律时,适用承运人在合同订立时的属人法。相比之下,2008年《罗马条例 I》的规定更为科学、合理,其第5条规定:当事人未根据第3条规定选择适用于货物运输合同的法律时,如果接货地、交货地或者发运人的惯常居所地也在承运人的惯常居所地国境内,则适用承运人的惯常居所地国法。不满足这些要求的,则应适用当事人协议选择的货物交付地国法。

目前还有调整提单的4个国际条约:1924年《关于统一提单的若干法律规定的国际公约》(以下简称《海牙规则》);1968年《有关修改海牙规则的议定书》(以下简称《维斯比规则》);1978年《汉堡规则》;2008年《联合国全程或部分海上国际货物运输合同公约》(以下简称《鹿特丹规则》)。

在提单中通常都有一条"首要条款"(Clause Paramount),它通常是用来将有关提单的国际公约并入提单，并具有高于提单其他所有条款的效力。提单首要条款并非法律适用条款，而是使有关国际条约的规定成为提单的一部分。因此，首要条款必须得到适用。多数海运公司的提单中除了有"首要条款"外，另有"法律适用和管辖条款"。

（二）铁路运输合同

国际铁路运输是指利用两个或两个以上国家的铁路，按照政府间共同签署的有关协定进行进出国境货物的联合运输。铁路运单是运输合同的凭证。货运单随货物全程附送，最后交给收货人。

关于国际铁路运输的法律适用首要依据的是国际公约，目前有关国际铁路运输的国际公约有两个：一是 1961 年的《关于铁路货物运输的国际公约》，在瑞士伯尔尼签订，主要参加国是西欧的奥地利、法国、德国和比利时等，简称《国际货约》。1980 年制定了《国际铁路运输公约》，《国际货约》作为其中的国际铁路运输合同统一规则的一个附件，参加国增加了苏联和一些亚非国家。二是 1951 年的《国际铁路联运协定》，简称《国际货协》，参加国主要是原社会主义国家，我国是参加国之一。1990 年后，东欧的一些国家退出了该公约。这两个公约就合同的签订、托运人的权利和义务、承运人的权利和义务、承运人的责任限额和免责等都作了详细规定。如果国际条约中未作规定的，则适用国内铁路规章。如，《国际货协》第 35 条规定：如本协定、运价规则、办事细则及其他规则内缺少必要的规定，则适用该国法令或国内规章中的规定。这里的"该国"主要指货物途经国。另外，如果两个相邻国家铁路间有专门规定的，则适用专门规定。

（三）国际航空运输合同

国际航空运输合同是航空货物运输承运人以航空器超越国境运送货物而向托运人收取报酬的协议。实践中，国际航空运输没有特定的正式的合同形式，通常以承运人出具的航空运单为合同凭证。

目前，国际间调整航空货物运输的国际公约主要有 1929 年《华沙公约》、1955 年《修改 1929 年 10 月 12 日在华沙签订的统一国际航空运输某些规则的公约的议定书》（以下简称《海牙议定书》）、1961 年《统一非缔约承运人所办国际航空运输某些规则以补充华沙公约的公约》（以下简称《瓜达拉哈拉公约》）。这样就形成了以《华沙公约》为主体的华沙公约体系，《华沙公约》是最基本的规定，其他都是对《华沙公约》的补充，但又相互独立。我国参加了前两个公约。1999 年《蒙特利尔公约》于 2003

年 11 月 4 日生效，我国于 2005 年 2 月批准加入了该公约。该公约具有优先适用的效力，主要对航空运单、承运人的责任和免责、托运人和收货人的权利义务、索赔和诉讼进行了规定。

其中，《华沙公约》影响最大，它不但统一了国际航空运输中合同的形式、托运人的权利与义务、承运人的权利与义务、承运人的责任限制、索赔通知、诉讼时效等方面的规则，也成为各国制定国内法的根据。

各国在确定国际航空运输合同准据法时，通常依据以下原则：当事人可以选择合同应适用的法律，在当事人没有选择法律时，适用与合同有最密切联系国家的法律。

（四）国际多式联运合同

国际多式联运是指由多式联运经营人按照多式联运合同，以至少两种不同的运输方式，将货物从一国境内接管货物的地点运至另一国境内指定地点交货的运输方式。

调整国际多式联运的国际规则主要有两个：一是 1980 年《联合国国际货物多式联运公约》（至今尚未生效），主要就多式联运经营人的责任体系、多式联运单据、发货人的赔偿责任、索赔与诉讼等问题作了规定。公约对多式联运经营人的责任体系采用单一责任制，即多式联运经营人对全程运输按统一的责任标准负责。二是 1992 年《国际贸易法委员会、国际商会多式联运单规则》，这套规则作为标准合同条款供当事人自由选择，如果当事人选择适用该规则，则规则优先于多式联运合同中任何与规则不一致的规定，除非这些规定增加了多式联运经营人的责任与义务。规则对多式联运经营人的责任体系采用网状责任制，即虽由多式联运经营人对全程运输负责，但货物损害赔偿的标准仍依据不同的运输区段所适用的法律规定。

各国国内关于国际多式联运合同的法律适用，多采用一般的合同准据法原则，即由当事人选择合同应适用的法律；当事人没有选择的，适用最密切联系原则。

三、国际货物运输保险的法律适用

国际货物运输保险是指在国际货物运输过程中，一方当事人以支付一定费用为条件，要求另一方当事人对在国际间运输的货物可能发生的损失承担约定的赔偿责任的一种法律关系。根据运输途径和保险人责任范围的不同，国际货物运输保险可分为国际海上货物运输保险、国际航空货物运输保险、国际陆地货物运输保险和国际多式货物联运保险。这里主要以国际海上货物运输保险为例来说明国际货物运输保险的法律适用。

国际海上货物运输保险合同是指保险人按照约定，对被保险人遭受保险事故造成保险货物的损失负责赔偿，而由被保险人支付保险费的合同。海上货物运输保险合同是附和性合同，保险人根据保险标的的性质和风险状况，对不同险种分别拟定若干保险条款，供被保险人选择。对此，被保险人只有依照保险条款，表示同意投保或不投保，不能提出自己所需要的保险条款或修改其中的内容，即使被保险人有某种特殊要求，也只能采用保险人事先准备的附加条款作为对原有条款的补充，或另附特别约定批单。

关于海上货物运输保险合同的准据法的确定，意思自治为重要原则，但由于海上货物运输保险合同的附和性，这种意思自治很特别，对法律适用的选择权常常在保险人一方。被保险人享有的选择权，实际上只是选择向哪个保险人或保险公司投保，被保险人选择向哪个保险公司投保，就表明他同意适用该保险人或保险公司所在地法。❶

随着最密切联系原则的普遍适用，海上货物运输保险合同的准据法的确定也开始采用最密切联系原则，即主张全面分析与合同有最密切联系的各种因素，权衡比较，找出与合同有最密切联系国家的法律，这往往也是保险人营业所所在地法，与意思自治的适用结果相同。

由于海上货物运输保险合同的附和性，海上货物运输保险合同的法律适用还具有下列特点。

1. 强行规范的适用

保险业属于一国金融业的重要组成部分，往往对国家的经济有着举足轻重的作用，因此，各国对保险业颁布了不少监管的立法，这些立法都属于强行规范的范畴，在国际保险法律纠纷中应当不受当事人协议的影响而得到强制适用。

2. 保护弱方当事人原则

如前所述，由于保险合同的附和性，被保险人面对保险人事先印制的保险单，面对保险人指定的准据法，要么全面接受，要么不接受，没有讨

---

❶　张仲伯. 国际私法 [M]. 北京：中国政法大学出版社，1995：244.

价还价的余地。这往往会导致保险人熟悉或对其有利的法律得以适用。立法者或者法官基于社会公共利益或基于对公平公正的追求，倾向于在保险合同中限制意思自治原则的适用，以保护弱方当事人利益。

四、国际货物买卖支付的法律适用

国际货物买卖支付是指营业地位于不同国家的当事人之间围绕货物买卖收和付的活动。国际货物买卖支付的手段有货币和票据。货币是国际货物买卖中的计价单位，同时也是支付的标的。能用于买卖支付的一般都是可自由兑换的货币。票据是指以支付一定金额为目的，可自由流通转让的有价证券。它具有结算作用、信用保证作用、流通作用和融资作用。国际货物买卖的支付方式主要有汇付、托收、信用证。国际货物买卖支付的法律适用主要包括票据的法律适用和支付方式的法律适用。关于票据的法律适用，在后面有专节论述，这里只介绍主要支付方式的法律适用。

国际货物买卖支付方式的法律适用主要采取统一解释规则的做法。目前，国际上广泛使用的是《托收统一规则》和《跟单信用证统一惯例》两项国际惯例。《托收统一规则》是国际商会于 1956 年制定的，后在 1967 年、1978 年进行过修改，现使用的是 1995 年修订、1996 年 1 月 1 日生效的版本。该规则的目的是将托收业务中的各方权利义务标准化。它不是一项国际立法，只有在被明确并入托收指示书时才适用。《跟单信用证统一惯例》是国际商会于 1933 年制定的，后经 1951 年、1962 年、1974 年、1983 年多次修订，现使用的是 2006 年的修订版本。《跟单信用证统一惯例》对信用证中各方当事人的权利义务都作了规定。其影响很大，几乎得到了世界大部分国家银行的采纳，银行在其开出的信用证中几乎都规定适用该统一惯例。

《中国最高人民法院关于审理信用证纠纷案件若干问题的规定》于 2006 年 1 月 1 日起施行，其中规定了信用证纠纷的法律适用问题。实践中，信用证当事人多约定适用国际惯例，且《跟单信用证统一惯例》是当前被世界各国司法界和银行界普遍接受的国际惯例，因此，在确定调整信用证法律关系的法律时，如果当事人明确约定了应适用的法律，即应当充分尊重当事人的选择，适用当事人约定的法律；在当事人之间没有约定的情况下，人民法院则可以适用相关国际惯例，确定信用证法律关系各方当事人的权利义务。必须注意的是，以《跟单信用证统一惯例》为代表的国际惯例并不能解决信用证法律关系中的全部问题，因此，有些问题的法律依据还要回到国内法中去寻找。也就是说，在法律适用上，除了采用上述惯例外，还可能适用一些冲突规则确定支付方式的准据法，如托收和信用证的准据法，分别为托收行、开证行营业所所在地法。如，1978 年《澳大利亚国际私法》第 38 条规定：信用证关系适用开证行营业所所在地国家的法律。

五、中国关于国际货物买卖的法律适用的规定

从国际货物买卖合同的法律适用来看，中国法律没有明文规定，只是在相关的司法解释或行政法规中有所涉及。

前对外经济贸易部在 1987 年 12 月 4 日发布了《关于执行〈联合国国际货物销售合同公约〉应注意的几个问题》，其中的相关规定有：①我国既已参加公约，根据公约第 1 条第 1 款的规定，自 1988 年 1 月 1 日起，我国各公司与其他受条约约束的国家（匈牙利除外）的公司达成的货物买卖合同如不另作法律选择，则合同规定事项自动适用公约的有关规定，发生纠纷或诉讼亦得依据公约处理……但我国各公司也可根据交易的性质、产品的特性以及国别等具体因素，与外商达成与公约条文不一致的合同条款，或在合同中明确规定排除适用公约，转而选择某一国的国内法为合同的准据法。②公约并未对解决合同纠纷的所有法律都做出规定。我国贸易公司应根据实际情况，对公约未予规定的问题，或在合同中做出明确规定，或选择某一国内法作为应适用的法律。

2007 年《合同法律适用若干问题的规定》第 5 条第 2 款规定："人民法院根据最密切联系原则确定合同争议应适用的法律时，应根据合同的特殊性质，以及某一方当事人履行的义务最能体现合同的本质特性等因素，确定与合同有最密切联系的国家或者地区的法律作为合同的准据法。（一）买卖合同，适用合同订立时卖方住所地法；如果合同是在买方住所地谈判并订立的，或者合同明确规定卖方须在买方住所地履行交货义务的，适用买方住所地法。……"

《海商法》第 269 条对海商合同的法律适用做出了原则规定："合同当事人可以选择合同适用的法律，法律另有规定的除外。合同当事人没有选择的，适用与合同有最密切联系的国家的法律。"

《民用航空法》第 188 条规定："民用航空运输合同当事人可以选择合

同适用的法律，但法律另有规定的除外；合同当事人没有选择的，适用与合同有最密切联系的国家的法律。"

2006年《最高人民法院关于审理信用证纠纷案件若干问题的规定》规定了信用证纠纷的法律适用问题，在确定调整信用证法律关系的法律时，如果当事人明确约定了应适用的法律，即应当充分尊重当事人的选择，适用当事人约定的法律；在当事人之间没有约定的情况下，人民法院则可以适用相关国际惯例，确定信用证法律关系各方当事人的权利义务。

第二节　国际技术转让的法律适用

国际技术转让，是指一国的技术转让人将一定的技术越过国境，通过某种方式转让给他国的技术受让人。❶ 在广义上，可以将国际技术转让分为两类：一类是非商业性的国际技术转让，另一类是商业性的国际技术转让。在狭义上，国际技术转让就是指商业性的国际技术转让，在这里我们讨论的就是狭义的国际技术转让，也就是当事人之间通过合同以有偿的形式所作的转让。

国际技术转让有以下特点：①转让的标的是无形的技术知识，包括工业产权、专有技术等。②转让的内容是技术的使用权和与技术使用权相关的其他权利，例如制造、生产、销售技术产品的权利，而不是技术的所有权。③被转让的技术必须跨越国境。④国际技术交易双方要在相当长的时期内进行密切合作。交易双方是一种跨越国界的合作关系。

国际技术转让合同是一国的技术转让人同他国的技术受让人所达成的、约定由技术转让人将一定的技术转让给他国受让人，并由他国受让人为此支付一定报酬的协议。国际技术转让合同因国际技术转让方式不同而不同，其表现形式是多种多样的，主要有单纯的技术转让合同和包括在货物买卖、设备提供、合作生产等交易中的技术转让合同。其具体包括国际许可证合同、国际技术咨询服务合同、补偿贸易合同、国际工程承包合同、合作生产合同等。

国际技术转让，无论是技术进口还是技术出口，都与相关国家的政治、经济利益相联系，关系到各国的经济发展，涉及外交、国防。因此，

---

❶ 邵景春. 国际合同法律适用论 [M]. 北京：北京大学出版社，1997：404.

各国都很重视国际技术转让的立法，对技术出口和技术进口进行法律管制，一般国家都规定国际技术转让合同必须经主管机关审查批准、注册登记才生效，要求国际技术转让合同不但要遵守一般合同法，还要遵守工业产权法和有关技术转让的特别法。

国际技术转让的"国际性"，很容易导致两个以上国家的法律适用于某一具体合同，由于各国对某一具体问题法律规定的不同，法律冲突在所难免。下面，我们就国际技术转让的几种主要形式的法律适用加以探讨和分析。

一、国际许可合同的法律适用

关于国际许可合同的法律适用，国际上一直有两种不同的观点：一是适用合同的一般法律适用原则；二是主张制定一些专门调整国际许可合同的法律冲突规则，以满足国际技术转让合同的特殊性。在各国立法实践中，大多数采取适用合同的一般法律适用原则，但对一般原则的适用做出了种种限制。

（一）当事人选择法律适用

根据"意思自治原则"，当事人有权选择合同适用的法律，只要此种选择不违反有关国家的有关涉外技术转让的公共秩序和强制性法规。当事人选择的准据法既包括当事人在合同中明文规定选择适用的法律，也包括当事人在争议发生后协商一致适用的准据法。

在各国的实践中，技术输出国的法律冲突规则一般允许当事人自由选择国际许可合同适用的法律。而技术输入国对当事人选择法律的原则却不相一致，有关立法主要有以下几种：

（1）规定技术引进合同只能适用本国法。例如，《墨西哥技术转让法》规定，凡在墨西哥领土内产生效果的国际技术转让合同，由墨西哥法律和墨西哥参加的国际条约调整。

（2）要求当事人在合同中订立适用本国法的法律选择条款。这主要是一些拉丁美洲国家，例如厄瓜多尔、哥伦比亚和委内瑞拉的立法。

（3）禁止国际许可合同选择适用外国法。例如，阿根廷法律就是这样规定的。

（4）有条件地允许当事人选择适用的法律。这种规定把关于国际许可合同的法律分为两类：一类是纯粹合同法律，当事人可以根据"意思自治原则"选择适用的法律；另一类是涉及有关国家的公共政策或公共秩序，当事人必须无条件地遵守。

（5）对法律选择不作明文规定，一般通过国内机构对国际许可合同的审查、批准程序来达到适用本国法的目的。例如，要求合同中规定适用本国法的方予以批准，合同中规定适用外国法的不予以批准，甚至在合同批准书中规定适用东道国的法律。

（二）当事人未作法律选择时，适用最密切联系原则

当事人没有选择法律适用时，法院将根据最密切联系原则、特征履行说等规则来确定合同适用的法律，通常为法院地法、合同履行地法、工业产权保护地法。

1. 法院地法

如果当事人没有在合同中选择合同的准据法，但选择了解决争议的法院地，这时，法院就可以推定当事人选择了法院地法。

2. 合同履行地法

如果当事人没有约定合同应适用的法律，则适用合同履行地的法律，这主要是根据国际商事合同法律适用的一般原理得出的结论。然而对于何谓合同履行地的问题，容易产生争议。这就需要根据"特征履行说"加以判断。一种意见认为，受让方的履行构成特征履行，因为受让方虽然有付款义务，但也有其他除付款以外的义务。另一种意见认为，出让方的履行为特征履行，因为出让方不承担付款义务，它所承担的义务，如提供技术等，能够体现合同的特色。还有一种折中的意见认为，如果在技术转让中受让方的义务主要为支付使用费，而没有其他义务，则出让方的履行为特征履行；如果受让方的义务除付款以外，还有使用许可发明的义务或者在独占许可合同情况下，则受让方的履行才是特征履行。

3. 工业产权保护地法

从国际许可合同的诸多因素来看，工业产权保护地法与合同有最密切和最重要的联系。当甲国工业产权所有人将其在乙国取得的工业产权转让给乙国的受让方时，对技术引进实行管制的国家同时又是工业产权保护国，工业产权保护地法与技术引进管制地法重合，这对于合同法律适用上的确定性、统一性、可预见性等要求都极为符合。

二、国际承包合同的法律适用

国际工程承包，是指一国的公司自己组织人力、物力和技术，在他国

境内承包兴建该国政府、国际组织、公司集团所委托的工程建设项目或其他有关业务的一种国际经济合作活动。它是一种综合性的国际经济技术合作活动，内容广泛。其中既包括商品出口、劳务输出，又包括技术转让，承包方一般要负责提供技术、采购设备和提供技术服务等。承包方提供的技术通常都是完整的工艺流程、生产技术或生产线。所以，大家通常把它归为国际技术转让的一种方式。国际工程承包合同，是指在国际工程承包关系中明确业主和承包人双方权利义务关系的协议。关于国际工程承包合同的法律适用，国际上普遍的做法是采用当事人意思自治原则，可以由合同当事人协议选择决定。而无此种协议时，一般多主张适用工程实施所在国法。

第三节 国际服务贸易的法律适用

近 20 年以来，特别是进入 20 世纪 90 年代以来，随着全球经济的发展和世界经济一体化的加强，国际经济结构逐步调整，服务贸易的发展十分迅速。特别是世界贸易组织（WTO）《服务贸易总协定》（*GATS*）的签订和有关国际服务贸易市场开放的各项谈判的进展，标志着服务贸易的发展无论是在广度上还是在深度上，都已达到了一个新的阶段。

关于国际服务贸易，《服务贸易总协定》（*GATS*）中定义的是四种形式的服务提供，即：从一成员境内向任何其他成员境内提供服务；一成员的服务提供者在任何其他成员境内通过商业存在提供服务；在一成员境内向任何其他成员的消费者提供服务；一成员的服务提供者在任何其他成员境内通过自然人提供服务。[1] 国际服务贸易内容极为广泛，在关贸总协定乌拉圭回合多边服务贸易谈判中，各方提出了 150 多个服务贸易项目，其中较为重要的项目有：国际运输；国际旅游；跨国银行、国际投资公司及其他金融服务；国际保险和再保险；国际电信服务；国际视听服务；国际咨询服务；广告、设计、会计等服务；国际租赁；维修和保养、技术指导等售后服务；商业批发与零售服务；劳务输出；等等。在这些项目中，关于这些服务项目的法律适用，如国际运输（主要是海上货物运输）、国际金融服务（主要是银行贷款、证券、保险）等，我们已在其他章节中作过

---

[1] 参见《服务贸易总协定》第 1 条。

论述。以下只就一些具有代表性的、在各国间经常发生的服务项目的法律适用作初步性探讨。

一、国际电信服务的法律适用

电信服务是指通过电信基础设施，为客户提供的实时信息（声音、数据、图像等）传递活动。国际服务贸易中的电信服务一般系指公共电信传递服务，它包括明确而有效地向广大公众提供的任何电信传递服务，如电报、电话、电传和涉及两处或多处用户提供信息的现时传递，以及由用户提供的信息，不论在形式上或内容上两终端不需要变换的数据传送。电信服务按其技术含量的高低，分为基础电信服务和增值电信服务。基础电信服务是指对一般公众提供的声讯类服务（如电话等）。增值电信服务是指用计算机处理文件或与此类似的用户信用服务；或提供用户附加信息的分类、重新整理和储存信息的内部处理等服务。

电信服务业是一国国民经济的基本部门，是国民经济其他部门经济活动的基本传递手段。因此，电信服务是一种战略性的服务，既是国家发展的基础，又是国家安全的组成部分。各国对电信服务都进行垄断性经营和管理，无论是国内服务还是国际服务，各国都订有严格的规章制度。有鉴于此，各国在电信服务的法律适用上一般都采取适用服务提供者所在地的法律。

二、国际旅游服务的法律适用

在国际服务业中，旅游业的历史是比较悠久的。旅游一词最早出现于19世纪初。19世纪中叶英国人托马斯·库克开创的火车包价旅游，被公认为是现代旅游业诞生的标志。此后，国际旅游业得到了迅猛发展，成为世界上最为重要也最富有活力的部门之一。旅游服务业对各国经济发展的贡献是十分巨大的，它给旅游国带来了巨额的外汇收入，同时对一国的交通、通讯、城市建设等行业也起到了极大的促进作用，大批游客的到来又给当地的餐饮、旅馆、零售等行业的发展带来有利的影响。因此，各国都很重视国际旅游服务，纷纷立法从各方面规范国际旅游服务。

在旅游服务过程中形成了大量的旅游法律关系，这些旅游法律关系主要包括：政府有关主管部门对旅游企业纵向管理关系；旅游企业与旅游者的关系；各旅游企业相互之间，以及旅游企业与其他有关企业之间的关系；旅游接待国与客源发生国之间的关系；等等。其中，政府对旅游企业的管理关系以及接待国与客源国之间的关系属于公法范围，不在讨论之列。其他三种关系概括起来主要涉及两个方面，即合同关系与侵权关系。以下从这两个方面着手，探讨国际旅游服务的法律适用。

（一）国际旅游服务中的合同关系的法律适用

在旅游服务中，各主体之间会形成各种各样的合同关系，如旅行社和旅游者之间的包价旅游合同、旅行社或旅游者个人同饭店之间的客房租赁合同、旅行社或旅游者个人与航空公司等交通企业之间的客运合同、旅行社或旅游者个人与保险公司的旅游保险合同、各类旅游企业同物资供应部门之间的供货合同等。❶ 关于国际旅游服务合同的法律适用，各国一般都允许有关当事人选择法律适用，在当事人没有选择时，则根据最密切联系原则确定合同的法律适用。不论是当事人自己选择，还是依最密切联系原则确定，一般可以从下列法律中选择或确定：旅游者个人的属人法；旅行社营业所所在地法；旅游饭店所在地法；交通企业营业所所在地法；保险公司营业所所在地法；等等。

（二）国际旅游服务中侵权行为的法律适用

在旅游过程中对旅游者个人财产或人身的侵害，就构成国际旅游服务中的侵权行为。

关于旅游服务中侵权行为的法律适用，一般采取侵权行为地法。因为侵权行为地同时又是旅游服务提供地，根据最密切联系原则，也应适用侵权行为地法。1982 年 10 月，美国人珍妮·霍姆德与其丈夫参加了一个美国儿科医生访华团，在中国游览 20 天，10 月 26 日参观山西大同机车车辆厂。旅游者从机车旁边的铁梯登车。珍妮登梯时，车身启动带倒铁梯，使她跌倒并被压在梯下受伤。中方陪同将珍妮送往机车厂医院，后又转至太原市第一人民医院检查，诊断为左腿腓骨骨折，复位后以石膏固定。当时曾建议她住院治疗，但珍妮本人不肯住院，表示愿意随团活动。在医生的同意下，中方为她准备了轮椅，完成了全部参观活动。中方为她承担了全部医疗费用和必要的营养费。1982 年 11 月 15 日，该旅游团由广州出境经中国香港地区回国。珍妮回国后在一美国医生处检查，认为太原市第一人民医院所做的复位不妥，应重新进行手术，这使珍妮卧床 3 个月。后珍妮

---

❶ 王健. 旅游法原理与实务 ［M］. 天津：南开大学出版社，1998：97.

以中国某国际旅行社为被告提起诉讼，要求赔偿其 65 万美元。在这一案件中，中方就坚持了"侵权行为应适用侵权行为地法律"这一原则，最后经协商，以 16 万美元结案。

三、国际劳务合作的法律适用

国际劳务合作，是指不同国籍或营业地在不同国家的当事人之间所进行的劳务输出和输入活动。从形式上，可以分为单纯的劳务输出与输入和通过国际工程承包形式带动的劳务输出与输入。关于国际工程承包的法律适用，在前面已有论述。以下只就单纯的劳务合作的法律适用加以介绍。

国际劳务合同，是指由派遣劳务人员的国家的专门劳务输出公司或有关的国际经济技术合作公司与外国接受劳务人员一方就此所签订的合同。常见的有派遣工程技术人员合同，农艺师、园艺师、医师合同，海员合同，劳工合同等。在国际劳务合同中，有时要涉及三个国家的法律：一是雇主所属国的法律；二是受雇人所属国的法律；三是受雇人实际从事劳务地国家的法律。

关于如何适用法律，国际上大致有两种做法。一种做法是采取有限制的意思自治原则，首先准许当事人选择法律，但有一定的限制。例如，2008 年《罗马条例 I》第 8 条规定：①个人雇佣合同，依当事人根据第 3 条规定所选择的法律。但是，这种法律选择的结果，不得剥夺未进行法律选择时依照本条第 2 款、第 3 款和第 4 款规定应适用的法律中那些不得通过协议加以减损的强制性条款给雇员提供的保护。②当事人未选择适用于个人雇佣合同的法律时，该合同由雇员在履行合同的过程中从事惯常工作地国家法支配，若无此种国家，则由雇员为履行合同从事惯常工作的出发地国法律支配。即使雇员只是暂时性地受雇于另一国，也不得认为从事惯常工作所在地国家发生了变化。③如果依照第 2 款不能确定应适用的法律，则合同由聘用该雇员的营业所所在地国法支配。④如果整体情况表明，合同与本条第 2 款或第 3 款所指国家之外的另一国有更密切联系，则适用该另一国的法律。

第二种做法是排除当事人的意思自治，直接规定应适用的法律。例如，2010 年版的《瑞士关于国际私法的联邦法》第 121 条规定：①劳动合同，适用劳动者惯常完成其工作所在地国家的法律。②如果劳动者惯常在多个国家完成其工作，则劳动合同适用雇主的营业所所在地国家的法律，或者在雇主无营业所时，适用其住所地或惯常居所地国家的法律。③当事人可以使劳动合同适用劳动者的惯常居所地国家的法律或者雇主的营业所所在地、住所地或惯常居所地国家的法律。

四、国际租赁的法律适用

国际租赁，是指不同国家的出租人与承租人之间，在约定期限内将财产或设备交承租人有偿使用的协议。

对于国际租赁合同所适用的法律，各国立法普遍允许当事人自行做出选择。在当事人没有做出选择时，适用出租人住所地法或主要营业所所在地法。例如，1982年《南斯拉夫国际私法》第20条规定："如未选择应适用的法律，而案件的具体情况也未指向其他法律，应适用法律为：……(7) 动产租赁合同，依承诺时出租人的住所地或其主事务所所在地法。"也有人主张，租赁合同的关键在于租赁标的物的使用，而不是标的物的支付。这种使用往往不是在出租人的营业机构所在地，而是在承租人的营业机构所在地。与租赁合同有最密切联系的地方不是出租人的住所地或主要营业机构所在地，而是租赁标的物的使用地，因此，租赁合同的当事人未选择所适用的法律时，以适用租赁设备使用地国家的法律为妥。

中国立法允许当事人选择租赁合同的准据法，当事人未作选择的，在实践中按照最密切联系原则确定所应适用的法律，在通常情况下是出租人营业所所在地的法律。

第四节　国际投资关系的法律适用

国际投资是国际资金流动的一种主要形式，也是世界上各国间经济交往的一个重要方面。国际投资对投资的国家来说，是为剩余资本谋求出路；对接受国际投资的国家来讲，是通过这种途径引进外国资金和外国先进技术。国际投资有直接投资、间接投资和灵活投资之分。直接投资是资本输出国通过输出生产资本，把资本直接投放到资本输入国的生产中去。间接投资是指国外官方金融机构或商业银行通过贷款，或者购买外国发行的债券等方式，把资本输出国外。灵活投资方式就是指通过补偿贸易、来料加工、来件装配等形式进行的投资。关于间接投资的法律适用问题，将在国际金融关系的法律适用一节中论述。

一、国际投资经营合同的法律适用

根据中国同许多国家缔结的双边投资协定的规定，可以作为投资的主要包括：动产和不动产以及其他物权（诸如抵押权、质权、留置权、用益权等）；公司股份、股票和债券或该公司财产中的利益；金钱请求权或根据合同具有金钱价值的行为请求权；著作权、专利权、商标权、专有技术和商名；依照法律或法律允许根据合同赋予的特许权；等等。❶ 直接投资的形式主要包括投资者直接在国外参加举办合资企业、合作企业、合作开采等。合资企业，是两个或两个以上国家的公司、企业、经济组织或个人按照一定的资金比例共同投资、共同兴建的企业。合作企业是由外方投资者一方提供资金、设备、技术，本国合营者一方提供场地、厂房及劳务，双方进行合作，按照约定的比例分配收益，分担亏损。合作开采是资源国利用外国的投资、共同开发自然资源的一种国际合作形式，不管采用哪种形式，都要通过合同来确定投资一方和接受投资一方相互之间的权利义务。这类合同统称为国际投资经营合同。

（一）适用东道国国家的法律

在当代世界，国际投资关系适用东道国国家的法律这一原则已被国际法和国际实践接受和承认。采取此种原则的主要依据如下。

1. 最密切联系原则

根据最密切联系原则的理论，国际投资合同与东道国存在最集中和最实质的联系：①合同成立地是东道国，无论哪一种投资经营合同，都是依照东道国法律成立的，并且要经过东道国政府的批准方能生效。②合同的标的物在东道国境内，无论是自然资源开发，还是设立企业，其合同的标的物如自然资源、设备、产品等投资财产都位于东道国境内，东道国是物之所在地国。③合同的履行地为东道国。国际投资经营合同所规定的投资经营活动都在东道国境内进行，合同的履行在东道国境内。④依据国际投资经营合同设立的企业或其他经济组织具有东道国国籍，其主要营业所或事务活动中心都在东道国境内。

2. 政府利益分析原则

按照西方国家政府利益分析的法律适用原则，国际投资经营合同也应

---

❶ 李双元，等. 中国国际私法通论 [M]. 北京：法律出版社，1996：367.

适用东道国法律。国际投资经营合同涉及东道国的国家主权利益，东道国允许外国投资的目的是促进本国经济发展，东道国必须通过法律对外国投资加以指导、调整，引导外资为本国经济发展目标服务，所以，国际投资经营合同与东道国主权利益有直接的利害关系，应适用东道国法律。

（二）当事人自己选择的法律

经东道国同意，合同各方当事人可以依据意思自治原则在合同中选择合同适用的法律，既可以选择东道国法律，也可以选择投资者本国的法律。

（三）适用国际条约的规定

如果东道国与投资国都是《解决国家与他国国民间投资争端公约》的成员国，则解决国家与外国私人间的投资合同纠纷所适用的法律为：优先适用双方同意选择的法律规则；双方未选择时，首先适用东道国法律，其次是国际法规则，或者适用当事人同意的公平善良原则。如果东道国在与投资国签订的投资保护条约中直接规定了外国投资者在东道国的权利义务，以及投资争议的解决和解决争议所应适用的法律，那么合同各方必须遵守。

二、BOT 项目的法律适用

BOT 是 20 世纪 80 年代初才出现的一种新型的利用国际私人资本进行基础设施项目投资的方式。BOT 是英文 Build—Operate—Transfer 的缩写，即建设—经营—移交。典型的 BOT 是指政府部门通过特许权协议，在规定的时间内，将项目授予外商为特许权项目成立的项目公司，由项目公司负责该项目的投融资、建设、运营和维护。特许期满，项目公司将特许权项目的设施无偿移交给政府部门。❶ BOT 是国际投资的一种特殊形式，外国投资者出于为投资寻求投资出路及获得足够利润的目的，将资本直接投入另一国的基础设施项目，并直接进行生产经营活动，直接承担风险、获得利润，具有直接投资的本质特征。同传统的国际直接投资形式相比，BOT 具有以下特征：①政府在 BOT 的法律关系中不仅仅是管理者，而且是直接参与者。在 BOT 法律关系中，通常由政府的主管部门和地方政府出面，将

---

❶　于安. 外商投资特许权项目协议（BOT）与行政合同法［M］. 北京：法律出版社，1998：5.

某基础设施特许给项目公司营建，政府的特许权对法律关系影响重大。②BOT 项目通常为东道国的基础设施，如高速公路、铁路、桥梁、隧道、机场等。其投资数额大，技术要求高，建设周期长，经营风险大。③BOT 项目规模大，参加者多，需要各方，如项目公司、项目投资者、金融机构、用户、保险公司等通力合作和协调。④对东道国影响较大，BOT 项目涉及公共利益，具有较强的公众形象，有时会受到地方利益及对立势力的干扰，政府的支持程度直接影响项目的成功与否。⑤双方风险分担的形式不同于传统投资方式，东道国政府在特许期内一般不承担风险，项目的全部或大部分风险由项目公司承担。⑥BOT 项目终结后不需要进行清算，而是由政府收回特许权，并全部、无偿地收回整个项目。

从上面的论述可以得知，BOT 项目运作的基础是政府主管部门与私人投资者签订的协议，即目前许多学者所称的"特许协议"。依据该协议，私人投资者被准许在政府所在国设立一项目公司，然后由该项目公司分别同贷款人、承建公司、供应公司、设计公司、经营管理公司等签订借款合同、工程承包合同、供应合同、设计合同、经营管理合同等，从而达到将建设好的项目设施转移给政府主管部门经营的目的。由此可见，BOT 项目可以分为政府主管部门与私人投资者签订的 BOT 合同和为实现 BOT 合同目的而签订的设计合同、供应合同、工程承包合同等 BOT 合同的辅助合同两个部分。关于 BOT 项目的法律适用，本书将之分为两个部分分别论述。

（一）BOT 合同的法律适用

BOT 合同主体一方为东道国政府，另一方为外国私人投资者。它是一种特殊的合同关系。东道国政府在 BOT 合同中实际上具有双重身份：一是具有与缔约对方平等的缔约当事人身份；二是具有公共利益维护者的政府身份。作为缔约当事人身份，政府享有协议规定的权利，承担协议规定的义务；基于政府身份，政府享有命令、指挥、监督、制裁等权力，同时也负有维护公共利益的义务。因此，许多学者把 BOT 合同称为"特许协议"。鉴于 BOT 合同的特殊性，多数学者认为 BOT 合同不宜适用意思自治原则确定它的法律适用。由于 BOT 合同是在政府所属国签订，在该国履行，项目设施也位于该国，项目公司也多为该国法人，合同主体一方是该国政府，因此，合同与政府所属国有密切的联系，应适用政府所属国的法律。

（二）BOT 合同辅助合同的法律适用

BOT 合同的辅助合同，即借款合同、供应合同、工程承包合同等，其合同主体双方都是平等的自然人或法人，在法律性质上属于一般的民商事合同，因此，法律适用原则也同于一般的民商事合同，即首先适用当事人双方所选择的法律；当事人没有选择的，适用与合同有最密切联系的国家的法律。

三、灵活投资方式的法律适用

灵活投资方式主要是指通过补偿贸易、来料加工、来件装配和来样制作等形式进行的投资。补偿贸易是由一方提供技术、设备和材料供另一方进行生产，另一方用产品偿还的一种合作方式。加工装配是一方提供一定的原材料或同时提供一定的设备、技术，另一方按要求加工装配并收取加工费，成品交对方销售的一种合作形式。不管哪种合作方式，一般都是通过合同完成的。其法律适用采用一般合同准据法确定的原则，首先由当事人自己选择法律适用，如果当事人没有选择，适用最密切联系原则确定准据法。在实践中，无论是由当事人选择还是适用最密切联系原则，通常指向的是生产企业所在地国家的法律。

四、中国关于国际投资法律适用的规定

依照《民法通则》《合同法》及我国缔结参加的有关国际条约的规定和相关司法解释，中国关于国际投资法律适用有以下几个方面的内容：①在中华人民共和国领域内履行的中外合资经营企业合同；中外合作经营企业合同；中外合作勘探、开发自然资源合同；中外合资经营企业、中外合作经营企业、外商独资企业股份转让合同；外国自然人、法人或者其他组织承包经营在中华人民共和国领域内设立的中外合资经营企业、中外合作经营企业的合同；外国自然人、法人或者其他组织购买中华人民共和国领域内的非外商投资企业股东的股权的合同；外国自然人、法人或者其他组织认购中华人民共和国领域内的非外商投资有限责任公司或者股份有限公司增资的合同；外国自然人、法人或者其他组织购买中华人民共和国领域内的非外商投资企业资产的合同，适用中华人民共和国法律。②中国缔结和参加的与国际投资有关的国际条约或公约同中国法律有不同规定的，适用该国际条约或公约的规定，但中国声明保留的条款除外。如前所述，我国已经参加《解决国家与他国国民间投资争端公约》，在解决我国国家与其他缔约国国民之间的投资纠纷时，应依照该公约的规定。

第五节　国际金融关系的法律适用

国际金融关系涉及的范围很广，比如国际间货币兑换、国际借贷、国际收付方式、结算、国际金融市场以及国际金融机构等诸多方面。在这里，我们主要探讨国际贷款、国际证券和离岸金融等国际金融关系的法律适用。

一、国际贷款协议的法律适用

国际贷款协议，是指具有不同国籍的当事人或政府之间，或国际金融组织与其成员国之间，就借贷一定数额的货币所达成的确定双方权利义务的协定或合同。国际贷款协议的主要种类可以分为政府间或国际金融组织与其成员国间的贷款和国际商业贷款协议，后者又可以细分为独家银行贷款协议和国际银团贷款协议。

国际贷款协议因主体不同，合同的性质也就不同，法律适用原则也相应不同。

（一）政府间贷款协议的法律适用

政府间贷款属于政府间的对外援助，政府间贷款协议属于国际协议，因此，其争议的解决多通过外交途径进行，在协议中不规定法律适用问题。

（二）国际金融组织与其成员国间的贷款协议的法律适用

国际金融组织，诸如国际货币基金组织、世界银行及其下属国际开发协会和国际金融公司、亚洲开发银行等，对其成员国的贷款一般都只适用该组织的有关规定，而不适用任何国家的国内法。比如，在世界银行与其成员国之间的贷款协议中通常规定："世界银行、借款者、担保者依本贷款协定、担保协议及其合约的权利和义务应根据各该合约的规定具有法律效力并付诸实施，无论任何国家或国家政府部门的法律规定如何。"❶

（三）国际商业贷款协议的法律适用

国际商业贷款协议允许协议当事人自主地按照共同的意思表示选择协

---

❶ 王贵国. 国际货币金融法［M］. 北京：北京大学出版社，1996：707.

议的准据法。但鉴于国际商业贷款合同的特殊性，各国在立法中又程度不同地对当事人选择法律的自由做出了种种限制，概括起来主要有：

（1）当事人协商选择的法律必须是跟协议有某种联系的国家的法律。和贷款协议有联系的国家的法律包括贷款协议缔结地法、当事人所属国法、集资地法、偿付地法等，在实践中，当事人多约定适用贷方所属国法律。

（2）双方当事人选择适用于协议的法律，不得规避原应适用于协议的强制性法律。

（3）双方当事人选择的法律不能违背法院地国家的公共秩序。

（4）双方当事人对法律的选择应是明示的。

在双方当事人没有明示选择法律时，各国法律都规定应根据最密切联系原则或客观标志原则确定合同的准据法，概括起来主要有贷款人住所地法、特征履行人住所地法、缔约地法、履约地法、贷款支付地法等。例如，1979 年《匈牙利国际私法》第 25 条第 10 款规定：金钱和借贷合同，在当事人没有选择法律的情况下，适用贷款人"住所地法、居所地法、商业主事务所所在地法"等。

二、国际证券的法律适用

国际证券，是指一国政府和金融机构、企业、团体在国际证券市场发行并销售、流通的，以一种或几种可以自由兑换货币为面值的证明或设立财产所有权的书面凭证。

国际证券的种类很多，但基本上可分为两大类：国际股票和国际债券。国际股票，是指跨国股东投入一国某股份公司资本的入股凭证，是股票持有人凭以领取股息、红利，参与或监督企业经营管理的权利证书。国际债券，是指一国政府、金融机构、企业公司及国际经济组织为筹集资金而在国际证券市场上发行的，以某种货币为面值的有价证券。

国际证券的法律适用包括国际证券发行的法律适用、国际证券交易的法律适用、国际证券当事人（发行人与持有人）之间的权利义务的法律适用。从国际证券交易惯例及各国立法和实践来看，上述三个方面的法律适用原则大同小异，主要包括以下几项。

（一）当事人意思自治原则

发行国际证券时，证券发行人与证券承销人之间的代理或买卖关系，发行人与律师、会计师等的委托关系，都是通过合同来确定的。在国际证券交易中，集中议价交易的投资者与证券交易所会员的委托关系及证券买卖关系，场外交易中投资者通过相对买卖、拍卖、标购等方式的证券买卖关系，也都是通过合同来确定的。因此，按照有关合同法律适用的一般原则，在国际惯例和各国立法中都允许国际证券的各种当事人自由选择有关协议的法律适用。但是，当事人选择法律适用不得违反有关国家的法律规定，不得违反有关国家的公共秩序，不得规避有关国家的法律。在国际证券实践中，可供当事人选择的法律主要有证券发行人所属国法律、证券发行地法律、证券交易所所在地法律、证券购买人所在国法律、证券转让地或买卖地法律、证券面值货币国法律等，一般情况下，当事人常常选择证券发行地和证券交易所所在地法律。

（二）最密切联系原则

在国际证券当事人没有选择所适用的法律时，各国法律一般规定，由法院按最密切联系原则确定所适用的法律。一般是下列其中一国的法律：证券发行人所属国法律、证券投资者所属国法律、证券发行地法或证券交易所所在地的法律。

（三）适用证券发行地法和证券交易所所在地法

有的国家在立法中直接规定证券交易适用证券发行地法和证券交易所所在地法。正如上面所述，当事人和法院也往往选择适用证券发行地或证券交易所所在地的法律。分析其原因主要有：①证券发行与发行地国、证券交易与证券交易所所在地国的法律有最密切联系的因素。证券发行人要在某一国发行证券，必须事先征得该国主管机构的批准，证券发行活动受该国法律的管辖和保护。所发行的国际证券如果要在某国证券交易所挂牌上市交易，首先必须在上市国有关机关登记注册，并披露有关资料，其买卖活动受上市国的法律管辖和保护。同时，国际证券的买卖活动还必须遵守挂牌上市的证券交易所的各种规定和习惯做法，满足交易所的各种条件。证券发行地国和证券交易所所在地国的法律对国际证券的发行、买卖起决定性作用。②证券投资者大都是证券发行地国或证券交易所所在地国的居民，他们从事的证券投资活动都受发行地国和交易所所在地国法律管辖和保护。在国际证券市场上，证券投资者的购买和认购是证券发行或买卖的决定性因素，但他们的利益最容易受到侵害，需要其本国法或当地法律给予保护。③证券发行人为了鼓励外国公司或外国居民购买其发行的证券，也愿意选择发行地或证券交易所所在地法，以提高证券的信誉，增加证券的吸引力。

（四）相关中间人所在地原则

对于传统的证券交易方式，证券持有、交易和结算都是以直接持有的方式，证券发行人和投资者都有直接接触，不论是交易行为发生地还是证券所在地，都比较容易确定。但从 20 世纪后半期开始，证券交易开始由直接交易向间接持有方式转变。投资者不再与发行人直接接触，投资者对证券的权益反映在中间人❶的记录系统中，证券发行人和投资者之间可能有多个中间人。在间接持有方式下，很难确定证券所在地及交易发生地。这样，以证券所在地和交易发生地为连接点的冲突规则已不适应现代证券交易的方式。在这种背景下，海牙国际私法会议于 2002 年 12 月通过了《关于由中间人持有的证券若干权利的法律适用公约》（以下简称《证券法律适用公约》）。该公约对证券法律适用规则了作了新的规定。

根据《证券法律适用公约》第 4 ~ 5 条规定，证券准据法首先应该是证券上所明确指定的法律，这里的指定必须符合一定的条件，即相关中间人在该国从事证券业务。如果依据第 4 条不能确定准据法，即证券上没有指定应适用的法律，但证券账户协议表明是通过相关中间人位于某国境内的分支机构所订立的，则适用该分支机构所在地法律，该分支机构要在该国从事证券业务；如果据此仍不能确定准据法，则适用中间人成立地、中间人营业中心所在地的法律。当有多个中间人时，适用作为直接处分权利的中间人所在地法律。

根据《证券法律适用公约》第 2 条的规定，公约的适用范围是：①因通过证券账户贷出证券而产生的权利对抗中间人和第三人的法律性质和效力；②对经由中间人持有的证券进行处分而产生的对抗中间人和第三人的法律性质和效力；③对经由中间人持有的证券进行处分所需的条件；④某人对经由中间人持有的证券所享有的权益是否使另一人的权利消灭或者是否与之相比享有优先权；⑤中间人对除了账户持有人之外的对该证券竞争性主张权益的第三人应尽的义务；⑥实现对经由中间人持有的证券所享有的权益的要件；⑦对经由中间人持有的证券进行处分是否扩展到享有红

---

❶　根据《关于由中间人持有的证券若干权利的法律适用公约》第 1 条，中间人是指在经营或日常活动中为他人或者同时为他人和自己持有证券账户的人。

利、收益或其他分红的权利，或是否扩展到回赎、出售或其他变卖所得收益的权利。

第六节　票据的法律适用

在法律上，票据关系是一种特殊的债的关系，它代表给付和收受一定金额的债权与债务关系。所以，我们单独列出一节来专门探讨它的法律适用问题。

一、票据及其法律冲突

票据，是指某些可以代替现金流通的有价证券。票据的根本作用在于结算，票据具有要式性、文义性、无因性和流通性。由于各国关于票据的立法不尽相同，就会在票据的国际流通及支付过程中发生各种法律冲突。

（一）关于票据的种类

德国、法国的票据法仅将汇票和本票称为票据，而不包括支票。而英美法系的票据法则认为票据应包括汇票、支票和本票。汇票是出票人向受票人开出的，要求该受票人在见票时或在一定时间内，对某人或其指定的人或持票人支付一定金额的无条件的书面支付命令。本票是出票人自己签发的，到指定日期，由本人无条件地支付给收款人或持票人一定金额的票据。支票是由出票人签发一定金额，委托银行见票时无条件地支付给收款人或持票人的票据。

（二）关于票据的形式要件

以德国为代表的一些国家多采用严格的形式定义，规定了多种票据的形式要件；而以英国为首的一些国家对票据的形式要求比较宽松。

（三）关于票据关系与其发生原因之间的关系

有些国家的法律认为两者彼此独立，有些国家的法律却认为两者彼此关联。采取独立主义的德国认为票据是不要因证券，而采取关联主义的法国认为票据是要因证券。

另外，关于票据的当事人的行为能力、票据行为的方式等许多问题，各国的立法也有不同。

二、票据法律适用的原则

关于票据的法律适用，随着票据在国际经济贸易领域的广泛使用，各国已形成了一些较为统一的原则。

（一）关于票据行为能力的准据法

关于票据行为能力的法律冲突，国际上一般通过当事人的属人法解决。大陆法系各国一般主张票据当事人的行为能力由其本国法来决定。而英美法系国家则主张票据当事人的行为能力依其住所地法或行为地法。1930 年日内瓦《解决汇票、本票法律冲突公约》第 2 条在规定票据当事人的行为能力依其本国法决定的同时，采取了一种较为折中的方式，即肯定行为地法的适用。当事人承担票据义务的能力，原则上由其本国法决定，但依其本国法无行为能力或仅有限制行为能力而依行为地法有完全行为能力者，则适用行为地法。此外，该公约还允许反致，即票据当事人的行为能力依其本国法应包括其国际私法，而依当事人本国国际私法的规定，关于票据行为能力应适用内国法或其他国家的法律时，法院地国应以内国法或他国法代替当事人本国法之适用。

（二）关于票据的行为方式的准据法

票据的行为方式适用行为地法。这一项原则源于"场所支配行为"法则，票据的出票、背书、承兑等行为在方式上的有效与否完全取决于是不是遵守了行为地法，无论是日内瓦统一法公约还是英美法系国家的票据法，均有相同的或类似的规定，只是对"行为地"的理解不同，日内瓦公约认为"契约的签名地"为"行为地"，而英国则认为"支付地"为"行为地"。

（三）关于票据债务的准据法

票据一经开出，即在当事人之间产生一种债权债务关系。其中，出票人、受票人和受款人之间的债务为主债务；而背书人、参加承兑人与执票人之间的债务为从债务，它主要是因为主债务人未能履行付款义务而产生。关于票据主债务的准据法，按照 1930 年日内瓦《解决汇票、本票法律冲突公约》的规定，应依付款地法律。关于票据从债务的准据法，按照上述公约的规定，应依签字地的法律。

（四）关于票据追索权行使期限的准据法

追索权是指票据不获承兑或者不获付款时，持票人对其前手请求偿还的权利。行使追索权必须具备三个前提条件：一是必须在规定的期限内向付款人为承兑或付款的提示；二是必须在规定的期限内向出票人和所有背书人发出退票的通知；三是必须在规定的期限内做成拒绝证书。持票人不在规定的期限行使或者保全票据权利的，通常丧失对其前手的追索权。日内瓦统一法公约关于追索权期限的法律适用规定，适用票据成立地法或出票地法。

（五）关于票据权利保全与行使的准据法

有关票据权利的保全与行使等行为，例如票据的提示、付款、拒绝证书的作成及拒绝通知等细节问题，应依票据付款地法的规定。这主要因为付款地单一，容易确定，适用法律简便；另外，付款是票据关系的重心，为各当事人所重视，不论各该行为的种类有何不同，均应适用付款地法。

三、中国关于票据法律适用的规定

中国的《票据法》于1995年5月10日公布，并自1996年1月1日起实施。这是中国第一部完整的规范票据制度的法律。该法第五章对涉外票据的法律适用做出了较全面的规定，其主要原则如下：

（1）国际条约适用原则。《票据法》第95条第1款规定：中华人民共和国缔结或者参加的国际条约同本法有不同规定的，适用国际条约的规定。但是，中华人民共和国声明保留的条款除外。

（2）国际惯例补缺适用。《票据法》第95条第2款规定：本法和中华人民共和国缔结或者参加的国际条约没有规定的，可以适用国际惯例。

（3）票据债务人的民事行为能力，适用其本国法律。票据债务人的民事行为能力，依照其本国法律为无民事行为能力或者为限制民事行为能力而依照行为地法律为完全民事行为能力的，适用行为地法律。

（4）汇票、本票出票时的记载事项，适用出票地法律。支票出票时的记载事项，适用出票地法律，经当事人协议，也可以适用付款地法律。

（5）票据的背书、承兑、付款和保证行为，适用行为地法律。

（6）票据追索权的行使期限，适用出票地法律。

（7）票据的提示期限、有关拒绝证明的方式、出具拒绝证明的期限，适用付款地法律。

（8）票据丧失时，失票人请求保全票据权利的程序，适用付款地法律。

第七节 国际保理的法律适用

国际保理（Factoring），又称保付代理，是一种综合性的金融服务，即保理商从他的客户即供应商那里买进通常以发票表示的对债务人（进口商）的应收账款，并负责信用销售控制、销售分户账管理和债款回收。

保理通常涉及四方当事人，即供应商、债务人（进口商）、出口保理商和进口保理商。供应商委托本国出口保理商，出口保理商再从进口国的保理商中挑选进口保理商。进口保理商对各进口商进行资信调查，逐一核定相应的信用额度，并通知出口保理商转供应商执行。供应商于信用额度内发货后，将发票和货运单据直接寄交进口商，发票副本送出口保理商。如果有融资的要求，出口保理商即以预付款方式向供应商提供不超过80%发票金额的无追索权短期贸易融资，并向进口保理商定期提供应收款清单，由其协助催收货款。到期后，进口商将全部货款付给进口保理商，进口保理商则立即将款项转交出口保理商，出口保理商扣除有关垫款费用及贴息后，将剩余20%的货款付给进口商。在整个业务过程中，供应商只需要同出口保理商接触，进口商也只同进口保理商联系。

一、供应商与出口保理商之间关系的法律适用

供应商与出口保理商之间的权利义务关系是由双方签订的国际保理合同加以规定的，根据合同：（1）供应商可以或将要向保付代理人转让供应商和其客户（债务人）订立的货物销售合同产生的应收账款，但主要供债务人个人、家人或家庭使用的货物销售所产生的应收账款除外。（2）保付代理人应履行至少两项下列职能：①为供应商融通资金，包括货款和预付款；②保管与应收账款有关的账目（总账）；③托收应收账款。（3）应收账款转让的通知应送交债务人。❶

作为国际保理合同的双方当事人，供应商和出口保理商一般情况下具有相同的属人法。关于国际保理合同的法律适用，原则上依其共同的属人法。另外，根据合同法律适用的国际条约适用原则，如果其共同属人法与所缔结或参加的国际条约，即《国际统一私法协会国际保付代理公约》有

---

❶ 《国际统一私法协会国际保付代理公约》第1条。

不同规定的，则适用国际公约的有关规定。根据合同法律适用的国际惯例适用原则，如果其共同属人法和所缔结或参加的国际条约都没有规定的，则适用有关的国际惯例，即国际保理联合会颁布的《国际保理业务惯例规则》。

就中国目前的情况而言，中国既没有专门调整保理关系的法规，也没有批准加入国际保理公约，但是中国银行已加入国际保理联合会，因此，一般情况下所进行的国际保理业务适用《国际保理业务惯例规则》。

二、出口保理商与进口保理商之间关系的法律适用

出口保理商与进口保理商之间的权利义务关系由双方签订的保理商代理合同加以规定。根据合同，出口保理商负有传递信用额度申请表等有关文件、转让应收账款等义务，进口保理商则承担资信调查及评估、坏账风险担保、转交货款等义务。

关于保理商代理合同的法律适用，一般情况下允许合同当事人选择合同的法律适用。如果当事人没有做出选择的，通常适用当事人（包括出口保理商和进口保理商）的惯常居所地或营业机构所在地国家的法律。根据各国的立法和实践，以及国际惯例，不论是当事人自己选择，还是法院根据国际私法规则做出决定，保理商代理合同一般适用进口保理商所在国的法律。例如，《国际保理业务惯例规则》第 21 条规定，出口保理商与进口保理商均同意，向进口保理商进行转让的，适用的法律应是进口保理商所在国的法律。

三、供应商与债务人（进口商）之间关系的法律适用

供应商与债务人之间权利义务关系的基础是双方签订的销售合同。在双方同意采用国际保理业务时，供应商只与出口保理商接触，债务人也只与进口保理商接触。因此，供应商和债务人之间的权利义务一部分转到了保理商身上，但并不是说供应商与债务人之间就不存在权利义务关系了，在国际保理业务中，它们仍负有相当义务：供应商要按合同规定及时交付货物或提供服务，在应收账款转让后应及时通知债务人；债务人应按时支付货款或劳务费用。

供应商与债务人之间的关系是以销售合同为基础的，因此，对于它们之间关系的法律适用问题，也就是国际货物销售合同的法律适用问题，前

面章节已作过论述，此处不再赘述。

一般情况下，进口保理商与债务人之间没有契约关系。进口保理商收取债款的权利产生于它对应收账款的收购。进口保理商只对出口保理商负责，而出口保理商只对供应商负责。对于发生贸易纠纷的应收账款，进口保理商可以向出口保理商追索，出口保理商再向供应商追索，因此，只要债务人与进口保理商之间有直接关系，也就不会产生法律适用问题。

除了上述分析的国际经济贸易交往中各领域的法律适用以外，还有很多领域的法律适用本书没有涉及。但不管哪个领域，一般都是通过合同的形式来实现合同当事人之间的交往与合作的，通常情况下，各国都允许双方当事人可以自由选择法律适用，如果没有选择，则适用最密切联系地法律。

第九章 非合同之债的法律适用

第一节 侵权行为之债及其法律冲突

一、侵权行为之债的概念和种类

侵权行为之债，是指不法侵害他人人身或财产权利，并造成损失而承担民事责任所构成的债。不法侵害他人权利的人为致害人（或加害人），权利受到损害的人称受害人。受害人是债权人，致害人是债务人。

一般地讲，构成侵权行为必须具备以下要件：①损害事实的客观存在，指致害人给受害人造成财产上或人身上的损失，包括直接损失和间接损失。②致害行为的违法性，指造成损害的行为必须具有违法的性质，致害人才负民事责任。③侵权行为与损害事实之间具有因果关系，即损害结果由侵权行为造成。④致害人有过错，即致害人对其行为及其行为可能产生的结果存在故意或过失的心理状态。[1] 就各国民事立法及理论而言，侵权行为可以从不同的角度进行分类；但就涉外侵权行为法律适用而言，早期各国通常不划分侵权行为之债的种类来规定不同的法律适用原则。随着科学技术的进步及社会的发展，侵权行为的种类越来越多，出现了一般侵权行为和特殊侵权行为之债的区分，其法律适用的规则也有所不同。

根据中国立法，侵权行为分为一般侵权行为和特殊侵权行为。一般侵权行为是指行为人由于过错侵害他人的财产或者人身，依法一定承担民事责任的行为。特殊侵权行为是指当事人基于与自己有关的行为、物件、事件或者其他特别原因致人损害，依照民法上的特别责任条款或者民事特别法的规定应当承担的民事责任。[2] 我国涉外侵权的法律适用，划分一般侵

---

[1] 章尚锦. 国际私法 [M]. 北京：中国人民大学出版社，1992：151.

[2] 王利明. 民法 [M]. 北京：中国人民大学出版社，2001：546，553.

权行为和特殊侵权行为，由此产生的一般侵权行为之债和特殊侵权行为之债分别适用不同的法律适用规则。20世纪七八十年代，一些国家的国际私法立法中将侵权行为区分为一般侵权行为和特殊侵权行为，对其法律适用分别加以规定。如1971年美国《冲突法重述（第二次）》和1987年《瑞士联邦国际私法法规》。

二、侵权行为之债的法律冲突

各国关于侵权行为之债的法律冲突主要体现在以下几个方面。

（1）由于各国历史、经济等方面的原因，各国侵权行为法涉及的领域有所不同，因而侵权行为的外延也有所不同。

在一些法制尚不健全的国家，法律所保护的权利不够广泛，侵权行为发生的领域也就比较小。在一些发达国家被认为是侵权的行为，在其他国家则可能不是侵权行为。例如，对家庭关系的侵扰、侵犯秘密等，在法制健全的国家被认为是侵权行为，而在法制尚不完善的国家则很少被认为是侵权行为。

（2）侵权行为的构成要件不同。

各国法律关于侵权行为构成要件的规定各有特色。例如，法国法规定侵权行为构成要件是过错、损害以及两者之间的因果关系；德国法规定其构成要件是违法性、侵犯权利和错意；而英国法规定判断侵权行为要看某人是否有权在法院从另一人处获得救济，若能够获得救济，则另一人的行为构成侵权行为。

（3）侵权行为的相对人不同。

在一般情况下，不存在对未出生的人的侵权行为。但《日本民法典》第721条规定，胎儿，就损害赔偿请求权，视为已出生。美国在判例中也强调胎儿可以获得损害赔偿。

（4）损害赔偿的数额及计算方法，以及赔偿的原则、标准和限额不同。

关于赔偿数额，一般来讲，发达国家要高于发展中国家。关于赔偿原则和标准，基本有两种：一是英美法系国家的做法，即充分补偿受害人的损失，对有严重过失的侵权人予以严厉的惩罚；二是一些国家采取全部补偿原则，即损失多少，赔偿多少。关于赔偿限额，各国法律规定的差别主要体现在有无限额和限额高低两个方面，并且集中在对人身和人格权的侵害上。

第二节　一般侵权行为之债

一、一般侵权行为之债的法律适用原则

侵权行为之债属于非合意之债，具有法律上的强制性。根据各国的立法实践，通常依照下列原则确定侵权行为之债的准据法。

（一）侵权行为地法原则

1. 侵权行为地法的含义及其适用理由

侵权行为地法表示侵权行为要适用侵权行为完成地国家的法律。侵权行为地法是一项传统的"场所支配行为"的原则，在冲突法的演变、发展过程中，以侵权行为地法作为侵权行为之债的准据法在各国的立法中始终占主导地位。例如，1804年的《法国民法典》规定，有关警察与公共治安的法律对于居住在法国境内的居民均有强制力。根据法国最高法院的解释，该条适用于侵权行为。1978年的《奥地利联邦国际私法法规》第48条第1款规定，非契约损害赔偿，依造成此种损害的行为发生地国家的法律。2006年《日本法律适用通则法》第17条规定，因侵权行为而产生的债权的成立及效力，依加害行为结果发生地法；但通常无法预测在其地的结果的发生时，依加害行为进行地法。各国以侵权行为地法作为准据法的理由各不相同。有的学者认为，这是由侵权行为之债的发生根据决定的，因为侵权行为的发生是基于法律的规定、法律的权威性，而非当事人的自由意志，因此，只能采用侵权行为地法。有的学者提出侵权行为是一种违反法律义务并对他人造成损害的不法行为，而侵权行为地因此行为而蒙受的损失最大，因此，适用侵权行为地法是维护行为地公共秩序的需要。还有的学者主张，侵权行为打破了侵权行为地法律所保证的每个人的权利平衡，为了在行为地维持这种权利平衡，应以侵权行为地法为准据法。还有的学者直截了当地把适用侵权行为地法看作侵权行为地实行地域管辖的需要。本书认为，一方面，传统民法中的侵权行为的责任具有惩罚性质，侵权行为既然是对行为地法律秩序的破坏，那么致害人当然要受到行为地法的制裁；另一方面，侵权损害赔偿依侵权行为地法，判决结果有明确性，执行也方便。应当指出的是，侵权行为地法原则是侵权行为之债法律适用的基本原则或者一般原则。

2007 年关于非合同之债准据法的《罗马Ⅱ规则》❶ 第 4 条是关于侵权行为准据法的通则性规定，其第 4 条第 1 款规定，除《罗马Ⅱ规则》有相反规定外，因侵权行为而发生的非合同之债的准据法是损害发生地国家的法律，而不论损害的原因事实发生于何国，也不论该事实的间接后果发生于何国。

2. 侵权行为地的确定

侵权行为适用行为地法虽然为很多国家所遵循，但在当代社会，人员交往频繁，交通发达，侵权行为可能发生在一国，而其结果却可能在另一国产生，此时，对于如何确定行为地的问题，各国法律的规定也不同：①主张以加害行为地为侵权行为地。例如，《奥地利联邦国际私法法规》第 48 条第 1 款采纳了这一主张。②主张以损害发生地为侵权行为地。例如，1971 年美国《冲突法重述（第二次）》第 377 条及 1972 年《加蓬民法典》第 41 条即这样规定。2007 年关于非合同之债准据法的《罗马Ⅱ规则》原则上对于侵权行为之债适用损害发生地法（拉丁文 lex loci damni），这一做法为荷兰、英格兰等国所采用，而且为法国最高法院的司法判例所采取。③主张侵权行为地既包括行为地也包括损害发生地，甚至还可以包括其他相关的地方。例如，1964 年《捷克斯洛伐克国际私法和国际民事诉讼法》第 15 条、1982 年《南斯拉夫国际私法》第 41 条均如此规定。根据《葡萄牙民法典》第 45 条第 1 款的规定，侵权责任，无论是产生于非行为、风险，还是由某些合法行为所引起，都适用造成损害的主要行为实施地国家的法律。因不作为造成的侵权责任，适用责任者本应作为的行为地法。而根据该法第 45 条第 2 款的规定："如果侵权结果发生地国的法律认为行为人是侵权人，但侵权行为实施地法不认为是侵权人的，适用前者的法律。"

（二）法院地法原则

侵权行为之债适用法院地法的理论起源于德国，主要由德国学者韦希特尔（Wachter）和萨维尼倡导。1841 年韦希特尔在《民事实务》杂志上

---

❶ 欧洲议会和欧洲联盟理事会于 2007 年 7 月 11 日通过了《欧洲议会和欧洲联盟理事会关于非合同之债准据法的 864/2007 号（欧共体）规则》，简称《罗马Ⅱ规则》。《罗马Ⅱ规则》2009 年 1 月 11 日起适用，欧共体各成员国现行的有关非合同之债的国际私法规则，无论其来源于国内制定法还是来源于国内司法判例，将完全为《罗马Ⅱ规则》所取代。

发表了《国际私法法律的各种冲突》一文，在该文章中他抛弃了以侵权行为地法作为侵权行为之债准据法的主张，认为侵权行为近似于犯罪，因而如果法官对犯罪判处刑罚只能依法院地法，那么对侵权行为也只能依法院地法。❶ 1849 年萨维尼在《现代罗马法体系》第 8 卷中也认为，有关侵权行为的法律一直被公认为强制性的、严格的实在法，因此，在侵权行为之债中，应该一直考虑诉讼地法，而不是侵权行为地法；并认为这一问题与刑事法律问题大体相同，不论犯罪是否在国外，其可惩罚性及处以什么刑罚均由法院依法院地法判定。❷ 侵权行为责任与法院地的基本公共秩序有关，因此应适用法院地法。

侵权行为之债适用法院地法理论没有多大影响，也没有为德国立法所采纳。❸ 英国在很长的一段历史时期采用侵权行为之债适用法院地法。英国早期侵权行为的起诉权以国王的法官颁发的"令状"为基础，当事人获得"令状"才能去法院起诉，通过法院保护其权利。直到 1852 年《普通法程序法案》颁布以后，才建立了当事人诉讼制度。即使如此，在英国由于侵权行为程序法观点影响很深，侵权行为之债适用法院地法还是保留了很长一段时间。英国国际私法学者沃尔夫和莫里斯都认为上述侵权行为之债适用法院地法理论，对英国法的发展有深刻影响。❹ 现代英国的国际私法和实践采用以法院地法为主、侵权行为地法为辅的重叠适用原则，同时还有其他法律适用原则。

侵权行为之债适用法院地法的理论受到一些国际私法学者的批评。例如，美国加利福尼亚州大学艾伦茨威格教授对此进行了全面、系统的分析和研究，归纳了"法院地法"的三大缺陷，即缺乏实践价值、具有不确定性、导致当事人任意挑选法院的倾向，从而使问题在实质上得不到公正的解决。但是也应该看到，一国有时为了维护本国的利益，必要时适用法院地法不无可取之处。现在几乎所有的国家都放弃了这种单纯适用法院地法的理论。

---

❶ 钱骅. 国际私法 [M]. 北京：中国政法大学出版社，1988：460.

❷ [德] 弗里德里希·卡尔·冯·萨维尼. 法律冲突与法律规则的地域和时间范围 [M]. 李双元，等，译. 北京：法律出版社，1999：151 – 152.

❸ 钱骅. 国际私法 [M]. 北京：中国政法大学出版社，1988：460.

❹ 马丁·沃尔夫. 国际私法 [M]. 李浩培，等，译. 北京：法律出版社，1988：689.

（三）重叠适用侵权行为地法与法院地法的原则

一些学者认为，一种行为合法与否，应以行为地法为原则，但为维护法院地的公共秩序，对依行为地法发生的债权，必须是在法院地法承认的范围内才能得到清偿。因此，一种行为是否构成侵权行为，应受行为地法和法院地法双重支配。在实践中，一些国家采用了重叠适用侵权行为地法与法院地法的原则，其中有的国家主张以侵权行为地法为主，以法院地法为辅。例如，1898 年的《日本法例》第 11 条之规定就体现了这一主张，它规定，因无因管理、不当得利或不法行为而产生债权的成立及其效力，依原因事实发生地法。不法行为的事实发生在国外，依日本法不认为是不法行为时，不适用前款的规定。虽然双重可诉原则是一条争议颇多的侵权行为法律适用原则，但《日本法律适用通则法》第 22 条将该原则保留了下来。该法第 22 条第 1 款规定，在侵权行为应适用外国法的情况下，如果应适用该外国法的事实依日本法不是不法的（即不构成侵权行为），则不得请求以该外国法为基础的损害赔偿和其他措施。该法第 22 条第 2 款规定，如果侵权行为应适用外国法的，即使应适用该外国法的事实依该外国法和依日本法都是不法的（即均构成侵权行为），受害人也不得请求日本法所不认可的损害赔偿和其他措施。有日本学者认为，新法和《日本法例》所采取的双重可诉原则已不合时宜，因为它将导致有限适用日本法的后果，在实践中常常促使法律适用因累积适用两个法律体系而变得不必要的复杂。也有的国家主张以法院地法为主，以侵权行为地法为辅。如，英国则以法院地法为主，只参考侵权行为地法。1870 年英国法院审理的"菲利普斯诉艾尔"（phillips V. Eyre）❶ 案中，威尔斯（Willes）法官指出，作为一般规则，要在英国提起据称发生在国外的诉讼，必须符合两个条件：第一，侵权行为必须具有这样的性质，即该行为如果发生在英国，也是可以起诉的；第二，根据行为发生地法，该行为一定是不正当的行为。❷

---

❶ 菲利普斯诉艾尔（phillips V. Eyre）案的简单情况：被告在牙买加（当时英国殖民地）革命时殴打了原告，并将原告监禁起来。当时被告是该岛的行政长官，在本案诉讼前，牙买加议会通过了一项赔偿法案，对于在动乱期间所采取的行动不加追究，虽然艾尔的行为构成英国法认为的侵权行为，但根据行为地法，即牙买加法便为合法，于是，王座法院驳回诉讼。

❷ ［英］莫里斯. 法律冲突法［M］. 李东来，等，译. 北京：中国对外翻译出版社，1990：307.

这就是英国著名的"双重可诉"原则。1995 年的《英国国际私法（杂项规定）》废除了双重可诉原则（仅在侵害人格权事件中有所例外）。

1995 年《德国关于非合同之债和物权的国际私法》废止了采取双重可诉原则的《德国民法典施行法》第 38 条。

二、一般侵权行为之债法律适用原则的新发展

20 世纪中期以来，国际民商事交往过程中，侵权行为的表现形式越来越复杂，原有的国际侵权行为之债的法律适用原则不能适应现实发展的需要，各国学者对法院地法原则和侵权行为地法原则有种种批判；同时，随着社会的进步和法律文化的不断发展，侵权行为之债的法律适用原则也出现了新的发展，具体体现在以下方面。

（一）侵权行为自体法和最密切联系原则

侵权行为自体法（Proper Law of Tort）的概念首先由英国莫里斯于 1951 年在《哈佛法学评论》上发表的《论侵权行为自体法》一文中提出。莫里斯指出，侵权行为自体法理论的要旨是，尽管在大多数情况下，法院不需要在侵权行为地法以外寻找准据法，但仍应当有一种足够广泛且足够灵活的冲突规则，既能适用于各种例外情况，也能适用于通常的情况，否则难免会出现违背常理的结果。对于侵权行为自体法理论如加以合理的运用，将会提供亟需的灵活性，能够区分不同性质的争议，便于对所涉及的各种社会因素进行更加充分的分析，也便于合理解决侵权行为发生在甲国而损害后果发生在乙国时所产生的各种问题。该理论能够提供一个更为合情合理的解决方法。正如存在各种各样不同性质的合同一样，客观上也存在各种各样的侵权行为，如果对各种侵权行为及其各种问题一律适用一种机械的公式，是不太可能产生令人满意的结果的。莫里斯认为，如果采用侵权行为自体法方法，能够选择的法律至少是在特定案情中与该案一系列行为和结果有着最重大联系的法律。侵权行为自体法的含义不同于合同的自体法，它主要是指对侵权行为地法、法院地法及当事人属人法加以综合考虑。❶ 这种方法改进了传统的国际私法上侵权行为的法律适用。

莫里斯的侵权行为自体法理论对 20 世纪 50 年代后期到 70 年代的美国

---

❶ 韩德培. 国际私法［M］. 北京：高等教育出版社，北京大学出版社，2000：207.

冲突法"革命"起了有力的推动作用，在侵权行为之债的法律适用中确立了最密切联系原则。最密切联系原则的概念首次由英国学者在合同领域提出之后，在国际私法界产生了深远的影响。它虽然是在合同法律适用领域产生的，但在侵权法上也同样被广泛适用。美国在1954年的"澳汀诉澳汀"（Auten V. Auten）案中首次运用最密切联系原则确定了合同之债的准据法。在侵权行为的法律适用领域，对最密切联系原则的确立具有近乎里程碑意义而最引人注目的案件，是1963年的"贝科克诉杰克逊"案。该案的主要案情是这样的：1960年9月16日，住在纽约州的贝科克小姐乘坐杰克逊驾驶的汽车前往加拿大度周末，汽车来到加拿大安大略省境内时，撞在高速公路边的一堵墙上，贝科克小姐因此受重伤。回到纽约后，贝科克就对杰克逊提起诉讼，指控杰克逊驾车时疏忽，并请求赔偿。根据侵权行为发生地加拿大安大略省公路交通法令第105条规定，除为了盈利的商业性运载乘客以外，汽车的所有者或驾驶员对乘坐在车内的任何人由于身体受伤所遭受的任何损害或损失以至死亡不负责任。而法院地纽约州当时的法律却规定，在这种情况下，汽车所有者或驾驶者要负赔偿责任。被告根据侵权行为地法的传统做法要求法院适用安大略省法律，驳回原告的诉讼请求。初审法院采纳了被告的主张。原告不服，提出上诉。审理该案的纽约州上诉法院法官为1954年审理"澳汀诉澳汀"案的富德法官。富德法官认为，侵权行为适用侵权行为地法不免显得呆板、机械，往往忽视侵权行为地以外的州对解决同一案件具有的利益。从该案的情况来看，该案的原告、被告皆为纽约人，被告驾驶的汽车在纽约取得执照，车在纽约保险，车库也在纽约，当事人旅游的出发点和终点也在纽约，安大略省与本案的唯一联系是事故发生在那里，这纯属偶然，与安大略省相比，纽约与本案有更密切的联系。因此，本案应适用纽约州法律，推翻原判。"贝科克诉杰克逊"案的判决标志着行之已久的以侵权行为地法作为唯一准据法的美国冲突法理论从根本上发生了动摇，从此，最密切联系原则成为美国确定侵权行为准据法的主要依据。

　　1971年美国《冲突法重述（第二次）》正式确认了这一项原则，其第145节规定："侵权行为争端中双方的权利和责任，由对争端的产生和当事人双方具有最密切关系的国家（州）的法律决定。"选择"最密切关系"的法律可以从下列几个方面着手：①损害发生地法。②导致损害发生地法。③双方当事人的住所、居所、国籍国、法人所在地及营业所所在地法。④双方当事人关系最集中的地方的法律。这一规定也充分体现了莫里斯关于侵权行为自体法理论的观点。❶ 在英国 1971 年的博伊斯诉查普林（Boys v. Chaplin）案中，霍申（Holson）和韦伯弗斯（Wilberforce）法官运用了侵权行为自体法方法和《美国冲突法重述（第二次）》的观点。该案作为英国最高司法机关的判例，是以最密切联系为基本内涵的侵权行为自体法方法在英国侵权法律适用理论及实践中占有重要地位的实践标志。不过，莫里斯的侵权行为自体法理论在英国曾经遭到不少批评，直到 1984年，英国法律委员会和苏格兰法律委员会的联合工作小组在就侵权行为的准据法问题提出的报告中，采纳了莫里斯的侵权行为自体法理论。1995 年《英国国际私法（杂项规定）》第 11 条进一步规定，作为一般规则，侵权行为或不法行为之事件发生地法为其准据法。该法第 12 条中的例外规则体现了最密切联系原则。最密切联系原则确定侵权行为之债准据法也为一些大陆法系国家的国际私法立法所采用。1978 年《奥地利联邦国际私法法规》第 48 条规定："非契约损害求偿权，依造成此种损害的行为发生地国家的法律，但如所涉及的人均与另外一国家的法律有更密切联系时，适用该国家的法律。"1982 年《土耳其国际私法和国际诉讼程序法》第 25 条及1999 年《德国关于非合同债权关系和物权的国际私法立法》第 41 条等也有类似的规定。2006 年《日本法律适用通则法》第 20 条规定了关于侵权行为法律适用中"明显有更密切关系地时的例外"，该条规定，因侵权行为而产生的债权的成立及效力，综合考虑侵权行为时，当事人在同一法域有经常居所，违反当事人间合同义务的侵权行为及其他情况，与依前 3 条规定应适用法地相比，明显有其他更密切关系地时，依其他地法。2007 年关于非合同之债准据法的《罗马 II 规则》第 4 条第 3 款规定，如果从全部情况来看，侵权行为与第 4 条第 1 款或第 2 款所指定的国家以外的另一国家有显然更密切的联系，则应适用该另一国家的法律体系。与另一国家有显然更密切的联系，尤可基于当事人之间先存在的关系（诸如与所称侵权行为有密切联系的合同）得出。该规定是侵权行为之债法律适用的例外条款。

（二）当事人的共同属人法原则

当事人的共同属人法原则是指侵权行为之债的双方当事人具有共同的

---

❶ ［英］莫里斯. 法律冲突法 ［M］. 李东来，等，译. 北京：中国对外翻译出版社，1990：306.

国籍或者住所地、居所地位于同一国家，则侵权行为之债适用当事人的共同本国法、共同住所地法或共同居所地法。在实践中，侵权行为地具有一定的偶然性，假如当事人国籍或者住所地相同，仅仅因偶然原因外出而发生侵权行为，在这种情况下，撇开当事人的本国法或住所地法而片面地强调侵权行为地法，未必妥当。如果适用当事人共同的本国法或住所地法，则具有较大的针对性和灵活性，并且可以避免一味地适用侵权行为地法而产生的不合理现象。因此，一些国家在确立侵权行为之债适用侵权行为地法一般原则的基础上，在立法中也规定了适用当事人共同属人法的原则，以期增加法律选择的灵活性和适应能力。例如，1966 年《波兰国际私法》第 31 条第（1）项、第（2）项规定，非法律行为所产生之债，依债务原因事实发生地法，但当事人有同一国籍，又在同一国内有住所时，依当事人本国法。1966 年《葡萄牙民法典》第 45 条第 3 款，如果侵权行为人和受害人具有相同国籍，或拥有共同惯常居所地的，恰好双方都临时在国外，则可适用其共同本国法或共同惯常居所地法。1979 年《匈牙利国际私法》第 32 条第 3 款规定、1987 年《瑞士联邦国际私法法规》第 133 条、1999 年《德国关于非合同债权关系和物权的国际私法立法》第 40 条第 2款第 1 句等都有类似的规定。2007 年关于非合同之债准据法的《罗马 II 规则》第 4 条第 2 款规定，在损害发生时，如果加害人与受害人在同一国家有其惯常居所，则应适用该国的法律。这意味着在加害人与受害人在同一国家有惯常居所的情况下，该国的法律应优先于第 4 条第 1 款所规定的损害发生地国家的法律而予以适用。

（三）当事人的意思自治

有些国家的立法把当事人意思自治原则引入了侵权法领域。如，1987年《瑞士联邦国际私法法规》第 132 条规定：当事人可以在侵权事件发生后的任何时候约定适用法院地法。1998 年《突尼斯国际私法》第 71 条规定，造成损害的原因事实发生后，当事人可以协议适用法院地法，只要案件尚处于初审阶段。1999 年《德国关于非合同债权关系和物权的国际私法立法》第 42 条规定，非合同债权关系据以产生的事件发生后，当事人可以选择应适用的法律，第三人的权利不受影响。2005 年《乌克兰国际私法》第 49 条第 4 款规定，损害行为所生之债的双方当事人，在其发生后的任何时候可以选择法院地国法。2006 年《日本法律适用通则法》第 21 条规定，侵权行为的当事人可以在侵权行为后变更应适用于因侵权行为而产生的债权的成立及效力的法；但侵害第三者权利时，其变更不能对抗该第三者。此外，2001 年《俄罗斯联邦民法典》第 1219 条第 3 款规定，导致损害发生的行为或者其情况出现后，双方当事人可以约定对损害行为所生之债适用法院地国法。2007 年关于非合同之债准据法的《罗马 II 规则》第 14 条承认双方当事人有选择非合同之债准据法的权能。这种法律选择既可以事后为之，也可以事前为之，其第 14 条第 1 款规定，双方当事人可以通过损害的原因事实发生后的协议来选择非合同之债的准据法，也可以通过损害的原因事实发生前自由商订的协议来选择非合同之债的准据法，前提是双方均从事商业活动。该法律选择必须是明示的或以确定的方式从情况中得出的，且不得妨碍第三人的权利。相比之下，《瑞士联邦国际私法法规》第 132 条是准许当事人在损害事件发生后的任何时候约定适用法院地法。根据关于非合同之债准据法的《罗马 II 规则》第 14 条的规定，当事人选择准据法的权能并非不受限制。其第 14 条第 2 款规定，如果在损害的原因事实发生时，案情的全部因素均位于被选择的法律体系所属国以外的另一国家，则双方当事人的法律选择不得妨碍该另一国家的不得以协议加以损抑的规定的适用。其第 14 条第 3 款规定，如果在损害的原因事实发生时，案情的全部要素均位于一个或一个以上成员国，有必要时，双方当事人对第三国法律的选择，不得妨碍不得以协议加以损抑且已被法院地成员国实施的共同体法规定的适用。显然，该条第 3 款的规定旨在保证欧共体法最低标准的适用。所谓"不得以协议加以损抑"的规定，是指强制性规定。

（四）对受害人有利的法律

侵权行为之债适用对受害人有利的法律是国际侵权行为之债法律适用的新发展。《匈牙利国际私法》第 32 条第 2 款规定，如果损害发生地法对受害人更有利，以该法作为准据法。1982 年《南斯拉夫国际私法》第 28 条、1995 年《意大利国际私法制度改革法》第 62 条第 1 款及 1999 年《德国关于非合同债权关系和物权的国际私法立法》第 40 条第 1 款的规定都体现了对受害人有利的法律的适用。

三、中国关于一般侵权行为之债法律适用的规定

在 2010 年《涉外民事关系法律适用法》制定之前，中国立法中关于一般侵权行为之债法律适用的规定，集中体现在《民法通则》第 146 条之

中。该条第 1 款规定："侵权行为的损害赔偿，适用侵权行为地法律。当事人双方国籍相同或者在同一国家有住所的，也可以适用当事人本国法律或者住所地法律。"该法第 2 款规定："中华人民共和国法律不认为在中华人民共和国领域外发生的行为是侵权行为的，不作为侵权行为处理。"从这些规定中可以看出，中国的侵权行为之债的法律适用应遵循以下三项原则。

（1）侵权行为地法原则。这是中国确定侵权行为之债的准据法的基本原则，普遍适用于各种性质的侵权行为案件。根据 1988 年《民法通则意见》第 187 条规定："侵权行为地的法律包括侵权行为实施地法律和侵权结果发生地法律。如果两者不一致时，人民法院可以选择适用。"

（2）共同属人法原则。这是中国确定涉外侵权行为之债准据法的补充原则。《民法通则》第 146 条第 1 款的规定表明，当事人双方如国籍相同或者在同一国家有住所，既可以适用侵权行为地法，也可以适用当事人共同的本国法或者住所地法。

（3）重叠适用侵权行为地法和法院地法原则。这是中国确定涉外侵权行为之债准据法的特殊原则。《民法通则》第 146 条第 2 款的规定表明，中国人民法院在审理发生在中国领域外的侵权行为案件时，只有中国法律认为构成侵权行为的，才能作为侵权行为来处理。也就是说，中国人民法院在审理这类案件时，同时适用了作为法院地法的中国法和作为侵权行为地法的外国法。

中国《涉外民事关系法律适用法》第 44 条规定："侵权责任，适用侵权行为地法律，但当事人有共同经常居所地的，适用共同经常居所地法律。侵权行为发生后，当事人协议选择适用法律的，按照其协议。"从《涉外民事关系法律适用法》的规定中可以看出，对于一般侵权责任的法律适用规则，中国采用了适用侵权行为地法的做法，但是在当事人有共同经常居所地的情况下，则其应当优先于侵权行为地法而得以适用。另外，《涉外民事关系法律适用法》规定了当事人有选择侵权行为之债准据法的权利，其协议选择适用法律的时间是在侵权行为发生之后。《涉外民事关系法律适用法》关于侵权责任的法律适用规则的规定吸收了国际上在该领域法律适用规则的新发展的规则，与《民法通则》的规定有不同之处。根据《涉外民事关系法律适用法》第 51 条的规定，《民法通则》第 146 条与本法的规定不一致的，适用本法。

第三节 特殊类型侵权行为之债

将近半个世纪以来，随着现代科学技术的发展，侵权行为也发生了显著的变化，例如因海上运输中的交通事故和航空运输中的交通事故而引起的侵权行为、因产品责任而引起的侵权行为等。这些侵权行为与一般的侵权行为有所不同，由此种侵权行为引起的债权债务关系，也不能完全套用上述的一般侵权行为的法律适用原则。因此，在这里我们专门讨论几种特殊类型的侵权行为的法律适用。

一、公路交通中侵权行为的法律适用

有关公路交通中侵权行为法律适用的国内立法实践，并未显示出特别的发展，侵权行为地法仍是许多国家解决这类问题的主要冲突原则。美国自"贝科克诉杰克逊"案之后，公路交通中侵权行为适用"最密切联系州（国）法"。1968 年 10 月，第十一届海牙国际私法会议通过了《关于交通事故法律适用的公约》。公约于 1971 年 5 月开始签字，1975 年 6 月生效，目前已有 12 个成员国、3 个非成员国批准生效。公约关于准据法的规定主要是第 3 条。根据其规定，交通事故的准据法是事故发生地国法，但也有例外：①如果仅有一辆车涉及事故，且它又是在非事故发生地国登记的，则可以适用登记地国法，如果有两辆或两辆以上的车涉及事故，则只有在所有车辆均在同一国内登记时才能适用登记地国法。如果有一人或数人与事故有关而在事故发生时在车辆之外并可能负有责任，则要求所有这些人均在车辆登记地国有惯常居所，才能适用登记地国法。②如果车辆没有登记或在几个国家登记，则以车辆的经常停放地法取代登记地法。同时，公约还规定，不管适用的法律是什么，在确定责任时，应考虑事故发生时当地有效的交通规则和安全规则。交通事故的准据法支配以下事项：①责任的根据和范围。②免除责任，以及任何限制责任和划分责任的理由。③侵害或损害的存在及种类。④损害赔偿的方式及范围。⑤请求权的转让和继承。⑥遭受损害和能直接请求损害赔偿的人。⑦本人对其代理人的行为或雇主对其雇员的行为所负的责任。⑧消灭时效和除斥期间的开始、中止和

中断。❶

二、空中侵权行为的法律适用

空中侵权行为，是指发生在航空器内、飞行器相撞、飞行器与其他物体相撞，因飞行事故使旅客受到伤亡或其物品受到毁损的侵权行为。由于航空器及其人员与空域的联系是偶然的、不断变化的，很难精确地确定侵权行为地。因此，空中侵权行为的法律适用就显得比较复杂。一般来说，对此分为三类，分别确定其准据法：①发生在航空器内的侵权行为，一般主张适用航空器登记地国家的法律。例如，《南斯拉夫国际私法》第 29 条规定，如果造成损害赔偿之债的事件发生在航空器内，则航空器登记国法律应视为损害赔偿之债的事实发生地法律。②因航空器碰撞或航空器与其他物体碰撞发生的侵权行为，一般主张适用被碰撞或受害一方的航空器登记地法；如果被碰撞一方也有过失，则可以适用其本国法。例如，《布斯塔曼特法典》第 289 条至第 294 条对航空器碰撞的法律适用作了明确规定：在领空内发生的意外碰撞事件，如果碰撞各方属于同一国旗国，则适用该国的法律；如果碰撞各方不属于同一国旗国，则适用当地的法律；如果是出于过失的同一国旗国的飞机碰撞事件，则适用当地法律。在公海上空发生的意外或者有过失碰撞事件，如果碰撞各方属于同一国旗国，则适用该国的法律；如果碰撞各方不属于同一国旗国，而碰撞是出于过失，则该碰撞事件应依被撞飞机国旗所属国家的法律调整。③因航空器事故使旅客受到伤亡或其物品受到毁损的侵权行为，一般依航空器登记地法，或适用有关的国际公约的规定。现在世界上这一类公约主要有：1929 年《华沙公约》、1955 年《海牙议定书》、《瓜达拉哈拉公约》及 1999 年《蒙特利尔公约》。❷《蒙特利尔公约》在规范国际航空运输方面有许多创新，在保护航空旅客权益方面创立了许多新制度，在损害赔偿限制方面制定了若干新规则，是《华沙公约》体系精华的集成，也是对《华沙公约》体系的超越和发展。《蒙特利尔公约》创立了"双梯度责任制度"，提高了旅客伤亡损

---

❶ 徐冬根，单海玲. 国际公约与惯例（国际私法卷）［M］. 北京：法律出版社，1998：155 – 156.

❷ 《蒙特利尔公约》已于 2003 年 11 月 4 日生效。中国第十届全国人大第十四次常委会 2005 年 2 月 28 日批准，6 月 1 日交存批准书，7 月 31 日对中国生效，成为该公约的第 94 个缔约国。

害的赔偿数额；明确规定了航班延误的赔偿责任；明确规定了行李和货物毁损、延误的赔偿责任；创立了前所未有的先行付款制度；规定了保障受害人利益的赔偿限额定期复审制度；增加第五管辖权、引入仲裁机制解决航空侵权争议等。可以说，国际公约是解决此类航空侵权所要适用的主要法律依据。

此外，与航空器有关的侵权行为还有航空器对地（水）面第三人造成损害的侵权行为。这主要分为两种情况：一种是侵权损害发生在一国领域内。对于这种侵权行为，各国一般规定适用侵权行为地法律。例如，中国《民用航空法》第 189 条第 1 款规定，民用航空器对地面第三人的损害赔偿，适用侵权行为地法律。1992 年《罗马尼亚关于国际私法法律关系的第一百零五号法》第 144 条规定，飞机对陆地造成之损害适用损害发生地国法。另一种情况是航空器对地（水）面第三人造成损害的侵权行为发生在公海，或发生在各国主权范围以外的地面或水面。对于这种侵权行为，一般适用受理案件的法院地法律。例如，中国《民用航空法》第 189 条第 2 款规定，民用航空器在公海上空对水面第三人的损害赔偿，适用受理案件的法院所在地法律。也有的国家将航空器国籍国法与发育地法结合。例如，1995 年《越南社会主义共和国民法典》第 835 条第 2 款规定，飞行器在国际空间造成的损害赔偿，由飞行器国籍国法确定，但越南社会主义共和国航空法另有规定的除外。关于航空器对地（水）面第三人造成损害的侵权责任，《华沙公约》没有涉及。关于航空器对地（水）面第三人造成损害的国际公约主要有：1933 年《同一有关航空器对地（水）面第三方造成损害的某些规则的公约》，1952 年《关于外国航空器对地（水）面第三者造成损害的公约》，以及 1978 年《蒙特利尔议定书》。❶

三、产品责任的法律适用

（一）产品责任的含义

产品责任，是指产品在消费过程中造成人身伤害或财产损害所引起的民事责任。产品责任作为一种特殊的侵权责任，始于 20 世纪的英美国家。在此以前，产品责任一直规定在民法的契约部分，奉行"无合同，无责

---

❶ 该公约全称《修改 1952 年 10 月 7 日订于罗马的关于外国航空器对地（水）面第三者造成损害的公约的议定书》。

任"原则，即生产者生产的产品的责任大小由买卖合同中的担保责任制约。进入 20 世纪，特别是六七十年代以来，随着保护消费者利益的要求日益突出，各国在立法上给予了产品责任高度重视，尤其是发达国家开始了专门的产品责任立法。这里本书只讨论产品责任的法律适用问题。

（二）产品责任的法律适用

目前，各国对于产品责任的法律适用做出明确规定的并不多，实践中，绝大多数国家把产品责任视为一种侵权责任，按照解决一般侵权行为之债的冲突原则来确定产品责任的准据法，或者主张适用侵权行为地法，如法国、奥地利；或者主张依侵权行为地法和法院地法，如英国；或者主张产品责任受最密切联系州（国）的法律支配，如美国。这里需要提及的是 1987 年的《瑞士联邦国际私法法规》，这个法规在第 135 条对产品责任的法律适用作了明确的规定，基于产品的缺陷或有缺陷的产品说明而提出的诉讼请求，由受害人选择的以下法律支配：①侵权行为人营业地，或无营业地时他的习惯居所地国家法律。②获得产品的国家的法律，除非侵权行为人证明该产品未经其同意而在该国销售。❶ 这一规定已经排除了传统侵权行为地法的原则，而采用了有限制的意思自治原则。

为了协调各国关于产品责任的法律冲突，统一产品责任的法律适用原则，1973 年第十二届海牙国际私法会议制定了《产品责任法律适用公约》。该公约已于 1977 年 10 月生效。公约共 22 条，其中关于法律适用确定了以下几项原则：①适用直接遭受损害人的惯常居所地国家的内国法，但该国必须同时又是被请求承担责任人的主营业地，或者直接遭受损害的人取得产品的地方。②适用侵害地国家的内国法，但该国又必须同时是直接遭受损害的人的惯常居所地，或者被请求承担责任人的主营业地，或者直接遭受损害的人取得产品的地方。③如果上述法律都不适用，除非原告基于侵害地国家的内国法提出其请求，适用的法律应为被请求承担责任人的营业地国家的内国法。④如果被请求承担责任人证明他不能合理地预见产品或他自己的同类产品会经由商业渠道在该国出售，则上述规定的侵害地国家和直接遭受损害的人的惯常居所地国法均不适用。

公约同时规定，根据公约适用的法律应确定：①责任的依据与范围；②免除、限制和划分责任的依据；③可以得到赔偿的损害的种类；④赔偿

---

❶　陈卫佐. 瑞士国际私法法典研究［M］. 北京：法律出版社，1998：302.

的方式及范围；⑤损害赔偿的权利能否转让或继承的问题；⑥有权请求损害赔偿的人；⑦本人对其代理人行为或雇主对其雇员行为所负的责任；⑧对法律适用规则有关产品责任举证方面的举证责任；⑨时效规则，包括有关时效的开始、中断和中止的规则。公约还规定，根据上述法律适用原则确定的准据法是该国的实体法，从而排除了反致和转致，而且只有在明显地与公共秩序相抵触时才可以拒绝适用，即使应适用的法律是非缔约国的法律，亦应予以适用。❶

2007 年关于非合同之债准据法的《罗马Ⅱ规则》第 5 条对产品责任的法律适用作了规定，它采取"连结点梯子"的方式规定了因产品所引起的损害而发生的非合同之债的准据法。根据该法第 5 条第 1 款的规定，a. 它通常是受害人在受损害时的惯常居所地国家的法律，只要产品已在该国上市；b. 如不存在受害人在受损害时的惯常居所地国家，则适用产品购买地国家的法律，只要产品在该国上市；c. 如不存在产品购买地国家，则适用损害发生地国家的法律，只要产品在该国上市。然而如果加害人不能合理地预见该产品或同类产品在依 a、b 或 c 项应适用的法律所属国上市，则准据法是加害人惯常居所地国家的法律。不过，以上三个法律的适用是以"不妨碍第 4 条第 2 款"为前提的，这意味着在损害发生时，如果加害人和受害人在同一国家有惯常居所，则应首先适用其惯常居所地国家的法律。此外，根据《罗马Ⅱ规则》第 5 条第 2 款的规定，如果从全部情况来看，侵权行为与第 1 款所指定的国家以外的另一国家有显然更密切的联系，则应适用该另一国家的法律体系。与另一国家有显然更密切的联系，尤可基于当事人之间先存在的关系（诸如与所称的侵权行为有密切联系的合同）得出。

需要指出的是，根据其第 28 条第 1 款，《罗马Ⅱ规则》不影响"以一个或多个成员国为缔约国且解决非合同之债领域的法律冲突的国际公约的适用"。也就是说，对于既是欧共体成员国，又是前述 1973 年 10 月 2 日海牙《产品责任法律适用公约》的缔约国的国家，如芬兰、法国、荷兰、卢森堡、斯洛文尼亚、西班牙等国来说，该海牙公约的规定优先于《罗马Ⅱ规则》第 5 条的规定。

中国《涉外民事关系法律适用法》第 45 条对涉外产品责任的法律适

---

❶ 徐冬根，单海玲. 国际公约与惯例（国际私法卷）［M］. 北京：法律出版社，1998：191 - 192.

用规则做出了规定："产品责任，适用被侵权人经常居所地法律；被侵权人选择适用侵权人主营业地法律、损害发生地法律的，或者侵权人在被侵权人经常居所地没有从事相关经营活动的，适用侵权人主营业地法律或者损害发生地法律。"

四、国际环境污染的法律适用

随着科学技术的进步和各国间民商事交往的加深，由国际贸易、跨国投资、远洋运输等所带来的严重的国际环境污染问题越来越受到国际社会的普遍关注。从国际环境污染发生的范围来讲，国际环境污染可以分为国际河流污染、国际海洋污染、大气的跨国污染及国际核污染。国际环境污染会给他国境内的生命和财产造成损害或损害威胁，因此，国际环境污染也是一种特殊的侵权行为。

（一）解决国际环境污染法律适用问题的国际条约

通过国际条约来协调各国在跨国环境侵权领域立法及司法实践的不同，无疑是一种最富有成效的努力。目前国际上制定的条约和规则包括1962 年《关于海洋运输核物质方面的民事责任公约》、1966 年《关于国际河流水利用的规则》、1969 年《国际油污损害民事责任公约》、1969 年《国际干预公海油污事故公约》、1972 年《防止倾倒废物及其他物质污染海洋的公约》、1973 年《干预公海非油类物质污染议定书》、1979 年《远程跨国界大气污染公约》、1982 年《联合国海洋法公约》等，这些公约和规则以实体法的形式规定了国际环境污染有关各方的权利与义务，是目前国际环境污染法律适用的重要依据。

（二）各国有关国际环境污染法律适用的规定

从各国的立法与司法实践来看，有关确定国际环境污染准据法的规则大致包括以下几种。

（1）适用对受害方最有力的法律。

依德国法律规定，跨国污染的受害者有权选择遭受损害地或污染行为做出地的法律。希腊、捷克、斯洛文尼亚等国的立法修正案中均采用这一原则。

（2）适用遭受损害地的法律。

损害结果发生地常常就是原告住所地或财产所在地。1995 年《英国国际私法》规定，在同一环境污染事件中受害人和财产位于不同国家时，涉及造成的人身伤害或由人身伤害所引起死亡的诉讼，适用受害人遭受损害时的住所地法；涉及对财产损害的诉讼，适用损害发生时财产所在地法律。荷兰、奥地利、丹麦、芬兰等国也采用此原则。

（3）适用最密切联系原则。

美国在1971年《冲突法重述（第二次）》中采用此原则。

（4）适用当事人意思自治原则。

《瑞士联邦国际私法法规》等138条规定，由不动产的致害排放物所引起的请求应依受害人的选择，适用不动产所在地国家的法律或损害结果发生地的法律。

2007年通过的关于非合同之债准据法的《罗马Ⅱ规则》第7条对环境损害的法律适用做出了规定。根据该条规定，因环境损害或人员或财产所遭受的后续损害而发生的非合同之债的准据法，是适用第4条第1款而得出的法律（损害发生地国家的法律），但请求赔偿的原告已选择使其请求权以损害的原因事实发生地国家的法律为基础的除外。

五、不正当竞争的法律适用

不正当竞争主要发生在经济领域，是指经营者实施低价销售商品、串通投标、发布虚假广告、进行商业贿赂等行为，损害其他经营者的利益，扰乱正常经济秩序。它随着国际经济渗透而日益发展为一种重要的国际侵权行为。

关于不正当竞争的法律适用，各国一般依受竞争影响的市场所在地国家的法律，不同的国家还有一些其他原则的补充。如，1987年《瑞士联邦国际私法法规》第136条规定：因不正当竞争而提起的索赔，适用该不正当竞争行为对其有影响的市场所在地国家的法律。如果不正当竞争行为专门针对受害人的经营利益，则适用受害人营业机构所在地国家的法律。同时，按照该法第133条第3款的规定：基于侵权行为违反了加害人和受害人之间既存法律关系的请求，受适用与既存法律关系的法律支配。1978年《奥地利联邦国际私法法规》第48条第2款规定：因不正当竞争而发生的损害与求偿权，依受竞争影响的市场所在地国家的法律。

2007年通过的关于非合同之债准据法的《罗马Ⅱ规则》第6条对因不正当竞争和限制自由竞争行为而发生的非合同之债的准据法的确定做出了规定。根据第6条第1款的规定，因不正当竞争行为而发生的非合同之债的准据法，是竞争关系或消费者的集体利益在其境内受影响或可能受影响的国家的法律。根据第 6 条第 2 款规定，如果不正当竞争行为唯独影响某一特定竞争者的利益，则适用第 4 条的一般规则，即适用损害发生地国家的法律。根据第 6 条第 3 款的规定，因限制竞争的行为而发生的非合同之债的准据法，是市场受影响或可能受影响地国家的法律。如果市场在一个以上国家受影响或可能受影响，则在被告住所地法院提起损害赔偿之诉的原告，可以使其请求以受诉法院地的法律体系为基础，只要该成员国的市场算作构成请求的基础的非合同之债因之而发生的限制竞争行为所直接和基本地影响的市场。如果原告依照裁判管辖权方面可适用的规则，在该法院起诉一个以上被告，则原告可以只选择使其请求以该法院所在地的法律为基础，前提是与对其中一个被告提起的诉讼有关的限制竞争行为也直接和基本地影响该法院所属成员国的市场。

六、诽谤的法律适用

从目前各国的相关立法来看，关于诽谤侵权的法律适用主要有两种做法。

（一）以美国、瑞士、罗马尼亚等国为代表的采用较为灵活的做法

如，美国主要采用最密切联系原则，1971 年美国《冲突法重述（第二次）》第 150 条规定：因书籍或报刊的任何一个版本，或电台或电视台的任何一次广播，或电影的任何一次放映，或类似的一次性传播中的诽谤性内容而引起的权利义务，依在该问题上，依照第 6 条规定的原则，与该事件或当事人有最重要联系的州的法律。瑞士主要采用受害人的意思自治确定诽谤侵权的准据法，1987 年《瑞士联邦国际私法法规》第 139 条规定：受印刷品、广播、电视、互联网或其他大众传播工具的诽谤而提出的损害赔偿诉讼，原告可以在下列法律中选择所适用的法律：①受害人习惯居所地国家的法律；②加害的主要营业机构所在地或习惯居所地国家的法律；③侵权结果发生地国家的法律。……

（二）以澳大利亚为代表的较为保守的做法

1992 年《澳大利亚法律选择法案》第 6 条第 5 款规定：基于诽谤而提起的请求权，依照诽谤发生时以下地点有效的法律规定：①请求人居住地；②如果请求人是一法人实体，则为请求人主要营业地。

七、网上侵权行为的法律适用

网上侵权的表现形式是多种多样的，既有利用技术手段和数据传输侵吞别人财产的侵权行为，也有侵犯知识产权的行为，还有侵犯人身权（如名誉权、名称权、姓名权、肖像权等）的行为。在各国的司法实践中，网上侵权行为时有发生，但如何确定侵权行为的法律适用，不论是在理论上还是在实践中，都是尚待解决的问题。

（一）侵权行为地法

侵权行为地法是国际私法上确定侵权行为准据法的最重要的原则之一，在各国的立法与实践中得以广泛适用。然而在网上侵权案件中适用这一古老原则，却带来许多不确定性，甚至弊端：①网络空间具有虚拟性和全球性，它作为一种全球资讯系统，连接着全球许多计算机，当事人在随意任何一台计算机上就可以实施相同的侵权行为，侵权行为地的确定具有很大的偶然性。②如果某个企业打算在互联网上进行商贸活动，它就必须使其行为具有全球合法性，否则就会面临来自不同国家的责任风险，它可能面临全球被诉的风险。尽管在网上侵权中适用侵权行为所在地法有这样或那样的不足，但在司法实践中适用这一原则的案例仍相当多，如1996年的美国诉汤玛斯夫妇案和1998年英国的 Meckler Media v. D. C. Congress 案❶。

（二）法院地法

在网上侵权行为的法律适用中，也有主张适用法院地法的。然而适用法院地法的缺陷也不少，主要表现在：①法院地法认为不法行为者，在行为地未必为不法行为，绝对地对侵权行为适用法院地法，就会导致被告要对在行为地被视为无错的行为负侵权责任，这显然有失公平。②适用法院地法极易导致原告挑选法院情况的出现，原告提起侵权之诉时可以选择对其更为有利的国家起诉，从而规避对其不利的国家的法律，由于互联网的全球性触角，可以在全球任何一个地方上网查找有关资料，这为当事人挑选法院提供了更加方便的选择。❷

---

❶ 何其生. 电子商务的国际私法问题［M］. 北京：法律出版社，2004：234 - 235.

❷ 何其生. 电子商务的国际私法问题［M］. 北京：法律出版社，2004：237.

（三）原始国规则

原始国规则是从卫星通信领域发展而来的。由于卫星传播能够覆盖全球或者地球大部分地区，因此，一旦传播内容中有侵权材料，适用哪个国家的法律就很难确定，原始国规则是指适用卫星信号的发出国的法律。尽管在一些网上侵权案件（如网上侵犯隐私权）中适用原始国原则有一定的合理性，但这忽略了侵权结果地的法律，对保护受害人十分不利。

（四）当事人意思自治原则

在侵权领域适用意思自治原则，是当代国际私法在侵权行为法律适用方面新的发展趋势。一些学者主张在网上侵权领域也应引入当事人意思自治原则，以适应网上侵权行为的复杂性。虽然目前各国立法尚没有明文规定，但司法实践中已有适用当事人协议选择的案例，如 World Wrestling Federation Eentertainment , Inc. v. Michael Bosman 案❶。适用当事人意思自治原则，由当事人自己选择他们认为最有力的法律，更能体现一种正义的立场，达到公平的结果。与此同时，我们也应看到，准许当事人选择法律，有可能产生大量规避法律的现象，从而会破坏一国的公共秩序。因此，有些学者建议，对于在网上侵权行为法律适用中引入当事人意思自治原则，应给予适度的限制。

（五）最密切联系原则

在侵权领域采用最密切联系原则已是目前侵权行为法律适用的一个重要趋势，对于复杂多变的网上侵权行为，也应采用最密切联系原则。这一主张已经得到大多数学者的广泛认同。①由于网络空间的虚拟性和无疆界性，许多属地性连接点，如侵权行为地、法院地等，与当事人的权益纠纷的联系越来越薄弱，即使某一连接点得以确定，也具有很大的随意性和偶然性。采用"最密切联系"的连接点，综合考虑各种因素，克服随意性和偶然性，真实反映法律关系与一定地域的本质联系，有助于案件的公正解决。②最密切联系原则不以单纯的某一连接点作为确定侵权行为准据法的根据，而是综合加害行为地、损害发生地，以及当事人的国籍、住所、居所及营业所等因素，有很大的弹性空间，可以适应复杂多变的网上侵权行为的需求。③采用最密切联系原则有利于保护受害人的利益。在网络环境

---

❶ 何其生. 电子商务的国际私法问题［M］. 北京：法律出版社，2004：243 - 244.

中，由于侵权行为的实施常常是在受害人不知情的情形下发生的，人们能见到的只是损害结果，在各种联系因素中损害结果发生地得以凸显，法官在权衡过程中势必朝着有利于受害人的方向发展。

综上所述，在网上侵权行为的法律适用中，不少国家通过对侵权行为地法的扩大解释，仍旧适用侵权行为地法。而当事人意思自治原则和最密切联系原则因其灵活性，适应了复杂多变的网络环境，将会在网上侵权行为案件中得到越来越多的适用。

中国《涉外民事关系法律适用法》第46条规定："通过网络或者采用其他方式侵害姓名权、肖像权、名誉权、隐私权等人格权的，适用被侵权人经常居所地法律。"

第四节　不当得利和无因管理之债

因不当得利（Unjust Enrichment）和无因管理（Voluntary Agency）而发生的债，又称准合同之债（Quasicontractual Obligation）。它们是既不是由于合同也不是由于侵权行为产生的、具有债的特征的法律关系。

一、不当得利的法律适用

（一）不当得利的含义及其法律冲突

不当得利，是指没有法律上或合同上的根据，使自己获得利益而使他人受到损害的情况。不当得利应返还给受损失之人，这种不当得利返还的权利义务关系就是不当得利之债。其中，获得不当得利的人称为受益人，是不当得利的债务人；财产受损失的人称为受害人，是不当得利之债的债权人。自罗马法至当代各国民法，对不当得利均有规定，但具体内容不一致。例如，根据《德国民法典》第977条规定，遗失物的发现者如果在他占有遗失物1年之内，仍无人认领，可以成为遗失物的所有人，但在以后3年内，原所有人仍可以不当得利请求返还。根据《法国民法典》第953条的规定，在生前赠与时，如因不履行赠与的条件可以取消此种赠与，这样的受赠人所得的利益也为不当得利，赠与人有请求返还的权利。各国对不当得利的法律规定不同，因此就有可能产生法律冲突。

（二）不当得利的法律适用

根据各国国际私法关于不当得利的规定，不当得利的法律适用原则如下。

1. 适用事实发生地法律

多数国家主张不当得利之债适用事实发生地法律。1978 年《奥地利联邦国际私法法规》第 46 条规定，不当得利的求偿权，依不当得利发生地国家的法律。《罗马尼亚关于调整国际私法法律关系的第一百零五号法》第 104 条规定，自然人或法人的不当得利适用行为发生地国家法律。2006 年《日本法律适用通则法》第 14 条规定，因不当得利而产生的债权的成立及效力，依其原因事实发生地。泰国、秘鲁、意大利、匈牙利等国家也采用此原则。根据不同国家对"事实发生地法"的不同认识，具体可以分为以下几类：利益发生地法，行为发生地法，行为完成地法，原因事实发生地法，损害发生地法，财产返还或给付地法，等等。2007 年通过的关于非合同之债准据法的《罗马Ⅱ规则》第 10 条第 3 款规定，如依第 10 条第 1 款或第 2 款不能确定准据法，则准据法是不当得利发生地国家的法律。

2. 适用不当得利据以发生的法律关系的准据法

1992 年《罗马尼亚关于调整国际私法法律关系的第一百零五号法》第 105 条规定，根据一个无效或失效的法律关系所为之履行导致的不当得利适用支配该法律关系的法律。1999 年《德国关于非合同债权关系和物权的国际私法立法》第 38 条第 1 款规定，基于履行行为产生的不当得利的返还请求，适用该履行行为所依据的法律关系的准据法。1982 年《南斯拉夫国际私法》第 27 条第 1 款规定，对不当得利，依该项得利由之产生、可能产生或以之为前提的、由之造成的那种法律关系所应适用的法律。

2007 年通过的关于非合同之债准据法的《罗马Ⅱ规则》第 10 条第 1 款规定，如果因不当得利（包括非债清偿）发生的非合同之债与当事人之间现有的关系有关联，而该项关系是诸如因合同或侵权行为发生的、与不当得利有密切联系的债，则准据法是该项关系的准据法。

3. 选择适用事实发生地法或当事人属人法

一是以事实发生地法为主，以当事人属人法为辅。如，《波兰国际私法》第 31 条第 1 款规定，非法律行为所生之债，依债务原因事实发生地法；第 2 款规定，当事人有同一国籍，又在同一国内有住所时，依当事人本国法。

二是以当事人属人法为主，行为地法为辅。如，1928 年《布斯塔曼特法典》第 221 条规定，不当得利依各当事人的共同属人法，如果没有共同属人法，则依给付地法律。

此外，关于非合同之债准据法的《罗马Ⅱ规则》第 10 条第 2 款规定，如依第 10 条第 1 款不能确定准据法，且在引起不当得利的事实发生时，双方当事人在同一国家有其惯常居所，则准据法是该国的法律。

4. 当事人意思自治

1987 年《瑞士联邦国际私法法规》关于不当得利法律适用规则的规定富有特色。该法第 128 条规定："因不当得利提起的求偿诉讼，如果不当得利起因于某一法律关系时，适用调整这种关系的法律。如果不存在这种法律关系，则适用不当得利行为发生地国家法律。当事人也可以选择适用法院地法律。"这一规定增加了法律选择的灵活性，同时也反映了一定的意思自治思想，尽管只是很有限的意思自治，即当事人只能选择法院地法律。2005 年《乌克兰国际私法》第 51 条第 2 款规定，无充分法律依据而获得财产所生之债，适用该行为发生地国的法律。债的双方当事人在其发生后的任何时候可以约定适用法院地国法。2006 年《日本法律适用通则法》第 16 条规定，不当得利的当事人可以在其原因事实发生后变更应适用于无因管理或者不当得利而产生的债权的成立及效力的法。但侵害第三者权利时，其变更不能对抗该第三者。

5. 最密切联系原则

美国采用此种规则。2006 年《日本法律适用通则法》第 15 条规定，因不当得利而产生的债权的成立及效力，综合考虑其原因事实发生时，当事人在同一法域有经常居所，与当事人间合同相关而产生的不当得利，与依该条规定应适用法地相比，明显有其他更密切关系地时，依该其他地法。2007 年通过的关于非合同之债准据法的《罗马Ⅱ规则》第 10 条第 4 款规定，如果全部情况表明，因不当得利而产生的非合同之债明显与依前 3 款指定的国家之外的另一国家有更为密切的联系，则该国的法律得予适用。

中国《涉外民事关系法律适用法》第 47 条规定，不当得利，适用当事人协议选择适用的法律。当事人没有选择的，适用当事人共同经常居所地法律；没有共同经常居所地的，适用不当得利发生地法律。

二、无因管理的法律适用

（一）无因管理的含义及法律冲突

无因管理，是指没有法定的或约定的义务，为避免他人权益受损失，自愿管理他人事务或为他人提供服务的行为。实施管理行为的人，称为管理人；接受管理事务的人，称为本人。管理人和本人之间的权利义务关系就是无因管理之债。各国民法对无因管理的处理不同。有的国家，如英国，没有无因管理的规定。即使规定无因管理的国家，对无因管理的安排也不同，日本民法把无因管理同不当得利、侵权行为并列作为债发生的根据来规定，而《法国民法典》将无因管理列入准契约中。同时，各国关于无因管理的规定也不同。这就有可能产生法律冲突。

（二）无因管理的法律适用

关于无因管理的法律适用，各国大多适用事实发生地法。例如，1982年《南斯拉夫国际私法》第 27 条规定，对于无因管理，适用管理人行为实施地法律；对于利用无因管理之物产生的债及对于其他非出自损害责任的非合同之债，适用债务的事实发生地法律。1984 年《秘鲁民法典》第 2098 条规定，因无因管理，适用已经或将要引起该债的事实发生地法律。2005 年《乌克兰国际私法》第 51 条第 1 款规定，无充分法律依据而保管财产所生之债，适用该行为发生地国的法律。2006 年《日本法律适用通则法》第 14 条规定，因无因管理而产生的债权的成立及效力，依其原因事实发生地法。《加拿大魁北克民法典》第 3125 条中也有类似规定。

对于无因管理所生之债的法律适用，也有一些国家采用其他法律适用原则。例如，1978 年《奥地利联邦国际私法法规》第 47 条规定，无因管理依此种管理行为地的法律；但如与另一法律义务或关系有密切联系，类推适用第 45 条的规定。而根据该法第 45 条，应适用支配该义务关系的国家的法律。1996 年《列支敦士登关于国际私法的立法》第 50 条、2006 年《日本法律适用通则法》第 15 条也有类似的规定。但这种规则是作为无因管理适用事实发生地法原则的补充。

另外，有一些国家对无因管理所生之债允许适用当事人选择的法律。如，2006 年《日本法律适用通则法》第 16 条规定，无因管理的当事人可以在其原因事实发生后变更应适用于无因管理而产生的债权的成立及效力的法；但侵害第三者权利时，其变更不能对抗该第三者。2005 年《乌克兰国际私法》第 51 条第 2 款规定，无充分法律依据而保管财产所生之债，债的双方当事人在其发生后的任何时候可以约定适用法院地国法。马达加斯加和中非国际私法中都有这样的规定。

2007 年通过的关于非合同之债准据法的《罗马Ⅱ规则》第 11 条对因

无因管理发生的非合同之债的准据法的确定作了规定。根据第 11 条第 1 款的规定，如果因无因管理发生的非合同之债与当事人之间现有的关系有关联，而该项关系是诸如因合同（如委托合同）或侵权行为而发生的、与该无因管理之债有密切联系的债，则准据法是该项关系的准据法（如委托合同准据法）。根据第 11 条第 2 款的规定，如依第 11 条第 1 款不能确定准据法，且在引起损害的事实发生时，双方当事人在同一国家有惯常居所，则准据法是该国的法律。根据第 11 条第 3 款的规定，如依第 11 条第 1 款或第 2 款不能确定准据法，则准据法是无因管理发生地国家的法律。但是，第 10 条第 4 款规定，如果全部情况表明，因不当得利而产生的非合同之债明显与依前 3 款指定之外的另一国家有更为密切的联系，则该另一国的法律得予适用。

中国《涉外民事关系法律适用法》第 47 条规定，无因管理，适用当事人协议选择适用的法律。当事人没有选择的，适用当事人共同经常居所地法律；没有共同经常居所地的，适用无因管理发生地法律。

第十章　婚姻家庭关系的法律适用

第一节　结婚

一、结婚和跨国结婚

　　家庭是社会的细胞，是人们社会生活的基本单位。婚姻家庭关系是基本的社会关系，也是各国婚姻家庭法律调整的重要对象。然而各国婚姻家庭法律只能反映具有各自特色的社会经济制度、历史文化传统、宗教信仰和风俗习惯等特点，在历史发展的不同阶段和不同社会制度的国家之间，甚至在处于同一历史发展阶段和同一社会制度的国家之间，婚姻家庭法律都会发生种种差异。在世界各国人民之间交往越来越频繁的情况下，不可避免地会产生一些跨国婚姻家庭问题，法律冲突是司空见惯的现象。

　　国际私法所调整的是跨国婚姻家庭关系，是含有跨国因素或外国因素的婚姻家庭关系。这种关系既包括在一国国境内本国人与外国人之间，以及外国人之间的婚姻家庭关系；也包括在一国国境外本国人之间，以及本国人与外国人之间的婚姻家庭关系。一般而言，跨国婚姻家庭关系主要包括结婚关系、离婚关系、夫妻关系、父母子女关系、扶养关系、监护关系和收养关系等内容。

　　婚姻成立的标志是结婚。结婚，又称婚姻的成立，是婚姻当事人依据法律规定的条件和程序确立配偶关系的行为。因此，有效的婚姻一定要符合法律规定的实质要件和形式要件。由于各国法律规定的不同，这方面经常发生法律冲突，各国在解决跨国结婚关系时往往采取不同的法律冲突原则。

　　跨国结婚是指含有跨国因素或外国因素的婚姻成立行为。跨国结婚也包括跨国结婚的实质要件和形式要件。

二、结婚实质要件的法律适用

所谓结婚实质要件，是指结婚当事人必须具备的和必须排除的条件。其中，必须具备的条件，又称必备条件或积极要件，包括当事人的合意、达到法定婚龄、法定代理人同意、一夫一妻制等；必须排除的条件，又称禁止条件或消极要件，即婚姻障碍，包括男女双方为近亲、一方或双方有配偶、有生理缺陷或患有某种不能结婚的疾病等。各国法律对结婚的实质要件规定不同，从而在跨国结婚方面容易产生法律冲突。

在法定婚龄问题上，各国婚姻法的规定就有较大的差别，经常产生法律冲突。例如，中国现行婚姻法对于结婚年龄规定，男子不得早于 22 周岁，女子不得早于 20 周岁；英国规定男女均为 16 岁；法国规定男 18 岁、女 15 岁；意大利规定男 16 岁、女 14 岁；西班牙规定男 14 岁、女 12 岁；美国各州对最低婚龄规定又不尽相同，男子从 15 岁到 21 岁不等，女子从 14 岁到 18 岁不等。

结婚男女双方完全自愿原则是世界大多数国家普遍采纳的实质要件之一。中国现行婚姻法坚持婚姻自由原则，结婚必须男女双方完全自愿，不许任何一方对他方加以强迫或任何第三者加以干涉，禁止买卖婚姻和包办婚姻。然而有些国家规定，在特殊条件下，还应取得监护人的同意。例如，法国、日本、美国、意大利等国法律规定，未成年人结婚，除双方自愿同意外，还应取得父母或监护人的同意。

目前，世界上大多数国家法律都规定禁止结婚男女有近亲关系，但对于旁系血亲通婚的禁止，各国的规定有所差别。如，中国婚姻法规定，直系和三代以内的旁系血亲禁止结婚。日本法律规定，三代以内的旁系血亲之间不准结婚；菲律宾法律规定，四代以内的旁系血亲不准结婚。

世界上许多国家规定，禁止某些疾病患者结婚，但各国规定的具体疾病有所差异。如，中国婚姻法规定，患麻风病未经治愈或患其他医学上认为不应当结婚的疾病的人，禁止结婚。瑞士法律则完全禁止精神病人结婚。

由于各国法律规定的不同，结婚实质要件的法律冲突在所难免，严重影响了各国正常的民事交往。解决这类法律冲突问题，一般适用如下原则。

（一）适用婚姻举行地法

凡婚姻举行地认为有效的婚姻，在任何地方都有效；反之，凡婚姻举行地认为无效的婚姻，在任何地方都无效。采取这一做法，简便易行，婚姻举行地容易辨认，便于解决法律冲突。而且，有的国家认为婚姻也是一种契约关系或法律行为，根据"场所支配行为"原则，婚姻成立的实质要件当然应受婚姻举行地法支配。美国许多州和一些拉丁美洲国家，如阿根廷、巴拉圭、墨西哥、秘鲁、危地马拉、哥斯达黎加等国，都采取这一做法。

（二）适用当事人属人法

有些国家认为婚姻关系属于身份关系，因此主张婚姻的实质要件适用当事人属人法。奥地利、比利时、法国、德国、希腊、意大利、卢森堡、荷兰、葡萄牙、西班牙、瑞士、土耳其、瑞典、日本、泰国等国主张适用当事人本国法，英国、加拿大、澳大利亚、新西兰、丹麦、挪威等国主张适用当事人住所地法。但婚姻实质要件适用当事人属人法时，还需要解决以下几个问题：

（1）当遇到双方当事人因国籍或住所不一致，各自的属人法对婚姻实质要件规定不同时，根据各国的立法和实践，婚姻实质要件一般适用以下法律：

①适用丈夫的属人法。然而这一做法有悖于现在普遍主张的男女平等原则，因此已为各国所放弃。

②分别适用双方当事人各自的属人法。只要婚姻分别符合双方当事人各自属人法规定的实质要件，该婚姻就是有效的婚姻，而不管他们的属人法是否存在抵触。如，日本法律规定，婚姻成立的实质要件适用夫妻双方各自的本国法。奥地利、秘鲁、埃及等国也采取这一主张。

③重叠适用双方当事人的属人法。婚姻只有在满足双方当事人的属人法所规定的实质要件时，才被认为是有效的婚姻。如，1979 年《匈牙利国际私法》就是如此规定的。

④适用法院地法。在当事人中有一方的国籍或住所在法院地国时，有的国家就主张适用法院地法。如，德国 1986 年修改的国际私法就作了如此规定。

⑤适用其他法律。当双方当事人隶属于不同的属人法时，有的国家既不适用当事人各自的属人法，也不适用法院地法，而是改为适用第三国法律，如适用婚姻举行地法、婚姻住所地法等。

（2）当遇到无国籍人结婚时，一般均以其住所地法或惯常居所地法作为属人法。如果当事人没有住所或惯常居所，则适用结婚时的居所地法或法院地法。对于政治避难者的结婚问题，也应适用其住所地法或惯常居所地法，而不宜适用其本国法。

（三）适用混合原则

不少国家采取适用混合原则来解决婚姻实质要件的法律冲突问题。具体做法有：第一，以婚姻举行地法为主，兼采当事人住所地法或本国法。如，俄罗斯法律作了如此规定。第二，以当事人住所地法或本国法为主，兼采婚姻举行地法。如，1979 年《匈牙利国际私法》和 1982 年《南斯拉夫国际私法》就是这样规定的。适用混合原则可以避免以往机械地理解和适用传统冲突规则的不足，有利于提高法律适用的灵活性，已为越来越多的国家所接受。1971 年美国《冲突法重述（第二次）》中也采用了这一原则，英国法院近年来审理案件时也经常适用这项原则。

三、结婚形式要件的法律适用

结婚形式要件是指成立合法婚姻必须遵循的程序或方式。世界各国立法对结婚的形式要件的规定并不相同，因此，在跨国结婚中，在结婚形式上也会产生法律冲突现象。

目前，世界上多数国家把民事登记作为合法婚姻成立的形式要件，中国婚姻法也将民事登记作为结婚的重要形式要件，但是各国对于民事登记的要求有不同的规定。如，日本民法规定，结婚经登记而生效，而登记必须由双方当事人和成年证人以口头或书面形式做出；法国民法规定，结婚既要进行登记，又要举行仪式才为有效，要求按照一定的形式将未来配偶的姓名、职业、住所及举行结婚的地点张贴公告。

有些国家法律规定，只有按照宗教教规要求举行仪式的婚姻才是合法有效的，如西班牙、葡萄牙、希腊等国和美国的某些州就是这样规定的。也有许多国家允许当事人在宗教婚姻和民事登记中可以任选一种，如英国、挪威、瑞典、丹麦、巴西等国。

此外，还有一些国家将事实婚姻的方式作为结婚的形式要件。事实婚姻，不要求通过任何法律手续和仪式，男女双方以夫妻身份同居，国家承认这种婚姻的效力。冰岛、苏格兰和美国一些州的立法都将事实婚姻形式作为婚姻成立的形式要件。目前，瑞士、奥地利、瑞典也开始承认这种婚姻的有效性。中国曾经存在过大量的事实婚姻，当时的法规也承认其效力，但为了维护稳定的婚姻家庭关系，保护妇女、儿童的合法利益，中国现已不承认事实婚姻的有效性。

针对结婚形式要件产生的法律冲突问题，一般有如下几种法律适用的主张。

（一）适用婚姻举行地法

目前世界上大多数国家都根据"场所支配行为"原则，采用婚姻举行地法。一般认为，结婚的形式要件涉及婚姻举行地的公共秩序和善良风俗，因而强制采用婚姻举行地法，而不考虑当事人的本国法。日本、土耳其、南斯拉夫、匈牙利等国在结婚形式要件上，一直主张采用婚姻举行地法。

（二）适用当事人本国法

一些推行宗教婚姻的国家要求当事人在结婚形式问题上适用当事人本国法。他们认为，皈依于某个宗教的教徒的婚姻，即使在外国举行，也应符合本国法律规定的宗教形式，否则不承认其国民在外国结婚的有效性。西班牙、希腊、塞浦路斯等国坚持这一做法。

（三）适用婚姻举行地法和当事人本国法

上述两种结婚形式的法律适用是两种极端相反的制度，容易产生冲突。为了调和矛盾，近年来，许多国家采取混合原则来解决法律冲突问题。英国、法国、意大利、奥地利及东欧等国，在结婚形式要件的准据法上采用混合原则，兼顾婚姻举行地法和当事人本国法。1902 年《海牙婚姻公约》也采用了这种做法，以婚姻举行地法为主，兼采当事人本国法。

除了以上几种法律适用原则外，针对领事婚姻则有一些特殊的要求。领事婚姻，又称外交婚姻，是指在驻在国不反对的情况下，国家授权其驻外领事或外交代表为本国侨民按照本国法律规定的结婚方式办理结婚手续而成立婚姻的制度。领事婚姻问题的实质是驻在国是否承认外国人之间在其内国按照当事人本国法举行的婚姻。就结婚形式而言，领事婚姻是办理在国外的本国人的婚姻的一种变通形式，是国内结婚形式在国外的延伸。这一制度已为许多国家国内立法和国际条约所接受。在领事婚姻中，不仅婚姻的形式要件要适用本国法的规定，婚姻的实质要件也要适用本国法的规定，而且这些规定与驻在国的公共秩序不能产生抵触。日本、英国、匈牙利、土耳其等国都在各自立法中承认领事婚姻的效力。中国与一些国家签订的条约中也规定了在互惠条件下相互承认领事婚姻的效力。

四、中国关于涉外结婚的法律适用

中国对于涉外结婚的法律适用，原先的规定是不区分其实质要件和形式要件，普遍适用婚姻缔结地法。如，《民法通则》第 147 条规定，中华人民共和国公民和外国人结婚适用婚姻缔结地法律。此外，调整涉外结婚关系的法律法规还有：1980 年颁布并于 2001 年修正的《婚姻法》，1983 年 8 月由民政部发布的《中国公民同外国人办理婚姻登记的几项规定》，1983 年 11 月由外交部、最高人民法院、民政部、司法部、国务院侨务办公室联合发布的《关于驻外使领馆处理华侨婚姻问题的若干规定》，1983 年 12 月由民政部做出的《关于办理婚姻登记中几个涉外问题处理意见的批复》，2003 年 8 月国务院颁布的《婚姻登记条例》，2010 年《涉外民事关系法律适用法》，等等。

从上述法律、法规可以看出，中国处理跨国结婚问题涉及以下几种情况：中国人和外国人在中国境内结婚；外国人之间在中国境内结婚；中国人和外国人在中国境外结婚；中国人之间在中国境外结婚；外国人之间在境外结婚，要求在中国承认其效力。

（1）对于中国公民同外国人（包括常驻中国和临时来华的外国人、外籍华人、定居中国的侨民）在中国境内自愿结婚的，双方当事人必须到中国公民一方常住户口所在地的省、自治区、直辖市人民政府的民政部门或其确定的婚姻登记机关申请结婚登记，办理结婚手续。中国公民须持本人户口簿、身份证和本人无配偶以及与对方当事人没有直系血亲和三代以内旁系血亲关系的签字声明。外国人须持有本人的有效护照或者其他有效的国际旅行证件；所在国公证机构或者有权机关出具的、经中华人民共和国驻该国使领馆认证的或者该国驻华使领馆认证的本人无配偶的证明，或者所在国驻华使领馆出具的本人无配偶的证明。

（2）对于在中国境内外国人之间结婚的问题，一般要求当事人遵守中国婚姻法的规定，即依婚姻缔结地法，但也适当照顾有关外国法中关于结婚实质要件的具体规定。根据中国有关法规，如果男女双方都是来华工作的外国人，或者一方是在华工作的外国人，另一方是临时来华的外国人，要求在华办理结婚登记的，只要他们具备了《中国公民同外国人办理婚姻登记的几项规定》中所要求的证件，符合中国婚姻法关于结婚的规定，可以办理结婚登记。为了保证中国婚姻登记的有效性，可以让婚姻当事人提供本国法律规定在国外办理结婚登记的有效法律条款。长期居住在中国港澳地区的外籍华人申请与内地公民结婚的，对持有其国籍所属国证明的，也按《中国公民同外国人办理婚姻登记的几项规定》办理。由此可见，在结婚形式要件方面也应适用婚姻缔结地法。

（3）在中国境外，中国公民与外国人之间缔结的婚姻，按照中国《民法通则》第 147 条的规定，承认他们之间婚姻的有效性。但对于结婚双方均为中国公民而在中国境外缔结的婚姻适用什么法律，尚无明文规定。为了使其婚姻在国内得到保护，一般要求他们结婚时不要与中国婚姻法确立的基本原则相抵触，并按照《中国公民同外国人办理婚姻登记的几项规定》办理有关手续。凡双方均为华侨，且符合中国婚姻法的规定，要求在驻在国的中国使领馆结婚的，只要驻在国法律许可，中国使领馆可为他们办理结婚登记，颁发结婚证书。

（4）对于双方均为外国人，在中国境外结婚而想在中国承认其效力，根据前述《民法通则》的规定，对这种婚姻也适用婚姻缔结地法。只要婚姻缔结地法认为有效，中国也承认其效力。

中国《涉外民事关系法律适用法》第 21 条、第 22 条对结婚的法律适用规则做出了规定。第 21 条规定，结婚条件，适用当事人共同经常居所地法律；没有共同经常居所地的，适用共同国籍国法律；没有共同国籍，在一方当事人经常居所地或者国籍国缔结婚姻的，适用婚姻缔结地法律。第 22 条规定，结婚手续，符合婚姻缔结地法律、一方当事人经常居所地法律或者国籍国法律的，均为有效。显然，《涉外民事关系法律适用法》关于结婚的法律适用规则的规定与《民法通则》第 147 条的规定有较大不同，根据《涉外民事关系法律适用法》第 51 条的规定，《民法通则》第 147 条与《涉外民事关系法律适用法》的规定不一致的，适用《涉外民事关系法律适用法》。

第二节　离婚

一、离婚制度与跨国离婚

离婚是指在配偶生存期间解除婚姻关系的法律行为。离婚制度是各国婚姻法律中不可缺少的组成部分。离婚同结婚一样，受到各国历史文化、宗教信仰、风俗习惯等的影响，各国离婚立法存在很大的差异。目前，世界上除了极少数国家以外，绝大部分国家对离婚持自由主义态度，允许当事人离婚，但各国立法对离婚原因、方式、程序及法律后果等方面的规定有冲突，因此，跨国离婚的法律适用问题也成为国际私法研究的重要领域。

二、离婚实质要件的法律适用

离婚实质要件是指婚姻法律规定的准许离婚的条件。综观各国立法，一般采取原则性规定和列举性规定的方式确定离婚的实质要件。

中国现行《婚姻法》第31条规定，男女双方自愿离婚的，准予离婚。第32条第2~3款规定，人民法院审理离婚案件，应当进行调解；如感情确已破裂，调解无效，应准予离婚。有下列情形之一，调解无效的，应准予离婚：①重婚或有配偶者与他人同居的；②实施家庭暴力或虐待、遗弃家庭成员的；③有赌博、吸毒等恶习屡教不改的；④因感情不和分居满2年的；⑤其他导致夫妻感情破裂的情形。可见，我国《婚姻法》采取了原则性规定与列举式规定相结合的规定方式。

一些国家的立法一般要求在婚姻关系中，无过错的一方能够证明他方有罪过，才准许提出离婚，因此采取列举性规定的方式。如，《法国民法典》第229~232条将通奸、重大暴行、虐待、侮辱、受刑事处分、双方无法共同生活等列为离婚的理由。《英国离婚改革法》规定，可以申请离婚的基本依据是婚姻关系已破裂到不可挽回的地步。申请人可提出以下情况之一作为证明：①被告有通奸行为；②由于被告的行为，双方无法继续同居；③被告持续遗弃原告至少2年，并且被告已同意离婚；④双方持续分居达5年之久。日本民法规定，夫妻一方限于以下情形，才可以提起离婚之诉：①配偶有不贞的行为；②被配偶恶意遗弃；③配偶生死不明在3年以上；④配偶患严重精神病，没有康复的希望；⑤有其他难以维持婚姻的重大事由。

目前，美国、澳大利亚、意大利、西班牙、瑞典、挪威等国的离婚法律基本上采取这种规定方式。

东欧国家的立法一般对离婚理由不作列举性规定，仅在原则上规定如果夫妻感情确已破裂或婚姻关系无法维持时，当事人即可提出离婚，离婚并不因夫妻一方的过错而引起。

各国立法在离婚实质要件方面发生的冲突，增加了解决跨国离婚案件的难度。那么如何确定离婚实质要件的准据法呢？各国采取的法律适用原则主要有以下几种。

（1）适用夫妻共同的本国法。

欧洲大陆国家，除芬兰和瑞典以外的北欧国家，以及日本等国，均采取这一原则。这些国家认为，离婚涉及人的身份问题，理应受当事人的本国法支配，而且婚姻关系的创设既然适用当事人的本国法，那么婚姻关系的解除也应适用同一法律。采取这一原则遇到的难题是，如果夫妻双方的国籍不同，应选择哪一国法律作为准据法呢？对此的解决方法有以下几种：

第一，适用丈夫的本国法。这一制度与现今主张的男女平等原则相违背，因而已被大多数国家放弃，目前，只有希腊、埃及等国坚持这种主张。

第二，适用原告的本国法。这一原则由于在离婚问题上忽略了被告的本国法，因此采用的国家并不多，瑞士、比利时等国主张这种做法。

第三，同时适用夫妻各自的本国法。这种做法虽然顾及夫妻双方的本国法，比较公平，但只有在夫妻双方的本国法都认为符合离婚条件时，才准予离婚，由此限制了离婚的机会，与当今离婚自由化趋势不符。1982年《南斯拉夫国际私法》作了如此规定。

第四，适用夫妻共同住所地法。法国、波兰等国采取这种做法。

第五，适用法院地法。东欧一些国家法律规定，如果夫妻国籍不同，没有共同的本国法时，可直接适用法院地法。

第六，选择适用某个准据法。如，1979年《匈牙利国际私法》规定，在夫妻离婚时双方国籍不同的情况下，法院可从几个准据法中选择适用一个准据法。

（2）适用夫妻共同或一方的住所地法。

采取这一原则的国家认为，住所地是当事人生活的中心，与当事人的关系最为密切，因此离婚应适用夫妻共同或一方的住所地法。英国、美国等国采取这种做法。

（3）适用法院地法。

这种主张最早是在19世纪由德国学者萨维尼提出的，20世纪初期被大陆法系国家接受。目前，采用这一制度的国家有中国、丹麦、挪威、拉丁美洲一些国家等。在英美国家，解决离婚问题首先以住所地为标志来确定其管辖权，然后又依管辖权来确定离婚实质要件的法律适用，因此，他们所谓适用住所地法，从另一个角度来看也就是适用法院地法。

（4）重叠适用当事人的属人法和法院地法。

其中又分为三种类型：第一，以当事人属人法为主，兼采法院地法。如，1986 年《德国国际私法改革法》和 1962 年《韩国关于涉外民事法律的法令》作了如此规定。第二，以法院地法为主，兼采当事人属人法。过去的《瑞士联邦国际私法法规》采取这一原则。第三，平行适用当事人属人法和法院地法。1902 年《海牙离婚公约》作了这样的规定。

近年来，欧洲大陆一些国家为了适应离婚自由化的趋势，逐渐放松了离婚的条件，在跨国离婚问题上采取适用有利于实现离婚的法律的原则。如，1986 年《德国国际私法》、1978 年《奥地利联邦国际私法法规》、1982 年《南斯拉夫国际私法》等都采取这一原则。

三、离婚形式要件的法律适用

离婚形式要件是指解除合法婚姻关系的具体程序和方式。一般来说，各国在离婚形式要件上普遍采用诉讼程序和行政程序两种，极少数国家还采用宗教方式离婚。诉讼程序是指通过法院的判决来解除婚姻关系，也就是判决离婚方式；行政程序是指经婚姻行政主管机关确认后发给离婚证书来解除婚姻关系，也就是协议离婚方式。中国现行《婚姻法》对于离婚形式要件规定了判决离婚和协议离婚两种。针对协议离婚，中国现行《婚姻法》第 31 条规定："男女双方自愿离婚的，准予离婚。双方必须到婚姻登记机关申请离婚。婚姻登记机关查明双方确实是自愿并对子女和财产问题已有适当处理时，发给离婚证。"在实行协议离婚制的其他国家中，各国的做法不尽相同。如，法国、荷兰、比利时等国规定，结婚要满一定期限后才能协议离婚；日本民法要求，协议离婚应根据户籍法的规定申报；法国、南斯拉夫等国还规定，协议离婚要经过法院批准。此外，欧洲一些国家，如德国、意大利、瑞典等国，采取判决离婚方式。美国某些州婚姻法还规定了快速离婚方式，即结婚不久又无子女以及财产较少的夫妻提出离婚时，先就分割财产达成协议，6 个月后再认可一下并表明仍要求快速离婚的，即可办成离婚手续。

由此可见，在离婚形式要件上，各国立法并不相同，在处理跨国离婚时常常发生法律冲突。要想解决这个问题，必须确定法律适用原则。对于离婚形式要件的法律适用，一般主张适用法院地法。在这种情况下，凡是在某国提起的离婚诉讼，不论其本国法是如何规定的，均依法院地法的程序办理。这是由于根据国际私法的普遍原则，有关诉讼程序问题一般依法院地法，实质问题一般依当事人属人法。因此，在处理跨国离婚形式要件的法律冲突时，也应适用法院地法。

四、离婚案件的管辖权

在解决跨国离婚案件过程中，确定案件的管辖权是与法律适用密切相关的一个敏感问题，不同国家行使管辖权经常会导致不同的法律适用，因而也会产生不同的审判结果。一般而言，对离婚案件行使管辖权的原则有两个：一是以当事人的住所或居所为依据；二是以当事人的国籍为依据。

在中国，根据1983年8月由民政部发布的《中国公民同外国人办理婚姻登记的几项规定》，中国公民同外国人要求在华离婚的，不论双方自愿或一方要求离婚，都由中国人民法院处理。根据中国《民事诉讼法》第22条和第23条的规定，在跨国离婚诉讼中，只要被告的户籍所在地或居所地在中国，或对不在中国领域内居住的人提出离婚之诉的原告在中国有户籍或居所的，不论对方是什么国籍的人，中国人民法院均有管辖权。由此可见，中国人民法院对跨国离婚案件管辖权的范围是比较宽泛的。

英美国家一般以当事人住所或居所来行使管辖权。如，1973年《英国住所与婚姻诉讼法》规定，只有当婚姻当事人在诉讼开始时在英国有住所，或到诉讼开始日止在英国有习惯居所达一年之久时，英国法院才有管辖权。美国《冲突法重述（第二次）》也规定，离婚案件的管辖权主要以住所地为依据，住所以外的最密切联系因素可以作为确定管辖权的补充因素。拉美国家虽然也以住所地来确定离婚案件的管辖权，但他们不以配偶任何一方的住所为连结点，而是以夫妻的婚姻住所为连结点。

欧洲大陆法系国家原则上以当事人的国籍来确定离婚案件的管辖权，同时规定也可以当事人的住所或习惯居所行使管辖权。少数国家甚至规定，对有关本国人的离婚案件享有专属管辖权。这些主张在国际公约中也有反映，如，1902年海牙《离婚及分居法律冲突与管辖冲突公约》在离婚法律适用上采用了重叠适用当事人属人法和法院地法的原则。

五、中国关于涉外离婚的法律适用

中国原先并没有制定处理涉外离婚案件的正式法律，在不妨碍中国基本国策的前提下，当时在实践中尽量避免做出被当事人本国认为无效或无法执行的离婚判决。随着中国经济建设的不断发展，对外经济文化交流日益扩大，中外人员往来频繁，涉外婚姻逐渐增多。为此，1986 年 4 月颁布的《民法通则》确立了中国处理涉外离婚的法律适用原则。

根据《民法通则》第 147 条的规定，中华人民共和国公民和外国人离婚适用受理案件的法院所在地法律。在这种跨国离婚关系中，一方当事人必须是中国公民，另一方当事人是外国人。根据"法院地"的位置不同，具体适用时有三种情况：

（1）法院地在中国境内，即由中国法院受理中国公民与外国人之间的离婚案件，根据中国《民法通则》的这条规定，应适用法院地法即中国法，也就是中方当事人的本国法。

（2）由外方当事人本国法院受理的中国公民与外国人之间的离婚案件，适用法院地法，也就是外方当事人的本国法。

上述两种情况下，受案法院所适用的法院地法实际上就是离婚一方当事人的本国法。法院所适用的法律与离婚当事人有着密切联系，法院做出的判决也比较容易为当事人本国所接受。

（3）如果受案法院在第三国，依第三国法律处理中国公民与外国人之间的离婚案件，由于第三国与中国公民或外方当事人都没有直接联系，因此由第三国法院依其法律所做出的离婚判决往往不符合中国法或外方当事人本国法的规定，从而引起离婚判决承认与执行上的困难。此外，对于居住在中国境内的外国人与外国人之间离婚的法律适用，中国法律尚未规定。在上述两种情况下，不能单纯地采用法院地法为准据法，而应采用比较灵活的方式，如，适用当事人共同的属人法，或对当事人任意选择与案件毫无关系的国家的法院起诉的行为做出适当限制等。

中国《涉外民事关系法律适用法》第 26 条规定，协议离婚，当事人可以协议选择适用一方当事人经常居所地法律或者国籍国法律。当事人没有选择的，适用共同经常居所地法律；没有共同经常居所地的，适用共同国籍国法律；没有共同国籍的，适用办理离婚手续机构所在地法律。第 27 条规定，诉讼离婚，适用法院地法律。《涉外民事关系法律适用法》关于离婚的法律适用规则的规定与《民法通则》第 147 条的规定不尽相同。根据《涉外民事关系法律适用法》第 51 条的规定，《民法通则》第 147 条与《涉外民事关系法律适用法》的规定不一致的，适用《涉外民事关系法律适用法》。

第三节　夫妻关系和父母子女关系

一、夫妻关系及其法律适用

夫妻关系是整个家庭关系的核心，在家庭中起着承上启下、养老育幼的作用。在不同性质的社会里，夫妻关系的性质和内容、夫妻在家庭中的法律地位都有很大的差别。夫妻关系是合法有效的婚姻所产生的特定男女当事人之间的一种法律关系，一般涉及夫妻人身关系和夫妻财产关系两个方面。国际私法一般分别确定它们的法律适用。

（一）跨国夫妻人身关系的法律适用

夫妻人身关系是指具有合法婚姻关系的男女双方，在社会和家庭中的地位、身份等方面的权利与义务关系，一般包括姓氏权、同居义务、忠诚义务、住所决定权、从事劳动和社会活动的权利、夫妻间的日常家务代理权等方面内容。在上述问题上，由于各国政治制度、经济状况、社会风俗、历史传统、宗教信仰等不同，法律规定也有较大差异，极易产生法律冲突。为了解决跨国夫妻人身关系的法律冲突，一般采取以下几种法律适用原则。

1. 适用当事人的本国法

有不少国家认为，人的身份能力适用当事人的本国法，这是一条具有普遍意义的法律适用原则，因此，夫妻人身关系也应适用当事人的本国法。而在具体适用上，又有几种不同的主张：（1）适用丈夫的本国法。如日本、约旦、阿拉伯联合酋长国，以及阿拉伯国家联盟统一国际私法等，都对此作了规定。（2）适用夫妻双方的共同本国法，在没有共同本国法时，则适用丈夫的本国法。如，法国和泰国的国际私法作了如此规定。（3）适用夫妻双方共同的本国法，如夫妻双方没有共同本国法时，则适用夫妻住所地法或法院地法。如，1966 年《波兰国际私法》、1982 年《南斯拉夫国际私法》等作了如此规定。

2. 适用当事人的住所地法

采用这一原则的国家认为，婚姻关系与住所地的公共秩序和经济负担有关，因此婚姻与住所地的关系极为密切，夫妻人身关系主要应适用住所地法。英国、美国、丹麦、乌拉圭、秘鲁、巴西、瑞士等国采用这一原则。近几年来，东欧一些国家也开始倾向于采用住所地法。

3. 允许在比较广泛的范围内选择准据法

如，1978 年《奥地利联邦国际私法法规》第 18 条规定：①婚姻的人身效力依配偶双方的共同属人法；如无共同属人法，依他们的最后共同属人法，只要还有一方仍保有它；②否则，依配偶双方均有习惯居所的国家的法律，只要一方仍保有它；③如婚姻如第（1）款指定的法律未生效，而在奥地利的管辖范围内为有效，其人身法律效力依奥地利法，但如配偶双方与第三国有较强联系，并且根据它的法律该婚姻也产生效力，则以该第三国法律取代奥地利法。《德国民法典施行法》规定，婚姻的人身效力依：①夫妻双方所属国家的法律或在婚姻关系存续期间夫妻一方最后所属国家的法律；②否则，依夫妻双方有惯常住所国家的法律或在婚姻关系存续期间夫妻一方有最后惯常居所的国家的法律；③此外，依与夫妻双方有最密切联系的国家的法律。

（二）跨国夫妻财产关系的法律适用

夫妻财产关系又称夫妻财产制，是指具有合法婚姻关系的男女双方对于家庭财产的权利义务关系，主要包括婚姻对双方当事人的婚前财产发生什么效力，婚姻存续期间所获财产的归属，以及夫妻对财产的管理、处分和债务承担等方面的制度。

一般而言，夫妻财产制分为法定财产制和约定财产制两种。法定财产制是指法律明文规定的夫妻财产制，又有共同财产制和分割财产制两种不同的形式。各国对法定财产制的具体规定有很大的差异，中国、法国、罗马尼亚等国将共同财产制作为其法定财产制；而英国、美国、加拿大、新西兰等国以分割财产制作为其法定财产制。各国对于约定财产制的规定也有很大的不同。有的国家用法律规定了几种约定财产制，由当事人选定，如，法国规定了共同财产制和分割财产制。有的国家法律没有明文规定财产制的形式，只要不违反社会善良风俗和法律基本原则，当事人可以自行约定，如日本。对于法定财产制和约定财产制的效力，各国规定也不尽相同。有的国家只实行法定财产制，不承认约定财产制，如罗马尼亚、波兰、匈牙利等国；有的国家以约定财产制为主，在没有约定财产制的情况下才适用法定财产制。由于各国对夫妻财产制的内容规定不同，在这方面产生法律冲突现象在所难免，由此采用的法律适用原则主要有以下几种。

1. 意思自治原则

西方国家，特别是英国、美国、法国和奥地利等国，主张适用意思自治原则来解决跨国夫妻财产关系的法律冲突问题。这些国家认为，夫妻之间的财产关系是一种特殊的契约关系，因此，允许当事人自愿选择法律。《法国民法典》规定，夫妻间的财产关系，只有在当事人未做出他们自己认为合适的并且不违背道德和应遵守的法律的特别约定时，才适用法定财产制。英国法也规定，凡订有婚姻契约或结婚时已做出分授财产的处理，则此种契约或授予条款，对所有属于此条款范围内的包括结婚时已有或婚后取得的财产均有法律效力。但是，并非所有的法律都允许当事人广泛自主地选择法律，有些国家允许当事人有限制地做出选择。如，1987 年《瑞士联邦国际私法法规》对夫妻财产制的基本原则是允许当事人自主选择准据法，但允许选择的只能是双方都是其住所者的国家的法律，或夫妻打算于婚后去居住的国家的法律，或双方中的任何一方为其公民的国家的法律。至于不动产，则规定只能选择此种财产所在地国家的法律。1978 年海牙《关于婚姻财产制公约》规定，夫妻财产制以当事人自愿选择为主，但也应有一定的限制。

2. 属人法原则

以属人法原则来解决夫妻财产制问题为大多数欧洲大陆国家所采用，如意大利、西班牙、匈牙利、波兰、南斯拉夫等国。这里所指的属人法包括本国法和住所地法。如，波兰法规定，夫妻之间的财产关系依夫妻双方共同的本国法。捷克法也规定，夫妻之间的财产关系，依夫妻本国法；夫妻国籍不同时，依捷克法。而 1978 年海牙《关于婚姻财产制公约》采用住所地法为属人法。

（三）中国关于涉外夫妻关系的法律适用

中国关于涉外夫妻关系的法律适用，可以参照《民法通则》、《涉外民事关系法律适用法》和现行《婚姻法》的有关规定。

在涉外夫妻关系中的人身关系方面，《民法通则》及其最高人民法院的司法解释中规定，夫妻间相互抚养，应当适用与被抚养人有最密切联系的国家的法律。抚养人和被抚养人的国籍、住所及供养财产所在地，均可视为最密切联系地。

在涉外夫妻关系中的财产关系方面，中国采取夫妻共同财产制。中国现行《婚姻法》规定，夫妻在婚姻关系存续期间所得的财产，归夫妻共同所有，双方另有约定的除外。对于共同所有的财产，夫妻双方有平等处理权。在与此有关的法律适用方面，可参照最高人民法院的司法解释："在中国受理的涉外离婚案件……引起财产分割，适用中国法律。"因此，中国一般采用法院地法原则来解决这个问题。

中国《涉外民事关系法律适用法》第 23 条规定，夫妻人身关系，适用共同经常居所地法律；没有共同经常居所地的，适用共同国籍国法律。第 24 条规定，夫妻财产关系，当事人可以协议选择适用一方当事人经常居所地法律、国籍国法律或者主要财产所在地法律。当事人没有选择的，适用共同经常居所地法律；没有共同经常居所地的，适用共同国籍国法律。

二、父母子女关系的法律适用

父母子女关系，又称亲子关系，是指父母与子女之间的一种法律关系，包括人身关系和财产关系两个方面。父母子女关系按照父母与子女之间是否有血缘关系分为亲生父母子女关系和养父母子女关系。在亲生父母子女关系中，依子女是否为有效婚姻关系所生，又可分为父母与婚生子女关系和父母与非婚生子女关系。除了上述传统的父母子女关系外，还包括父母与人工生育的子女关系。

（一）婚生子女

婚生子女是指在有效婚姻关系中怀孕所生育的子女。各国对于如何确认婚生子女有不同的法律规定，由此产生法律冲突。关于跨国婚生子女关系的法律适用原则一般有以下几种。

1. 适用父母属人法

主张适用父母属人法的国家中又分为：①适用生母之夫的本国法。如，德国、泰国、希腊、意大利等国都有类似的法律规定。这是早期采用的冲突规则。在这里，生母之夫的本国法实际上就是指子女生父的本国法。②适用生父的住所地法。英国有些学者和判例主张适用父的住所地法来确定子女是否为婚生的子女，丹麦也采用生父住所地法作为准据法。③适用子女出生时生母的属人法。如，《法国民法典》第 311～414 条规定，子女是否婚生问题由子女出生时生母的属人法决定。④适用父母的共同属人法。如，《奥地利联邦国际私法法规》规定，子女婚生的要件及因此发生的争议，依该子女出生时配偶双方的属人法；如子女出生前婚姻已解除，依解除时配偶双方的属人法；配偶双方的属人法不同时，依其中更有利于子女为婚生的一方的法律。⑤分别适用父母各自的属人法。美国《冲突法重述（第一次）》及卢森堡、比利时、荷兰等国采用这一做法。

2. 适用子女属人法

近几十年来，一些国家从保护子女利益出发，相继采用子女的属人法为准据法，如波兰、南斯拉夫等国。《法国民法典》第311～414条同时也规定，如果子女的属人法对子女更为有利，则应适用子女的属人法来决定其是否为婚生的问题。但以子女的属人法为准据法并不一定总是对确认子女的婚生地位有利，特别是在依血统确定国籍的国家中，子女的国籍在没有确定其为婚生之前是不能确定的。

3. 适用支配婚姻效力的法律

如，《土耳其国际私法》规定，子女婚生适用子女出生时调整其父母婚姻效力的法律。阿根廷、塞内加尔等国也都规定，子女是否婚生由支配其父母婚姻效力的法律决定。适用支配婚姻效力的法律并不意味着如果婚姻无效，子女就一定为非婚生子女。子女是否婚生依支配婚姻效力的冲突规则所指向的实体法决定，只有该实体法以有效婚姻作为婚生的前提条件，才会导致所生子女为非婚生子女。否则，即使婚姻无效，也不会影响子女的婚生地位。

4. 适用对子女婚生更为有利的法律

由于适用子女属人法也不一定对子女有利，因此近来更有明确规定适用对子女婚生更为有利的法律。如，《奥地利联邦国际私法法规》规定，在适用配偶双方的属人法时，如果他们的属人法不同，应依其中更有利于子女为婚生的法律。此外，匈牙利、捷克、秘鲁等国也有类似的法律规定。

（二）非婚生子女及其准正

非婚生子女是指非婚姻关系怀孕所生的子女。在世界上不少国家中，婚生子女和非婚生子女的地位并不相同，很多国家在立法上确立了非婚生子女的准正制度，使非婚生子女在法律上取得婚生子女的地位。对于非婚生子女及其准正的法律规定，各国有较大的差异，因而也需要国际私法来调整。

1. 关于父母与非婚生子女关系的法律适用

对于非婚生子女与母亲的关系，西方国家立法一般主张适用母亲的属人法，即母亲的本国法或住所地法。如，德国法律规定，私生子女与其父母的法律关系，如母为德国人时依德国法；如母已丧失德国国籍而子女仍保持德国国籍时亦同。对于非婚生子女与父亲的关系，西方国家一般主张适用法院地法或当事人的属人法。美国、丹麦、荷兰等国主张适用法院地法；英国主张适用生母怀孕时或非婚生子女出生时生父的住所地法；巴西主张适用非婚生子女的本国法。德国规定，父亲对于私生子女的抚养义务，依子女出生时母亲的本国法。1978 年《奥地利联邦国际私法法规》规定，非婚生的父子关系的确定的要件，依非婚生子出生时的本国法。

2. 非婚生子女准正的法律适用

所谓准正，是指使非婚生子女取得视同婚生子女的法律地位。有些国家规定，非婚生子女可因生父的认领而准正；有些国家规定，非婚生子女在其生父母结婚后即取得婚生子女的法律地位；还有一些国家规定，准正必须同时具备认领和生父母结婚这两个条件。关于非婚生子女准正的法律适用原则主要有以下几种。

（1）事后婚姻准正的准据法：①住所地法。英国和美国主张父母事后结婚时的住所地法决定与此相关的准正。②本国法。由事后结婚或认领的父的本国法决定准正。③父母的属人法。如，《奥地利联邦国际私法法规》采取这一原则。④子女的属人法。如，在准正是否应取得子女或其监护人同意方面一般适用这一原则。⑤适用支配婚姻效力的法律。《德国民法典施行法》作了如此规定。

（2）认领的准据法。认领的形式要件的准据法一般为认领行为地法。认领的实质要件的准据法主要有：①父母的属人法。泰国和美国一些州主张认领子女的父母的住所地法或本国法可用来决定有关认领问题。②子女的属人法。波兰、秘鲁和匈牙利等国主张子女的认领依认领时子女所属国法。③适用父或母或子女的属人法。如，《瑞士联邦国际私法法规》规定，在瑞士，对子女的认领可以依子女的习惯居所地法、本国法、父或母一方的住所地法或本国法做出。

（三）父母与人工生育的子女之间的关系

人工生育的子女是指根据生物遗传工程原理，采用人工方法取出精子或卵子，然后用人工方法将精子或受精卵胚胎注入妇女子宫内使其受孕所生育的子女。采用这种方法出生的婴儿俗称"试管婴儿"，目前世界主要国家大多存在这一现象。

在现代科技条件下，人工生育子女主要有以下几种情况：①同质人工授精，是指采用科技手段使丈夫的精子和妻子的卵子进行人工授精，由妻子怀孕分娩生育子女。②异质人工授精，是指用丈夫以外的第三人提供的精子（供精）与妻子的卵子，或者用丈夫的精子与妻子以外的第三人提供的卵子（供卵），或者同时使用供精和供卵进行人工授精，由妻子怀孕分娩生育子女。③代理母亲，是指用现代医疗技术将丈夫的精子注入自愿代理妻子怀孕者的体内受精，或者将人工授精培育成功的受精卵或胚胎植入自愿代理妻子怀孕者的体内怀孕，等生育后由妻子以亲生母亲的身份抚养子女。

时至今日，世界上大多数国家对于人工生育子女的问题尚无明文法律规定，少数国家的有关立法的内容也不尽相同。但是，在婚姻关系存续期间，因夫妻双方同意而进行人工生育的子女与该夫妻形成亲子关系，这点已基本成为共识。如，《美国统一亲子法》规定，在使用第三人精子的情况下，丈夫必须书面承诺，并要求经夫妻双方签字，法律对丈夫和胎儿的自然父亲同样对待。精子的提供者在法律上不视为胎儿的父亲。德国在1991 年颁布了《胚胎保护法》，其中规定只允许在婚姻关系内进行人工授精。如果丈夫不育，可以用另一男子的精子进行体外授精。1991 年中国《最高人民法院关于夫妻关系存续期间以人工授精所生子女的法律地位的复函》规定，在夫妻关系存续期间，双方一致同意进行人工授精，所生子女应视为夫妻双方的婚生子女，父母子女关系适用《婚姻法》的有关规定。因此，只要夫妻双方协议一致同意进行人工授精的，不论所生子女是否与父母具有血缘关系，都应视为夫妻双方的婚生子女。

由于人工生育子女是一个较新的问题，国际私法对此尚无相关的法律适用规定。国际私法调整的是具有跨国因素或外国因素的人工生育子女与父母的关系问题。鉴于不少国家的法律法规都认可在婚姻关系存续期间，经夫妻双方一致同意而进行人工生育的子女视为婚姻子女的做法，人工生育子女与父母关系的法律适用可以参照婚生子女与父母关系的法律适用原则。

（四）父母子女间权利义务关系的法律适用

一般来说，父母子女间的权利义务关系包括两个方面：一是人身方面的权利与义务；二是财产方面的权利与义务。解决父母子女间权利义务关系的法律适用原则主要如下。

1. 适用父母的属人法

如，意大利民法规定，父母子女间的法律关系，依父的本国法；如无父时，依母的本国法。

2. 适用子女的属人法

目前，一些国家从保护子女利益的角度出发，主张在这个问题上适用子女的属人法，波兰、匈牙利、瑞士、日本等国采用这一原则。如，2006年《日本法律适用通则法》规定，亲子间的法律关系，如果子女的本国法与父的本国法或母的本国法，或如果父母一方死亡时与另一方的本国法相同，依子女本国法；在其他情况下，依子女的惯常居所地法。

（五）中国关于涉外父母子女关系的法律适用

目前，中国在这方面的规定较少。根据《民法通则》和《婚姻法》的有关规定，在中国，婚生子女和非婚生子女与他们父母之间的权利义务关系是没有差别的。中国现行《婚姻法》第 25 条第 1 款规定：非婚生子女享有与婚生子女同等的权利，任何人不得加以危害和歧视。在父母子女关系的法律适用方面，《民法通则》第 148 条涉及了父母子女之间的相互扶养问题。该条规定，扶养适用与被扶养人有最密切联系的国家的法律。根据具体情况，在涉外父母子女相互扶养的案件中，扶养人和被扶养人的国籍、住所以及供养被扶养人的财产所在地，均可视为与被扶养人有最密切的联系。

关于父母子女关系的法律适用，《涉外民事关系法律适用法》第 25 条规定，父母子女人身、财产关系，适用共同经常居所地法律；没有共同经常居所地的，适用一方当事人经常居所地法律或者国籍国法律中有利于保护弱者权益的法律。

第四节　扶养、监护和收养

一、扶养

扶养是指根据身份关系，在特定的亲属间，一方对另一方给予生活上的扶助。

扶养有广义和狭义之分。广义上的扶养包括抚养（尊亲属对卑亲属的扶养）、赡养（卑亲属对尊亲属的扶养）和狭义上的扶养（配偶之间的扶养）。在扶养关系中，提供扶养的人称为扶养义务人或扶养人，接受扶养的人称为扶养权利人或被扶养人。一般认为，扶养具有以下法律特征：第一，扶养只在法律规定的特定的亲属之间成立，是一种法律上的义务，法律规定以外的亲属或其他人之间则不具有扶养义务。第二，扶养关系只发生于一方有扶养的必要而另一方有扶养能力的一定亲属之间。

国际私法所调整的涉外扶养关系，是指含有涉外因素或外国因素的扶养关系，亦即在扶养人和被扶养人中至少有一方为外国人的扶养关系。各国法律在扶养的范围、成立、方式、顺序和终止等方面有不少差别，在跨国扶养关系中难免产生冲突。在理论和实践中，关于跨国扶养的法律适用原则主要有下列几种。

（一）适用扶养人的属人法

这种主张认为，扶养义务是扶养制度的基础，因而对扶养的法律适用不作分类处理，笼统地规定适用抚养人的属人法。如，1982 年《土耳其国际私法》规定，扶养义务适用扶养人的本国法。

（二）适用被扶养人的属人法

目前，大多数国家采取这一做法。这种主张认为，扶养制度是为被扶养人利益而设置的，扶养适用被扶养人的属人法能够符合这一宗旨。这种主张对扶养的法律适用也不作分类处理，概括地规定适用被扶养人的属人法。如，《泰国国际私法》规定，扶养的义务，依扶养请求人的本国法。

（三）适用扶养人和被扶养人共同的属人法

这种主张认为，扶养义务在一定亲属间是双向的，因此，扶养的准据法的选择应兼顾两者的利益而适用双方的共同属人法。如，1986 年修改后的《德国民法典施行法》就作了类似的规定。

（四）根据扶养的不同类别，分别适用不同的法律

如上所述，扶养有夫妻之间的扶养、父母子女之间的扶养以及其他亲属之间的扶养之分。因此，有些国家立法对各类扶养分别规定应适用的法律。如，1979 年《匈牙利国际私法》第 39 条规定，夫妻之间的扶养，适用起诉时夫妻共同的属人法；如有不同，适用其最后的共同属人法；再无，适用其最后的共同住所地法；如其共同住所地也没有，适用法院地或其他机构地法。而该法第 45 条规定，父母子女之间的扶养适用子女的属人法。该法第 47 条规定，亲属间的相互扶养义务适用扶养权利人亦即被扶

人的属人法。

中国《民法通则》第 148 条关于扶养法律适用的规定较为特殊。该条规定，扶养适用与被扶养人有最密切联系的国家的法律。这是按最密切联系原则来确定扶养的准据法。在具体适用上要注意，对于这里所指的"扶养"应作广义解释，它包括父母子女之间的扶养、夫妻相互之间的扶养以及其他有扶养关系的人之间的扶养。根据中国最高人民法院有关的司法解释，在确定"与被扶养人有最密切联系的国家的法律"时，扶养人和被扶养人的国籍、住所以及供养被扶养人的财产所在地，均可视为与被扶养人有最密切的联系。

中国《涉外民事关系法律适用法》对于涉外扶养的法律适用作了规定，其中第 29 条规定："扶养，适用一方当事人经常居所地法律、国籍国法律或者主要财产所在地法律中有利于保护被扶养人权益的法律。"

二、监护

监护是监护人对未成年人和精神病人的人身、财产以及其他合法权益进行监督和保护。在监护关系中，承担监护义务的人称为监护人，接受监护人监督和保护的人称为被监护人。监护不是一种权利，而是一种法律义务。根据被监护的对象不同，监护一般又分为对未成年人的监护和对精神病人的监护。监护机关是监护制度中的重要组成部分。监护机关是指行使监护职能的组织或个人。按其职能，监护机关分为监护权力机关、监护监督机关、监护执行机关和监护保障机关等。

涉外监护，是指含有涉外因素或外国因素的监护，也就是说，在监护关系中，或许监护人或被监护人为外国人，或许监护机关为外国机关，或许还有其他涉外因素。由于各国法律对于监护人的职责和权利、被监护人、监护机关、监护终止等方面的规定不同，在跨国监护中常常产生法律冲突问题。根据各国现有的冲突规则以及 1961 年海牙《关于未成年人保护的机关的权限和法律适用的公约》，涉外监护的法律适用原则主要如下。

（一）适用被监护人的属人法

这是各国普遍采取的原则，大陆法系国家主张适用被监护人的本国法，而英美普通法系国家和一些南美洲国家主张适用被监护人的住所地法。前者如 1978 年《奥地利联邦国际私法法规》规定，监护与保护的构成与终止的要件及效力，依被监护人的属人法。该法所指的属人法为国籍国法。后者如 1984 年《秘鲁民法典》规定，监护和其他保护无行为能力人的制度，依无行为能力人的住所地法。

（二）适用法院地法

例如，英国在监护问题上仍首先从管辖权入手，只要英国法院对某一涉及监护的案件有管辖权，便只适用英国法。

在涉外监护的法律适用方面，中国 1988 年《民法通则意见》规定：监护的设立、变更和终止，适用被监护人的本国法律。但是，被监护人在中国境内有住所的，适用中国法律。

中国《涉外民事关系法律适用法》对于涉外监护的法律适用作了规定，其中第 30 条规定："监护，适用一方当事人经常居所地法律或者国籍国法律中有利于保护被监护人权益的法律。"

三、收养

收养是指在收养人和他人子女（被收养人）之间建立起法律拟制的父母子女关系的行为。收养必须符合一定的条件和程序才能成立。收养关系一经成立，在收养人与被收养人之间产生拟制血亲关系。收养关系在一定条件下也可解除。涉外收养是指含有涉外因素或外国因素的收养，在收养人与被收养人之间至少有一方为外国人。世界上绝大多数国家都承认收养制度，但各国法律在收养的成立、效力以及解除上的规定有差别，因而在涉外收养方面产生法律冲突在所难免。关于涉外收养的法律冲突及其法律适用原则主要如下。

（一）涉外收养成立的法律适用

收养的成立必须符合一定的条件和程序，也就是必须符合收养的实质要件和形式要件。收养的实质要件包括收养关系中双方当事人的年龄、身份和意思表示等内容。各国法律一般规定收养人必须大于被收养人，而且必须是成年人，但具体规定的年龄相差多大不尽相同。收养的形式要件是指收养的法律程序。各国法律一般要求，经过申请及有关主管部门核准登记，收养才能生效。

1. 收养实质要件的法律适用

世界各国关于收养实质要件的法律适用原则主要有：①适用收养人本国法。如，1986 年修改后的《德国民法典施行法》规定，子女的收养适用收养人收养时的国籍所属国法。如果收养夫妇双方国籍不同时，有的国家规定依各自本国法，有的国家规定依收养地法。②适用收养人和被收养人各自的本国法。如，1982 年《土耳其国际私法》规定，收养的能力和条件，适用收养时当事人本国法。③适用当事人住所地法。英美等国一般从收养案件的管辖权入手来解决有关收养的法律冲突。只要收养人和被收养的未成年人在英国有住所，英国法院对收养案件就有管辖权，而且适用英国法。1984 年《秘鲁民法典》规定，在收养人和被收养人的住所地均允许时，才能为收养。④适用收养行为地法。如，1987 年《瑞士联邦国际私法法规》规定，在瑞士宣告收养的条件，由瑞士法律支配。这条规定实际上就是主张收养的成立适用收养行为地法。

2. 收养形式要件的法律适用

在收养的形式要件上，各国的做法主要有两种：一是适用与解决收养实质要件相同的准据法；二是适用收养行为地法。不少国家为了使侨居国外的本国公民在收养问题上适用本国法，还规定了使领馆收养登记制度。

（二）涉外收养效力的法律适用

收养的效力涉及收养对养子女与养父母关系的法律效力和收养对养子女与生父母关系的法律效力。收养的效力大体上包括收养关系能否解除，收养后被收养人与生父母的关系，以及收养后被收养人能否自动取得收养人国籍等问题。在收养关系能否解除问题上，日本法律认为可以解除；欧美一些国家则认为，收养关系一经成立，一般不准解除。在养子女与生父母的关系问题上，各国法律规定也不一致。有的国家规定，收养成立后，养子女与生父母即丧失父母子女关系；有的国家，如法国规定，养子女与生父母的关系不因收养而终止；有的国家规定，养子女与生父母的关系问题必须由收养合同决定。至于被收养人能否自动取得收养人国籍问题，有的国家认为可以自动取得，有的国家认为应保留原国籍，有的国家认为在符合一定条件下才能取得收养人的国籍。

对于涉外收养效力的法律冲突问题，一般的法律适用原则主要有：①适用收养人本国法。日本就是采取这种做法。②适用收养人或被收养人的住所地法。如，秘鲁、阿根廷等国主张，收养的效力依收养人住所地法。③适用收养行为地法。如，1987 年《瑞士联邦国际私法法规》作了如此规定。④根据不同情况，分别适用收养人和被收养人的属人法。如，1928 年《布斯塔曼特法典》第 74 条就是这样规定的。⑤原则上适用收养人或被收养人或者他们共同的本国法，同时以其他法律作为补充。如，1978 年《奥地利联邦国际私法法规》规定，收养的效力，依收养人的属人法；如为配偶双方所收养，依支配他们婚姻的人身法律效力的法律；但在配偶一方死亡后，依另一方的属人法。

（三）涉外收养解除的法律适用

除收养人或被收养人死亡外，一般来说，收养关系可以依法解除。收养的解除一般可依双方协议解除，也可依当事人一方的要求解除。各国法律在这方面的规定不尽相同。关于收养解除的法律适用原则，各国的做法主要有：①适用与收养成立相同的准据法。如，1978年《奥地利联邦国际私法法规》采取这一做法。②适用与收养效力相同的准据法。如，《日本法律适用通则法》规定，收养的效力及收养的终止，依收养人本国法。

中国于1991年颁布了《中华人民共和国收养法》（以下简称《收养法》），对于涉外收养问题作了专门规定。在涉外收养实质要件的法律适用上，中国《收养法》第21条规定，外国人依照本法可以在中华人民共和国收养子女。也就是说，在中国境内的收养关系，适用中国法，这条法律适用是调整有关收养及其效力问题的。在涉外收养形式要件的法律适用上，中国《收养法》规定必须适用中国法，也就是说，只要按照中国规定的收养程序，收养才有法律效力。按照中国《收养法》以及国务院民政部门发布的《外国人在中华人民共和国收养子女实施办法》的规定，收养人必须在民政部门进行收养登记，并在公证处公证后，收养关系才能成立。而且，外国人在华收养子女，除了符合收养法的规定外，还应当符合收养人经常居住地国的法律。

中国《涉外民事关系法律适用法》对于涉外收养的法律适用规则作了规定，其中第28条规定："收养的条件和手续，适用收养人和被收养人经常居所地法律。收养的效力，适用收养时收养人经常居所地法律。收养关系的解除，适用收养时被收养人经常居所地法律或者法院地法律。"

第十一章 继承关系的法律适用

第一节 法定继承

一、涉外法定继承及其法律冲突

继承是指财产所有者死亡或宣告死亡后，依法将其遗留下来的财产或与此有关的权利义务转移给继承人所有的一种法律制度。依法承受遗产的人称为继承人，遗留财产的人称为被继承人，死者遗留的财产称为遗产。按照财产继承方式不同，继承可分为法定继承和遗嘱继承两种。

国际私法中的涉外继承是指含有涉外因素或外国因素的继承，也就是继承法律关系的主体（继承人或被继承人）、客体（遗产）和法律事实（死亡）三个要素中，有一个或一个以上的外国因素。随着国际民事交往的发展，不同国家的国民之间不可避免地会产生涉外继承关系，又由于各国继承法律制度存在较大的差异，在涉外继承方面产生法律冲突现象在所难免。

法定继承又称无遗嘱继承，是指必须根据法律规定的继承人范围、继承顺序和遗产分配所进行的继承。法定继承是以一定的人身关系为前提，即依继承人和被继承人之间的婚姻、血缘关系而确定的。在法定继承中，对于继承人的范围、继承顺序、遗产分配等问题，各国都是以强制性的法律规范来调整的，除了被继承人依法用遗嘱方式加以变更外，其他任何人都无权变更。

涉外法定继承是指含有涉外因素或者外国因素的法定继承。各国立法由于受其政治制度、经济状况、社会文化、宗教信仰、风俗习惯等的影响，对法定继承的规定存在较大的差异，致使产生法律冲突。涉外法定继承的法律冲突主要表现在以下几个方面。

（一）法定继承人的范围

各国法律对继承人范围的规定不尽相同。中国《继承法》主要根据婚姻关系、血缘关系以及抚养关系来确定继承人的范围。继承人的范围包括配偶、子女、父母、兄弟姐妹、祖父母、外祖父母，其他对死者尽了生养死葬义务的人，以及被继承人生前抚养的缺乏劳动能力而又没有生活来源的人。西方国家法律从保护私有财产的角度出发，一般把继承人范围规定得较宽，以防止被继承人的财产因其死亡而流失。如，《德国民法典》规定，死者的亲属分成五个继承人顺序继承财产，甚至包括其曾祖父母及其后裔，以及死者较远的后裔及其后裔，几乎死者的一切亲属都有资格继承其遗产；意大利法律规定，十亲等以内有继承权；《法国民法典》规定，十二亲等以内的亲属均有继承权，母系的尊血亲与父系的尊血亲有同等的继承权；荷兰法律规定，六亲等以内的亲属享有继承权。

（二）法定继承人的顺序

对于法定继承人的顺序，各国法律的规定有较大差异。中国《继承法》根据血统和生活上相互依赖程度，将法定继承人分为两个顺序：第一顺序是配偶、子女、父母；第二顺序是兄弟姐妹、祖父母、外祖父母。同一顺序的继承人之间没有先后次序之分。《法国民法典》则规定了四个继承顺序，即：死者的子女；子女的直系卑血亲；直系尊血亲；其他旁系血亲。《德国民法典》规定了五个顺序，即：死者的后裔；死者的父母及其后裔；死者的祖父母和外祖父母及其后裔；死者的曾祖父母及其后裔；死者较远的后裔及其后裔。日本民法规定了四个顺序，即：直系卑亲属；直系尊亲属；兄弟姐妹；兄弟姐妹的直系卑亲属。

（三）继承遗产的分配份额

各国立法大体上都规定，根据亲等的远近来确定分配的遗产份额，但具体规定内容又有许多不同之处。中国《继承法》第13条规定，同一顺序继承人继承遗产的份额一般应均等；对生活有特殊困难的缺乏劳动能力的继承人，分配遗产时，应予以照顾；对被继承人尽了主要扶养义务或者与被继承人共同生活的继承人，分配遗产时，可以多分；对有扶养能力和扶养条件的继承人，不尽扶养义务的，分配遗产时，应当不分或者少分。日本民法对继承人应继承的份额作了固定的规定，如，直系卑亲属和配偶是继承人时，直系卑亲属应继承遗产的2/3，配偶应继承遗产的1/3；直系尊亲属和配偶是继承人时，直系尊亲属和配偶各继承遗产的1/2；配偶和兄弟姐妹是继承人时，配偶份额为遗产的 2/3，兄弟姐妹为 1/3；直系卑血亲、直系尊血亲或兄弟姐妹有数人时，各自继承的份额应相等。《法国民法典》对不同顺序的继承人取得遗产的份额所作的规定不同，但对同一顺序的继承人则采取平均分配的原则。

二、涉外法定继承的法律适用

为了解决涉外法定继承的法律冲突，各国在确定法定继承的准据法时，一般采取分割制和单一制两种做法。

（一）分割制

分割制，又称区别制，是将遗产区分为动产与不动产，对继承人的遗产继承分别适用不同的准据法。一般主张，动产适用被继承人的属人法，不动产适用物之所在地法。

分割制深受法则区别说的影响并得到 16 世纪法国学者杜摩兰的推崇，在 19 世纪成为占主导地位的原则，至今仍为英美及大陆法系国家所采用。中国也是采用分割制的国家，英国、美国、法国、泰国、比利时、卢森堡、匈牙利、保加利亚、智利、玻利维亚等国也采用这一制度。

采用分割制的国家对不动产继承几乎全都适用物之所在地法，但在动产继承方面，各国的做法并不相同。有的国家，如英国，主张适用被继承人的最后住所地法；有的国家，如法国，主张适用被继承人的本国法；泰国主张适用被继承人死亡时的住所地法。

采用分割制可以避免遗产分配执行困难的缺点，而且物之所在地是不动产的最密切联系地，适用物之所在地法来解决不动产继承问题最为合理。但分割制也有弊端，如采用分割制，一个人的遗产既有动产，又有不动产，而且分散在几个国家，继承要分别受几个法律支配，从而导致法律适用上的不统一。

（二）单一制

单一制，又称同一制，是在处理涉外法定继承时，对遗产不区分动产与不动产，对继承适用同一准据法。单一制比分割制有更早的根源，是从古代罗马法的"普遍继承"制度发展来的。依据古罗马法的观点，继承就是继承人在法律上取得被继承人的地位，其意义在于使死者的人格得到延续，而不是某项权利的延续，故应当统一适用当事人的属人法来解决继承问题。单一制在 19 世纪中叶以后，得到越来越多国家的承认和采纳。其中，大多数国家，如意大利、德国、奥地利、西班牙、葡萄牙、荷兰、希腊、瑞典、日本、埃及、古巴、墨西哥、土耳其等国，主张适用被继承人的属人法；少数国家，如巴拉圭、乌拉圭等国，仍采用"继承依遗产所在地法"这一原则。

在实行单一制的国家中，具体做法又有不同，主要有以下几种：①适用遗产所在地法。采取这一原则的国家认为，对于涉外法定继承，不分动产与不动产，一律适用遗产所在地法。法定继承依遗产所在地法是较早采用的冲突规范，不过，这一原则目前除了拉丁美洲少数国家采用外，其他国家基本不用了。②适用被继承人死亡时的住所地法。目前采用这一原则的国家主要有瑞士、丹麦、挪威、巴西、哥伦比亚、危地马拉等国。德国学者萨维尼根据罗马法对继承的理解认为，既然继承是人格总体的继承，继承的法律关系就应适用一个统一的法律，而这个统一的法律应是被继承人最后的住所地法，因为被继承人的最后住所地法与被继承人的关系最为密切。③适用被继承人死亡时的本国法。采取这一原则的国家认为，对于跨国法定继承，不分动产与不动产，一律适用被继承人死亡时的本国法。采取这种做法的国家有德国、日本、奥地利、意大利、荷兰、西班牙、葡萄牙、波兰等。

单一制在一些国际条约中也有体现，如 1928 年《布斯塔曼特法典》、1989 年《死亡人遗产继承法律适用公约》都采用了单一制。

三、中国关于涉外法定继承法律适用的规定

中国历来十分关注涉外法定继承问题。随着改革开放的深入发展，涉外继承问题越来越多地反映在日常生活中。目前，涉及调整涉外继承关系的法律主要有 1985 年《继承法》、1986 年《民法通则》和 2010 年《涉外民事关系法律适用法》。中国的现行做法主要有：

中国在涉外继承准据法的确定上采用分割制原则，把被继承人的遗产区分为动产和不动产，动产适用属人法，不动产适用物之所在地法。中国《涉外民事关系法律适用法》第 31 条规定："法定继承，适用被继承人死亡时经常居所地法律，但不动产法定继承，适用不动产所在地法律。"

中国把涉外继承的属人法规定为被继承人死亡时的经常居所地法。在涉外法定继承方面，中国还采取国际条约优先原则。根据中国《继承法》第 36 条的规定，在涉外继承的法律适用问题上，如果中国缔结或参加的国

际条约对涉外继承问题作了规定，那么在处理与缔约国有关的涉外继承案件时，应该优先适用国际条约的规定。

第二节　遗嘱继承

一、涉外遗嘱继承及其法律冲突

遗嘱是立遗嘱人生前对其遗产所作的处分或对其死后事务所作的安排，并在死亡时发生效力的行为。遗嘱继承，是指继承人按照被继承人的遗嘱，继承被继承人遗产的法律制度。立遗嘱的被继承人称为遗嘱人，遗嘱指定的继承人称为遗嘱继承人。在一般情况下，遗嘱继承优先于法定继承。遗嘱继承主要涉及立遗嘱人的能力、遗嘱方式、遗嘱内容和效力以及遗嘱的撤销等问题。

涉外遗嘱继承是指含有涉外因素或者外国因素的遗嘱继承，也就是在遗嘱继承关系的主体、客体及法律事实等因素中，有一个或一个以上的外国因素。各国法律对于遗嘱继承问题的规定并不相同，由此难免产生遗嘱继承的法律冲突。

（一）遗嘱实质要件的法律冲突

这方面的法律冲突包括遗嘱能力和遗嘱内容的冲突。

（1）遗嘱能力方面。设立遗嘱是一种法律行为，各国立法都规定必须达到一定的年龄才能设立遗嘱，但具体年龄界限不同。有的国家规定有行为能力的成年人才能设立遗嘱；有的国家则规定，达到一定年龄的未成年人也具有遗嘱能力。在中国，具有完全民事行为能力人才能设立遗嘱。根据《继承法》第22条第1款规定，无行为能力人或者限制行为能力人所立的遗嘱无效。日本民法则规定，已满15岁的未成年人可以设立遗嘱。瑞士法律规定，设立遗嘱的人必须是成年人。德国民法规定，年满16岁的人可以设立遗嘱。

（2）遗嘱内容方面。遗嘱内容实质上是指遗嘱自由的范围，也就是立遗嘱人通过立遗嘱在多大范围内可以处分个人财产。各国立法普遍要求遗嘱内容不得违反法律规定，但对遗嘱自由的限制程度有不同规定。中国《继承法》第16条第2款规定，公民可以立遗嘱将个人财产指定由法定继承人的一人或者数人继承。第19条规定，遗嘱应当对缺乏劳动能力又没有生活来源的继承人保留必要的遗产份额。英国法律对立遗嘱人的遗嘱自由作了若干限制，如规定，遗嘱应当对未亡的配偶、未成年或无劳动能力的儿子、未成年或未出嫁的女儿保留必要的数额。法国也把被继承人的财产分为自由处分和不能任意处分两部分。

（二）遗嘱形式要件的法律冲突

遗嘱的形式涉及遗嘱的有效性，各国法律对于立遗嘱的方式都作了规定，但具体内容不同。中国《继承法》第 17 条规定，公证遗嘱由遗嘱人经公证机关办理；自书遗嘱应由遗嘱人亲笔书写，签名并注明日期；此外，代书遗嘱、录音遗嘱和口头遗嘱的设立也必须符合法律规定。英国法律规定，不论是自书遗嘱还是公证遗嘱，只要有立遗嘱人签字，并且该签字有两人证明，即为合法有效。根据日本民法的规定，遗嘱方式可分为普通方式和特殊方式两大类。普通方式有三种：自书证书遗嘱、公证证书遗嘱和密封证书遗嘱；特殊方式有四种：生命危急者的遗嘱、因传染病流行而被隔离者的遗嘱、船上人的遗嘱和船舶遇难人的遗嘱。每一种遗嘱都要求有一定的形式，如自书证书遗嘱要求由立遗嘱人亲笔书写遗嘱全文、日期，签名盖章。

二、涉外遗嘱继承的法律适用

（一）立遗嘱人能力的法律适用

（1）适用遗嘱人立遗嘱时的属人法。

其中，日本、波兰、南斯拉夫、捷克等国主张适用遗嘱人立遗嘱时的本国法，如《日本法律适用通则法》规定，遗嘱的成立及效力，依立遗嘱时遗嘱人本国法。《波兰国际私法》第 35 条规定："遗嘱及其他因死亡而成立之行为，其成立依为法律行为时死者本国法。"德国等另一些国家主张适用遗嘱人立遗嘱时的住所地或习惯居所地法。

（2）适用遗嘱人死亡时的属人法。

如，《匈牙利国际私法》第 36 条规定："遗嘱依遗嘱人死亡时的属人法。"

（3）适用遗嘱人立遗嘱时或死亡时的本国法。

如，《奥地利联邦国际私法法规》规定，立遗嘱的能力依死者为该法律行为时的属人法；如该法不认为有效，而死者死亡时的属人法认为有效的，以后者为准。

（4）采用区别制。

英国、美国、法国和比利时等国在解决遗嘱能力法律冲突问题上采用区别制原则，即不动产遗嘱的能力依物之所在地法，涉及动产的遗嘱能力依遗嘱人的住所地法。但对于究竟是指遗嘱人立遗嘱时还是死亡时的住所地法，各国规定不同。

（二）遗嘱方式的法律适用

（1）采用单一制。此即不分动产和不动产，遗嘱方式只要符合立遗嘱人的本国法或立遗嘱地法，均为有效。如，《泰国国际私法》第 40 条规定："遗嘱方式，依遗嘱人本国法，或依遗嘱地法。"

（2）采用区别制。此即区分动产与不动产，分别适用不同的法律。英国、美国、日本、匈牙利等国采用这一做法。不动产遗嘱方式适用不动产所在地法。动产遗嘱方式适用的法律比较灵活。如，日本规定，动产遗嘱方式只要符合以下法律均为有效：立遗嘱地法，遗嘱人立遗嘱时或死亡时的住所地法，遗嘱人立遗嘱时或死亡时的本国法，遗嘱人立遗嘱时或死亡时的惯常居所地法。1961 年，海牙《遗嘱处分方式法律冲突公约》也采纳了这一做法。

（三）遗嘱内容和效力的法律适用

（1）适用立遗嘱人立遗嘱时或死亡时的本国法。

德国、奥地利、波兰、匈牙利、日本等国采用这一原则。这些国家认为，遗嘱的内容和效力与立遗嘱人的本国有密切联系，因此主张适用遗嘱人的本国法。然而在涉外遗嘱继承中可能发生这种情况，即一个人立遗嘱后由于种种原因改变了国籍，其死亡时的国籍和立遗嘱时的国籍不一致，那么究竟应适用哪一国法呢？各国对此做法不一。有的国家主张适用遗嘱人立遗嘱时的本国法，如，《日本法律适用通则法》规定，遗嘱的成立及效力，依其立遗嘱时遗嘱人本国法。有的国家规定适用遗嘱人死亡时的本国法，如，《波兰国际私法》主张适用死者死亡时的本国法。对于这个问题，1978 年《奥地利联邦国际私法法规》规定，适用遗嘱人立遗嘱时本国法或其死亡时本国法均可，但以先适用遗嘱人立遗嘱时本国法为条件。

（2）适用立遗嘱人立遗嘱时或死亡时的住所地法。

有些国家认为，继承及继承的财产是与死者的住所有密切联系的，因此，遗嘱的内容和效力依立遗嘱人的住所地法。其中，有的国家主张适用遗嘱人死亡时的住所地法，有的国家则主张适用遗嘱人立遗嘱时的住所地法。

（3）采用区别制。

英国、美国、法国等国对于遗嘱继承的效力问题也采用区别制，将遗产区分为动产与不动产，不动产遗嘱效力适用物之所在地法，动产遗嘱效力适用被继承人住所地法。但在司法实践中，如果出现被继承人立遗嘱时和死亡时的住所地法不一致时，各国的做法不尽相同。大多数国家主张适用遗嘱人死亡时的住所地法，而法国认为，如当事人住所发生变更，允许遗嘱人变更遗嘱内容，使其符合新的住所地法的规定。

（四）遗嘱撤销的法律适用

遗嘱的撤销主要涉及撤销人撤销遗嘱的能力和撤销的方式两个问题，各国法律往往对此分别加以规定。有些国家如日本、奥地利、捷克等国规定，遗嘱撤销的能力应适用与遗嘱能力相同的准据法，遗嘱撤销的方式应适用与遗嘱方式相同的准据法。但是，另一些国家对遗嘱撤销的法律适用单独加以规定，如，《泰国国际私法》第42条规定："撤销全部或部分遗嘱，依撤销时遗嘱人住所地法。"一些国际条约也采取了这一做法，如1928年《布斯塔曼特法典》第151条规定："关于撤销遗嘱的程序、条件和效力，依遗嘱人的属人法，但撤销的推定决定于当地法。"

三、中国关于涉外遗嘱继承法律适用的规定

在关于涉外遗嘱继承的法律适用方面，中国《继承法》和《民法通则》对此没有规定，而《涉外民事关系法律适用法》对此作了一些规定。

《涉外民事关系法律适用法》第32条规定："遗嘱方式，符合遗嘱人立遗嘱时或者死亡时经常居所地法律、国籍国法律或者遗嘱行为地法律的，遗嘱均为成立。"

《涉外民事关系法律适用法》第33条规定："遗嘱效力，适用遗嘱人立遗嘱时或者死亡时经常居所地法律或者国籍国法律。"

《涉外民事关系法律适用法》第34条规定："遗产管理等事项，适用遗产所在地法律。"

第三节　无人继承财产的处理

一、涉外无人继承财产的概念

无人继承财产，在国内法上又称为绝产，是指没有合法继承人或合法继承人都放弃了继承权的遗产。根据各国的立法理论与实践，出现无人继承财产的情形是：①没有法定继承人，又没有立遗嘱指定继承人；②所有继承人都放弃了继承权；③被继承人以遗嘱剥夺了一切继承人的继承权，而又没有指定受遗赠人；④有无继承人情况不明，经有权机关发布公告，期满后仍无人主张继承权。

国际私法上的涉外无人继承财产，是指含有涉外因素或者外国因素的无人继承财产，一般来说，是指一国公民在另一国死亡后留下的无人继承财产。从一国的角度来看，其是指本国公民死亡后留在外国的无人继承财产和外国公民死亡后留在本国的无人继承财产。

目前，几乎所有国家都规定无人继承财产收归国有，但对于国家以什么资格取得无人继承财产，则有不同的解说。一种主张认为，国家是以特殊的继承人的资格取得无人继承财产，这种方法叫作继承取得。因此，无人继承财产应由被继承人国籍所属的国家取得。德国、意大利、瑞士、西班牙等国采取这一做法。如，德国民法规定，继承开始时，被继承人既无血亲，又无配偶，以被继承人死亡时所属邦之国库为法定继承人。被继承人如果不属于任何邦的德国公民，则以德国国库为其法定继承人。另一种主张认为，国家是以无主物先占者的资格取得无人继承财产，这种方法叫作先占取得。因此，无人继承财产应由遗产所在地国家取得。英国、美国、法国、奥地利、土耳其等国采取这一做法。如，《法国民法典》规定，一切无主或无继承人的财产，或继承人放弃继承的财产，均归国家所有。美国《冲突法重述（第二次）》第266条规定，在依法确定无人有权继承无遗嘱财产时，该项动产归管理州或国所有。

由于各国对无人继承财产由国家取得存在两种不同的法律规定，在这方面不可避免地会发生法律冲突。因此，解决涉外无人继承财产的归属问题也成为国际私法的组成部分。

二、涉外无人继承财产的法律适用

虽然各国法律对于无人继承财产的法律适用问题规定得不多，但解决这个问题仍有重要的现实意义。一般而言，关于无人继承财产的法律适用，主要包括两方面内容：一是以何国法确定什么财产是无人继承财产；二是以何国法决定无人继承财产的归属问题。

关于什么财产是无人继承财产问题，各国一般主张依继承关系本身的准据法来确定。然而各国关于继承关系的准据法规定不一，因此，确定什么财产是无人继承财产的准据法也不一致，可能是被继承人的本国法，或者是被继承人的住所地法，或者是遗产所在地法。

关于无人继承财产归属的法律适用问题，各国在立法和司法实践中采取的做法有以下几种。

（一）适用继承关系本身的准据法

德国采用被继承人的本国法来解决在德国的无人继承财产的归属问题。如果被继承人本国法把国家对无人继承财产的权利视为继承权，则德国就把财产交给被继承人国籍所属的国家。如果被继承人本国法把国家对无人继承财产的权利视为对无主财产的先占权，则德国国家就以无主物先占者的资格把该项财产收归德国国库。

（二）适用遗产所在地法

如，1978 年《奥地利联邦国际私法法规》规定，如果依死亡继承的准据法，即死者死亡时的属人法，遗产为无人继承财产或将归于作为法定继承人的领土当局，应以死者的财产于其死亡时所在地国家的法律取代死者死亡时的属人法。也就是说，无人继承财产应适用该财产所在地国家的法律。

（三）采用区别制

一些国家将无人继承财产分为动产与不动产，分别加以处理，即无人继承财产中动产的处理依被继承人死亡时国籍所属国法，而不动产的处理依不动产所在地法。

三、中国关于涉外无人继承财产法律适用的规定

关于涉外无人继承财产的法律适用问题，中国《民法通则》和《继承法》均无明确规定。不过，中国于 1988 年发布的《民法通则意见》第 191

条规定："在中国境内死亡的外国人，遗留在中国境内的财产，如果无人继承又无人受遗赠的，依照中国法律处理，两国缔结或者参加的国际条约另有规定的除外。"由此可见，对于涉外无人继承财产，凡与中国订立的条约有规定的，按照条约规定处理；没有条约的，按照中国法律处理。在具体司法实践中，位于中国境内的涉外无人继承财产中的不动产，一般收归中国国库；涉外无人继承财产中的动产，一般在互惠基础上交给被继承人的国籍所属国处理。

中国《涉外民事关系法律适用法》第35条规定："无人继承遗产的归属，适用被继承人死亡时遗产所在地法律。"该条吸收了上述最高人民法院的司法解释的精神，明确规定了涉外无人继承财产适用被继承人死亡时遗产所在地法律，有利于合理解决这一司法实际问题。

第四节　有关遗产继承的法律适用公约

一、《遗嘱处分方式法律冲突公约》

在遗嘱继承方式方面，《遗嘱处分方式法律冲突公约》是海牙国际私法会议为了统一各国关于遗嘱方式的法律适用规则而制定的。该公约1961年10月5日签订于海牙，1964年1月5日生效。

根据公约规定，凡遗嘱处分方式符合下列各国内法的，应为有效：①立遗嘱人立遗嘱时的所在地法；②立遗嘱人立遗嘱时或死亡时的国籍所属国法；③立遗嘱人立遗嘱时或死亡时的住所地法；④立遗嘱人立遗嘱时或死亡时的惯常居所地法；⑤在涉及不动产时，财产所在地法。公约不妨碍缔约国现在或将来制定的法律规则承认其他法律所规定的遗嘱方式。上述规定也适用于撤销以前所为的遗嘱处分。依公约规定，遗嘱方式包括：任何以立遗嘱人的年龄、国籍或其他个人条件而对遗嘱处分方式所加的限制；根据遗嘱见证人的资格而对遗嘱处分有效性的限制。公约也适用于两个或者两个以上的人在同一份文件中做出的遗嘱处分方式。按公约规定，不论立遗嘱人是否具有缔约国国籍，也不论根据公约规则所确定的准据法是否为缔约国法律，该法律都应予以适用，只有在其适用时会明显地与公共政策相抵触的，才可拒绝适用。

公约还规定了允许缔约国保留的情况，主要有：①本国国民无特殊情况在外国所为的口头遗嘱，缔约国可保留不予承认；②在本国拥有住所或惯常居所而在外国死亡的本国人在外国所立遗嘱，如遗嘱方式为立遗嘱人本国法所不允许，仅仅依照立遗嘱地法才能有效，而该立遗嘱地国不是死亡地国时，对于这种遗嘱方式，缔约国可保留不予承认；③缔约国对根据本国法不属于继承问题的遗嘱条款可保留不适用公约的规定。

该公约关于遗嘱方式准据法的规定，对许多国家产生了影响。例如，《瑞士联邦国际私法法规》关于遗嘱方式的规定的条款，即第93条规定："被继承人所立遗嘱的有效性和遗嘱方式，适用1961年10月5日《遗嘱处分方式法律冲突公约》。其他遗嘱方式，类推适用上述公约的规定。"公约关于遗嘱方式法律适用规则的规定，采用了宽松的态度和做法，充分反映了世界各国遗嘱方式法律适用制度的发展趋势，成为参加国较多的海牙国际私法公约之一。目前，已有28个海牙国际私法会议成员国批准或参加了该公约，2个成员国签字，并有9个非成员国加入了该公约。

二、《死者遗产继承法律适用公约》

在涉外遗产继承法律适用方面，海牙国际私法会议制定了《死者遗产继承法律适用公约》，该公约1989年8月1日订于海牙。这是海牙国际私法会议统一涉外继承法律适用规则问题的又一重要成果。

该公约共有5章31条，主要内容如下。

（一）公约的适用范围

该公约对不适用于公约调整范围的事项作了明确的规定，这些事项包括：①遗嘱方式；②遗嘱能力；③与夫妻财产有关的问题；④与继承无直接关系而产生或转移的权利和财产，如属于数人所有的共有财产、退休金、保险合同，以及类似的问题。除这些事项外，遗产继承准据法均适用于公约。从空间范围来看，公约规定，即使依公约所确定的应适用的法律为非缔约国的法律时，公约仍应适用。

（二）继承准据法

（1）继承准据法采用"同一制"，即将死者遗产看成一个不可分割的整体，根据公约规则所确定的准据法统一适用于死者的全部遗产。公约第7条规定，依照公约所确定的准据法调整全部继承问题，而无论财产位于何处。此规定说明公约是将死者遗产看作一个整体，统一适用准据法。

（2）准据法的确定。根据公约第3条的规定，遗产的继承适用被继承人死亡时惯常居所地国家的法律，只要被继承人死亡时具有该国国籍，或者被继承人死亡之前在该国至少居住了 5 年，但是在特殊情况下，如果被继承人在死亡时与其本国有更密切的联系，则适用其本国法律；在其他情况下，继承适用被继承人死亡时的国籍所属国法律，但如果被继承人在死亡时与其他国家有更密切的联系，则继承适用与其有密切联系的国家的法律。公约在此规定了多元连接因素，即被继承人死亡时的惯常居所地、国籍和更密切联系地。

根据公约第 5 条、第 6 条的规定，被继承人可以指定有关国家的法律作为调整继承整体问题的准据法。但公约对被继承人指定法律有严格的限制，即这种指定应以明示的方式做出且符合立遗嘱形式要件；指定的范围只限于被继承人指定时或死亡时的国籍国法律或惯常居所地国家法律；指定的撤销，其撤销方式必须符合遗嘱撤销的方式。所指定的法律，除被继承人有明示的异议外，可以用于调整全部继承问题，不论被继承人是否对其部分或者全部财产的处理留有遗嘱。公约明确承认涉外继承领域当事人意思自治原则，这被认为是该公约的成就之一。

（3）准据法的适用范围。公约对继承准据法的适用范围作了规定，依公约第 7 条的规定包括：①继承人、受遗赠人、他们的继承份额和应承担的义务，以及因死亡而产生的其他继承权利；②因行为而引起的继承权的剥夺和丧失；③有关赠与物品、遗赠或遗产的归还及说明义务；④对遗嘱可处分的遗产部分、不可剥夺的利益和处分遗产的其他限制；⑤遗嘱处分的实质有效性。另外，准据法还可调整缔约国法律所规定的有关继承的其他事项。

根据公约第 4 条的规定，如果根据公约规则所确定的继承应适用的法律为非缔约国法律，而该非缔约国的冲突规范规定继承的全部或部分适用另一非缔约国的法律，而该另一非缔约国却规定适用其本国法的，则适用该另一非缔约国的法律。因此，在适用非缔约国法律时允许转致。公约还规定了公共秩序的保留，即根据公约规则所确定的法律，只有在明显违反社会公共秩序时，才能拒绝适用。此外，公约对继承协议、区际法律冲突和人际法律冲突等问题进行了规定。

第十二章 国际民事诉讼

第一节 国际民事诉讼法概述

一、国际民事诉讼

国际民事诉讼，又称涉外民事诉讼，是指因涉外民商事法律关系发生争议而提起和进行的司法诉讼，即法院在诉讼当事人和参与人的参加下，对涉外民商事案件进行受理、审理、裁决和执行的全部活动。

在国际经济交往中，由于当事人的利害冲突，以及各国法律制度、文化、风俗习惯等因素的差异，争议或争端的产生是不可避免的。为了解决这个问题，国际实践中逐渐形成了协商、调解、诉讼和仲裁等四种方法。协商是当事人之间自行解决他们之间的争议，后三者则是第三人介入的解决方法。在国际经济法实践中，某一争议的解决适用何种方法，一般取决于争议的性质、双方当事人经济实力的对比、双方当事人所属的国家、争议的具体情况等诸多因素。其中，国际民事诉讼和国际商事仲裁是常见的有效方法，它们都是与解决国际经济纠纷程序有关的问题。

国际民事诉讼作为解决国际民商事争议的一种有效方法，与国内民事诉讼比较起来，具有自身的一些特点：

（1）针对国内民事诉讼而言，只有该国法院享有管辖权；而国际民事诉讼一般涉及两个或两个以上国家，这些国家或根据属人管辖权或根据属地管辖权，都对案件享有司法管辖权，因此，在国际民事诉讼中就产生了管辖权的冲突问题。

（2）国际民事诉讼涉及外国当事人和其他诉讼参与人，包括自然人、法人和外国国家，因此，国际民事诉讼中存在外国人诉讼地位和外国国家的豁免权问题。

（3）国际民事诉讼程序中包括的许多诉讼活动往往是跨越国界进行的，费时费力，因此，有关的诉讼活动的期日需要适当延长。

（4）国际民事诉讼程序中的一些诉讼活动，如诉讼文书的送达、调查取证、判决的执行等，一般需要由两国的法院或其他司法机关进行，这就要求有关国家法院的配合和协助。

（5）在国际民事诉讼中，一国法院就涉外民商事案件做出判决后，有时需要得到外国的承认并在外国境内执行，这就产生了外国法院判决的承认和执行问题。

国际民事诉讼与我们熟悉的国内民事诉讼最显著的区别是它的涉外性，也就是说，这类民事诉讼涉及两个或两个以上国家的人和事，或者与两个或两个以上国家存在不同程度的联系。那么如何判断国际民事诉讼中的"涉外性"呢？一般而言，国际民事诉讼法律关系中至少含有一个或一个以上的涉外因素。在我国，《最高人民法院关于适用〈中华人民共和国民事诉讼法〉若干问题的意见》（以下简称《民事诉讼法意见》）第304条规定："当事人一方或双方是外国人、无国籍人、外国企业或组织，或者当事人之间民事法律关系的设立、变更、终止的法律事实发生在外国，或者诉讼标的物在外国的民事案件，为涉外民事案件。"由此可见，针对涉外民事案件所进行的民事诉讼就是涉外民事诉讼。

二、国际民事诉讼法

国际民事诉讼法，或称涉外民事诉讼法，是有关国际民事诉讼程序的各种法律规范的总和。综合各国的有关法律和司法实践，国际民事诉讼法的内容主要包括以下三个方面：①规定国际民事诉讼程序中外国当事人，包括外国自然人、法人和国家以及国际组织的民事诉讼地位的法律规范；②规定国际民商事案件中法院管辖权的法律规范；③规定国际民事诉讼程序中有关诉讼和非诉讼文书的域外送达、域外取证、国际民事诉讼期间，以及法院判决在相关国家的承认与执行的法律规范。

目前，各国有关国际民事诉讼的立法形式有所不同。有的国家是在民事诉讼法中做出规定，如，中国的《民事诉讼法》专设一编（第四编）"涉外民事诉讼的特别规定"来对涉外民事诉讼问题做出规定；有的国家是以单行法规形式做出规定，如，1933年《英国执行外国法院判决法》；

有的规定在国际私法典中，如瑞典。此外，为了消除国际交往中的法律障碍，保证国际民事诉讼程序的顺利进行，许多国家还签订了双边或多边条约，对司法协助、判决的承认及执行等问题做出规定。

三、国际民事诉讼的基本原则

国际民事诉讼的基本原则是指为绝大多数国家所公认的，贯穿于国际民事诉讼的整个过程，并在各个诉讼阶段对诉讼参与人具有普遍指导意义的原则。各国的民事诉讼立法虽然形式各异，但都有基本原则作为指导。

目前，一般认为国际民事诉讼基本原则主要有以下几个方面：

（1）国家主权原则。这是国际民事诉讼最基本的原则。根据这项原则，一个国家有权通过立法的形式对该国境内的所有诉讼活动和行为进行管辖；外国人在该国境内进行诉讼活动都必须遵守当地的诉讼法律法规；有关国家还可以根据本国利益对某些案件行使专属管辖权。在司法方面，一个国家的法院有权根据其本国的诉讼法律受理并审理有关案件，外国人有义务接受所在国法院的这种司法管辖权。此外，国家主权原则还表现为一个国家及其财产在国外享有司法豁免权，非经有关国家明确表示放弃该项权利，外国法院无权受理以国家为被告的诉讼。

（2）平等互惠原则。根据该项原则，在国际民事诉讼中，国家在平等的基础上相互给予对方国民民事诉讼权利，在同等的条件下相互适用对方的民事诉讼法律，相互给予司法协助，包括相互承认与执行对方法院的判决和仲裁裁决等。

（3）国民待遇原则。在国际民事诉讼中，这是指一个国家给予本国人的民事诉讼权利也给予在本国境内的外国人。这样，外国人在内国境内享受与内国国民同等的诉讼权利，承担同等的诉讼义务，其诉讼权利不因其为外国人而受到限制。当然，外国人在内国境内享受的诉讼权利不能超出内国国民所能享受的权利范围，不能为此谋求不合理的特权。

（4）遵守国际条约和参照国际惯例原则。一个国家在审理涉外民事案件时，应当遵守有关国际条约，应当优先适用其所参加的国际条约的有关规定，在没有明确的国际立法和国内立法的情况下，应当参照国际惯例对解决国际民商事纠纷的公正做法，使国际民商事纠纷得以顺利解决。

第二节 涉外民事诉讼管辖权

一、涉外民事诉讼管辖权的概念

涉外民事诉讼管辖权是指一国法院受理具有涉外因素的民事案件的权限范围和法律根据。它所涉及的核心问题是要解决依照什么标准或原则来判定某国法院对于某一涉外民事案件是否有权受理。

涉外民事诉讼管辖权是国际民事诉讼程序首先涉及的一个重要问题。它在这方面的意义主要表现为：

（1）涉外民事诉讼管辖权是国家主权在国际民事诉讼领域的具体体现。根据国际法的国家主权原则，每一个主权国家都有属地管辖权和属人管辖权。当一国法院认为某一涉外民事案件与本国利益有关时，该国法院就可对之行使属地或属人管辖，而不受任何外来干涉。

（2）涉外民事诉讼管辖权的正确行使有利于诉讼当事人的诉讼活动。确定涉外民事诉讼管辖权是国际民事诉讼程序首先需要解决的问题。当一国法院对某一涉外民事案件的管辖权得到确认后，诉讼当事人的诉讼活动，如委托代理、调查取证、应诉答辩、判决的承认和执行等，才能得以顺利进行。

（3）涉外民事诉讼管辖权的确定直接关系到案件的审理结果。如果某个案件涉及两个或两个以上国家法院都有管辖权，不同国家的法院在审理时往往援引不同的冲突规范或适用不同的国内法，导致产生不同的判决结果，直接影响当事人的权利与义务。

二、解决涉外民事诉讼管辖权所遵循的原则

管辖权问题在国际民事诉讼程序中是一个复杂而又重要的问题，各国法律对此的规定也互不相同。综观各国的立法和司法实践，一般而言，解决涉外民事诉讼管辖权应当遵循以下几项原则。

1. 普通管辖原则

普通管辖又称为"一般管辖"或"地域管辖"，是以涉外民事诉讼的被告方住所、居所所在地为标志确立的管辖。各国法院对涉外民事案件实行普通管辖又分为以下几种情况：

（1）以被告住所地为标志，案件由被告住所地法院管辖。这是国际上

普遍认可的一项原则，德国、日本、瑞士、奥地利、希腊、北欧诸国、泰国、印度、巴基斯坦、缅甸、斯里兰卡等国都实行这一原则。

（2）以国籍为标志，案件由当事人所属国法院管辖。法国和受法国民法典影响的比利时、荷兰、西班牙、葡萄牙等国基本上采用这一做法。

（3）以送达地为标志，即只要能在本国境内将传票送达给被告，哪怕是临时过境的外国被告，本国法院就取得了对其的诉讼管辖权。英国、美国等普通法系国家采取这一做法。❶

2. 特别管辖原则

特别管辖又称"特殊地域管辖"，是以案件与法院地的特定联系因素为标志来确定管辖权。这些特定联系因素主要是物和行为。物指诉讼标的物或当事人的其他财产；行为指具有法律意义的作为或不作为。按照这些因素确定一国法院对涉外民事案件的管辖权，也是国际上经常遵循的原则。特别管辖一般分为以下几种情况：

（1）关于合同的诉讼，由合同缔结地或履行地法院管辖。

（2）关于侵权行为的诉讼，由侵权行为地法院管辖。

（3）关于物权的诉讼，由诉讼标的物所在地或被告财产所在地法院管辖。

（4）关于公司、商行的分支、代理或其他机构经营业务而引起的争议，由该分支、代理或其他机构所在地法院管辖。

（5）关于海事案件，由船舶登记地、行为发生地、船舶扣留地、被告营业地法院管辖。

3. 专属管辖原则

专属管辖又称"排他管辖"或"独占管辖"，是指通过国内立法或国际条约规定一国法院对某些涉外民事案件具有独占的或排他的管辖权。别国法院对于此类案件不能行使管辖权；当事人也不得以协议变更这类案件的管辖。这些被列入专属管辖范围的案件一般都与本国的政治、经济、法律、社会制度及公共利益密切相关，因而只能由本国法院管辖。

属于专属管辖的涉外民事案件主要有：一是关于不动产的诉讼，由不动产所在地法院管辖，这是国际上公认的原则；二是关于婚姻、家庭、继承等案件，许多国家也列入专属管辖的范围；三是有关商标、专利和著作

---

❶ 余先予. 国际私法学［M］. 北京：中国财政经济出版社，2004：443.

权的诉讼；四是关于法人成立、解散或破产的诉讼；五是有关在本国境内发生的重大侵权行为案件。

4. 协议管辖原则

协议管辖又称"合意管辖"，是指涉外民事诉讼的当事人在争议发生前或发生后达成管辖权协议来具体确定案件的管辖。协议管辖是当事人意思自治理论在涉外民事诉讼程序中的体现。协议管辖是有限制的，一般适用于涉外经济、贸易、运输和海事等方面的案件，专属管辖范围内的案件不得采用协议管辖加以排除，但协议管辖可以变更平行管辖。当事人也不得为达到某种目的而故意通过协议规避对该案有管辖权的法院的合法管辖。

5. 平行管辖原则

平行管辖又称为"有条件管辖"或"重叠管辖"，是指一国在主张对某类案件具有管辖权的同时，也不否认其他国家的管辖权。这样，对于同一类涉外民事案件，两个或两个以上国家的法院都有管辖权。如果平行管辖的连结因素在内国，则由内国法院管辖；如果该连结因素在某一外国，则由该外国法院管辖。

三、涉外民事诉讼管辖权的冲突

如果两个或两个以上国家的法院对于同一涉外民事案件都主张管辖权，或各国对同一诉讼都拒绝管辖，这种情况被称为涉外民事诉讼管辖权的冲突。前者为管辖权的积极冲突，后者为管辖权的消极冲突。一般而言，世界各国都有扩大本国涉外民事诉讼管辖权的趋势，所以，我们这里所指的管辖权的冲突主要表现为管辖权的积极冲突。❶

涉外民事诉讼管辖权的冲突产生的原因是多方面的，其中主要有：①世界各国确定的涉外民事诉讼管辖权的标志各不相同。如，以法国为代表的拉丁法制度把管辖权主要建立在国籍原则之上，即在本国境内发生的法律关系，不论本国人为原告或被告，也不管其为债务人或债权人，一律由本国法院管辖；而以德国为代表的日耳曼法制度，主要依地域管辖原则来确定管辖权；英美法制度则以有效原则和自愿接受管辖原则作为行使国际管辖权的基础。由此可见，不同类型的国家行使管辖权的标志不同，各

---

❶ 章尚锦，徐青森. 国际私法 ［M］. 北京：中国人民大学出版社，2011：333.

国从自己的立场出发去行使管辖权必然产生管辖权的冲突问题。②即使有关国家确定管辖权的标志相同，也可能在具体连结点的解释上存在差异而使管辖权发生实际冲突。如，以侵权行为地作为连结因素来确定管辖权，甲国可能将侵权行为地解释为加害行为完成地，乙国则可能将侵权行为地解释为损害结果发生地，因此，某一具体的侵权案件由甲国法院或由乙国法院管辖就会产生差别。③由于国际民事诉讼制度中适用专属管辖原则，有关国家对同一诉讼都采取专属管辖，这就使得管辖权的积极冲突成为可能。④平行管辖的存在可以使当事人能够根据不同的管辖权标志进行一事两诉或数诉。在一般情况下，原告只能选择一个有管辖权的法院起诉，但在实践中，原告也有向两个或两个以上国家的法院起诉的情形，或原被告以交替身份分别向两个或两个以上国家的法院起诉。这就会使得管辖权发生明显冲突，也给涉外民事纠纷的解决增添了难度。

一般而言，涉外民事诉讼管辖权冲突的解决途径主要有：

一是通过国内立法来预防管辖权发生冲突。各国在维护国家主权和平等互利的原则下，出于国际交往的需要，通过立法采用能尽量避免冲突的普通管辖标志，合理缩小专属管辖的范围。当案件更适合外国法院管辖时，就放弃或停止本国的平行管辖权。

二是通过缔结双边或多边国际条约来避免管辖权冲突。国际社会经过几十年的努力，制定出一些调整涉外民事案件管辖权问题的国际条约，这些条约大多以双边司法协助协定的形式出现，如，我国与一些国家间签订的司法协助条约对管辖权问题作了规定。此外，一些较有影响的国际组织也制定了含有协调管辖权冲突的公约，如海牙国际私法会议制定的 1958 年《国际有体动产买卖协议管辖公约》、1961 年《关于未成年人保护的管辖权和法律适用的公约》、1965 年《收养管辖权法律适用和判决承认公约》等，国际海洋法委员会于 1952 年制定的《船舶碰撞中有关民事管辖权若干规则的公约》等。一些区域性国际组织也制定了条约，如美洲国家间 1928 年《布斯塔曼特法典》、欧共体于 1968 年以及欧共体与欧洲自由贸易联盟于 1988 年缔结的《关于民商事司法管辖权与判决执行公约》等。

四、涉外民事诉讼中的司法豁免

司法豁免是指司法管辖豁免。司法管辖豁免是指主权国家、主权国家的代表以及主权国家的财产因其特殊的法律地位而享有的不受他国司法管辖的特权。司法管辖豁免包括外交豁免和主权豁免。为了确保一国驻他国的外交代表能有效地执行职务，外交机关及其人员不受驻在国的司法管辖，这种特权称为外交豁免。主权豁免是指在国际交往中，一个主权国家及其财产未经该国同意不受其他国家法院管辖与执行的权利。主权豁免又称国家及其财产豁免。

主权国家及其财产在国际民事诉讼中享有豁免权，除非当事国主动放弃豁免权，否则，其他国家法院无权对其行使司法管辖。这是一条公认的国际法原则。国际社会已普遍接受司法豁免制度，对各国的司法管辖权做出限制。

目前，国际社会普遍接受了外交豁免制度，并于1961年订立了《维也纳外交关系公约》。这使得各国外交豁免行为有章可循，逐渐形成国际规范制度。

在主权豁免问题上，各国立场不同，分歧较大，难以协调。原先主张绝对豁免主义，不论一国行为和财产性质如何，该国完全享有豁免权。21世纪以来，特别是"二战"之后，一些西方国家主张限制豁免主义。这种理论把国家行为划分为主权行为与非主权行为，或公法行为与私法行为，或统治权行为与事务权行为两类。在国际交往中，一国的主权行为或公法行为或统治权行为在他国享有司法豁免，而一国的非主权行为或私法行为或事务权行为则不享有豁免。曾长期坚持绝对豁免主义的美国和英国，分别于1976年和1978年通过了《外国主权豁免法》和《国家豁免法》，这说明限制豁免主义是西方国家普遍实行的一种理论。

司法豁免权是一国主权范围内的权力，原则上不应受到外国限制。但是，为了维护国家之间的正当交往，一国可以自己采取一些做法来限制或放弃某些豁免权。这些做法有：①通过签订国际条约，明示放弃某些豁免权；②通过制定国内立法，限制本国的某些豁免权；③争议发生后，通过双方协商放弃本案的豁免权；④在案件诉讼过程中，没有提出豁免要求，但对实质性争议进行了应诉或反诉，这种行为被视为默示放弃豁免权。一国在国际交往中，通过以上做法可以使本国的司法豁免权得到有效的、适当的行使。

中国是一个主张司法豁免权的国家。对于外交豁免问题，在国内立法方面，中国颁布了《中华人民共和国外交特权与豁免条例》，对外国派驻中国的外交代表享有的管辖豁免作了详细规定；《民事诉讼法》也对外交特权与豁免作了原则性规定。在国际条约方面，中国参加了《维也纳外交关系公约》及《联合国特权与豁免公约》等，这使外交豁免在中国的实践逐渐规范化、制度化和国际化。

对于主权豁免问题，中国尚无专门的国内立法，但根据中国宪法原则和历次政府声明，中国的立场可以归纳为下列几点：①坚持主权豁免是国际法的一项重要原则，反对限制主权豁免。②国家可以通过明示或默示的同意自愿接受外国法院管辖，也可以通过缔结国际条约对自己的某些豁免权进行限制。③中国的国有企业和公司是具有独立法律人格的经济实体，因此不享有豁免权。④中国一贯希望和赞成通过达成国际协议来消除各国在主权豁免问题上的分歧，求同存异，减少冲突。⑤外国国家如果侵犯中国国家及其财产的豁免权，中国将对该国采取相应的对等措施。中国的上述立场是合情、合理、合法的，对于主权豁免原则在中国的行使起到应有的保障作用。

五、中国关于涉外民事诉讼管辖权的规定

（一）国际条约的规定

中国缔结或参加的包含有管辖权条款的国际条约主要如下。

1. 1951 年《国际货协》

该协定对货物运输管辖权作了如下规定：①货物全部灭失、部分灭失、毁损或腐坏时，由发货人向发送路或收货人向到达路提出；②多收运送费用时，分别由发货人或收货人向发送路或到达路提出；③货物运到目的地逾期时，由收货人向到达路提出；④从本协定参加路所属国按统一价格的规定，向非本协定参加路所属国运送货物，而发送路又未参加货物到达国所参加的国际联运协定，应由收货人直接向未参加本协定的到达路或其他路提出索赔；⑤从非本协定参加路所属国按统一价格的规定，向本协定参加路所属国运送货物时，赔偿请求应由收货人直接向到达国铁路提出，如经审查发现赔偿请求部分或全部属于非本协定参加路的责任时，应向责任者直接提出。

2. 1929 年《华沙公约》

该公约有关管辖权的规定为：有关赔偿诉讼，应按原告的意愿，在一个缔约国领土内，向承运人住所地或其总管理处所在地或签订契约的机场所在地法院提出，或向目的地法院提出。

3. 1969 年《国际油污损害民事责任公约》

该公约第 9 条规定："当在一个或若干个缔约国领土（包括领海）内发生了油污损害事件，或在上述领土（包括领海）内采取了防止或减轻油污损害的预防措施的情况下，赔偿诉讼只能向上述的一个或若干个缔约国的法院提出。""每一个缔约国都应保证它的法院具有处理上述赔偿诉讼的必要管辖权。"

该公约第 11 条规定："关于为缔约国所有而用于商业目的的船舶，每一国都应接受第 9 条所规定的管辖权受理的控告，并放弃一切以主权国地位为根据的答辩。"

（二）国内法的特别规定

1991 年中国颁布的《民事诉讼法》的第四编为"涉外民事诉讼程序的特别规定"，其对管辖权问题规定的主要内容有：

（1）因合同纠纷或者其他财产权益纠纷，对在中华人民共和国领域内没有住所的被告提起的诉讼，如果合同是在中华人民共和国领域内签订或者履行，或者诉讼标的物在中华人民共和国领域内，或者被告在中华人民共和国领域内有可供扣押的财产，或者被告在中华人民共和国领域内设有代表机构，可以由合同签订地、合同履行地、诉讼标的物所在地、可供扣押财产所在地、侵权行为地或者代表机构住所地的人民法院管辖。

（2）涉外合同或者涉外财产权益纠纷的当事人，可以用书面协议选择与争议有实际联系的地点的法院管辖。但是，选择中华人民共和国人民法院管辖的，不得违反中华人民共和国民事诉讼法关于级别管辖和专属管辖的规定。

（3）涉外民事诉讼的被告对人民法院的管辖不提出异议，并应诉答辩的，视为承认该人民法院为有管辖权的法院。

（4）因在中华人民共和国境内履行中外合资经营企业合同、中外合作经营企业合同、中外合作勘探开发自然资源合同发生纠纷提起的诉讼，由中华人民共和国人民法院管辖。

（三）国内法的一般规定

对于涉外民事诉讼的管辖权，根据《民事诉讼法》的规定，如果"涉外民事诉讼程序的特别规定"这一编中有明确规定的，按特别规定执行；如果没有规定的，按处理国内民事诉讼程序的一般规定执行。这部分的一般规定的主要内容如下。

1. 级别管辖

一般涉外民事案件由中国基层人民法院为第一审管辖法院；重大涉外民事案件由中国中级人民法院为第一审管辖法院。

2. 地域管辖

（1）对公民提起的民事诉讼由被告住所地人民法院管辖；被告住所地与经常居住地不一致的，由经常居住地人民法院管辖；对法人或者其他组织提起的民事诉讼，由被告住所地人民法院管辖；同一诉讼的几个被告住所地、经常居住地在两个以上人民法院辖区的，各该人民法院都有权管辖。

下列民事诉讼由原告住所地人民法院管辖；原告住所地与经常居住地不一致的，由原告经常居住地人民法院管辖：①对不在中华人民共和国领域内居住的人提起的有关身份关系的诉讼；②对下落不明或者宣告失踪的人提起的有关身份关系的诉讼；③对被劳动教养的人提起的诉讼；④对被监禁的人提起的诉讼。

（2）因一般合同纠纷提起的诉讼，由被告住所地或者合同履行地人民法院管辖。合同双方当事人也可以用书面形式协议选择被告住所地、合同履行地、合同签订地、原告住所地、标的物所在地人民法院管辖。

（3）因保险合同纠纷提起的诉讼，由被告住所地或者保险标的物所在地人民法院管辖。

（4）因票据纠纷提起的诉讼，由票据支付地或者被告住所地人民法院管辖。

（5）因铁路、公路、水上、航空运输或联合运输合同纠纷提起的诉讼，由运输始发地、目的地或者被告住所地人民法院管辖。

（6）因侵权行为提起的诉讼，由侵权行为地或者被告住所地人民法院管辖。

（7）因铁路、公路、水上或航空事故请求损害赔偿提起的诉讼，由事故发生地或者车辆、船舶最先到达地、航空器最先降落地或者被告住所地人民法院管辖。

（8）因船舶碰撞或者其他海事损害事故请求损害赔偿提起的诉讼，由碰撞发生地、碰撞船舶最先到达地、加害船舶被扣留地或者被告住所地人民法院管辖。

（9）因海难救助费用提起的诉讼，由救助地或者被救助船舶最先到达地人民法院管辖。

（10）因共同海损提起的诉讼，由船舶最先到达地、共同海损理算地或者航程终止地人民法院管辖。

（11）因不动产纠纷提起的诉讼，由不动产所在地人民法院管辖。

（12）因港口作业中发生纠纷提起的诉讼，由港口所在地人民法院管辖。

（13）因继承遗产纠纷提起的诉讼，由被继承人死亡时住所地或者主要遗产所在地人民法院管辖。

由此可见，中国对涉外民事案件行使管辖权是通过三个步骤来实现的：首先，国际条约有规定的，依国际条约的规定处理；其次，无国际条约可循的，依中国民事诉讼法的特别规定处理；再次，中国民事诉讼法没有特别规定的，依民事诉讼法的一般规定处理。

第三节　国际民事司法协助

一、国际民事司法协助概述

（一）国际民事司法协助的概念

国际司法协助是指一国司法机关应另一国司法机关的请求，代为进行某些诉讼行为，如送达司法文书和司法外文书、调查取证，以及承认和执行外国法院的判决等。❶国际司法协助一般包括国际民事司法协助、国际行政司法协助和国际刑事司法协助等三种性质和类型不同的司法协助。本书在这里所指的司法协助是专指国际民事司法协助。

国际民事司法协助是指在国际民事诉讼过程中，一国司法机关和另一国司法机关相互请求，代为送达文书、调查取证以及从事其他诉讼程序方面的合作。这种司法协助行为是由委托方提出请求协助的行为和受托方提供协助的行为所构成。司法委托行为和协助行为在内容上要求保持一致，通过司法协助，委托方的主观意愿到达协助方，协助方协助行为的客观结果返回到委托方。从国际民商事司法协助行为的概念和行为本身的性质来看，这种司法协助是国家有关机构特别是有关司法机关之间的委托与协助

---

❶　黄进. 国际私法 ［M］. 北京：法律出版社，2005：651.

行为；从委托行为方面来看，这种行为必须具备两个条件：第一，国家有关机构依法有权直接行使的行为；第二，必须是受委托请求的行为。

（二）国际民事司法协助的类型

从国际民事司法协助的作为与不作为的行为形态来划分，可分为积极的司法协助和消极的司法协助两种类型。积极的司法协助行为是指依据有关条约和法律规定，由一方提出司法协助委托请求，另一方以作为方式提供民商事司法协助的行为。消极的司法协助行为是指依据有关条约和法律规定，一方在他国境内直接实施诉讼行为，他国以不作为方式予以许可；这是一种特殊的司法协助，以协助方不作为和客观存在的、默示的许可与同意为协助活动完成的前提。

从司法协助实施的法律根据来划分，可分为依条约进行的和依有关国内法进行的两种协助形式。19世纪末以来，各国通过缔结国际条约寻求国际民事司法协助，使得这一领域有了较大的发展。但由于各国政治、经济、社会、文化等方面的差别，并非所有的司法协助问题都能依赖国际条约加以解决，在无条约的情况下，各国为了便于涉外诉讼，往往以国内立法的形式，将国际民事司法协助的一般性规范包括在民事诉讼法中。

（三）国际民事司法协助的内容

在国际民事诉讼中进行司法协助应包括哪些内容？学术界对此历来持有争议，并存在狭义和广义两种观点。狭义的司法协助仅指送达文书和调查取证；广义的司法协助除了上述内容外，还包括对外国法院判决、仲裁机构裁决的承认和执行。

从世界各国的立法和司法实践来看，目前大多数国家开始采用广义上的司法协助。在中国，国际民事司法协助的内容主要包括以下四个方面：①传递和送达司法文书及司法外文书；②代为调查取证；③承认和执行外国法院的判决及仲裁机构的裁决；④根据请求提供本国的民事实体和程序方面的法律和法规文本。❶

（四）国际民事司法协助的主体

国际民事司法协助的主体，按其职能可分为中央机关和主管机关两类。中央机关是指负责统一对外联系并转递有关司法文书和司法外文书的

---

❶　章尚锦，徐青森. 国际私法［M］. 北京：中国人民大学出版社，2011：339.

机关。从国际实践来看，大多数国家将司法部指定为国际司法协助的中央机关，也有的国家指定外交部、最高法院或最高检察院为中央机关。中国在司法部内专门设立了司法协助部门作为中国进行国际司法协助的中央机关。中国与比利时、意大利、西班牙等国有关民商事司法协助协定中指定中国司法部为中央机关，中国与蒙古关于民事和刑事司法协助条约中则同时指定司法部和最高人民法院为中央机关。在实践中，究竟以司法部还是以最高人民法院作为中央机关，主要从方便工作的角度出发，以司法协助条约的缔约他方的中央机关是什么机构来判定。

主管机关是指具体从事请求或提供司法协助的国家机关。至于哪些机关可以作为国际司法协助的主管机关，属于一国主权范围内的事务，由一国国内法规定。根据中国的司法实践，在中国要求进行国际民商事司法协助的主管机关是法院以及其他解决民事纠纷的机关。

需要指出的是，对于一国而言，尽管中央机关和主管机关都从事国际民商事司法协助，但两者不可相互代替。中央机关不能包办主管机关的工作，主管机关的活动必须通过中央机关才能与对方国联系。根据中国缔结或参加的国际司法协助条约，缔约双方法院或其他主管机关请求或提供司法协助，应当通过双方的中央机关进行。当然，中央机关途径并不是进行国际司法协助的唯一途径。在两国没有司法协助条约的情况下，外交途径也是普遍适用的国际民事司法协助途径。

二、司法协助的法律依据

总而言之，国际民事司法协助的法律依据是国内立法和国际条约。

目前，世界上大多数国家的立法就民事司法协助问题作了规定，以此作为进行司法协助的法律依据，但其规定较为笼统，各国民事诉讼法只作了一些原则性规定，内容显得很不完善，中国亦然。如，中国《民事诉讼法》第二十九章"司法协助"中的规定也只是一些辅助性规范，缺乏可操作性。因此，为了推动国际民商事交往的正常开展，有效加强国际间的司法协助，国际社会制定了一些国际条约来协调各国之间的司法协助问题。

自19世纪末开始，各国通过缔结双边、多边国际条约广泛开展司法协助活动。最早的国际条约是1896年在海牙签订的《民事诉讼程序公约》，后于1905年和1954年两次作了修订。最有影响的是下面两个海牙公约：①1965年11月通过的《送达公约》（*Convention on the Service Abroad of Ju-*

dicial and Extrajudicial Documents in Civil or Commercial Matters），中国于1991 年 3 月批准加入该公约。②1970 年 3 月签订的《取证公约》（*Convention on Obtaining Civil or Commercial Evidence from Abroad*），中国于 1997 年 7月批准加入该公约。以上两个海牙公约被认为是国际社会在涉外送达和取证方面内容比较完备的法律文件。此外，1971 年 2 月在海牙签订的《关于民商事外国判决的承认与执行公约》（*Convention on the Recognition and Enforcement of Foreign Judgements in Civil or Commercial Matters*）及其附加议定书、1980 年 10 月在海牙签订的《国际司法救助公约》（*Convention on International Access to Justice*）等，也对司法协助问题作了规定。

一些区域性的国际条约也为解决本区域的国际民事司法协助做出了贡献。如，1928 年的《布斯塔曼特法典》（*Bustamante Code*）、欧共体于1968 年以及欧共体与欧洲自由贸易联盟于 1988 年制定的《关于民商事司法管辖权和判决执行的公约》（*Convention on Jurisdiction and the Enforcement of Judgement in Civil and Commercial Matters*）、1975 年《美洲国家间关于国外调取证据的公约》（*Inter-American Convention on the Taking of Evidence Abroad*）等，均对此作了规定。

此外，国际民事司法协助的双边条约或协定是加强国家之间在司法协助领域的友好合作的最切实的途径，也成为国际民事司法协助的主要的法律依据之一。中国自 1987 年 5 月开始，已先后同法国、波兰、比利时、蒙古、罗马尼亚、意大利、西班牙、俄罗斯、土耳其、乌克兰、古巴、白俄罗斯、哈萨克斯坦、保加利亚、泰国等国签订了几十个双边司法协助条约或协定，其中许多是涉及国际民事司法协助的条约或协定。这些条约或协定的内容包括：①相互约定根据国民待遇原则向对方国当事人提供司法保护；②司法协助的范围，一般包括文书送达、调查取证、承认与执行判决或裁决等；③司法协助途径；④司法协助请求书、语言、费用以及拒绝司法协助的有关规定；⑤司法协助适用的法律；等等。司法协助条约的分则部分，还对司法协助的范围所涉及的事项做出了具体规定。

三、涉外司法文书的送达

（一）涉外司法文书送达的含义

涉外司法文书的送达是指在涉外民事诉讼中，依照国际条约或其他有关法律规定的方式，将有关司法文书或司法外文书，经司法协助渠道交付给受送达人的行为。司法文书（Judicial Document），又称诉讼文书，是指涉外民商事诉讼中与法院和司法程序有关的、由法院实施诉讼行为并依法制作的各种书面文件。司法文书的范围有：一是法院或有关司法机关制作的传票、通知、决定、调解、裁定、判决书和送达回证、公告，以及法庭制作的各种笔录；二是诉讼参与人依法提交的起诉书、答辩书、反诉、上诉、申请、委托及鉴定书等。司法外文书（Extrajudicial Document），又称非诉讼文书，是指非法院做成的诉讼程序以外的文书。司法外文书的范围包括：由申请人提交的需要确认的材料，各有关主管机关依法制作的公证书、认证、汇票拒绝、离婚协议、失踪或死亡宣告、确认无行为能力、收养同意和给付催告书等。

在涉外民事诉讼活动中，司法文书的送达具有十分重要的意义。涉外司法文书的送达是一国司法机关代表国家行使国家主权的具体体现，因此，一国的司法机关在没有得到外国许可的情况下，不能在该国境内向任何人实施的送达行为；此外，内国对外国司法机关在没有条约或法律规定的情况下向位于内国的任何人实施的送达行为也不予承认。为了解决司法文书的域外送达问题，世界上大多数国家在其内国的民事诉讼法中做出专门规定，除以有关司法协助条约为根据外，在通常情况下，对于涉外司法文书的送达均以互惠为条件。司法文书只有合法有效地送达当事人，才能对其产生法律上的约束力；只有依照法律规定完成了有关司法文书的送达，才能确定司法审判权。而在涉外民商事诉讼中，当事人或其他诉讼参与人往往不在法院地国，代为送达诉讼文书就成为国际民商事司法协助的一项主要内容。

目前，在中国开展的国际民事司法协助的实践中，涉外司法文书的送达所占的比例最大。它主要包括内国法院委托某一外国法院送达司法文书，以及接受外国法院委托向本国境内的有关当事人送达司法文书两个方面。

（二）涉外司法文书的送达方式

1. 国际条约关于涉外司法文书送达的方式

目前，世界上有关涉外司法文书送达的国际条约对于送达方式的规定不尽相同，归纳起来，共有下列几种主要方式。

（1）外交途径送达。

这种方式由一国法院将司法文书及送达回证送交本国外交部，外交部再通过本国以及受送达方所在国的外交机构（主要为使馆），将司法文书转送给受送达方，受送达方接到司法文书及回证后，应将回证退回送达国外交部或送达国驻受送达国使馆，再转给送达国提出委托的法院。一般情况下，在国家之间没有司法协助条约的条件下，大多采用这种方式。

（2）领事机构送达。

一国法院将司法文书寄交给该国驻受送达国的领事，由领事转递给受送达国的司法机关，再由该司法机关送达给当事人或其他诉讼参与人。1964年《维也纳领事关系公约》第5条中规定，领事应"依照现行国际协定，或者在没有这类国际协定时依照符合接受国法律和规章的任何其他方式，为派遣国法院转送司法文书和司法外文书，或执行录取证词的司法委托或嘱托"。

（3）法院送达。

各国法院之间在有共同参加或缔结的国际条约的条件下，可以直接相互送达司法文书或司法外文书。

（4）邮寄送达。

在受送达方所在国的法律允许的情况下，送达方法院将有关司法文书或司法外文书以邮件形式通过正常邮寄送达。

（5）公告送达。

当受送达人的住所、居所不明，或者其住所、居所设在某个不提供送达协助的国家，或由于超出法院管辖范围不能有效送达，或向情况不明的当事人送达时，根据有关当事人的请求并证明了实行公告送达的理由后，由法院以公告形式送达。

在司法实践中，受送达国法院对于来自送达国的司法文书或司法外文书要进行审查，如有下述情形之一的，则可以拒绝送达有关文书：①根据受送达国的法律，委托履行的行为不属于司法机关的职权范围的；②对委托送达的司法文书的真实性有怀疑的；③委托履行的行为同受送达国的主权与安全不相容的；④委托履行的行为是本国法律所禁止的诉讼行为；⑤两国之间不存在互惠的。

2. 中国关于涉外司法文书送达的方式

中国《民事诉讼法》第267条对于涉外司法文书的送达作了明确规定。根据这条规定，人民法院对在中华人民共和国领域内没有住所的当事人送达司法文书，可以采用下列方式：

①依照受送达人所在国与中华人民共和国缔结或者共同参加的国际条约中规定的方式送达；

②通过外交途径送达；

③对具有中华人民共和国国籍的受送达人，可以委托中华人民共和国驻受送达人所在国的使领馆代为送达；

④向受送达人委托的有权代其接受送达的诉讼代理人送达；

⑤向受送达人在中华人民共和国领域内设立的代表机构或者有权接受送达的分支机构、业务代办人送达；

⑥受送达人所在国的法律允许邮寄送达的，可以邮寄送达，自邮寄之日起满 6 个月，送达回证没有退回，但根据各种情况足以认定已送达的，期间届满之日视为送达；

⑦不能用上述方式送达的，公告送达，自公告之日起满 6 个月，即视为送达。

中国于 1991 年 3 月正式批准加入了 1965 年 11 月在海牙通过的《送达公约》，该公约已自 1992 年 1 月 1 日起对中国生效。根据 1992 年 3 月中国最高人民法院、外交部、司法部联合颁布的《关于执行〈关于向国外送达民事或商事司法文书和司法外文书公约〉有关程序的通知》，中国与公约成员国之间相互送达司法文书的方式为：

①凡成员国驻华使领馆转送该国法院或其他机关请求中国送达的民商事司法文书，方式为：成员国驻华使领馆→中国司法部→最高人民法院→有关人民法院→受送达人。送达证明的退回方式为：有关人民法院→最高人民法院→中国司法部→该国驻华使领馆。

②凡成员国有权送交文书的主管当局或司法助理人员直接送交中国司法部请求我国送达的民商事司法文书，方式为：中国司法部→最高人民法院→有关人民法院→受送达人。送达证明按倒序方式退回。

③对于成员国驻华使领馆直接向其在华的本国公民送达民商事司法文书，如果不违反中国法律，可不表示异议。

④中国法院如果请求公约成员国向该国公民或第三国公民或无国籍人送达民商事司法文书，方式为：有关中级人民法院或专门人民法院→有关高级人民法院→最高人民法院→中国司法部→该国指定的中央机关；必要时，也可由最高人民法院送交中国驻该国使领馆，再转送该国指定的中央机关。

⑤中国法院向在公约成员国的中国公民送达民商事司法文书，可采取以下方式：有关中级人民法院或专门人民法院→有关高级人民法院→最高人民法院→中国司法部→中国驻该国使领馆→受送达人。送达证明按倒序方式退回。

⑥非公约成员国应通过外交途径委托中国法院送达司法文书，一般的方式为：该国驻华使领馆→中国外交部→有关高级人民法院→有关中级人民法院或专门人民法院→受送达人。送达证明按倒序方式退回。

⑦中国与公约成员国签订了司法协助条约或协定的，按该条约或协定的规定办理。

四、委托调查取证

（一）委托调查取证的含义

委托调查取证是指在涉外民事诉讼中，一国司法机关和另一国司法机关可以相互请求，就有关案件的某些事项代为调查取证。委托调查取证也是国际民商事诉讼程序的必要环节，直接关系到有关法院对涉外民商事案件的公正判决，因此在诉讼程序中具有十分重要的意义。

委托调查取证的主要内容有：①对诉讼当事人进行询问；②对有关证人进行询问；③对有关鉴定人进行询问；④代为调取证据，即代为进行与案件有关的调查，收集有关证据；⑤代为进行鉴定和司法勘验以及其他与委托调查取证有关的行为。

调查取证可以分为直接调查取证和间接调查取证两类。直接调查取证是指受诉法院或当事人在征得有关国家同意后自行调查，收集有关案件所需的证据。它又分为外交及领事人员调查取证、当事人或其诉讼代理人自行调查取证和特派人员调查取证三种。间接调查取证是指受诉法院委托证据所在国法院或有关机构代为调查和搜集证据。这是当今国际实践中最为广泛采用的一种域外取证方式。间接取证通常由受诉法院按照司法协助条约的规定递交受托法院，取证完成后，按条约规定的方式送回证据材料。这些调查取证的行为，必须纳入一定的法律轨道进行。特别是在英美法系国家实行的向外国派遣特派人员执行内国取证任务的制度，如无条约义务，往往会被东道国视为侵犯国家主权而无法实施。

一般而言，一个主权国家是不允许其他国家在其境内直接调查取证的，为了使国际民商事诉讼活动得以顺利进行，在国与国之间开展有关调查取证的协助是很有必要的。被请求协助调查取证的司法机关，一般只依本国法律规定的程序予以协助，如果委托国司法机关对此有特殊要求，也可采取与本国法律不抵触的特殊程序进行。

委托调查取证的请求书由请求国做出，其主要内容有：请求与被请求机关的名称、当事人及其代理人的姓名和住址、被调查人的姓名和住址、受理的诉讼的性质及有关必要情况、需要获取的证据或其他需要履行的司法行为及其他必要事项等。

（二）有关委托调查取证的法律规定

1. 国际条约关于委托调查取证的规定

国际社会为了统一委托调查取证的程序规定，1968 年第十一届海牙国际私法会议一致通过并于 1970 年 3 月 18 日正式签署了《取证公约》（*Convention on Obtaining Civil or Commercial Evidence from Abroad*）。目前，共有 20 多个国家批准或加入了该公约，我国于 1997 年 7 月正式批准加入。该公约共分 2 章 42 条，关于委托调查取证的主要内容如下。

（1）委托调查取证的方式。

公约规定主要有外交途径、领事途径和法院直接联系等。公约规定，缔约国的外交官和领事人员以及依法指定的特派员可以在另一缔约国内搜集证据、询问证人。

（2）调查取证的一般规定。

根据该公约，委托调查取证应遵循的规定有：①在民商事方面，一个缔约国的司法机关可以根据其本国法律规定，通过请求书要求另一缔约国的司法机关调取证据或为其他司法行为，但请求书不得用来调取不是旨在用于已在进行或将进行的审判程序的证据。上述"其他司法行为"一词不包含司法文件的送达或通知，也不包含保全措施或执行措施在内。②每个缔约国应指定一个中央机关（联邦制国家可指定几个中央机关）作为统一接受取证请求的机关和依法将请求转送至本国有权执行请求的主管机关。中央机关如果认为公约的规定没有受到遵循时，应就此立即通知向它递交请求书的请求国机关，并指出其提出异议的理由。③如果被请求机关无权处理时，应根据该国法律的规定，将请求书及时转送本国有权受理的司法机关。④被请求机关应根据请求机关的要求，将进行的程序的时间及地点通知它，以使当事人或其代理人可以到场。⑤负责执行请求书的司法机关应根据其本国法律所规定的方式和程序进行，但也可应请求机关的要求，采用不与被请求国的法律相抵触的特殊程序履行委托。

（3）委托调查取证的例外。

根据公约第 12 条规定，请求书只有在下列条件下才能被拒绝执行：①请求书所请求事项不在被请求执行的法院权限范围之内；②被请求国认为请求书的执行将会损害其主权或安全。

但是，被请求国不得仅以其国内法对诉讼事项应由其专属管辖或以其国内法对该事项不准提起诉讼为由拒绝执行。

（4）委托调查取证的费用。

公约规定，执行请求书不应要求请求国支付任何性质的手续费或费用，但如果请求国要求用特殊方式履行，由此引起的费用，以及付给鉴定人和翻译人员的酬金，被请求国有权要求其偿付。

2. 我国关于委托调查取证的规定

关于国际民事司法协助中的委托调查取证问题，我国《民事诉讼法》以及对外签订的有关司法协助条约或协定作了规定。我国《民事诉讼法》第二十七章规定，根据我国缔结或参加的国际公约或按照互惠原则，人民法院和外国法院可以相互请求代为调查取证。涉及民商事案件的委托调查取证，应当依照我国缔结或参加的国际条约所规定的途径进行，没有条约关系的，通过外交途径进行；外国驻我国的使馆可以向该国公民调查取证，但不得违反我国的法律，并不得采取强制措施。未经我国主管机关准许，任何外国机关或个人不得在我国领域内调查取证。人民法院接受外国法院委托调查取证，一般依我国的法定程序进行，也可以应外国法院的要求采用特殊方式，但不得违反我国法律；我国法院或外国法院相互间请求委托对方国家调查取证的请求书及其所附文件，应当附有被请求国文字译本或国际条约规定的其他文字文本。

我国与外国签订的有关民商事司法协助条约或协定对于委托调查取证问题作了比较详细的规定。其中，有些司法协助条约或协定是将代为送达文书和代为调查取证合并在一起规定的，也有些条约或协定将两者分开加以规定的。这些司法协助条约或协定中涉及委托调查取证的内容主要包括：

①适用范围：代为调查取证主要有代为询问当事人、证人、鉴定人，代为调查获取证据，以及代为进行鉴定和司法勘验等内容。

②执行方式：被请求一方的法院代为调查取证的方式，适用本国法

律，必要时可以实施本国法律规定的适当的强制措施；同时也规定，缔约一方可以通过本国的外交或领事代表机关，直接向另一方领域内的本国国民调查取证，但必须遵守缔约另一方的法律，并不得采取强制措施。

③拒绝请求的理由：如果被请求一方认为代为调查取证违反本国的主权、安全或公共秩序，或认为按照本国法律，上述请求执行的事项不属于司法机关的职权范围，可以全部或部分予以拒绝，但应将拒绝的理由通知请求一方。

④通知执行的结果：被请求一方的法院，应通过双方的中央机关转送调查取证所取得的证据材料，必要时还应转送有关调查取证的执行情况。

⑤费用负担：委托调查取证不收取费用，但有关鉴定人、翻译人员的报酬，应由请求一方负担。

第四节　外国法院判决的承认与执行

一、外国法院判决的承认与执行的含义

一般而言，外国判决（Foreign Judgement）的范围有广义和狭义之分。狭义的外国判决是指外国法院对当事人之间的民事权利与义务所做出的具有法律意义的决定；广义的外国判决还包括一国司法机关的裁决、裁定、命令，以及要求金钱支付或要求当事人作为或不作为的法律决定。在实践中，一般将国际组织所做出的判决也视为具有外国判决的性质。

承认与执行外国法院判决（Recognition and Enforcement of Foreign Judgement），是指某国法院所做出的涉外民商事案件的判决经请求获得另一国法院承认与执行的一项制度。

众所周知，一国法院对涉外民事案件做出的判决是国家行使本国司法主权的结果，根据国家主权原则，这项判决的效力只限于法院地国境内。但是，国际私法所讨论的涉外民商事案件的当事人或诉讼标的常常位于国外，因此，一项判决不仅在做出判决的法院地国境内有效，还必须在当事人所在地域或诉讼标的所在地有效，这样才能实现诉讼的目的，切实维护当事人的合法权益，保障国际民商事交往的正当开展。这就必然会涉及外国法院判决的承认与执行问题。

承认外国法院判决与执行外国法院判决是两个既有联系又有区别的问题。承认外国法院判决，是指内国法院对外国法院判决所作的确认，使之

具有与本国法院判决同等的法律效力。如果任何一方当事人就同一诉因在内国法院起诉，内国法院可以用外国法院判决已被承认为理由驳回起诉。执行外国法院判决，是指一方当事人不履行外国法院判决所规定的义务时，内国法院通过适当程序采取强制执行的措施。❶

执行外国法院判决的条件要比承认外国法院判决更为严格。执行以承认为前提，但承认判决并不一定需要执行判决。如一项涉外离婚判决或宣告涉外婚姻无效的判决，通常只需承认其效力，而无须执行。但若涉外离婚判决是附有支付赡养费或子女抚养义务的，则就产生了执行问题。

一国在本国领域内承认与执行外国法院的判决，关系到本国的利益，有时甚至关系到重大利益，但出于国际交往的需要，又不能一概拒绝。因此，各国对此都比较慎重，而且一般都以条约为根据。现在，世界各国大多在涉及民商事司法协助的双边条约或协定中对于承认与执行外国法院的判决做出明确规定，国际社会还签订了与此有关的国际公约。这些法律规定都成为国家之间解决相互承认与执行判决问题的主要依据。

二、外国法院判决的承认与执行的方式

世界各国在承认与执行外国法院判决时，大体上采用发给执行令程序方式和英美判例法程序方式。一国如果采用了发给执行令程序，在执行外国法院判决前，必须先对该判决进行审查，然后由有关法院发给执行令，依照本国的法定程序执行。一国如果采用了英美判例法程序，则把外国判决作为向执行地国法院重新提起诉讼的依据，经内国法院审理后，做出与外国判决内容相同的一项判决，然后据此依内国的法定程序予以执行。

在采用发给执行令程序的国家中，各国的具体做法也不尽相同。有些国家，如法国、意大利、土耳其等，在要求承认与执行外国法院判决前，对外国法院判决要从法律和事实两个方面进行实质性审查，如审查外国法院是否有管辖权、做出判决的法院是否遵守了现行有效的诉讼程序规则、审理过程中的冲突法和实体法的适用是否正确等。另一些国家，如荷兰、东欧及北欧诸国等，只在承认与执行外国法院判决前对外国判决实行一般性监督，而不作实质性审查或不作严格具体规定。此外，如阿根廷、比利时、玻利维亚、巴西、智利、希腊、葡萄牙等国，实行对外国判决认可的

---

❶　余先予. 国际私法学 ［M］. 北京：中国财政经济出版社，2004：476 – 477.

方式，只有当国内法院对外国判决审查和认可后，才能宣布承认与执行外国法院判决。

实行英美判例法程序的国家中，当有关外国判决的承认与执行没有国际条约的规定时，可将外国判决作为一种证据提出。受理法院有义务将之视为证据，并考虑是否予以承认。在这种情况下，当事人有责任将外国判决作为证据加以提供。英国和美国采用这种方式。但英国除此做法外，还有一种特殊的民事登记方式，有关当事人可在外国判决做出后 6 年内去英国高等法院登记，登记时只对外国判决作一般性审查，登记后该判决按执行英国法院判决的程序予以执行。

三、外国法院判决的承认与执行的条件

承认与执行外国法院判决是国际司法协助的需要，各国对是否承认与执行外国法院的判决，以及在什么条件下承认与执行外国法院判决，一般都通过国内立法或国际条约加以规定。综合国际条约和有关国家的立法，承认与执行外国法院判决一般应当具备下列条件：

①做出判决的法院对该案件享有管辖权；

②判决必须是在判决国发生法律效力的终局判决；

③判决不是用欺诈手段获得的；

④被告在审理过程中有合理的机会行使辩护权；

⑤判决不得与执行地国或其他第三国就同一争议做出的已发生法律效力的判决相矛盾；

⑥承认与执行该判决不违反执行地国的公共秩序；

⑦判决不带有惩罚性质，或以征收税款为目的；

⑧判决的事项属于执行地国司法管辖的范围。

国际上有关承认与执行外国法院判决的最具代表性的公约是 1971 年在海牙签订的《关于民商事外国判决的承认与执行公约》。该公约第二章专门就承认与执行外国法院判决的条件作了具体规定：当一个缔约国法院的判决是具有管辖权的法院做出的，并且已经发生法律效力时，方能为其他缔约国所承认与执行。但有下列情况之一时，仍可拒绝承认与执行外国判决：①如果判决的承认与执行显然是与被请求国的公共秩序不相容的；②如果判决是在诉讼程序中利用欺诈手段取得的；③被请求国的主管机关首先受理了同一当事人之间就同一标的的诉讼的；④被请求国或另一缔约

国对同一当事人之间就同一标的的诉讼已做出判决，该另一缔约国的判决已具备被请求国承认和执行所需要的条件的；⑤如果是缺席判决，诉讼文件未能依照被请求国的法律及时通知或送达缺席方，致使其没有足够的时间提出辩护的。

四、中国关于相互承认与执行法院判决的规定

目前，关于我国与外国相互承认与执行法院判决的规定主要有 1991 年颁布、2007 年修改的《民事诉讼法》和 1992 年 7 月发布的《民事诉讼法意见》，以及近年来我国与外国签订的司法协助条约或协定。

我国《民事诉讼法》第 280 条第 1 款规定了我国法院判决请求在外国承认与执行的条件和程序：我国法院做出的发生法律效力的判决、裁定，如果被执行人或者其财产不在中华人民共和国领域内，当事人请求执行的，可以由当事人直接向有管辖权的外国法院申请承认与执行，也可以由人民法院依照中华人民共和国缔结或参加的国际条约的规定，或者按照互惠原则，请求外国法院承认与执行。

我国《民事诉讼法》第 281 条对外国法院的判决在我国承认与执行问题作了规定：外国法院做出的发生法律效力的判决、裁定，需要中华人民共和国人民法院承认与执行的，可以由当事人直接向中华人民共和国有管辖权的中级人民法院申请承认与执行，也可以由外国法院依照该国与中华人民共和国缔结或者参加的国际条约的规定，或者按照互惠原则，请求人民法院承认与执行。

根据我国《民事诉讼法》第 282 条，我国承认与执行外国法院判决的条件是：①判决做出国与我国存在条约或互惠关系；②该外国判决必须已经发生法律效力；③该外国判决不得违反我国法律的基本原则；④该外国判决不得损害我国的主权、安全和社会公共秩序。

根据上述 1992 年最高人民法院的司法解释，凡与我国既没有司法协助协议又没有互惠关系的国家的法院做出的裁决，如果需要我国法院予以司法协助，当事人应向有管辖权的我国中级人民法院起诉。该国法院没有通过外交途径而直接请求我国法院的，我国法院应予退回，并说明原因。

关于承认与执行外国法院判决的方式，根据我国《民事诉讼法》的规定，如果做出发生法律效力的判决、裁定的法院所在国与我国缔结或者共同参加了国际条约，或者具有互惠关系的，我国法院以裁定承认符合审查

条件的外国判决的效力；需要执行的，发出执行令，按照民事诉讼法的有关规定执行。

在有关的司法协助条约或协定中，承认与执行外国法院判决的范围主要包括：法院和其他主管机关对民商事案件所做出的判决、对刑事案件中有关赔偿请求做出的裁决以及对仲裁庭做出的裁决等。关于拒绝承认与执行外国法院判决的条件为：①依被请求一方的法律，裁决是由无管辖权的法院做出的；②依做出裁决一方的法律，裁决尚未生效，不能执行；③败诉一方当事人未经合法传唤，或在无诉讼行为能力时未能得到适当的代理；④被请求一方的法院对于相同当事人之间就同一诉因提起的案件已做出了发生法律效力的裁决；⑤该外国判决的承认与执行有损被请求一方的国家主权、安全或公共秩序。

关于承认与执行外国法院判决的程序，有的条约规定应由当事人直接向另一国法院提出申请；也有的双边协定规定，承认与执行的请求既可由当事人直接向对方国家有管辖权的法院提出，也可通过两国指定的中央机关向另一国法院提出。被请求一方法院应审查请求执行的裁决是否符合条约规定的条件，但不得进行任何实质性审查。请求承认与执行裁决，应附下列文件：第一，裁决书或与原本相符的裁决书副本。如果副本中没有指明裁决已经生效和可以执行，则应附有法院出具的证明其已生效和可以执行的正式文件。第二，送达回证或证明裁决已经送达的其他文件。第三，证明未出庭的败诉一方已经合法传唤，以及在其没有诉讼行为能力时可得到适当代理的证明书。第四，请求书和前三项所指文件经证明无误的译本。

第十三章 国际商事仲裁

第一节 国际商事仲裁概述

一、国际商事仲裁的概念

仲裁（Arbitration），亦称"公断"，是指双方当事人自愿将其争议提交给第三者居中进行裁决，并约定自觉履行该裁决的一种制度。仲裁用于解决商事纠纷的做法，已有很久的历史。早在古罗马时期，商人之间就通过仲裁处理各种商务争议。13、14世纪，意大利各城邦国家之间也经常采用仲裁的方式解决彼此之间的商事纠纷。19世纪末20世纪初以后，随着国际贸易与经济合作的广泛开展，国际商事争议日益增多，世界各国普遍把仲裁作为解决争议的一种有效方式，仲裁制度获得国际社会的普遍承认。不少国家纷纷修改或制定仲裁法律，设立仲裁机构，受理国际商事仲裁案件。❶

按照仲裁所适用的领域，仲裁可以分为以下几种：

一是国际仲裁，即指采用仲裁的方式解决国家之间的争端。国际仲裁也是建立在自愿的基础上，当事国之间订立仲裁协议，将争端交付仲裁并承担执行仲裁裁决的义务。国际仲裁是和平解决国际争端的方式之一，属于国际公法的研究范围。

二是国家仲裁，又称行政仲裁，是指在国家行政部门设立仲裁机构，解决该部门管辖范围内的争议。

三是国内仲裁，即由非国家行政部门所属的仲裁机构解决国内经济贸易和劳动等争议。如，有些国家的商会下设仲裁机构，解决国内民商事领域发生的纠纷。

---

❶ 黄进. 国际私法 [M]. 北京：法律出版社，2005：597.

四是国际商事仲裁（International Commercial Arbitration），又称国际经济贸易仲裁、国际经济贸易与海事仲裁等，是指国际民商事关系中的双方当事人以书面形式达成协议，自愿将其争议交给第三者居中进行裁决，仲裁裁决对双方当事人都有拘束力。国际商事仲裁属于国际私法的研究范围。

在国际民商事领域，采用仲裁的方式解决当事人之间争端的做法由来已久，经过几百年的实践，已逐步建立起以国内立法和国际条约为主要组成部分的较为完善的国际商事仲裁制度。目前，国际商事仲裁受理的常见案件主要有：国际货物买卖合同中的争议；国际货物运输中的争议；国际贸易支付结算中的争议；国际投资、技术贸易中的争议；国际合作开发自然资源、国际工程承包中的争议；国际保险中的争议；国际知识产权保护中的争议；海上船舶碰撞、海上救助和共同海损中的争议；跨国侵权行为中的争议等。

近几十年来，随着信息技术的迅猛发展，特别是数据电子信息和互联网（Internet）的大量普及，电子商务迅速崛起，出现了网络仲裁现象。网络仲裁又称"在线仲裁"（Online Arbitration），与传统的"线下仲裁"（Offline Arbitration）不同，是在网上通过网络技术进行的仲裁。在国际商事仲裁领域，采取网络仲裁的做法并不是很多，主要是网络仲裁在仲裁裁决的效力和执行、网络仲裁的公正性和权威性等方面受到质疑，而且目前网络技术的发展也有一定的限度，虽然可以在网上提交和交换仲裁文书和文件材料，但在网上仍不能令人满意地完成证据的检查等程序。目前网络仲裁运用的技术形式有会议系统、自动化程序、密码保护交谈室、邮寄名单服务程序以及电子邮件等，这些技术形式使得仲裁员与当事人之间、当事人相互之间不能面对面交流，仲裁员失去了直接观察当事人谈话、直接向当事人提问以及了解其思想感情的信息的机会，这可能会影响到仲裁员对当事人的可信任度的判断，进而影响案件的审理。

作为新生事物，网络仲裁的发展需要更加完善的网络技术和明确的立法保障，并应建立适当的网络仲裁模式。在国际商事仲裁领域，各国应通力合作制定国际条约，建立国际性的网络仲裁管理机构，负责监督和协调各成员国的网络仲裁机构的裁决活动，规范网络仲裁裁决的承认与执行行为，并可以利用网络信誉标记来统一网络仲裁的程序标准，提供安全有效的国际网络仲裁服务。

二、国际商事仲裁的特点

国际商事仲裁作为解决国际民商事争议的最常见的途径，一般具有以下法律特点：

（1）国际商事仲裁是以双方当事人自愿达成的协议为基础，也就是只有双方当事人在争议发生前或争议发生后，以书面形式达成协议，表示愿意将该争议提交某仲裁机构或仲裁员解决时，才可以进行仲裁。仲裁机构或仲裁员进行裁决的管辖权是由双方当事人提交仲裁的合意所授予的，而非出于强制性的法定管辖。这是仲裁与诉讼的最大区别。诉讼无需当事人的协议，只要原告在有管辖权的法院起诉，被告就必须应诉，否则法院可缺席判决。

（2）国际商事仲裁的机构一般是民间性的组织，隶属于商会或其他商业团体，它的管辖权来自双方当事人的仲裁协议；而法院是一个国家的审判机关，具有法定的管辖权。

（3）国际商事仲裁程序中，当事人享有充分的选择权，双方当事人可以自行选择仲裁机构、仲裁地点、仲裁员、仲裁形式和仲裁所适用的法律；而在诉讼中，当事人必须依照诉讼法的规定进行活动，无权对法官和诉讼程序等做出选择。

（4）国际商事仲裁的专业性比较强，仲裁员一般都是社会上有较高威望，并具有法律、国际贸易或海事方面等专门知识的专家，因此便于准确、迅速地处理各种专业性、技术性较强的案件。

（5）国际商事仲裁的裁决一般都是终局的，对双方当事人都有拘束力。如果一方当事人不主动执行，则另一方当事人可以向有关法院提出申请，要求法院予以强制执行。国际商事仲裁的对象是带有国际因素的商事争议，其裁决的执行往往需要在其他国家生效并执行，与此相关也就产生了一系列涉及仲裁裁决的承认与执行的制度。

第二节　国际商事仲裁仲裁机构和仲裁协议

一、国际商事仲裁仲裁机构及其种类

仲裁机构就是受理案件的仲裁组织形式。一般而言，国际商事仲裁仲裁机构根据其组织形式的不同，可以分为临时仲裁机构和常设仲裁机构。

（一）临时仲裁机构

临时仲裁机构又称特别仲裁机构（Ad Hoc Arbitration Agency），是指根据当事人之间所达成的仲裁协议，在实际争议发生后，由双方当事人推选仲裁员临时组成仲裁庭进行仲裁，并在审理终结做出裁决后即行解散的仲裁机构。

在国际商事仲裁活动中，临时仲裁机构具有许多优点：比较灵活，当事人可以依据争议的性质协商制定仲裁程序规则；费用较低，不需要向仲裁机构缴纳管理服务费；审理速度快，程序简便，不受仲裁机构内部程序规则的期间限制；可以促进当事人之间的合作共事，有利于纠纷的及时解决。

临时仲裁机构是国际商事仲裁中最早采用的方式。在 19 世纪之前，国际社会基本上采用临时仲裁机构的方式来处理商事争议。19 世纪以来，各种常设仲裁机构不断增加，国际商事仲裁多数在常设仲裁机构进行。但是，临时仲裁机构在国际商事仲裁中仍然占有十分重要的位置。许多涉及国家作为一方当事人的争议，往往是选择临时仲裁机构来处理的。联合国国际贸易法委员会于 1976 年颁布的《联合国国际贸易法委员会仲裁规则》就是供各国当事人在临时仲裁机构仲裁时选用的仲裁规则。

（二）常设仲裁机构

常设仲裁机构（Permanent Arbitration Agency）是指根据国际条约或一国国内立法的规定成立的，有固定的组织形式、仲裁地点、仲裁规则和仲裁员名单，并具有完整的办事机构和健全的行政管理制度的仲裁机构。

这种常设仲裁机构是由临时仲裁机构发展来的，常常是附设于某个或多个国际或国内民间组织。它与临时仲裁机构相比具有许多优越性，因而自 19 世纪中叶以来，在世界各国得以迅速发展，目前已成为国际商事仲裁的主要形式。当今世界已有 130 多个常设仲裁机构。常设仲裁机构又可以分为以下几类。

1. 国际性的常设仲裁机构

这种仲裁机构不属于任何特定国家，而是依据有关国际条约建立在一个国际组织或国际机构之下，用以处理国际商事争议。目前主要有国际商会仲裁院和解决投资争议国际中心。此外，还有一些区域性的国际商事仲裁机构，如美洲国家间商事仲裁委员会等。

（1）国际商会仲裁院（International Court of Arbitration，ICC；简称

ICC 仲裁院）：该院成立于 1923 年，1998 年改为现名，隶属于国际商会，总部在法国巴黎，下设理事会和秘书处。理事会由 40 多个成员国各自推选 1 名法律或具有解决国际商事争议经验的专家组成，其职能是与秘书处一起对提交仲裁的案件进行监督和管理。仲裁院设主席 1 名，副主席 8 名，秘书长 1 名和若干名顾问。秘书处由来自 10 个国家的人员组成。仲裁院理事成员和秘书处工作人员不得担任仲裁案件中的仲裁员或代理人。现行的仲裁规则是 1988 年 1 月 1 日起生效的规则，共 26 条。国际商会仲裁院是目前世界上处理仲裁案件最多的仲裁机构，在国际商事仲裁中发挥了极其重要的作用。

（2）解决投资争议国际中心（International Center for the Settlement of Investment Disputes）：该中心是根据 1965 年《解决国家与他国国民间投资争端公约》于 1966 年 10 月成立的，隶属于世界银行，总部设在美国华盛顿。该中心的宗旨在于兼顾资本输出方与资本输入方的利益，提供解决国家与他国私人投资者之间投资争议的一整套调解和仲裁规则，从而鼓励私人资本的国际流动。中心由行政理事会和秘书处组成。行政理事会委员由各成员国派代表担任，主席由世界银行行长担任，秘书长和秘书处负责中心的事务性工作，行政理事会下设一个调停人小组和一个仲裁小组，其成员由各缔约国及管理委员会主席指派。中心具有完全的国际法人资格，具有缔结契约、取得和处理动产和不动产的诉讼能力。中心在各缔约国境内享有公约所规定的特权和豁免权。

2. 国家性的常设仲裁机构

它是指根据一国国内立法设立在一个国家内的全国性的仲裁机构，有的专门受理国际商事纠纷案件，有的既可以受理国际商事案件，又可以受理国内商事案件。如中国的中国国际经济贸易仲裁委员会、瑞典的斯德哥尔摩商会仲裁院、英国的伦敦国际仲裁院及美国的仲裁协会等。

（1）斯德哥尔摩商会仲裁院（The Arbitration Institute of the Stockholm Chamber of Commerce，简称 SCC 仲裁院）：该院于 1917 年成立，隶属于斯德哥尔摩商会，总部设在瑞典的斯德哥尔摩。目前，它是世界上最著名的仲裁机构之一。SCC 仲裁院是建立在商会内的独立实体，下设一个由 3 人组成的理事会，理事会成员由商会执行委员会任命，任期 3 年。理事会的理事长由精通处理商务争议的法官担任；另外两名理事，一名由执业律师担任，一名由商业界知名人士担任。此外，仲裁院还设立秘书处，秘书长由一名律师担任。该仲裁院原先仅受理国内商事纠纷，20 世纪 70 年代以来，国际经济贸易往来逐渐增加，瑞典作为中立国家，成为解决国际贸易争议的理想地点。中国对外贸易中发生的纠纷，有不少是指定在该院仲裁的。

（2）伦敦国际仲裁院（London Center of International Arbitration，LCIA）：该院于 1892 年成立，原名伦敦仲裁会，1903 年改为伦敦仲裁院，1981 年又改为伦敦国际仲裁院。该院由伦敦市政府、伦敦商会和女王特许仲裁员协会共同组成的管理委员会管理。该院的日常事务由女王特许仲裁员协会负责，仲裁员协会的会长兼任伦敦国际仲裁院的执行主席。该仲裁院备有仲裁员名单，由来自 30 多个国家的具有丰富经验的仲裁员组成，以供当事人选择。仲裁员可以由当事人指定，也可以由仲裁院主席指定，在某些情况下还可以由其他机构指定，包括法院。目前，该仲裁院也是国际商事和海事仲裁的中心之一。

（3）美国仲裁协会（American Arbitration Association，AAA）：该协会成立于 1926 年，总部设在美国纽约，在全美 24 个主要城市设有分支机构。该协会是一个民间的、非营利性的仲裁机构，由美国仲裁社团、美国仲裁基金会及其他一些工商团体组成。其既受理国内商事争议案件，也受理国际商事争议案件。1991 年其颁布了国际仲裁规则，但是，当事人也可以约定适用《联合国国际贸易法委员会仲裁规则》。

3. 专业性的常设仲裁机构

这是各个行业公会或协会为了解决该行业发生的经济贸易纠纷而设立的仲裁机构。这种仲裁机构一般是非开放性的，不受理非会员之间的争议案件。但有些专业性常设仲裁机构是开放性的，凡涉及本专业的争议案件都可以受理，如英国海事仲裁委员会、中国海事仲裁委员会等。

二、中国的国际商事仲裁机构

根据 1994 年 8 月颁布的《中华人民共和国仲裁法》（以下简称《仲裁法》）的规定，涉外仲裁包括涉外经济贸易、运输和海事中发生的纠纷的仲裁。涉外仲裁委员会是由中国国际商会组织设立的，其主任、副主任和委员均可由中国国际商会聘任。涉外仲裁委员会的仲裁员可以从具有法律、经济贸易、科学技术等专门知识的中外人士中聘任。目前，中国的国际商事仲裁机构主要指在中国国际贸易促进委员会（中国国际商会）内设立的中国国际经济贸易仲裁委员会和中国海事仲裁委员会。

（一）中国国际经济贸易仲裁委员会

中国国际经济贸易仲裁委员会（China International Economic and Trade Arbitration Commission，CIETAC）是根据中央人民政府政务院的决定于 1956 年成立的，当时定名为"中国国际贸易促进委员会对外贸易仲裁委员会"。这是中国有史以来的第一个对外贸易常设仲裁机构。当时，该仲裁委员会受理案件的范围仅限于对外贸易中发生的争议，包括商品买卖、运输、保管中发生的争议。1980 年，为了适应中国对外开放的需要，国务院发出通知，决定将其改名为"中国国际贸易促进委员会对外经济贸易仲裁委员会"，将其受案范围扩大到有关中外合资经营、合作经营、合作生产、合作开发、技术转让、补偿贸易、来件装配、来料加工、金融信贷、外国投资、涉外租赁业务等各种对外经济合作中所发生的争议。1988 年 6 月，国务院再次做出决定，将其改名为现在的"中国国际经济贸易仲裁委员会"，并将其受案范围进一步扩大为国际经济贸易中发生的一切争议。从 2000 年 10 月 1 日起，中国国际经济贸易仲裁委员会同时使用"中国国际商会仲裁院"的名称。

中国国际经济贸易仲裁委员会总部设在北京，先后在深圳、上海、重庆和天津设立了华南分会、上海分会、西南分会和天津国际经济金融仲裁中心（天津分会）。此外，其还在中国香港地区设立了分支机构，即香港仲裁中心。中国国际经济贸易仲裁委员会及其重庆分会和天津分会是统一的仲裁委员会，适用同一部《仲裁规则》和同一个《仲裁员名册》，它们的区别只在于受理案件的地点和开庭地点不同。目前，中国国际经济贸易仲裁委员会华南分会已经更名为华南国际经济贸易仲裁委员会（深圳国际仲裁院），中国国际经济贸易仲裁委员会上海分会已经更名为上海国际经济贸易仲裁委员会（上海国际仲裁中心），这两个国际经济贸易仲裁委员会制定了自己的仲裁规则并聘任了仲裁员。

根据仲裁业务发展需要，中国国际经济贸易仲裁委员会还先后设立了 26 个地方和行业办事处。为满足当事人的行业仲裁需要，中国国际经济贸易仲裁委员会在国内首家推出独具特色的行业争议解决服务，为不同行业的当事人提供适合其行业需要的仲裁法律服务，如粮食行业争议、商业行业争议、工程建设争议、金融争议及羊毛争议解决服务等；此外，中国国际经济贸易仲裁委员会还为当事人提供域名争议解决服务，积极探索电子商务的网上争议解决。针对快速解决电子商务纠纷及其他经济贸易争议的需要，其于2009年5月1日推出《网上仲裁规则》。该规则在"普通程序"之外根据案件争议金额大小分别规定了"简易程序"和"快速程序"，以真正适应在网上快速解决经济纠纷的需要。

中国国际经济贸易仲裁委员会现行的仲裁员名册由来自50多个国家的仲裁员组成，以供当事人选择。该仲裁委员会已在国内外享有良好的声誉，每年受理的案件也大幅度增加，其仲裁裁决的公正性已得到普遍好评。根据近几年来的统计，中国国际经济贸易仲裁委员会的受案数量已跃居世界第一位。

（二）中国海事仲裁委员会

中国海事仲裁委员会（China Maritime Arbitration Commission，CMAC）是1959年根据国务院的决定成立的，当时定名为"中国国际贸易促进委员会海事仲裁委员会"。该仲裁委员会的受案范围包括：海上船舶相互救助、海上船舶与内河船舶相互救助的报酬争议；海上船舶碰撞、海上船舶与内河船舶碰撞及海上船舶损害港口建筑物或设备发生的争议；海上船舶租赁业务，海上船舶代理业务，以及根据合同、提单或其他运输文件办理的海上运输业务及海上保险方面的争议。1982年经国务院批准，其将受案范围扩大到双方当事人要求仲裁的其他海事争议。1988年6月经国务院批准，其又改名为现在的"中国海事仲裁委员会"。中国海事仲裁委员会总部在北京，在上海、天津和重庆设立了分会，各分会可以受理并处理案件。为了及时有效地解决渔业争议，2003年1月其成立了渔业争议解决中心，设在上海分会内。另外，2004年2月其还成立了物流争议解决中心。中国海事仲裁委员会实行仲裁员名册制度。分会与北京总会使用统一的仲裁员名册。现行仲裁员名册中有来自英国、比利时、荷兰、日本、加拿大、新加坡、意大利、西班牙、德国、瑞士、美国等，以及中国香港和台湾地区的几十位仲裁员。

上述两个涉外商事仲裁委员会的性质是中国国际贸易促进委员会下设的民间性的常设仲裁机构。仲裁委员会设主席一人、副主席和委员若干人，下设秘书处，负责日常事务。目前，这两个涉外仲裁委员会受理了大量的涉外商事仲裁案件，注重调查研究、分清是非，实行仲裁与调解相结合的方法，在国际上的声誉越来越高。

三、国际商事仲裁协议及其种类和效力

（一）仲裁协议的含义

仲裁协议（Arbitration Agreement），是双方当事人同意把他们之间的争议交付某仲裁机构进行仲裁的一种书面的共同意思表示。根据仲裁法律与实践，仲裁协议是仲裁机构或仲裁员受理争议案件的依据。❶ 没有仲裁协议，就不能进行仲裁。

有效的仲裁协议在法律上具有以下特点：

（1）仲裁协议的主体必须合格，仲裁协议的签订者是具有诉讼能力的争议双方当事人或他们的合法代理人。

（2）仲裁协议必须是双方共同的真实意思表示，应在自愿、平等、协商的基础上达成一致意见，不允许一方当事人将自己的意志强加于另一方当事人。

（3）仲裁协议可以在争议发生之前签订，也可以在争议发生之后签订。

（4）双方当事人在仲裁协议中可以选择他们所属国家的仲裁机构，也可以选择第三国或国际性的仲裁机构。

（5）仲裁协议的形式必须是书面的，书面协议包括当事人所签署的仲裁协议书、合同中的仲裁条款以及当事人在往来书信中或电报中的仲裁意思表示。

（二）仲裁协议的种类

1. 仲裁条款（Arbitration Clause）

仲裁条款是指在争议发生之前，双方当事人在合同中所订立的将有关争议提交仲裁解决的专门条款。它是仲裁协议的基本形式。

仲裁条款一般都印在格式标准合同中，只要当事人在合同上签字，仲裁条款也随之生效。但仲裁条款又独立于合同，合同的变更、解除、终止或者无效不影响仲裁条款的效力。这是世界上绝大多数国家所承认的原则。仲裁条款的内容详略不等。有的条款内容明确，具体规定了仲裁事项、仲裁地点、仲裁庭的组成、仲裁程序等；而有的条款却很简单，仅规

---

❶ 郭寿康，赵秀文. 国际经济法［M］. 北京：中国人民大学出版社，2006：564.

定了仲裁事项、仲裁机构，至于具体的仲裁庭的组成方式等问题，则在受理案件时按其仲裁规则处理。

2. 仲裁协议书（Submission to Arbitration Agreement）

仲裁协议书是指双方当事人在争议发生后订立的，表示愿意将此争议交付仲裁的专门协议。仲裁协议书独立于主合同之外，多数情况下是在合同中没有仲裁条款，或者在仲裁条款不明确而无法执行的情况下，双方当事人在争议发生后根据需要共同达成的书面协议。一般而言，仲裁协议书与仲裁条款具有同等的法律效力，它们都是仲裁机构受理案件的依据。

3. 其他书面形式的仲裁协议（Arbitration Agreement in Other Written Documents）

这主要是指双方当事人就有关的合同、国际商事法律关系等争议，通过往来信函、电报、电传、电子邮件及其他书面材料等，足以说明双方当事人同意将其争议提交仲裁解决的文字表示。

（三）仲裁协议的基本内容

仲裁协议是整个仲裁程序中最主要的文件，直接关系到涉外商事争议能否得到公正合理的解决，因此，有关当事人对此应十分重视。一般而言，不论何种形式的仲裁协议，它的内容基本上应包括如下几个方面。

1. 提交仲裁的争议事项

当事人在仲裁协议中应首先明确表示把他们之间的何种争议提交仲裁。在仲裁条款中，一般应规定："凡因本合同所发生的争议，应提交××仲裁机构仲裁。"其中，"凡因本合同所发生的争议"就是提交仲裁的事项。

2. 仲裁地点

仲裁地点是仲裁协议的主要内容之一。在双方当事人订立仲裁协议时，各方一般都力争在本国进行仲裁，因为当事人对自己所在国家的法律和仲裁制度比较了解和信任。仲裁地点的选择，实际上直接关系到仲裁的结果，关系到有关当事人的利益，因此，这个问题往往成为当事人在订立仲裁条款时争执的焦点。

3. 仲裁机构

一般而言，确定仲裁机构的做法有两种：一是在常设仲裁机构进行；二是由临时仲裁庭进行特别仲裁。在常设仲裁机构进行仲裁是国际商事仲裁中普遍采用的方式。如果被选择的国家有几个仲裁机构时，还应明确具体由哪个仲裁机构进行仲裁。当事人在仲裁协议中应当清楚地写明仲裁机构的全称，这有利于准确决定仲裁机构，对于国际商事仲裁的顺利进行至关重要。

4. 仲裁规则

仲裁规则是双方当事人和仲裁庭在整个仲裁活动中所应遵守的行为规范。仲裁规则的选择对争议案件的审理结果关系重大。当事人在签订仲裁协议时，应明确约定有关仲裁所适用的仲裁规则，以确保仲裁程序的顺利进行。国际上对仲裁规则进行选择的通行做法是，适用受理案件的仲裁机构所制定的仲裁规则。此外，也有一些国家的仲裁机构允许当事人选择其他仲裁规则。

5. 仲裁裁决的效力

仲裁裁决的效力是指裁决是否为终局的，对双方当事人有无约束力，以及能否再向法院上诉要求变更等。一般都在仲裁协议中写明：仲裁裁决是终局的，对双方当事人都有约束力，任何一方都不能向法院上诉要求变更。在中国，凡由中国国际经济贸易仲裁委员会或中国海事仲裁委员会做出的裁决，都是终局的，对双方当事人都有拘束力。

6. 法律适用

在国际商事仲裁中，适用何国实体法来确定双方当事人的权利与义务关系，也是仲裁协议应包括的一个内容。国际上通行的做法是：允许当事人自由选择应适用的法律。❶

(四) 仲裁协议的法律效力

有效的仲裁协议的法律效力主要体现在以下几个方面。

(1) 仲裁协议排除了法院对该争议案件的管辖权。

世界上绝大多数国家的仲裁立法都承认这一法律效力。中国《仲裁法》第 5 条规定："当事人达成仲裁协议，一方向人民法院起诉的，人民法院不予受理，但仲裁协议无效的除外。"在有仲裁协议的情况下，当事人必须受仲裁协议的约束，属于协议范围内所发生的争议，必须以仲裁方式解决。如果任何一方当事人违反协议，向法院提起诉讼的，法院则不应受理此种争议，或根据另一方当事人的请求停止诉讼程序，把争议发给仲

---

❶ 郭寿康，赵秀文. 国际经济法［M］. 北京：中国人民大学出版社，2006：574.

裁机构审理。

（2）有效的仲裁协议是有关仲裁机构行使仲裁管辖权的重要依据之一。

仲裁机构对争议案件的管辖权来自当事人的仲裁协议和申诉人的仲裁申请。世界各国的仲裁机构只能受理有仲裁协议的案件。仲裁庭受理争议的范围也仅限于仲裁协议中明确规定的事项，对于任何超出仲裁协议范围的其他事项，仲裁庭一般无权受理，即使仲裁机构就这些事项做出裁决，有关当事人也会拒绝执行。

（3）有效的仲裁协议是执行有关仲裁程序的依据。

仲裁协议中所规定的仲裁规则、仲裁方式等问题必须为仲裁机构或仲裁员所遵守。整个仲裁程序，必须根据当事人在仲裁协议中所选择的仲裁规则进行仲裁。

（4）仲裁协议是保证仲裁裁决具有强制执行力的法律前提。

一项有效的仲裁协议是法院承认与执行仲裁裁决的重要依据。在裁决作成之后，一般情况下当事人都能自动执行。如果败诉方拒不履行仲裁裁决，胜诉方即可向有关法院提交有效的仲裁协议和裁决书，请求法院强制执行该裁决。

第三节　国际商事仲裁中的法律适用

一、仲裁程序的法律适用

在国际商事仲裁中，有关仲裁程序的法律适用是与诉讼程序完全不同的。一般而言，在国际民事诉讼中，对于诉讼程序问题，通过适用法院地国的诉讼程序法来解决。而在国际商事仲裁中，对于仲裁程序问题，各国立法和实践允许当事人合意选择仲裁程序的准据法，若无此种选择时，往往适用仲裁机构自身的仲裁规则或仲裁地的仲裁规则，或者由仲裁人或仲裁机构来决定适用的仲裁程序规则。

（一）当事人合意选择仲裁程序法

许多国家的法律规定，可以按照当事人的意思自治原则，由当事人选择仲裁程序适用的法律，包括仲裁规则。如，《瑞士联邦国际私法法规》第182条规定，在国际商事仲裁中，当事人可以使仲裁程序服从于他们所选择的程序法；如果当事人没有规定此种仲裁程序，必要时将由仲裁庭直接规定或援引某一法律或某一仲裁规则加以规定。在实践中，瑞士联邦和州的判例承认国际商事仲裁中双方当事人有合意选择适用于仲裁程序规则的自由，在当事人没有选择时，对于程序问题，则适用仲裁所在地国家的法律。此外，德国、法国、荷兰、意大利、韩国、埃及等国都采取这一做法。

（二）当事人没有明示选择时仲裁程序法的确定

在国际商事仲裁中，如果仲裁当事人没有通过合意明示选择仲裁程序法，那么仲裁程序准据法可通过以下方法确定。

（1）推定当事人默示选择法律。

如果当事人没有明确选择可适用的仲裁程序法，各国立法一般允许由仲裁庭来解决这个问题。仲裁程序法可按一般冲突法原则确定，即推定当事人默示选择的法律。例如，在国际商事仲裁中，我们经常遇见当事人共同约定由某一机构指派首席仲裁员，该指派机构所在地将是一个重要的连结因素。如果当事人已选择了可适用于争议实质问题的法律，该法律也可能被作为可适用的仲裁程序法。

（2）适用仲裁地法。

从国际商事仲裁立法和实践来看，以仲裁地作为连结因素来确定仲裁地法是一项几乎为各国所承认的规则。当事人既然指定了仲裁地，就可能有适用当地仲裁法的意向。仲裁程序理应受仲裁地法支配，这一观点在相当长的时间内为国际社会所普遍接受，但目前已受到当事人意思自治原则的挑战。这些新观点认为，仲裁应摆脱仲裁举行地法的控制，甚至认为仲裁应摆脱任何特定国家法律的控制，以实现仲裁程序的完全自治。这种主张被称为仲裁的"非地方化理论"或"非国内化理论"。尽管如此，仲裁程序适用仲裁地法在国际商事仲裁中仍占有重要地位并得到广泛适用。

二、实体问题的法律适用

在国际商事仲裁中，对实体问题的法律适用，基本上与法院确定国际合同的法律适用是相近的，但国际商事仲裁中关于实体问题的法律适用仍有其特殊之处。

（一）适用当事人选择的仲裁实体法

这是意思自治原则在国际商事仲裁中的运用。德国、英国、法国、瑞士、奥地利、比利时、意大利、西班牙、葡萄牙、荷兰等国采用这一做法。在对争议实体问题的准据法的选择上，当事人通常是适用某一国家的国内法，也允许当事人约定适用国际法规则。然而当事人的这种自主权不是绝对的，各国法律对当事人协议选择法律的方式、时间和范围等的规定不尽相同。而且，根据各国法律的规定，当事人自主选择的法律仅支配合同的实质要件，至于合同当事人的缔约能力，则应另依当事人的属人法。

（二）当事人没有明示选择时仲裁实体法的确定

在当事人没有协议选择解决实体问题的法律时，一般情况下法律适用原则为：一是根据仲裁地所属国的冲突规则确定准据法。大多数国家认为，在这种情况下，应适用与合同有最密切联系的国家的法律。如，1987年《瑞士联邦国际私法法规》规定，仲裁庭依当事人选择的法律进行裁决；未作选择时，依与争议有最密切联系的法律裁决。二是授权仲裁庭去决定准据法。如，奥地利、挪威等国法律规定，合同当事人没有合意选择法律适用的，可由仲裁庭完全自由地根据其认为最合适的法律冲突规则进行选择。美国仲裁协会1991年《国际仲裁规则》也规定，仲裁庭应适用当事人指定的应适用于争议的一个或几个实体法，各方当事人未有此项指定时，仲裁庭应适用其认为适当的一个或几个法律。在德国、法国、芬兰、卢森堡等国的国际商事仲裁实践中，如果当事人未作法律选择时，仲裁庭处理案件的自由度更大，往往广泛地引用国际商事惯例对案件进行裁决。

（三）公平和善意原则的适用

在国际商事仲裁中，还允许仲裁员或仲裁庭根据公平和善意原则或公平交易和诚实信用原则对争议实质问题进行裁决，从而不适用任何法律。这也称为公平仲裁原则。如，1987年《瑞士联邦国际私法法规》规定，当事人可以授权仲裁庭依公平原则进行裁决。美国仲裁协会1991年《国际仲裁规则》也规定，基于当事人授权，仲裁庭可以决定友好和解或根据公平原则裁决。法国、南斯拉夫、阿根廷等国也在司法实践中允许当事人授权仲裁庭按照公平合理原则对争议实质问题做出裁决而不适用任何法律。此外，一些国际公约，如1965年《解决国家与他国国民间投资争端公约》等，也采取了这一做法。

三、仲裁协议的法律适用

在国际私法实践中，一般来说，仲裁协议的准据法主要下列几种。

（一）适用当事人选择的法律

仲裁协议作为当事人之间的一项合同，可以适用当事人意思自治原则解决法律适用问题，即适用当事人单独为仲裁协议选择的法律。这一做法已被英国、法国、瑞典等国家接受。但在仲裁实践中，当事人单独选择仲裁协议所适用的法律的情况极为罕见。

（二）当事人未能做出选择时仲裁协议适用的法律

在国际商事仲裁立法与实践中，如果当事人未能对仲裁协议所适用的法律做出约定，按照国际私法上国际合同中普遍适用的"最密切联系原则"，适用与仲裁协议有最密切联系的国家的法律来决定该仲裁协议的有效性。在仲裁这一法律关系所涉及的当事人国籍、争议标的物所在地、仲裁地点、仲裁所适用的语文等各种连接因素中，应当说仲裁地点与仲裁有着最为密切的联系。因此，应当认定仲裁地国的法律与仲裁协议有着最为密切的联系。❶

中国 2006 年颁布的《最高人民法院关于适用〈中华人民共和国仲裁法〉若干问题的解释》（以下简称《仲裁法解释》）第 16 条规定："对涉外仲裁协议的效力审查，适用当事人约定的法律；当事人没有约定适用的法律但约定了仲裁地的，适用仲裁地法律；没有约定适用的法律也没有约定仲裁地或者仲裁地约定不明的，适用法院地法律。"中国《涉外民事关系法律适用法》第 18 条规定：当事人可以协议选择仲裁协议适用的法律。当事人没有选择的，适用仲裁机构所在地法律或者仲裁地法律。

第四节　国际商事仲裁程序

一、仲裁申请

仲裁申请是指仲裁协议中约定的争议事项发生后，一方当事人依据仲裁协议将争议提交仲裁解决的书面请求。这是仲裁程序应当具备的起始

---

❶ 赵秀文. 国际商事仲裁法［M］. 北京：中国人民大学出版社，2004：84.

步骤。

当事人向仲裁机构提交仲裁申请书，以及仲裁机构受理此案，是仲裁程序正式开始的标志。在仲裁程序中，提出仲裁申请书的一方当事人称为申请人或申诉人，与其相对应的另一方当事人称为被申请人或被诉人。至于仲裁申请书的内容，各国有关法律的规定大致相同。一般而言，申请书的内容应包括：申诉人和被诉人的名称、地址、电话及法定代表人；申诉人所依据的仲裁协议；案情和争议要点；申诉人的请求及其所依据的事实和证据；等等。送交仲裁申请书应当附具与仲裁有关的合同、仲裁协议、双方往来的电函及其他有关证据。此外，申请书及其有关附件，均应按被诉人的数目备好副本。

如果向常设仲裁机构申请仲裁，可将上述材料交给该仲裁机构的秘书处，并应按该机构的规定预付仲裁费用。如系临时仲裁机构，则将上述材料直接送交仲裁员和被诉人。

仲裁机构收到仲裁申请书后，应对申请书、仲裁协议等文件进行审查。如决定受理，应及时通知有关当事人，并将仲裁申请书及其附件的副本送达被诉人。被诉人在该仲裁机构的仲裁规则规定的期限内可以提交答辩书或提出反诉。

二、组成仲裁庭

仲裁庭是在仲裁程序中具体审理国际商事争议的机构，一般由仲裁员组成。各国法律对于仲裁员的资格、仲裁庭的组成方式等方面的规定不尽相同。

各国法律对于仲裁员的任职条件规定为：仲裁员必须是具有完全权利能力和行为能力的人，未成年人及其他无行为能力的人不得担任仲裁员；仲裁员必须是具有国际经济、贸易和法律专业知识的人士；仲裁员必须是具有无私、公正品德的人；仲裁员必须是与该争议案件没有利害关系的人。

有些国家对仲裁员的资格作了一定的限制。如，意大利、西班牙、葡萄牙和大部分拉美国家都规定仲裁员必须是本国公民，外国人不准在其境内担任仲裁员；阿根廷、荷兰规定，法官不得担任仲裁员；希腊、荷兰规定，妇女不能担任仲裁员。中国的两个涉外商事仲裁机构对于仲裁员的资格没有作上述限制规定。

各国仲裁法和仲裁规则一般都允许当事人在仲裁协议中指定仲裁员，这是仲裁与诉讼的根本区别之一。仲裁庭的组成形式一般有独任仲裁庭和合议仲裁庭两种。如果仲裁庭是由一人组成的，称为独任仲裁庭。该仲裁员由双方当事人共同协商选定，或者委托仲裁机构代为指定。如果仲裁庭是由三人组成的，称为合议仲裁庭。双方当事人各自在仲裁机构提供的仲裁员名册中指定一名，然后再共同选定或委托仲裁机构指定第三名仲裁员，作为首席仲裁员。中国的仲裁法是这样规定的。但也有国家规定，首席仲裁员由双方当事人各自指定的仲裁员共同指定。如果这两名仲裁员在规定的期限内不能指定首席仲裁员，则由仲裁机构代为指定。这样规定的有《瑞典仲裁法》、《联合国国际贸易法委员会仲裁规则》等。

目前，许多国家的仲裁法和仲裁规则都规定了仲裁员回避制度。仲裁员只要与本案有一定的利害关系，都应当回避。仲裁员可以主动请求回避，也可以由当事人向仲裁机构提出请求某仲裁员回避。仲裁员回避与否的决定，一般由仲裁机构做出。中国《仲裁法》第 35 条规定，当事人提出回避申请，应当说明理由，在首次开庭前提出。回避事由在首次开庭后知道的，可以在最后一次开庭终结前提出。第 36 条规定，仲裁员是否回避，由仲裁委员会主任决定；仲裁委员会主任担任仲裁员时，由仲裁委员会集体决定。

三、审理案件

仲裁庭组成之后，即可对争议案件进行审理。仲裁审理一般涉及以下问题。

（一）审理方式

国际上通行的审理方式有口头审理和书面审理。口头审理是仲裁庭事先通知双方当事人或其代理人，在规定的开庭日出庭，以口头方式陈述意见、进行答辩、回答质询等。如果任何一方当事人拒不出庭，仲裁庭有权做出缺席裁决。书面审理是由仲裁庭根据双方当事人、证人和专家提供的书面证据、材料，对于有关案件进行的审理，不要求当事人出庭。

上述两种审理方式一般允许当事人自由选择，这是国际上的通例。中国仲裁法和两个涉外仲裁机构的仲裁规则也对此作了类似的规定。此外，口头审理一般不公开进行，如果双方当事人协议公开审理的，也可以公开进行，但涉及国家秘密的除外。

（二）审核证据和询问证人

在仲裁审理过程中，仲裁庭有权对当事人提供的证据进行审核，必要时也可自行调查、收集有关证据。对于当事人提供的证据，可以请有关专家鉴定。仲裁庭可以要求与案件有关的证人出庭作证。但是，在证人不愿出庭作证的情况下，一般国家都规定，仲裁庭无权强令证人出庭作证，而应由当事人或仲裁庭向有关法院提出申请，经法院认可并发出传票，才能强令证人出庭作证。

（三）保全措施问题

在整个仲裁程序中，为了防止当事人隐匿、转移和变卖有关财产，保证胜诉方能得到应有的补偿，可以对有关当事人的财产采取一种临时性的强制措施。

对于仲裁庭在仲裁程序中是否有权直接对当事人的财产采取保全措施，各国的规定不一。美国、日本等国家的仲裁法和仲裁规则授予仲裁庭有采取保全措施的权力。而英国、澳大利亚、瑞士等国法律规定，仲裁庭无权对当事人的财产采取保全措施，只有法院依一方当事人或仲裁庭的申请，认为必要时才可以采取保全措施。中国也规定，只有法院才有权采取保全措施。中国《民事诉讼法》规定，当事人申请采取财产保全的，中华人民共和国的涉外仲裁机构应将当事人的申请，提交被申请人住所地或者财产所在地的中级人民法院裁定。

四、仲裁裁决

仲裁裁决是仲裁庭对争议事项进行审理之后所做出的终审决定。仲裁庭做出裁决后，整个仲裁程序也就结束了。

在仲裁过程中，双方当事人可以自行和解，也可以在仲裁庭的主持下进行调解。调解达成协议的，仲裁庭应制作调解书或根据协议的结果制作裁决书。调解不成的，应当及时做出裁决。但是，调解不是仲裁的必经程序，也不是仲裁裁决的前提条件。

对于裁决书的形式和内容，各国法律一般规定必须以书面形式作成。关于裁决书是否要说明理由，各国的规定不一。英国、美国等国的仲裁规则不要求在裁决中写明理由。而德国、法国、瑞士、日本、意大利、荷兰及东欧一些国家则规定裁决书必须附具理由。《联合国国际贸易法委员会仲裁规则》规定，除了双方当事人同意不需要说明理由的裁决书外，裁决书应说明理由。中国仲裁法和涉外仲裁机构的仲裁规则也规定，除当事人经调解达成和解协议的案件之外，裁决书应当说明裁决所依据的理由，由仲裁员签名，并加盖仲裁委员会印章。

对于做出仲裁裁决书的时间，各国法律的规定也不同。如，《瑞典斯德哥尔摩商会仲裁院仲裁规则》规定，从指定仲裁员之日起，一年内应做出裁决；《中国国际经济贸易仲裁委员会仲裁规则》规定，仲裁庭应在组庭后 9 个月内做出仲裁裁决书；日本则规定，仲裁庭应在审理结束 35 天内做出裁决；美国规定为审理终结后 30 天做出。

关于仲裁裁决的效力，各国法律一般都规定仲裁裁决是终局的，对双方当事人都有法律约束力。但是，如果对仲裁裁决有异议，当事人能否上诉？各国对此规定不同。德国、奥地利、比利时、法国等国家规定，当事人可以向法院或上级仲裁机构上诉。上诉的条件是：仲裁协议无效；仲裁员错误地做出裁决；裁决内容超出了仲裁协议所规定的范围；依仲裁地法律的规定属于不准仲裁的事项；裁决违反了仲裁地国家的公共秩序；仲裁程序不当；等等。中国的涉外仲裁机构的仲裁规则规定，仲裁裁决是终局的，任何一方当事人不得向法院起诉，也不得向其他机构提出变更仲裁裁决的请求。英国、西班牙、意大利、瑞士、土耳其等国对此也作了类似规定，但允许当事人根据法律规定的某些理由，向法院申请撤销裁决。

第五节　国际商事仲裁裁决的承认与执行

一、国际商事仲裁裁决的承认与执行的含义

仲裁裁决一经做出，当事人就应自觉执行；如果败诉方拒不执行该裁决，胜诉方可以请求法院予以强制执行。承认仲裁裁决，是指法院许可该仲裁裁决所确认的当事人的权利与义务在法院地国境内有效。执行仲裁裁决，是指法院在承认仲裁裁决效力的基础上，按照法律规定的执行程序，给予强制执行。一般而言，仲裁裁决的承认与执行可以分为两种：一是法院承认与执行本国仲裁裁决；二是法院承认与执行外国仲裁裁决。❶

仲裁裁决如果是由本国仲裁机构做出的，位于境内的一方当事人不主动执行时，另一方当事人可以向本国法院申请强制执行。该法院要先对仲

---

❶ 黄进. 国际私法 [M]. 北京：法律出版社，2005：624 - 625.

裁裁决进行形式审查，认为符合有关法律规定的，即承认其法律效力，并按照国内民事诉讼法的规定，像执行法院判决一样给予强制执行。如果经过形式审查，发现仲裁裁决不符合有关法律规定的，法院对于当事人的申请应予驳回。法院进行形式审查的内容一般包括：仲裁协议是否有效；仲裁员资格是否合法；仲裁员行为是否得当；仲裁庭的组成是否合法；仲裁程序是否符合要求；裁决的形式、内容是否合法；等等。

仲裁裁决如果是在外国做出的，而拒不执行裁决的一方当事人位于国内，或者其财产在国内的，另一方当事人可以向内国法院提出申请，要求承认与执行该外国仲裁裁决。内国法院承认与执行外国仲裁裁决一般应以存在有关条约为前提。如果没有双边或多边条约，本国的仲裁裁决要在外国得到承认与执行就比较困难。在这种情况下，许多国家要求在互惠的基础上，依照本国法律规定的条件和程序，承认与执行外国仲裁裁决。如，美国法律对此就作了类似的规定。然而在瑞典，承认与执行外国仲裁裁决就不要求以互惠为原则，程序也比较简单。由此可见，各国对此的法律规定和司法实践也不尽相同。

二、仲裁裁决在作成国国外执行的条件

如上所述，仲裁裁决的承认与执行问题是一个较为复杂的问题，特别是仲裁裁决要求在作成国国外承认与执行，涉及的法律问题更多。而一个主权国家对于外国仲裁裁决的承认与强制执行，除了关系到双方当事人的利益之外，还牵涉执行地国法律、政策及社会公共秩序。因此，目前世界各国法律原则上对于承认与执行外国仲裁裁决作了严格的条件限制，但在具体规定上又有所不同。以下介绍的是世界上几个主要国家的有关规定。

（一）英国的规定

外国仲裁裁决要在英国承认与执行，必须以国家之间的互惠为基础，而且双方当事人都应受 1927 年《关于执行外国仲裁裁决的日内瓦公约》的缔约国之一的管辖；或者是当事人在英国境内重新起诉，经法院批准并作成判决。此外，裁决本身还应当具备以下条件：

（1）仲裁协议必须在法律上是有效的；

（2）必须是根据上述仲裁协议由双方当事人共同协商组成的仲裁庭所作的裁决；

（3）必须是按照支配该仲裁程序的有关法律做出的裁决；

（4）该仲裁裁决在作成国必须是终局的；

（5）裁决事项依英国法律是可以仲裁的；

（6）该仲裁裁决与英国法律和公共秩序互不冲突。

（二）美国的规定

在美国，外国仲裁裁决的承认与执行必须以国家之间存在互惠为前提条件。根据美国联邦仲裁法的规定，对于在 1958 年《纽约公约》的缔约国境内所做出的裁决，可以由联邦法院按照国内裁决所要求的程序予以承认与执行。但是，在非上述公约的缔约国境内所做出的裁决需要在美国承认与执行的，一般要求当事人在美国法院重新起诉，经法院做出判决后，再按照美国民事诉讼法的规定予以执行。此外，有关法院有权改变原仲裁裁决的内容，而另行做出其认为合适的判决。

（三）瑞典的规定

根据瑞典现行法律的规定，外国仲裁裁决在瑞典的承认与执行不要求以国家之间的互惠为前提条件，任何外国仲裁机构的裁决都可以通过简便的手续在瑞典得到承认与执行。外国仲裁裁决做出后，由胜诉一方向瑞典的斯德哥尔摩上诉法院提出简单的申请，并附具该裁决书及其译文的文本。该法院收到申请后，即通知败诉一方，如果败诉一方对仲裁裁决没有异议，法院就可以做出执行该仲裁裁决的决定；如果有异议，则让有关当事人到适当的初审法院另行起诉解决。

三、1958 年《纽约公约》

由于世界各国关于承认与执行外国仲裁裁决的条件和程序不尽相同，因此妨碍了及时有效地解决各种国际商事争议。从 21 世纪初起，国际社会就致力于建立统一的、比较完善的承认与执行外国仲裁裁决的国际法律制度。

迄今为止，国际上先后缔结了三个有关公约，即 1923 年由国际联盟主持制定的《日内瓦仲裁条款议定书》、1927 年制定的《关于执行外国仲裁裁决的日内瓦公约》和 1958 年由联合国主持制定的《关于承认和执行外国仲裁裁决的公约》（*Convention on the Recognition and Enforcement of Foreign Arbitral Awards*）。其中，最后一个公约又称 1958 年《纽约公约》，现已取代前两个公约，成为目前世界上最完善的关于承认与执行外国仲裁裁决的国际公约。中国于 1986 年 12 月 2 日正式加入了该公约，该公约从

1987 年 4 月 22 日起对中国生效。

该公约的主要目的在于统一和简化各国执行外国仲裁裁决的法律程序，主要内容如下。

（一）承认与执行外国仲裁裁决的范围

由于自然人或法人之间的争议而引起的仲裁裁决，在一国领土内作成，而在另一国请求承认和执行时，适用该公约。但是，缔约国可在互惠基础上声明，本国只对在另一缔约国领土内所做出的仲裁裁决的承认与执行适用该公约，即"互惠保留"；缔约国也可声明，本国只对根据本国法律属于商事法律关系所引起的争议适用该公约，即"商事保留"。中国在加入该公约时对上述两项规定均提出了保留。

（二）承认与执行外国仲裁裁决的标准

缔约国应相互承认和执行对方国家所做出的仲裁裁决，在承认和执行对方国家的裁决时，不应较之承认和执行本国仲裁裁决规定实质上更为苛刻的条件或者征收更高的费用。

（三）承认与执行外国仲裁裁决的条件

根据该公约的规定，凡有下列情况之一者，被请求执行的国家机关可依被申请人的请求，拒绝承认与执行裁决：

（1）缺乏有效的仲裁协议；

（2）被诉人未得到指定仲裁员或进行仲裁程序的适当通知，或者由于其他原因未能提出申辩；

（3）裁决的事项超出了仲裁协议规定的范围；

（4）仲裁庭的组成或仲裁程序与当事人的协议不符，或者在双方当事人无协议时，与仲裁地国家的法律不符；

（5）仲裁裁决对当事人尚未发生法律拘束力，或裁决已被仲裁地国家的有关当局依法撤销或停止执行；

（6）争议事项，依执行地国家的法律不能以仲裁方式解决；

（7）承认与执行此项裁决将与执行地国的公共秩序相抵触。

（四）承认与执行外国仲裁裁决的程序

根据该公约的规定，申请承认与执行仲裁裁决的当事人，应提供经正式认证的仲裁裁决的正本或经正式证明的副本，以及据以做出裁决的仲裁协议正本或经正式证明的副本。如果上述裁决或仲裁协议所用的文字不是执行地国家的法定文字，申请人还应提交有关文件的译文文本。译文文本应由官方的或经过宣誓的翻译员，或外交或领事人员认证。

四、中国承认与执行外国仲裁裁决的实践

目前，中国的《民事诉讼法》和《仲裁法》对于涉外仲裁裁决的承认与执行问题作了比较详细的规定。此外，中国已于 1986 年 12 月 2 日正式加入《纽约公约》，该公约也成为中国在承认与执行外国仲裁裁决实践中的主要法律依据。

（一）外国仲裁裁决在中国的承认与执行问题

根据《民事诉讼法》第 281～282 条的规定，外国仲裁裁决需要在中国承认与执行的，应由当事人直接向被执行人住所地或者其财产所在地的中级人民法院申请。中国有管辖权的人民法院接到申请后，应对该仲裁裁决进行审查，如认为其符合《纽约公约》规定的条件，应裁定承认其效力，并依《民事诉讼法》规定的有关程序予以执行。

中国人民法院对于在《纽约公约》缔约国领土内所做出的仲裁裁决的承认与执行，适用该公约的规定。对于在非缔约国领土内所做出的仲裁裁决的承认与执行，如果对方国家与中国有双边条约或有互惠关系的，按照互惠原则处理。如果对方国家既非缔约国，又与中国无双边条约或互惠关系的，中国则按一般标准进行审查，即看此裁决是否违反中国法律的基本原则，是否违反中国主权、安全和社会公共秩序，如果未违反，则予以承认与执行；如违反，则不予承认与执行。

（二）中国涉外仲裁裁决在外国的承认与执行问题

根据《仲裁法》第 72 条和《民事诉讼法》第 280 条的规定，中国仲裁机构所做出的仲裁裁决需要在外国承认与执行的，应具备下列条件：

（1）被执行人或者其财产不在中华人民共和国领域内；

（2）有关当事人请求到外国执行；

（3）当事人应当直接向有管辖权的外国法院申请承认与执行仲裁裁决。

执行地国家的法院在接到申请后，应根据与中国缔结或共同参加的国际公约，或者按照互惠原则，对该申请予以审查，并依其本国法规定的执行程序予以执行。

（三）中国涉外仲裁机构的裁决在中国的承认与执行问题

在这里，附带介绍一下中国涉外仲裁机构的裁决在中国的承认与执行问题。根据《民事诉讼法》第273条的规定，经中华人民共和国涉外仲裁机构裁决的，当事人不得向人民法院起诉。一方当事人不履行裁决的，对方当事人可以向被申请人住所地或者财产所在地的中级人民法院申请执行。

根据《民事诉讼法》第274条的规定，对中华人民共和国涉外仲裁机构做出的裁决，被申请人提出证据证明仲裁裁决有下列情形之一的，经人民法院组成合议庭审查核实，裁定不予执行：

（1）当事人在合同中没有订立仲裁条款或者事后没有达成书面仲裁协议的；

（2）被申请人没有得到指定仲裁员或者进行仲裁程序的通知，或者由于其他不属于被申请人负责的原因未能陈述意见的；

（3）仲裁庭的组成或者仲裁的程序与仲裁规则不符的；

（4）裁决的事项不属于仲裁协议的范围或者仲裁机构无权仲裁的。

此外，人民法院认定执行该裁决违背社会公共利益的，裁定不予执行。如果仲裁裁决被法院裁定不予执行的，当事人可以根据双方达成的书面仲裁协议重新申请仲裁，也可以向人民法院起诉。

第十四章　区际法律冲突

第一节　区际法律冲突概述

一、区际法律冲突的概念

区际法律冲突（Interregional Confliet of Laws），是指在一个主权国家内部不同地区的法律制度之间的冲突，或者说，是在一个主权国家内部不同法域之间的法律冲突。也有学者将之定义为在一个主权国家内部，拥有地区政府和一定立法权的立法机关而具有独特法律制度的不同法域之间的法律冲突，或者说在一个主权国家内部不同地区的法律制度之间的冲突。❶

对于上述区际法律冲突的概念，可作如下两个方面的理解和说明。

（1）区际法律冲突的存在是以一个主权国家内部存在不同法域或存在多个具有独特的法律制度的地区，一般是指在一个主权国家内部存在的具有或适用独特法律制度的地区。也有学者将法域定义为在一个主权国家内部存在的拥有地区政府和一定立法权的立法机关而具有独特法律制度的地区。❷法域表现为一定的空间范围，但不是主权单位，只能是一个主权国家内部的某一区域。若一个主权国家内部存在多个具有独特法律制度的地区，常为"复合法域国家""多法域国家""法律不统一国家"。在英文中，法域有 Law District，Legal unit，Legal region，Territorial Legal unit 等表述。

1）区际法律冲突的性质。

区际法律冲突是一种国内的法律冲突，是国内法域间的民商事法律制度的法律冲突。

---

❶ 章尚锦. 国际私法 ［M］. 中国人民大学出版社，2005：425 - 426.
❷ 章尚锦. 国际私法 ［M］. 中国人民大学出版社，2005：419.

2）区际法律冲突的种类。

以国家结构形式为标准，可以分为单一制多法域国家和联邦制多法域国家的区际法律冲突：单一制国家，全国只有一个宪法和中央政府，以单一的国际法主体出现在对外关系中。这类国家目前有奥地利、比利时、布隆迪、日本、伊朗、伊拉克、冰岛、瑞典、泰国、荷兰、芬兰、肯尼亚、马里、叙利亚等国，以及"一国两制"条件下的中国。联邦制多法域国家，国家结构形式上为联邦制，由若干州、邦、共和国组成，联邦和各成员单位分别行使一定的国家权力，由联邦宪法划分各自的权限，联邦和各成员单位都分别有宪法、法律、政府、立法和司法机关，在各自管辖范围内行使自己的职权等。目前主要联邦制国家有美国、澳大利亚、巴西、缅甸、加拿大、德国、瑞士、印度、乌干达等。

以社会制度为标准，可以分为相同社会制度和不同社会制度之间的区际法律冲突：相同社会制度之间的区际法律冲突，如美国、澳大利亚等；不同社会制度之间的法律冲突，如中国的中央法制区和地方法制区之间的法律冲突。1997年和1999年后，随着中国分别对香港和澳门地区恢复行使主权，仍然保持资本主义制度的香港和澳门地区的法律与实行社会主义制度的中国内地的法律之间出现的法律冲突，是一国内存在的具有不同社会制度的区际法律冲突。

以法系为标准，可以分为同一法系和非同一法系间的区际法律冲突。法系（Legal System）是根据各国法律的特点和历史传统的外部特征对法律进行的分类，如罗马日耳曼法系、普通法系和社会主义法系等。美国存在相同社会制度而不同法系的区际法律冲突，美国路易斯安那州的法律属于大陆法系，它与美国其他属于普通法系的州的法律之间的冲突即为不同法系的法域之间的区际法律冲突。中国港澳地区间存在不同法系的区际法律冲突。

3）主权国家内部形成多法域的原因。

形成多法域的原因是多种多样的，归纳起来主要有以下几方面：①国家的联合，如瑞士、美国、德国、英国等。②国家领土的合并或光复：战胜国征服弱国，或被占国复国。前者如英国曾占领印度、巴基斯坦；后者如波兰复国，印度、巴基斯坦恢复独立。③领土割让：以和平或战争手段取得他国的部分领土。④领土回归：一国领土被侵占、割让、租借，后来为原属国恢复行使主权，如香港回归中国。⑤殖民地统治的结果：因殖民者和原住民的法律不同而形成。⑥委任统治和托管制度的结果：现已不存在。

（2）区际法律冲突是一国内部不同地区的法律制度或者不同法域之间法律的冲突。

一国内部不同地区的法律制度或者说一国内部不同法域之间的法律的冲突主要是空间意义上的法律冲突，是具有地域性的法律冲突。由于一国内不同地区法律制度的不同，适用民商事法律关系的法律可能产生冲突，对于同一民商事法律关系，在该国的不同地区适用不同的法律，可能会产生截然不同的结果。区际法律冲突并非指所有种类的法律冲突，而仅指民商事领域的私法性的法律冲突。因此，不能把具有同一法律体系国家内部各地方对某些法律的变通性规定纳入区际法律冲突的范畴之内。

二、区际法律冲突的特征

法律冲突的种类及形式是多种多样的，有中央和地方的法律冲突、地区之间的法律冲突、时际及人际法律冲突，有实体法之间、程序法之间及冲突法之间的冲突，有国际或国内法律冲突，等等。区际法律冲突只是多种法律冲突中的一种，但它具有与其他法律冲突相区别的特征。

（一）区际法律冲突是具有国内性的法律冲突

区际法律冲突是在一个主权国家领土范围之内发生的，是具有国内性的法律冲突；如果某一法律冲突超越了一国领土范围，那就不是区际法律冲突，而是国际法律冲突。这一特点，使其与国家间的国际法律冲突区别开来。例如，美国国内各州之间的民商事法律冲突是区际法律冲突，但美国和日本之间发生的法律冲突就是国际法律冲突。

（二）区际法律冲突是国内地域空间上的法律冲突

区际法律冲突，是在一个主权国家领土范围内不同的法律制度在空间地域上的法律冲突。

（1）区际法律冲突是法律在空间上的冲突，这个特点使其与人际、时际法律冲突区别开来，具有属地性。

（2）只有一国之内"具有独立法律体系"的各法域之间的法律冲突才是区际法律冲突，不能把具有统一法律体系国家内部各地方对某些法律的变通性规定归入区际法律冲突的范畴之内。例如，我国内地各省、市、自治区之间的地方性法规，虽也可能发生冲突，但不构成区际法律冲突。

（三）区际法律冲突是国内不同法域间民商事法律效力的冲突

区际法律冲突，实质是一个主权国家领土范围内不同法域间的民商事法律效力的冲突。不同法域之间的法律冲突，并非指所有种类的法律冲突，而只指民商事法律冲突。例如，刑法、行政法、财政法等属于公法性的法律，历来遵从严格属地主义原则，不发生域外效力，因而也不会发生法律冲突。只有在民商法领域，各法域承认外法域民商法的域外效力，从而产生区际法律冲突。因而，严格地说，区际法律冲突应称为区际民商事法律冲突，或区际私法冲突。

（四）区际法律冲突是地区平等或同一层次上的法律冲突

区际法律冲突，是一个主权国家领土范围内不同地区的法律制度在同一平面（层次）上的冲突。在多法域国家，各个法域地位平等，法律制度也是平等的，互相平行，互不隶属，是一种横向冲突。联邦国家内的联邦法律与成员法律间的法律冲突，或单一制国家中央法律和地方法律间的法律冲突，因层次不同，是上下级之间的法律冲突，是纵向法律冲突，不是区际法律冲突。

三、区际法律冲突产生的原因

区际法律冲突，是经济和社会发展、进步的结果。综合来看，区际法律冲突的原因和国际法律冲突的原因类同。

（一）一国内部存在多个具有不同法律制度的法域

这是区际法律冲突产生的前提和最重要、最根本的原因。只有在一国内部存在具有不同法律制度的几个法域，才可能有区际法律冲突的产生；如果一国国内各地区的法律制度相同，就无区际法律冲突可言。

（二）各法域人民之间的交往导致大量区际民商事关系的发生

各法域间的民商事交往是产生区际法律冲突的经济基础。如果各法域间的人民老死不相往来，就不会产生民商事关系，更不会产生大量民商事关系；这样，即使各法域的法律制度有天大的差异，也只各适用于本法域的民商事关系，而不涉及外法域，这就根本不会产生区际法律冲突。

（三）各法域互相承认外法域人的民商事法律地位

承认外法域人的民商事法律地位（民事权利地位）是产生区际法律冲突的前提。如果一个法域的法律不承认外法域人在本法域内具有任何民商

事法律地位，从而不允许外法域人享有任何民商事权利，外法域人就无法
参加当地法域的民商事活动，各法域之间就不会发生跨法域的民商事关
系，也就不会产生法律冲突。

（四）各法域互相承认外法域民商事法律在自己法域内的域外效力

承认外法域民商事法律的域外效力，也是产生区际法律冲突的前提之
一和直接原因。区际法律冲突，就表现为内法域民商事法律的域内效力和
外法域民商事法律的域外效力之间的冲突。如果一个法域不承认外法域民
商事法律在本法域内的效力，就不可能产生区际法律冲突。

四、区际法律冲突的解决途径

解决区际法律冲突的办法和解决国际法律冲突的途径类似：①区际私
法解决途径，即区际冲突法解决办法；②统一实体法解决途径。

（一）区际私法解决途径

这种办法，指多法域国家或这类国家内的各法域，通过制定区际私法
（区际冲突法）来规定各种区际民商事法律关系应适用的法律，从而解决
区际法律冲突。区际冲突规范，是一种法律适用规范，是一种解决区际法
律冲突必不可少的有效手段，总称为区际私法或区际冲突法。各多法域国
家及其法域通过区际私法途径解决区际法律冲突的具体方式并不相同，大
体有以下几种。

1. 制定全国统一的区际私法来解决区际法律冲突

制定全国统一的区际私法，以间接调整的方法来解决区际法律冲突，
这是解决区际法律冲突的最佳方式。对于这种做法，国际实践中曾出现过
三种模式：①专门的全国统一区际私法，如1926年《波兰区际私法典》；
②全国统一的解决某些方面区际法律冲突的区际私法，如1979年《南斯
拉夫联邦解决关于民事地位、家庭关系及继承的法律冲突与管辖权冲突的
条例》；③将全国统一的区际私法同国际私法结合起来加以规定，如1891
年瑞士关于州际法和适用于在瑞士居住的外国人和居住在国外的瑞士公民
的法律的联邦法（《关于定居的或暂住的民法关系的联邦法》）。

2. 各法域分别制定各自的区际私法

各法域分别制定各自的区际私法，即区际冲突法。这种办法，是各法
域自行制定区际私法，以解决自己的法律与其他法域的法律之间的冲突。
但这可能出现反致、转致问题，复杂了识别过程，也可能出现各法域对同

一案件的不同审判结果。

3. 类推适用国际私法解决区际法律冲突

如，1888 年《西班牙民法典》第 14 条、1948 年《捷克和斯洛伐克国际私法和区际私法典》第 5 条规定，都将国际私法类推适用于解决区际法律冲突。

4. 实际上适用与解决国际法律冲突基本相同的规则解决区际法律冲突

这种办法，不区分区际法律冲突和国际法律冲突，适用同样的冲突原则、规则和制度，如英美的实践就是如此。

（二）统一实体法解决途径

所谓统一实体法解决途径，是指由多法域国家制定或由多法域国家内各法域联合采用统一民商事实体法，直接适用于有关跨法域的民商事关系，从而避免不同法域的法律选择，消除区际法律冲突。

1. 制定全国统一的实体法解决区际法律冲突

这一般由多法域国家的中央立法机关来制定：①全面性的规定：以法典形式出现，如 1912 年《瑞士民法典》；②大多数情况下只就某一方面问题立法：如 1933 年 10 月 27 日《波兰统一债法典》，1945～1947 年波兰又统一了家庭法和其他私法。

2. 制定仅适用于部分法域的统一实体法，以解决有关法域之间的区际法律冲突

这也是由多法域国家的中央立法机关来制定，只不过由于某种原因，立法机关明确该统一实体法只在部分法域中施行。例如，英国议会制定的 1882 年《英国汇票法》、1933 年《英国遗嘱法》只适用于英格兰、苏格兰和北爱尔兰，不适用于海峡群岛和马恩岛；1948 年《英国公司法》、1958 年《英国休养法》和 1968 年《英国收养法》只适用于英格兰和苏格兰，不适用于北爱尔兰、海峡群岛和马恩岛。

3. 各法域采用相同或类似的实体法求得统一

美国、澳大利亚等联邦制国家的宪法明确规定了联邦立法的权限范围，不能就所有私法问题制定全国统一的法律。为了绕开这个障碍，一些官方、半官方或民间组织，如"全国统一州法专员会议""美国法学会""美国律师协会"等，起草了不具法律效力的"模范法""示范法"，以谋求各法域统一实体法。但实践中，这并不能完全解决区际法律冲突问题：

①自愿适用，不一定所有法域都适用；②细节问题仍存在区际法律冲突；等等。

4. 一些多法域国家的最高法院在审判实践中积极发挥作用，推动实体法的统一

加拿大、澳大利亚的最高法院，以及作为最高法院的英国上议院，都具有类似功能。例如，澳大利亚最高法院可以在司法实践中避免各州过分地发展不同冲突规范，推动和保证民商法在澳大利亚的统一性。

5. 扩大一法域的实体法适用于另一法域，以求得法制统一，从而消除区际法律冲突

一战后，法国收回了原被德国占领的亚尔萨斯和洛林地区，但仍适用1871 年德国兼并该地区时的德国法。不久之后，即 1924 年 6 月 1 日，其颁布了两个法律，《在上莱茵省、下莱茵省和摩泽尔省施行法国民事立法法》《在上莱茵省、下莱茵省和摩泽尔省施行法国商事法律法》，统一了全国民法和商法。

五、区际私法与国际私法

（一）区际私法的定义和名称

1. 区际私法的定义

区际私法（Private Interregional Law），是指在一个主权国家内部不同法域间民商事交往中形成的，体现该国国家或该国不同法域间协调意志的，用来调整该国各法域间自然人、法人参加的区际民商事关系的，规定在全国性或各法域立法、判例、习惯或一些国家的法理中的冲突规范、规定外法域人民事法律地位的规范、区际民事诉讼及区际经济贸易仲裁程序规范的总称，简言之，即区际私法规范的总称，属于法律部门中国内法的重要部门之一。

区际私法的定义包含以下含义：①区际私法是在一个主权国家内部不同法域间民商事交往过程中产生的；②区际私法是一个重要法律部门，以一国内部的特定民商事关系为调整对象；③区际私法是国内法的组成部门之一；④区际私法是包括区际司法诉讼及区际经济贸易仲裁程序法在内的区际民商事法律适用法。

2. 区际私法的名称

区际私法，在各国有不同的名称。例如，美国和澳大利亚为"州际冲

突法"（Interstate Conflirt Law）；瑞士为"州际私法"（Droit Intercantonale Prive）；加拿大学者称本国的区际私法为"省际冲突法"（Interprovincial Conflict Law），或称为"省际私法"（Private Interprovincial Law）；德国和波兰为"地方间私法"（Private Interlocal Law）；西班牙称本国的区际私法为"区际私法"（Private Interregional Law）；此外，有的学者从区际冲突法和国际冲突法的对应出发，称区际私法为"国内冲突法"（Internal Conflict Law）；有的学者则称区际私法为"准国际私法"（Quasi‐Private International Law）。各国学者比较普遍地称区际私法为"区际冲突法"。

（二）区际私法的立法形式和法律渊源

1. 区际私法的立法形式

区际私法主要有全国统一的区际私法和各法域的区际私法两种形式：①全国统一的区际私法。成文法方面，以专门法典或单行法规的形式出现：如1926年《波兰区际私法典》；在法典或法律中列入专编、专章或有关条款，如1961年《苏联民事立法纲要》；在单行法规中规定并只适用于部分法域，如，1882年《英国汇票法》中的冲突规范只适用于英格兰、苏格兰和北爱尔兰，而不适用于海峡群岛、马恩岛和英国的殖民地。在不成文法方面，大陆法系国家和英美普通法系国家都存在全国统一的不成文的区际私法；但在英美判例法国家，存在的有关判例和法理比较多些。②各法域自有的区际私法。实践中，各法域自有的区际私法多表现为不成文的习惯法、判例和法理，以成文法形式出现的法域自有的区际私法为数极少，只有加拿大魁北克省1866年的《魁北克民法典》和前南斯拉夫塞尔维亚共和国立法中的冲突规范属于法域自有的区际私法。

2. 区际私法的法律渊源

区际私法的渊源表现为成文法、不成文法和英美普通法系国家法学家的意见：①成文法：区际私法最重要的、最主要的渊源。②不成文法：区际私法的重要渊源，主要表现为习惯法和判例。习惯法是在实践中的反复类似行为而在法律上认为具有约束力，如"人的身份能力依属人法""物权依物之所在地法""场所支配行为"等；其在特定范围内具有拘束力，但要到各种文件中，更主要的是法学家的著作中去查找这种不成文的习惯法。判例作为区际私法的渊源，主要是在普通法系国家，如美国和澳大利亚有联邦一级的判例法区际私法。在大陆法系国家，判例在区际私法中也占有相当重要的地位：一方面，在无成文区际私法规定时，可以过去的判例作为断案的依据；另一方面，判例也是发展为成文法区际私法的主要来源。③法学家的学说（法理）：这是个有争议的问题，但在区际私法上，在多法域国家，法理对判决具有重大影响。

（三）区际私法的特点

1. 调整的对象是一个主权国家内部具有独特法律制度的不同法域之间的民商事关系

这个特点表示的是一国内部不同法域间的民商事关系，因而与民商法及国际私法调整的对象不同。

2. 调整的方法主要是间接调整方法

区际私法调整的方法是冲突法的方法，通过冲突规范，援引内法域或外法域的民商事立法来确定当事人之间的权利义务关系。而对于外法域人的民事法律地位，也可能规定了区际实体法。

3. 规范组成包括区际冲突规范、外法域人的民事法律地位的规范、区际民事诉讼和区际经济贸易仲裁程序规范

4. 法律渊源具有国内区域性

区际私法的渊源可能是国内统一区际立法，也可能是各法域分别立法；除条约有特别规定外，一般不包括国际条约；当然不包括国际惯例，但不包括本法域的民商法惯例。

5. 区际法律争议的处理具有国内性

争议处理的管辖权方面，纯属国内各法域的司法或仲裁机构处理；法律适用方面，只适用国内各法域的民商事立法，不涉及适用外国法的问题；条约适用方面，只涉及条约适用的范围，包括各法域或某法域的条约。

6. 区际司法协助和区际法院判决及仲裁裁决的承认与执行方面的特点

在这方面，其难易和复杂情况比统一法制国家中的文件送达、调查取证、判决及仲裁裁决的执行复杂和困难，但比国际私法案件中的文件送达、调查取证及判决和仲裁裁决的承认与执行容易和简单。

7. 在基本制度和具体法律适用原则方面与国内民法及国际私法有所不同

在这方面，其可能与民法有所不同；但与国际私法可能有相同的地方，也可能有所不同。如，在识别、反致、公共秩序保留、准据法内容的

查明等方面，其与国内民法、国际私法有所不同。

（四）区际私法和国际私法的联系与区别

1. 区际私法和国际私法的联系

（1）在欧洲国际私法的产生和发展是以区际私法的产生和发展为先导的。

国际私法是以法则区别说为先导发展起来的。而法则区别说无论在意大利、法国和荷兰，实质上都是以解决国内不同地区之间的法律冲突为核心的区际私法学说；普通法系国家虽然不区分区际私法和国际私法，但也以区际私法为先导。自18世纪开始，解决国际法律冲突的国际私法才获得迅猛发展。

（2）区际私法和国际私法都是以解决法律冲突为目的。

区际法律冲突和国际法律冲突具有大致相同的性质：都是民商事法律冲突、空间上的法律冲突、平面上的法律冲突、横向的法律冲突。区际私法和国际私法都是以解决法律冲突为目的。

（3）区际私法和国际私法都以冲突规范为核心，采用间接调整的方法。

区际私法和国际私法都是通过冲突规范指定某种区际或国际民商事关系应适用何地（国）的法律，以间接调整该区际或国际民商事关系。

（4）区际私法和国际私法在发展过程中形成了一系列相同的基本理论和基本制度。

这些理论和制度往往是先在区际私法中出现。例如，在基本理论方面，形成了相同的法律冲突、冲突规范和适用外区（国）法的理论等；在基本制度方面，有识别、反致、公共秩序保留、法律规避、外区（国）法内容的查明等。这些基本理论和基本制度不仅名称相同，而且内容上除了地区和国的范围大小不同外，实际上也相同或相似。

（5）区际私法在确定国际私法上准据法时具有重大关系。

在国际实践中，有些大陆法系国家，在按照国际私法中的冲突规范确定多法域国家的准据法时，要借助该多法域国家区际私法的规定；有些普通法系国家，如英美，在确定准据法时，采用了区际私法和国际私法同样的法律适用原则和制度。

2. 区际私法和国际私法的区别

区际私法和国际私法有显著的区别。

（1）区际私法和国际私法调整的对象不同。

区际私法调整的对象，是一个国家内部不同法域之间的区际民商事关系；而国际私法调整的对象，则为主权国家之间的国际民商事关系。

（2）区际私法和国际私法的法律渊源不同。

区际私法的渊源只能是多法域国家的国内法或判例法，包括该国全国统一的成文法或判例法，或各法域自己的成文法或判例法；而国际私法的渊源，除了国内法或判例法外，还有国际条约和国际惯例。

（3）区际私法和国际私法在制定和实施时考虑和制约的因素不同。

区际私法较少考虑国际因素，也不受国际公法的原则、规则和制度的制约，只受所属多法域国家的宪法或宪法性法律及国内其他具体情况的制约。而国际私法的制定和实施，则不得不考虑国际因素，如国际通行的做法；不得不受制于国际公法的原则、规则和制度，如基本原则相同、条约的制度相同等。

（4）区际私法和国际私法在具体规则和制度上不同。

区际私法和国际私法冲突规范的连接点不同：在国际私法中，除了住所、惯常居所、物之所在地外，国籍是一个重要连接点；而在区际私法中，国籍除在少数联邦制或邦联制国家在区际私法中有一定意义外，在其他多法域国家中，这个连接点不起作用。在国际私法中，公共秩序保留的适用范围广泛；而在区际私法中，一般不适用公共秩序保留或适用的范围很小。在区际私法中，一般不存在识别和准据法的调查问题，在全国统一区际私法的多法域国家也不存在反致问题；而在国际私法中，这些制度都在广泛使用，只是在反致问题上，有的国家禁止反致。此外，在区际私法中，多法域国家的各法域之间一般都会互相承认与执行外法域法院的判决；但在国际私法中，对外国法院判决的承认与执行就要困难得多。

（5）区际私法和国际私法适用的范围不同。

区际私法只适用于一国之内，解决不同法域之间的法律冲突；而国际私法则只用于调整国际民商事关系。

3. 关于区际私法和国际私法关系的不同主张和实践

上文介绍了区际私法和国际私法之间的联系和区别，从中可以看出二者的关系；但是，对于二者的关系，国际上存在不同的主张和实践。

（1）关于区际私法和国际私法关系的不同主张。

在区际私法和国际私法的关系问题上，国际上存在区别说、同一说和折中说三种不同的理论主张。

①区别说。持这种主张的主要代表人物有德国的齐特尔曼、苏联的隆茨、荷兰的胡伯、美国的艾伦茨威格等。其观点主要为区际私法和国际私法的法律性质根本不同：前者解决发生在具有复合法律制度的主权国家内部的法律冲突，后者解决不同主权国家之间与有关问题相联系的法律冲突问题，因此，用于解决国际法律冲突的规则不能适用于解决区际法律冲突。主要理由有：第一，国际私法上的法律冲突是主权国家之间的法律冲突；而区际私法上的法律冲突是非主权国家之间的法律冲突。第二，一国法院在解决国际法律冲突时，必须受国际公法的限制，并考虑国际上的通行做法；而在解决区际法律冲突时，无须考虑国际公法。第三，程序问题上是否受限制不同：解决区际法律冲突时，国家可以限制区际立法者，一般无程序上的自由；而在解决国际法律冲突时，不能限制作为主权者的国家等。

②同一说。这一主张的代表人物有德国的萨维尼、梅尔基奥尔、沃尔夫，英国的戴西、契夏尔，美国的施托雷等。其观点主要为区际私法和国际私法实质上都是法律适用规范，两者要解决的问题和解决的方法都互相类似，把两者区别开来是不现实的。其所根据的理由有：第一，国际私法是在区际私法的基础上发展起来的，是把解决国内法律冲突的原则移植到国际场合，这一移植过程并没有改变其基本特征；第二，除了一些例外，解决国际法律冲突的原则、规则和制度与解决国内法律冲突的原则、规则和制度是相同的。

③折中说。这一主张的主要代表人物有法国的巴迪福、埃利科、尼波耶，意大利的维塔、拉利弗，匈牙利的萨瑟等。在上述两种主张之间，他们主张采取一种居间的立场，既不赞同将区际私法和国际私法绝对分开的区别说，也反对区际私法和国际私法同一说，一方面强调区际私法和国际私法的不同，另一方面又强调二者在某些方面的同一。其根据建立在区分不同法律冲突种类的基础上，认为法律冲突可以区分为区际法律冲突和国际法律冲突，两者属于不同种类的法律冲突；但法律冲突的本身都是法律冲突，一是主权国家之间的法律冲突，一是一国内的法律冲突。

（2）区际私法和国际私法关系的实践。

在区际私法和国际私法的关系上，在各多法域国家间存在不同的实践，和理论上的三种不同主张一致，存在三种不同的实践。

①区别实践。

国际上，一些多法域国家在立法和司法实践中严格区分区际私法和国际私法，把两者视为不同的法律部门，互相不得类推适用。采取区别实践的国家主要有波兰、苏联、南斯拉夫。例如，1926 年 8 月 2 日波兰颁布了两个有名的法典：《波兰国际私法典》和《波兰区际私法典》，前者用于解决国际法律冲突，后者用于解决区际法律冲突。

②等同实践。

普通法系国家，如英美等国，在立法和司法实践中一般不区分区际私法和国际私法，同样适用于解决区际法律冲突和国际法律冲突。他们认为，一国内部几个法域之间存在的关系、存在的法律冲突，与一个国家一个法域和一个外国国家之间存在的关系、存在的法律冲突没有实质的不同；不分区际私法和国际私法，是等同适用，而不是类推适用。

③折中实践。

国际上，有一些多法域国家在立法和司法实践中采取折中立场。有的将区际私法和国际私法规范规定在同一法律中，并以区际冲突规范为主。例如，瑞士 1891 年 6 月 25 日颁布的《关于定居的或暂住的民法关系的联邦法》就属这方面的代表。有的在立法中原则性规定，对于区际法律冲突的解决类推适用区际私法冲突原则，但同时对区际私法做出特别规定。例如，1888 年《西班牙民法典》第 14 条就是这方面的代表；又如，1948 年《捷克和斯洛伐克国际私法和区际私法典》第 5 条将国际私法规则类推适用于解决区际法律冲突。

第二节　中国的区际法律冲突问题

一、中国的一国两制和中国一国两制下的法律冲突

（一）中国的一国两制和特别行政区的建立

香港、澳门和台湾自古以来就是中国的领土。1842 年清政府被迫与英国签订了《南京条约》，租借香港给英国。在英国长达 100 多年的殖民统治下，香港形成了多层次、多元性的不同于大陆的法律，其中有英国的法

律，有香港本地立法机关制定的法律，还有香港传统的习惯。❶ 1984 年 12 月 19 日中华人民共和国与大不列颠和北爱尔兰联合王国签署了关于香港问题的联合声明，简称《中英联合声明》，确认中国于 1997 年 7 月 1 日恢复对香港行使主权。据此，1997 年 7 月 1 日香港回归祖国，并正式成立了香港特别行政区。

　　1887 年清政府被迫与葡萄牙政府签订了《中葡会谈草约》和《中葡北京条约》。从此，作为中国领土的澳门就被葡萄牙政府实行殖民统治 100 多年，澳门形成了以葡萄牙法律为主体的独特的法律制度。在澳门法律体系当中，不仅包括葡萄牙法律、澳门本地立法机关制定的法律，还包括将葡萄牙法律本土化的法律和习惯。1986 年 6 月，中葡两国开始就澳门归属问题进行谈判；1987 年 4 月 13 日，中葡两国政府总理在北京正式签署了《关于澳门问题的联合声明》；澳门于 1999 年 12 月 20 日回归祖国怀抱，并正式成立了澳门特别行政区。

　　1949 年 10 月 1 日，中华人民共和国中央人民政府宣告成立，取代"中华民国"政府成为中国唯一合法政府，并在大陆废除了中华民国时期的法律，宣布实行社会主义制度。而国民党集团则退至台湾岛，在事实上控制着台湾，并实行独立于大陆的资本主义的政治经济和法律制度。1982 年《宪法》序言规定，台湾是中华人民共和国神圣领土的一部分。2005 年《中华人民共和国反分裂国家法》第 2 条和第 4 条规定，世界上只有一个中国，大陆和台湾同属一个中国，中国的主权和领土完整不容分割。国家绝不允许"台独"分裂势力以任何名义、任何方式把台湾从中国分裂出去。完成统一祖国的大业是包括台湾同胞在内的全中国人民的神圣职责。

　　为了解决台湾、香港、澳门问题，邓小平富有开创性地提出了"一国两制"的政治构想。"一国两制"就是在"祖国统一"的前提下，在一个国家内部实行两种社会制度，即在大陆地区实行社会主义制度，在台湾、香港、澳门地区实行资本主义制度。中国共产党十一届三中全会以后，"一国两制"的构想逐渐为法律所确定。《宪法》第 31 条规定："国家在必要时得设立特别行政区，在特别行政区内实行的制度按照具体情况由全国人民代表大会以法律规定。"这是"一国两制"的宪法根据和保证。全国人大根据《宪法》这一规定制定了《中华人民共和国香港特别行政区基本

---

❶ 董立坤. 香港法的理论与实践［M］. 北京：人民出版社，1999：159.

法》（以下简称《香港特别行政区基本法》）和《中华人民共和国澳门特别行政区基本法》（以下简称《澳门特别行政区基本法》），这两部基本法体现了一国两制、高度自治和港人治港、澳人治澳的原则。对于台湾问题，我国也将按照"一国两制"的方针来解决。台湾回归祖国后，仍然可以保留其资本主义制度。

（二）中国区际法律冲突的产生和特点

1. 中国区际法律冲突的产生

由于香港、澳门特别行政区享有高度的行政管理权、立法权、独立的司法权和终审权，又在各自不同的历史条件下形成了各自的地方法律制度，与中央法律制度和中国其他地方的法律制度相比较，香港、澳门特别行政区的法律有自己的体系和内容。中国台湾地区和香港、澳门特别行政区不同，由于尚未回到祖国怀抱，以及历史的原因，台湾地区现行的"法律"制度和内容与中央法律制度以及香港、澳门特别行政区的法律制度相比较，又有不同。随着香港、澳门的回归，以及将来台湾地区与内地的统一，各地区之间的民商事往来会更加深化和频繁，当这种民商事关系跨越一个以上地区，涉及港、澳、大陆不同的法律制度和台湾的"法律"制度时，区际法律冲突就会不可避免地发生。

（1）香港特别行政区的法律体系。

香港特别行政区的法律体系由三个部分组成：第一，在香港实施的中央法律；第二，香港原有的法律；第三，香港特别行政区立法会颁布的新法律。由于受英国殖民统治100多年，香港法律属于英美法系。

在香港地区实施的中央法律只限于《关于中华人民共和国国都、纪年、国歌、国旗的决议》《关于中华人民共和国国庆日的决议》《中华人民共和国国旗法》《中华人民共和国国徽法》《中华人民共和国领海与毗连区法》《中华人民共和国领事特权与豁免条例》《中华人民共和国外交特权与豁免条例》等。

中国香港地区的原有法律主要包括：①"英皇制法"和"皇帝训令"，这是英皇就香港地位制定的，是原香港地区的最高法律，被称为香港地区的宪法性文件。②普通法与衡平法。根据规定，凡英国的普通法和衡平法适合香港地区情况的，都在香港地区有效。③条例，即由原香港"立法局"制定的条例。它们大多是根据英国有关法律的精神，结合香港地区的具体情况而定的。④附属立法。这是由立法机关授权行政机关或各种独立的管理机构制定的用于调整某些特定领域法律关系的各种规程、规则和细则。⑤中国习惯法。在香港地区，中国的习惯法得到承认，但其适用受到种种限制。1997 年 7 月 1 日后，香港地区原有法律仅有的变化表现在以下三个方面：①全国人民代表大会制定的适用于香港地区的《香港特别行政区基本法》，是规定香港特别行政区的大政方针的宪法性法律文件。②与《香港特别行政区基本法》相抵触的原有法律失效。③香港特别行政区立法机关修改过的原有法律失效。❶

香港特别行政区"立法会"颁布的新法律、修订的原有法律也构成香港地区法律的重要组成部分。

（2）澳门特别行政区的法律体系。

澳门特别行政区的法律体系由三个部分组成：第一，在澳门实施的中央法律；第二，经本地化后的澳门原有的法律；第三，澳门特别行政区立法机关颁布的新法律。

值得注意的是，澳门地区的原有法律是以葡萄牙法律为模式建立起来的。尤其是在民商法领域，在葡萄牙统治时期，葡萄牙民法典、商法典、公司法、民事诉讼法等都适用于澳门，形成了澳门地区的民商法体系。在澳门回归祖国后，澳门特别行政区立法机构对适用于澳门的葡萄牙法律进行了本地化的改造，但没有做实质性的改变。因此，澳门地区的法律秉承葡萄牙法律的传统，属于大陆法系。

（3）台湾地区的"法律"体系。

台湾地区现行的"法律"制度是原国民党政府在大陆施行的法律制度的延续。这一套"法律"制度即所谓"六法"，由清朝末年变法、辛亥革命政府立法、国民党政府立法逐渐演变而来。这一"法律"体系由现行"政府组织法"，"民法"总则编、债编、物权编、亲属编、继承编，"公司法"，"票据法"，"海商法"，"保险法"，"民事诉讼法"，"强制执行法"，"破产法"，"非讼事件法"，"刑法"，"刑事诉讼法"，"少年事件处理法"，"社会秩序维护法"，"消费者保护法"，"劳动基准法"，"公寓大厦管理条例"，"行政执行法"，"国家赔偿法"，"行政诉讼法"，"涉外民事法律适用法"，"台湾地区与大陆地区人民关系条例"（以下简称"两岸关系条例"），"港澳地区关系条例"（以下简称"港澳条例"）等构成，作

---

❶ 章尚锦. 国际私法［M］. 北京：中国人民大学出版社，2000：229.

为一套"法律"制度，它具有相当的完备性，这是一个客观存在的现实。我们在处理两岸和平统一大业的时候，一定要重视这个客观存在，尊重台湾地区"法律"体系的客观性。❶

2. 中国一国两制下的法律冲突的特点

与世界上其他多法域国家相比较，中国的区际法律冲突具有以下特点。

（1）中国一国两制下的法律冲突是一种特殊的单一制国家内的中央法制区与地方法制区的法律冲突，以及地方法制区之间的法律冲突。

根据中英、中葡联合声明和两个基本法，特别行政区享有高度的自治权，包括独立的立法权、司法权和终审权，也就是说，各特别行政区在民商事领域享有完全的立法管辖权。但是，各特别行政区在行政上同中央政府的关系是中央与地方的关系，其法律制度的关系也是中央法律与地方法律的关系，而港、澳、台之间的关系应当是地方政府之间的关系。所以，中国一国两制下的法律冲突是中央法制区与地方法制区的法律冲突，港、澳、台之间是地方法制区与地方法制区的法律冲突。

（2）中国一国两制下的法律冲突是两种性质法律之间的冲突。

在其他多法域国家，法律冲突无一不是相同本质的法律之间的冲突，也就是说，是社会制度相同的法域之间的冲突。而中国一国两制下的法律冲突，既有属于同一社会制度的法域之间的法律冲突，即阶级性质完全相同的法律之间的冲突，例如香港与澳门地区之间的法律冲突；也有社会制度根本不同的法域之间的法律冲突，即社会主义法律与资本主义法律之间的冲突，例如中国内地的法律与香港、澳门地区的法律之间的冲突。

（3）中国一国两制下的法律冲突是多元法系之间的法律冲突。

由于香港地区回归以前长期处在英国管辖之下，深受普通法系的影响，其法律属于普通法系。而澳门地区受葡萄牙统治100多年，葡萄牙法律延伸适用于澳门地区，其法律属于大陆法系。台湾地区"法律"长期深受大陆法系的影响，也应当属于大陆法系。中国内地的法律独树一帜，是具有社会主义特色的法律体系，虽然秉承了大陆法系的立法模式，但是审判制度在进行倾向于当事人主义的改革。因此，中国区际法律冲突既有同属一个法系的法律制度之间的冲突，也有分属不同法系的法律制度之间的冲突。

---

❶ 余先予. 冲突法 ［M］. 上海：上海财经大学出版社，1999：426 – 427.

(4) 中国一国两制下的法律冲突的表现形式的多样性。

中国一国两制下的法律冲突不仅表现为中央法律制度与地方法律制度的冲突及地方法律制度之间的冲突，也表现为中央法律制度和港、澳、台地区适用的国际条约之间，以及港、澳、台地区适用的国际条约相互之间的冲突。

根据中英、中葡两个联合声明以及两个基本法的规定，香港特别行政区和澳门特别行政区可以分别以"中国香港"和"中国澳门"的名义，在经济、贸易、金融、航运、通讯、旅游、文化、科技、体育等领域单独同世界各国、各地区及有关国际组织保持和发展关系，并签订和履行有关协定。中华人民共和国缔结的国际协定，中央人民政府可以根据情况和香港及澳门地区的需要，在征询香港或澳门特别行政区政府的意见后，决定是否适用于香港和澳门特别行政区；而中华人民共和国尚未参加，但已适用于香港和澳门地区的国际协定，仍可以继续适用。因此，中国一国两制下的法律冲突的表现形式是多样的。

3. 解决中国一国两制下的法律冲突的原则

上述中国一国两制下的法律冲突的产生原因及特点已经表明，中国一国两制下的法律冲突异常复杂和独特，这也增添了解决中国一国两制下的法律冲突的复杂性和特殊性。解决中国一国两制下的法律冲突必须遵循一些基本原则，以便更好地解决中国的一国两制下的法律冲突。这些原则的法律根据主要是《宪法》和特别行政区基本法。

(1) 促进和维护国家统一原则。

根据这一原则，在解决中国一国两制下的法律冲突时，首先，要把握中央与香港、澳门地区都有自己的独特的法律制度，台湾也有自己独特的"法律"制度，但香港、澳门和台湾地区都是中国领土不可分割的部分，所以，在其法律制度中不得存在违反国家统一的规定。其次，要把解决国际法律冲突的规则与解决中国一国两制下的法律冲突的规则区别开来，要明确香港、澳门和台湾地区都是单一制国家内享有高度自治权的地方。再次，解决区际法律冲突的方式、途径和步骤要有助于国家的统一和繁荣。最后，在解决一国两制下的法律冲突时，中央与地方，以及各地方相互间，应有必要的协助和合作。

(2) "一国两制"原则。

"一国两制"是实现国家统一的基础。在解决中国一国两制下的法律冲突时，应当本着坚持大陆的社会主义制度，维持香港、澳门和台湾地区的资本主义制度的方针和原则。根据这一项原则，香港、澳门地区的法律制度根本不同于内地，台湾地区的"法律"制度也根本不同于内地，而且这种法制各异的局面将长期存在，至少50年不变。因此，在解决中国一国两制下的法律冲突时，不宜草率、简单、操之过急地采取统一各地区的实体法的做法来避免和消除区际法律冲突，而宜于多利用区际冲突法来解决区际法律冲突。❶

（3）平等互利原则。

在解决中国一国两制下的法律冲突时，平等互利原则主要体现在以下几个方面：①平等互利原则要求适用于大陆地区的中央民商事法律制度与香港和澳门地区的民商事法律处于平等的地位，也与台湾的民商事"法律"处于平等的地位，并且在一定条件下相互承认各自法律的域外效力。②对涉及大陆、香港和澳门地区的民商事法律关系的主体来说，当然也包括台湾，平等互利意味着进行民商事交往的自然人和法人在法律上互相平等和彼此互利。③解决中国与其他国家法律冲突的立法和具体规定应当体现平等互利原则，以保证大陆、香港和澳门地区各种民商事法律关系的主体之间平等互利，当然也包括台湾。

（4）促进和保障正常的中国各地方民商事交往原则。

随着中国的完全统一，大陆、香港、澳门和台湾地区的民商事往来将更加频繁和更加复杂。促进和保障正常的中国一国两制下的民商事交往，建立、维护和发展正常的民商事关系的法律秩序，避免中国一国两制下的民商事交往的无序性和法律真空，是维护祖国统一、安定团结、繁荣发展的重要方面。因此，在解决中国一国两制下的法律冲突时，应当贯彻促进和保障正常的中国区际民商事交往的原则。

（5）坚持按照法律或条约的规定适用国际条约和国际惯例的原则。

中国政府考虑到台湾经济社会发展的需要和台湾同胞的实际利益，允许台湾作为中国的一个地区，以"中国台北"的名义，参加允许非国家的地区参加的国际组织和国际条约。例如，台湾以"中国台北"的名义，分别参加了亚洲开发银行和亚太经合组织等国际组织，以"台湾、澎湖、金门、马祖单独关税区"的名义加入了世界贸易组织。因此，在两岸经济贸

---

❶　章尚锦. 国际私法［M］. 北京：中国人民大学出版社，2000：231.

易关系的法律冲突中，如果存在双方均为缔约方的条约，该条约应优于域内法律，参照适用有关的条约，但声明保留的条款除外。❶ 同时，按照法律和条约的规定，在法律和条约没有规定的情况下适用国际惯例。

4. 解决中国一国两制下法律冲突的途径

（1）制定全国统一的实体法。

鉴于中国一国两制下的法律冲突的特殊性和复杂性，根据《宪法》和两部基本法的规定，利用统一实体法途径来解决法律冲突无法实现。中央立法机关不可能制定全国适用的统一实体法。

（2）类推适用各自的国际私法，作为解决中国一国两制下的法律冲突的过渡方法。

中国内地有《民法通则》第八章关于"涉外民事关系的法律适用"的规定以及一些单行法规（如《合同法》《海商法》《票据法》《继承法》）中有关法律适用的规定；香港地区适用普通法和制定法中的冲突规范或判例规则来解决法律冲突；澳门现行民法典中也有较为完善的冲突规范；而台湾地区有"涉外民事法律适用法"。当然，各地区对于国际私法中不能适用于区际法律冲突的部分，可以做出相应的修改或变通的规定。目前，内地对于涉港澳台民商事案件，就是参照国际私法加以处理的。

（3）分别制定各自的区际私法，作为解决中国一国两制下的法律冲突的途径。

各自制定区际私法是近期比较切实可行的模式。台湾地区率先作了这方面的尝试，我国台湾地区"行政院"于1992年发布了"两岸关系条例"，又于1997年公布了"香港澳门关系条例"，台湾地区从此便有了调整与大陆、香港、澳门地区之间关系的区际私法。而我国大陆尚未制定调整大陆与香港、澳门、台湾地区之间关系的区际私法。

（4）国际条约优先使用解决中国一国两制下的法律冲突。

1987年10月19日《最高人民法院关于审理涉港澳经济纠纷案件若干问题的解答》规定：审理涉港澳经济纠纷案件，遇有我国和香港、澳门地区参加的国际条约同我国法律有不同规定时，适用国际条约的规定，但我国声明保留的条款除外。我国法律未作规定的，可以适用国际惯例。这种做法到目前仍然在保持。

---

❶ 齐湘泉. 涉外民事关系法律适用法 [M]. 北京：人民出版社，2003：463.

（5）制定全国统一的冲突法。

由于中国现在各法域民商实体法差异较大，立法渊源情况特殊，法律合作存在诸多阻力，而且两岸尚未统一，制定四个法域的此种统一法制模式将是缓慢而艰难的，是一个协商、协调和不断融合的相对漫长的过程。

二、中国内地与港、澳、台之间的法律适用原则

（一）中国内地与港、澳、台之间的法律适用

1. 关于涉港澳台民事案件的管辖权

（1）确定管辖权的法律依据。

1987 年 10 月 19 日中华人民共和国最高人民法院发布的《最高人民法院关于审理涉港澳经济纠纷案件若干问题的解答》规定："审理涉港澳经济纠纷案件，在诉讼程序方面按照民事诉讼法（试行）第五编关于涉外民事诉讼程序的特别规定办理。"根据这一规定，关于涉港澳台民事案件的诉讼程序比照涉外民事诉讼程序来处理。因此，涉港澳台民事案件的管辖权的确定以及其他诉讼程序应依据《民事诉讼法》第四编"涉外民事诉讼程序的特别规定"、《仲裁法》第七章"涉外仲裁的特别规定"、《民事诉讼法意见》第十八部分"涉外民事诉讼程序的特别规定"、《最高人民法院关于审理和执行涉外民商事案件应当注意的几个问题的通知》（法释〔2000〕51 号）和《最高人民法院关于涉外民商事案件诉讼管辖若干问题的规定》（法释〔2002〕5 号）等有关规定。

（2）中华人民共和国人民法院管辖权的规定。

关于中华人民共和国人民法院管辖权的规定如下：因合同纠纷或者其他财产权益纠纷，对在中华人民共和国领域内没有住所的被告提起的诉讼，如果合同在中华人民共和国领域内签订或者履行，或者诉讼标的物在中华人民共和国领域内，或者被告在中华人民共和国领域内有可供扣押的财产，或者被告在中华人民共和国领域内设有代表机构，可以由合同签订地、合同履行地、诉讼标的物所在地、可供扣押财产所在地、侵权行为地或者代表机构住所地人民法院管辖。涉外合同或者涉外财产权益纠纷的当事人，可以用书面协议选择与争议有实际联系的地点的法院管辖。选择中华人民共和国人民法院管辖的，不得违反本法关于级别管辖和专属管辖的规定。涉外民事诉讼的被告对人民法院管辖不提出异议，并应诉答辩的，视为承认该人民法院为有管辖权的法院。因在中华人民共和国履行中外合

资经营企业合同、中外合作经营企业合同、中外合作勘探开发自然资源合同发生纠纷提起的诉讼，由中华人民共和国人民法院管辖。

（3）中华人民共和国仲裁机构管辖权的规定。

关于中华人民共和国仲裁机构管辖权的规定如下：涉外经济贸易、运输和海事中发生的纠纷的仲裁，适用《仲裁法》第七章的规定。《仲裁法》第七章的没有规定的，适用《仲裁法》其他有关规定。涉外仲裁委员会可以由中国国际商会组织设立。涉外仲裁委员会由主任一人、副主任若干人和委员若干人组成。涉外仲裁委员会的主任、副主任和委员可以由中国国际商会聘任。涉外仲裁委员会可以从具有法律、经济贸易、科学技术等专门知识的外籍人士中聘任仲裁员。涉外仲裁的当事人申请证据保全的，涉外仲裁委员会应当将当事人的申请提交证据所在地的中级人民法院。涉外仲裁的仲裁庭可以将开庭情况记入笔录，或者做出笔录要点，笔录要点可以由当事人和其他仲裁参与人签字或者盖章。当事人提出证据证明下列情形之一：当事人在合同中没有订有仲裁条款或者事后没有达成书面仲裁协议的；被申请人没有得到指定仲裁员或者进行仲裁程序的通知，或者由于其他不属于被申请人负责的原因未能陈述意见的；仲裁庭的组成或者仲裁的程序与仲裁规则不符的；裁决的事项不属于仲裁协议的范围或者仲裁机构无权仲裁的，经人民法院组成合议庭审查核实，裁定撤销。仲裁庭已做出仲裁裁决的，经人民法院组成合议庭审查核实，裁定不予执行。涉外仲裁委员会做出的发生法律效力的仲裁裁决，当事人请求执行的，如果被执行人或者其财产不在中华人民共和国领域内，应当由当事人直接向有管辖权的外国法院申请承认和执行。涉外仲裁规则可以由中国国际商会依照《仲裁法》和《民事诉讼法》的有关规定制定。

2. 关于涉港澳台民事案件的法律适用

（1）中华人民共和国法律的适用。

1984 年 12 月 6 日《最高人民法院关于持有港英或澳葡当局所发护照的港、澳同胞在内地人民法院起诉、应诉的民事案件可否作为涉外案件问题的批复》规定：凡持有港英当局所发"英国属土公民护照"或澳葡当局所发身份证的，均为中国公民，不能承认他们具有英国或葡萄牙国籍；他们在人民法院起诉、应诉的经济案件，不能作为涉外案件处理。1987 年 10 月 19 日《最高人民法院关于审理涉港澳经济纠纷案件若干问题的解答》和 1989 年 6 月 12 日《全国沿海地区涉外、涉港澳经济审判工作座谈会纪要》规定：涉港澳民商事纠纷案件在诉讼程序上，应适用《民事诉讼法》关于国内民事诉讼的有关规定及最高人民法院的有关司法解释，并可参照适用涉外民事诉讼程序的特别规定；在适用实体法方面，原则上应适用中华人民共和国法律。

（2）香港、澳门地区的法律或者外国法律以及国际条约适用。

1987 年 10 月 19 日《最高人民法院关于审理涉港澳经济纠纷案件若干问题的解答》考虑到中国的区际法律冲突是一种特殊的单一制国家内的区际法律冲突，解决中国区际法律冲突应当在维护国家统一的基础上，坚持"一国两制"和平等互利的原则，同时规定：审理涉港澳经济纠纷案件，按照民法通则第八章"涉外民事关系的法律适用"和《中华人民共和国涉外经济合同法》第 5 条的规定，应适用香港、澳门地区的法律或者外国法律的，可予适用，但以不违反我国社会的公共利益为限。审理涉港澳经济纠纷案件，遇有我国和香港、澳门地区参加的国际条约同我国法律有不同规定时，适用国际条约的规定，但我国声明保留的条款除外。

（二）澳门的区际法律适用规则

1999 年 8 月 3 日颁布的第 39/99M 号法令核准了新的《澳门民法典》，本地化后的《澳门民法典》中的冲突规范与澳门原有的冲突规范大同小异，同时，澳门的国际冲突规范和区际冲突规范是合二为一的。该民法典第一编第三章（非本地居民之权利及法律冲突）详细规定了澳门的区际法律适用规则，共计 50 条，其主要内容如下。

1. 属人法的确定

《澳门民法典》第 30 条规定，属人法即个人之常居地法，个人实际且固定之生活中心之所在地视为个人之常居地，以澳门为常居地并不取决于任何行政手续，但推定有权领取澳门居民身份证之人为澳门地区之常居民。如个人之常居地多于一地，而其中之一为澳门，则以澳门地区之法律为属人法。如无常居地，则以与个人生活有较密切联系地法为属人法。

2. 合同关系的法律适用

《澳门民法典》第 40 条规定了意思自治原则，由法律行为所生之债以及法律行为本身之实质，均受有关主体指定之法律或显示出为其意欲之法律所规范。第 41 条规定了最密切联系原则，即当当事人未明示约定准据法或者当事人的约定无效，法院也不能推断出符合要求的准据法时，则适用与法律行为较密切联系地法。

3. 非合同关系的法律适用

《澳门民法典》第 41 条、第 42 条分别规定，无因管理适用管理人主要行为地法；规范不当得利之法律，为财产利益转移予受益人之事实所依据之法律。第 44 条第 1 款规定，基于不法行为、风险或任何合规范之行为而产生之非合同责任，受引致损失之主要行为发生地之法律规范；因不作为而产生责任时，适用责任人应为行为地法。第 2 款规定，损害结果发生地之法律认为行为人应负责，而行为地之法律不如此认为时，适用损害结果发生地之法律。第 3 款规定，如行为人及受害人有同一常居地而偶然身处外地，则适用共同常居地法，但不影响上两款所指定之法律体系中应对任何人一律适用之规定之适用。

4. 物权关系的法律适用

《澳门民法典》第 45 条、第 46 条规定了物权的法律适用。物之所在地法原则是确定物权准据法的基本原则，不分动产或不动产，占有、所有权及其他物权制度，均按物之所在地法，设定或处分不动产物权之能力，亦按物之所在地法。但设定或转移过境物之物权时，则适用过境物之目的地法；受注册制度约束之交通工具，其权利的设定及转移，均受注册地法规范。第 47 条规定，著作权、相关权利及工业产权，均受提出保护要求地法规范，但不影响特别法例之规定之适用。

5. 婚姻关系的法律适用

《澳门民法典》第 48 条、第 49 条规定，结婚人结婚或订立婚姻协定之能力，受其各自之属人法规范；结婚方式受婚姻缔结地法规范。第 50 条至第 52 条规定，夫妻间之关系受双方共同常居地法规范。夫妻无同一常居地时，适用与家庭生活有较密切联系地法。婚前协定之实质及效力，以及法定或约定财产制之实质及效力，均按缔结婚姻时结婚人之常居地法规定。结婚人无同一常居地时，适用婚后首个共同居所地法。有关婚后协定之可行性、内容及效力，以及夫妻变更其法定或约定财产制之可行性、变更之内容及效力，均受按第 50 条所规定之准据法规范。

6. 家庭关系的法律适用

《澳门民法典》第 54 条至第 57 条规定，亲子关系之成立，适用亲子关系中之父亲或母亲于该关系确立日之属人法。父母与子女之关系受父母之共同常居地法规范；如无共同常居地，则受子女之属人法规范。收养之亲子关系之成立，适用收养人之属人法。夫妻共同做出收养或待被收养人为收养人配偶之子女时，夫妻之共同常居地法为准据法；如无共同常居地，则与收养人家庭生活有较密切联系地法为准据法。收养人与被收养人之关系，以及被收养人与原亲属之关系，均受收养人之属人法规范。

7. 继承关系的法律适用

《澳门民法典》第 59 条至第 62 条规定，继承受被继承人死亡时之属人法规范；该法亦为确定遗产管理人及遗嘱执行人权力之准据法。做出、变更或废止死因处分之能力，以及因处分人年龄而在处分上所要求之特别方式，受处分人做出意思表示时之属人法规范。下列者由被继承人做出意思表示时之属人法规范：有关条款及处分之解释；意思之欠缺及瑕疵；可否订立共同遗嘱或继承合同。死因处分以及其废止或变更，如其方式符合订立行为地法之规定，或符合被继承人做出意思表示时或死亡时之属人法之规定，又或符合订立行为地法之冲突规范所援引法律之规定者，均为有效。

（三）台湾地区的"法律"与中国内地的法律适用问题

台湾是中国领土不可分割的一部分，台湾地区的"法律"与中国内地的法律冲突是单一制国家内的区际法律冲突。在台湾回归祖国以前，对于台湾地区的"法律"与中国内地的法律冲突问题应如何解决还没有达成共识。海峡两岸由于政治上的原因隔绝多年，在此期间相互不承认对方的民事法律效力。然而随着两岸民商事关系的恢复和发展，民商事领域法律适用问题已不可回避。为此，中华人民共和国最高人民法院发布了很多司法解释来处理涉台民商事案件。台湾当局也于 1992 年 7 月 31 日公布了"两岸关系条例"，台湾"行政院"于 1996 年 9 月 16 日又发布了"台湾地区与大陆地区人民关系条例施行细则"（以下简称"细则"），随后又经过多次修改。"两岸关系条例"共有 6 章 96 条，第三章为民事部分。该章的主要内容如下。

1. 大陆法律和台湾"法律"间法律适用的基本原则

台湾地区"法律"优先适用（限制适用内地法律）的原则：除条例明确规定外，不适用内地法律，而适用台湾地区"法律"：台湾地区人民与大陆地区人民间之民事事件，除本条例另有规定外，适用台湾地区之"法律"；内地法律无明文规定或反致台湾"法律"时，适用台湾"法律"：依本条例规定应适用大陆地区之规定时，如大陆地区就该法律关系无明文规定或依其规定应适用台湾地区之"法律"者，适用台湾地区之"法律"；

用公共秩序限制适用内地法律：依本条例规定应适用大陆地区之规定时，如其规定有悖于台湾地区之公共秩序或善良风俗者，适用台湾地区之"法律"；行为地跨连两岸时，台湾地区"法律"优先：民事法律关系之行为地或事实发生地跨连台湾地区与大陆地区者，以台湾地区为行为地或事实发生地。

2. 大陆法律和台湾"法律"间法律适用的主要规范

（1）关于民事行为能力和行为方式的法律适用。

大陆地区人民之行为能力，依该地区之规定，但未成年人已结婚者，就其在台湾地区之"法律"行为，视为有行为能力。大陆地区人民、法人、团体或其他机构，其权利能力及行为能力，依该地区之规定。法律行为之方式依该行为所应适用之规定，但依行为地之规定所定之方式者，亦为有效。物权之法律行为，其方式依物之所在地之规定。行使或保全票据上权利之法律行为，其方式依行为地之规定。

（2）关于债之法律适用。

契约之债依订约地之规定，但当事人另有约定者，从其约定。前项订约地不明而当事人又无约定者，依履行地之规定，履行地不明者，依诉讼地或仲裁地之规定。关于在大陆地区由无因管理、不当得利或其他法律事实而生之债，依大陆地区之规定。侵权行为之债依损害发生地之规定，但台湾地区之"法律"不认其为侵权行为者，不适用之。

（3）关于物权的法律适用。

物权依物之所在地之规定。关于以权利为标的之物权，依权利成立地之规定。物之所在地如有变更，其物权之得丧，依其原因事实完成时之所在地之规定。船舶之物权，依船籍登记地之规定，航空器之物权，依航空器登记地之规定。

（4）关于婚姻继承关系的法律适用。

结婚或两愿离婚之方式及其他要件，依行为地之规定。夫妻之一方为台湾地区人民，一方为大陆地区人民，其结婚及离婚之效力，依台湾地区之"法律"。台湾地区人民与大陆地区之人民在大陆地区结婚，其夫妻财产制，依该地区之规定，但在台湾地区之财产，适用台湾地区之"法律"。夫妻一方在台湾地区，一方在大陆地区，不能同居，而一方于 1985 年 6 月 4 日以前重婚者，利害关系人不得申请撤销其于 1985 年 6 月 5 日以后、1987 年 11 月以前重婚者，该后婚视为有效。前项情形如夫妻双方均重婚者，于后婚者重婚之日起原婚姻关系消灭。大陆地区人民继承台湾地区人民之遗产，应于继承开始起3年内以书面向被继承人住所地之法院为继承之表示，逾期视为抛弃其继承权。大陆地区人民继承本条例施行前已由主管机关处理，且在台湾地区无继承人的现役军人或退役官兵遗产者，前项继承表示之期间为4年。继承在本条例施行前开始者，前两项期间自本条例施行之日起算。被继承人在台湾地区之遗产，由大陆地区人民依法继承者，其所得财产总额，每人不得逾新台币200万元。超过部分归属台湾地区同为继承之人，台湾地区无同为继承之人者，归属台湾地区后顺序之继承人；台湾地区无继承人者，归属"国库"。前项财产在本条例施行前已依法归属"国库"者，不适用本条例之规定。其依法令以保管款专户暂为存储者，仍依本条例之规定办理。遗嘱人以其在台湾地区之财产遗赠大陆地区人民、法人、团体或其他机构者，其总额不得逾新台币200万元。第一项遗产中，有以下不动产为标的者，将大陆地区继承人之继承权利折算为价额。但其为台湾地区继承人赖以居住之不动产者，大陆地区继承人不得继承之。

三、中国港澳台之间的法律适用原则

（一）香港与澳门地区之间的法律适用原则及与台湾地区之间的"法律"适用原则

1. 香港地区涉外民事案件的管辖权

香港地区法律秉承英美法系传统，在法院对涉外民事案件的管辖权方面更是如此。香港法院行使管辖权的依据是：第一，被告身在香港，起诉书可以送达被告；第二，被告自愿接受管辖；第三，被告虽然不在香港，但根据香港地区《最高法院规则》第11条，法院准许向境外对被告送达起诉书。因此，只要能够实际控制诉讼标的物，香港法院就可以行使管辖权。"有效控制原则"或称"实际控制原则"是香港法院行使管辖权的依据。

2. 香港与澳门、台湾地区之间的法律适用原则

香港冲突法以不同法域间的法律冲突为解决对象，不仅适用于国际间的法律冲突，也适用于区际法律冲突，以及其与澳门地区的法律冲突和台湾地区的"法律"冲突。其法律适用规则主要有以下几类。

（1）民事法律关系主体地位的冲突规范。

香港的冲突法规定人的身份和能力一般适用其属人法，香港地区以住所地法为属人法；澳门、台湾地区则以国籍国法为属人法。根据香港法律的规定，住所分为原始住所、选定住所和依附住所。法律指定给新生婴儿的住所为原始住所。原始住所不得放弃，一直要延续到当事人依据久居的意向和居住的事实取得选定住所之日为止。选定住所一旦丧失，当事人就恢复原始住所。而依附住所则是对 16 岁以下儿童和精神失常者依附于监护人的住所而言。

（2）物权关系的冲突规范。

关于不动产物权关系，香港地区适用不动产所在地法。关于有体动产物权，香港地区也适用物之所在地法。对于船舶、飞机等属于动产而在法律上又类似于不动产的运输工具，香港地区一般采用船旗国或登记国法律。关于无体动产的冲突规范，依照香港法律，放在物权部分。流通票据的法律适用，票据当事人的行为能力依行为地法，汇票和本票的出票人背书、承兑和参加承兑的解释和有效性的形式要件依各该契约缔结地法，汇票和本票转让的有效性依转让行为地法，持票人提示义务依行为地法，退票通知义务依票据拒付地法，票据到期日依付款地法。

（3）债权关系的冲突规范。

关于合同关系的法律适用，合同采取整体法确定合同准据法。合同准据法首先决定于缔约双方的明示选择；若没有明示选择，则由法院综合考虑合同所使用的法律术语、交易货币、语言、当事人居住地和合同纠纷仲裁地等因素推定当事人的默示选择；若无法确定当事人的默示选择，则法院将行使自由裁量权，选择与合同具有最密切联系的法律作为合同的准据法。

（4）侵权行为的法律适用。

香港地区确立了以法院地法为主、兼用侵权行为地法的原则。

（5）婚姻家庭的冲突规范。

在结婚实质要件方面，香港法律规定一般适用当事人住所地法，而且在实际审判中采用"各当事人的婚前住所地法"。在离婚的法律适用上，香港地区是适用法院地法。香港地区处理离婚案件以管辖权为切入点。诉讼开始时，只要当事人有一方住所在香港，或于诉讼开始时，当事人有一方已在香港设有惯常居所一年以上，它就行使管辖权，而在香港法院享有管辖权的任何离婚案件中，它都只适用香港法。关于夫妻间人身关系，香港主要采用当事人住所地法为主，以法院地法或行为地法加以控制和补充。香港法律认为夫妻间的财产关系属于契约关系，应适用"意思自治"的原则，由当事人双方的意思加以确定。如当事人双方未立合同，法院可以根据婚姻成立的实际情况进行推定，并决定适用的准据法。根据香港的法律，婚生子女的准据法采用子女出生时父之住所地法。关于亲子关系的法律适用，香港有其独特的规定。香港法律把亲子关系分为对未成年子女的一般亲权和对子女的财产权，分别适用不同的法律：一般亲权适用父之住所地法；而财产权又分为动产和不动产，动产适用父之住所地法，不动产适用不动产所在地法。关于扶养关系，香港原则上适用扶养义务人住所地法。

（6）继承关系的冲突规范。

香港地区在法定继承准据法的确定上采用的是"区别制"，即将财产分为动产和不动产，动产适用被继承人死亡时的住所地法，不动产适用不动产所在地法。关于遗嘱形式要件的准据法，香港法律实行区别制，不动产适用不动产所在地法，动产遗嘱方式只要符合下列四种法律之一即可，即为有效行为地法、遗嘱人立遗嘱时住所地法、立遗嘱人死亡时的住所地法和立遗嘱人在香港的原始住所地法。

3. 判决的承认与执行

香港法院承认和执行外地法院判决主要有两种程序：一种是判例法上的程序，即以判决为依据提起申请承认与执行之诉；另一种是成文法上的特殊登记程序。做出判决的法院所在国或者地区，如与香港没有相互执行判决协议，胜诉方可以提起申请执行之诉，以达到执行判决的目的，甚至可以申请法院的简易程序判决。

特殊登记程序适用于与香港签有互惠协定的国家和地区。英国法院的判决由香港制定法律规定适用特殊登记程序。登记必须符合一定的条件，即：①判决是终局的且未执行的；②判决并不属于税金或类似性质的支付，也不属于罚金的支付；③判决是在条例对该国或地区适用后做出的。凡符合这些条件，香港高等法院将接受申请予以登记，经过审查后，承认该判决并执行。但是，当判决不属于条例所指的范围，或判决的登记违反了该条例的规定；或做出判决的法院对该案并不享有管辖权；或判决的债务人未能及时收到起诉通知，并未出庭；或判决是以欺诈取得的；或判决的执行违反香港的公共秩序；或判决赋予的权利不属于登记申请人，香港高等法院则会撤销登记。

（二）澳门与香港地区之间的法律适用原则及与台湾地区之间的"法律"适用原则

1. 澳门涉外民事案件的管辖权

1999年11月1日开始生效的《澳门民事诉讼法典》第二编第一至第三章对澳门法院的管辖权作了详细的规定。根据这些规定，澳门法院对涉外民事案件行使管辖权的依据主要如下。

（1）一般管辖。

《澳门民事诉讼法典》第15条规定了澳门法院可以行使管辖权的3个一般依据：①法律事实发生在澳门，即作为诉因之事实或任何组成诉因之事实在澳门做出；②作为原告的澳门居民在外法域的法院就同一事项被诉，即当被告非为澳门居民而原告为澳门居民，只要该被告在其居住地法院提起相同诉讼时，该原告得在当地被起诉；③非澳门法院管辖判决无法执行时澳门法院应当管辖，但有一个条件，即诉讼与澳门之间在人和物方面存在应予考虑的连接点。

（2）特殊管辖。

《澳门民事诉讼法典》第16条列举了澳门法院在11种特殊案件中的管辖权。

1）补充管辖。澳门法院具管辖权审理特殊管辖外的案件，只要被告在澳门有住所或居所；或者被告无常居地、不确定谁为被告或被告下落不明，而原告在澳门有住所或居所；或者被告为法人，而其住所或主要行政管理机关，又或分支机构、代办处、子机构、代理处或代表处位于澳门。

2）专属管辖。澳门法院具专属管辖权审理下列诉讼：与澳门之不动产之物权有关之诉讼；旨在宣告住所在澳门之法人破产或无清偿能力之诉讼。

3）协议管辖。《澳门民事诉讼法典》第29条规定了排除及赋予审判权的协议：①如出现争议之实体关系与一个以上之法律秩序有联系，当事人得约定何地之法院具有管辖权解决某一争议或某一法律关系可能产生之争议。②通过协议，得指定仅某地之法院具有管辖权，或指定其他法院与澳门法院具有竞合管辖权，如有疑问，则推定属竞合指定。③下列要件一并符合时，上述指定方属有效：（a）涉及可处分权利之争议；（b）被指定之法院所在地之法律容许该指定；（c）该指定符合双方当事人之重大利益，或符合一方当事人之重大利益，且不会对另一方引致严重不便；（d）有关事宜不属澳门法院专属管辖；（e）协议以书面做出或确认，且在协议中明确指出何地之法院具有管辖权。书面协议，指载于经双方当事人签署之文件，或在往来书信或其他可作为书面证据之通讯方法中体现之协议，均视为以书面做出之协议，而不论在该等文件中直接载有协议，或该等文件中之条款指明参照载有该协议之某一文件。

2. 澳门与香港地区之间的法律适用原则及与台湾地区之间的"法律"适用原则

澳门地区原有国际私法是澳门原有法律的重要组成部分，是葡萄牙民法典的翻版。它是澳门用于解决不同国家之间的民商事法律冲突、调整国际民商事法律关系的法律规范的总称。本地化后的《澳门民法典》中的冲突规范与澳门原有的冲突规范大同小异，而且澳门的国际冲突规范和区际冲突规范是合二为一的。《澳门民法典》第一编第三章"非本地居民之权利及法律冲突"详细规定了澳门冲突法的一般问题和冲突规范。

3. 判决的承认与执行

《澳门民事诉讼法》第十四编规定了对澳门以外的法院、仲裁机构所作裁判的审查与承认程序。该法第1199条规定了对外法域裁判进行审查的必要性及无须审查的情况，适用于澳门之国际协约、属司法领域之协定或特别法另有规定者除外。如上述裁判是在澳门法院正在审理的案件中纯粹被援引作为证据，且该证据须由应对该案件做出审判之实体审理者，则无须经审查。为使澳门以外地方之法院所作之裁判获确认，其必须符合下列条件：①对载有有关裁判之文件之真实性及对裁判之理解并无疑问；②按做出裁判地之法律，裁判已确定；③做出该裁判之法院并非在法律欺诈之情况下具有管辖权，且裁判不涉及属澳门法院专属管辖权之事宜；④不能以案件已由澳门法院审理为由提出诉讼已系属之抗辩或案件已有确定裁判之抗辩，但澳门以外地方之法院首先行使审判权者除外；⑤根据原审法院地之法律，已依规定传唤被告，且有关之诉讼程序中已遵守辩论原则及当事人平等原则；⑥在有关裁判中并无包含一旦获确认将会导致产生明显与公共秩序不相容之结果之判决。该规定适用于仲裁裁决。

（三）台湾地区的"法律"与澳门、香港地区之间的法律适用原则

台湾地区依"涉外民事法律适用法"处理台湾地区与大陆领域外的法律冲突，用1992年7月31日公布、同年9月18日实行的"两岸关系条例"调整与大陆的法律冲突（不仅是民事法律冲突），用1997年4月通过的"港澳条例"调整与香港、澳门地区之间的法律冲突（不限于民事法律冲突）。

"港澳条例"共6章62条，分总则、行政、民事、罚则等部分，并配有一系列相关办法，包括"香港澳门关系条例施行细则""香港澳门居民进入台湾地区及居留定居许可办法""香港澳门居民强制出境处理办法""香港澳门居民收容处所设置及管理办法""取得华侨身份香港澳门居民聘雇及管理办法""香港澳门出版品电影片录像节目进入台湾地区或在台湾地区发行制作播映许可办法""香港澳门居民来台就学办法""香港澳门学历检核及采认办法""对香港澳门投资或技术合作审核处理办法""台湾地区银行在香港澳门设立分支机构子公司许可办法""台湾地区证券及期货机构在香港澳门设立分支机构子公司许可办法""台湾地区保险机构在香港澳门设立分支机构子公司许可办法""驻香港或澳门机构在当地聘雇人员及聘雇期间认定办法"等。对于"港澳条例"及其相关办法所确立的大量实体规范本书不作评述，这里仅就其确立的冲突规范略作评介。

1. 台湾地区"法律"与港、澳地区之间的法律适用

"港澳条例"第38条规定，民事事件，涉及香港或澳门者，类推适用"涉外民事法律适用法"。"涉外民事法律适用法"未规定者，适用与民事法律关系最重要牵连关系地法律。这是台湾地区处理与港澳地区法律冲突的唯一的冲突规范。需要注意的是，在援引台湾"涉外民事法律适用法"时，使用"类推适用"意味着将台湾与港澳地区的法律冲突定位于区际法律冲突，与"涉外民事法律适用法"调整与外国的法律冲突有所区别。

2. 港澳法人在台湾地区的许可问题

"港澳条例"第39条规定，未经许可之香港或澳门法人、团体或其他机构，不得在台湾地区为法律行为。第40条规定，未经许可之香港或澳门法人、团体或其他机构以其名义在台湾地区与他人为法律行为者，其行为人就该法律行为，应与该香港或澳门法人、团体或其他机构负连带责任。第41条规定，香港或澳门之公司组织，在台湾地区营业，准用"公司法"有关外国公司之规定。

3. 法院判决的承认与执行

"港澳条例"第 42 条第 1 款规定，在香港或澳门地区作成之民事确定裁判，其效力、管辖及得为强制执行之要件，准用"民事诉讼法"及"强制执行法"之规定。我国台湾地区"民事诉讼法"规定不予承认与执行的条件包括：依台湾"法律"，外国法院无管辖权；败诉一方为台湾人而未应诉，但开始诉讼所需之通知或命令已在该国送达本人，或依台湾"法律"上之协助者，不在此限；外国法院之判决，有悖公共秩序或善良风俗者；无国际相互承认者，即不存在互惠关系。

4. 仲裁裁决的承认与执行

"港澳条例"第 42 条第 2 款规定，在香港或澳门地区作成之民事仲裁裁决，其效力、申请法院承认及停止执行，准用"商务仲裁条例"之规定。我国台湾地区"商务仲裁条例"规定不予承认与执行的情形包括：裁决违反台湾地区法律的强行性规定；裁决违背台湾地区的公共秩序和善良风俗；依仲裁地的法规，所裁决的争议事项不能以仲裁方式解决的；仲裁组织或仲裁程序不符合仲裁地法；裁决依仲裁地法尚未生效，或者被仲裁地主管机关予以撤销或停止执行；裁决事项超越仲裁协议的范围。

第三节　中国各法域间民商事司法协作

一、中国各法域间民商事司法协作的产生及特点

（一）中国各法域间民商事司法协作的含义

中国各法域间的民商事司法协作，是指中国内部不同法域之间在民商事司法领域进行的互助与合作，即某一法域的法院应另一法域法院的请求，代为进行某些民商事诉讼行为，如送达文书、调查取证、承认和执行该外法域法院的判决或裁定以及仲裁机构的仲裁裁决等。

（二）中国各法域间民商事司法协作的产生

主权国家内部各法域间民商事司法协作的产生，一般应具备下列条件：①该国为一复合法域国家；②任何一法域的法院在审理有关跨法域的民商事案件时，需要获得其他法域法院的协助；③各法域法院基于有关法律的规定，或基于法域间的协议，或基于互惠，愿为对方法院提供司法

协作。

目前，中国已具备了上述条件。首先，由于香港和澳门地区的陆续回归以及国家的统一，按照"一国两制"方针，中国成为一个多法域国家，即在中国出现内地、香港、澳门和台湾地区四个法域。其次，各个法域都有自己的司法审判系统，港、澳、台地区享有高度自治权，也包括司法自治权，因此，某一法域的法院在审理跨法域的民商事案件时，如欲送达、取证，或执行判决、裁决，就需要获得其他法域法院的协助。最后，内地与香港、澳门地区之间已经签署了若干关于民事司法协作的双边安排，内地最高人民法院也颁行了若干规定来处理与台湾地区有关的司法联系与协作事宜。

（三）中国各法域间民商事司法协作的特点

中国各法域间民商事司法协作具有以下特点：

第一，中国各法域间民商事司法协作是建立在"一国两制"基础上的司法协作，而其他多法域国家则是"一国一制"基础上的司法协作。

第二，中国各法域间民商事司法协作是不同法系并存条件下的司法协作，而其他多法域国家一般是同一法系间的司法协作。

第三，中国各法域间民商事司法协作虽是单一制国家内部的司法协作，但各法域都拥有独立的立法权与司法权，没有一个最高的司法机关来协调各法域间的司法协作关系。

第四，中国各法域间民商事司法协作关系的最终形成将是一个长期过程。虽然中国已恢复对香港和澳门行使主权，但台湾地区最终作为一个特别行政区而成为中国的特殊法域之一，还需要一个长期的过程。与世界上其他多法域国家内部各法域间民商事司法协作关系相比，中国各法域间民商事司法协作具有明显的复杂性。

二、内地与香港地区之间的民商事司法协作

（一）司法文书的送达

目前内地与香港地区之间相互委托送达文书的法律依据主要是 1999 年《最高人民法院关于内地与香港特别行政区法院相互委托送达民商事司法文书的安排》（法释［1999］9 号，以下简称《内地香港送达安排》），以及 2009 年《最高人民法院关于涉港澳民商事案件司法文书送达问题若干规定》（法释［2009］2 号）等。根据上述文件，内地与香港地区之间送

达司法文书主要遵从以下规定。

1. 委托送达司法文书的范围

内地法院委托香港特别行政区法院送达的司法文书包括：起诉状副本、上诉状副本、授权委托书、传票、判决书、调解书、裁定书、决定书、通知书、证明书、送达回证；香港特别行政区法院委托内地法院送达的司法文书包括：起诉状副本、上诉状副本、传票、状词、誓章、判案书、判决书、裁决书、通知书、法庭命令、送达证明。❶

2. 委托送达的主体

内地与香港法院之间相互送达司法文书，应通过内地各高级人民法院和香港特别行政区高等法院进行。最高人民法院司法文书可以直接委托香港高等法院送达。❷

3. 委托送达申请的提出

内地和香港法院相互委托送达司法文书时，委托方须出具盖有其印章的委托书，并须在委托书中说明委托机关的名称、受送达人的姓名或者名称、详细地址及案件的性质。❸

4. 对委托申请的审查与执行

在内地与香港法院相互委托送达司法文书时，受委托方如果认为委托书与《内地香港送达安排》的规定不符，应当通知委托方，并说明对委托书的异议。必要时，可以要求委托方补充材料。对符合《内地香港送达安排》的送达委托，受委托方法院应当根据本辖区的法律规定执行受托事项。

受委托方接到委托书后，应当及时完成送达，最迟不得超过自收到委托书之日起两个月。完成司法文书送达事项后，内地人民法院应当出具送达回证；香港特别行政区法院应当出具送达证明书。受委托方法院无法送达的，应当在送达回证或者送达证明书上注明妨碍送达的原因、拒收事由和日期，并及时退回委托书及所附全部文件。❹ 另外，根据2009年《最高人民法院关于涉港澳民商事案件司法文书送达问题若干规定》第6条的规定，自内地的高级人民法院或者最高人民法院将有关司法文书递送香港特

---

❶ 1999年《内地香港送达安排》第9条。
❷ 1999年《内地香港送达安排》第2条。
❸ 1999年《内地香港送达安排》第3条。
❹ 1999年《内地香港送达安排》第3、4、5、6条。

别行政区高等法院之日起满 3 个月，如果未能收到送达与否的证明文件且不存在依该规定可以视为送达的情形的❶，视为不能适用《内地香港送达安排》中规定的方式送达。

（二）法院判决的承认与执行

目前，内地与香港地区之间相互承认与执行法院判决的依据主要是 2006 年 7 月 14 日签署、2008 年 8 月 1 日起生效的《最高人民法院关于内地与香港特别行政区法院相互认可和执行当事人协议管辖的民商事案件判决的安排》（法释〔2008〕9 号，以下简称《内地与香港法院认可和执行判决安排》）。该安排是最高人民法院与香港特别行政区协商的结果，也是目前内地与香港法院之间相互认可与执行民商事判决最重要的法律依据。其主要内容如下。

1. 适用范围

2008 年《内地与香港法院认可和执行判决安排》的适用范围有限，仅适用于内地人民法院和香港特别行政区法院在具有书面管辖协议的民商事案件中做出的须支付款项的具有执行力的终审判决。此处的判决，在内地包括判决书、裁定书、调解书、支付令，在香港特别行政区包括判决书、命令和诉讼费评定证明书。

2. 对申请的要求

提出申请的主体应是案件的当事人。申请人向有关法院申请认可和执行判决的，应当提交以下文件：请求认可和执行的申请书；经做出终审判决的法院盖章的判决书副本；做出终审判决的法院出具的证明书，证明该判决属于终审判决，在判决做出地可以执行；身份证明材料。申请人申请认可和执行的期间为 2 年。

3. 管辖法院

申请认可和执行民商事判决，在内地向被申请人住所地、经常居住地或者财产所在地的中级人民法院提出，在香港特别行政区向香港特别行政区高等法院提出。被申请人住所地、经常居住地或者财产所在地在内地不同的中级人民法院辖区的，申请人应当选择向其中一个人民法院提出认可

---

❶ 2009 年《关于涉港澳民商事案件司法文书送达问题若干规定》第 12 条规定，受送达人未对人民法院送达的司法文书履行签收手续，但存在以下情形之一的，视为送达：（1）受送达人向人民法院提及了所送达司法文书的内容；（2）受送达人已经按照所送达司法文书的内容履行；（3）其他可以确认已经送达的情形。

和执行的申请，不得分别向两个或者两个以上人民法院提出申请。被申请人的住所地、经常居住地或者财产所在地既在内地，又在香港特别行政区的，申请人可以同时分别向两地法院提出申请。两地法院分别执行判决的总额，不得超过判决确定的数额。已经部分或者全部执行判决的法院应当根据对方法院的要求提供已执行判决的情况。

4. 对申请的审查

对申请认可和执行的判决，原审判决中的债务人提供证据证明有下列情形之一的，受理申请的法院经审查核实，应当裁定不予认可和执行：第一，根据当事人协议选择的原审法院地的法律，管辖协议属于无效，但选择法院已经判定该管辖协议为有效的除外；第二，判决已获完全履行；第三，根据执行地的法律，执行地法院对该案享有专属管辖权；第四，根据原审法院地的法律，未曾出庭的败诉一方当事人未经合法传唤，或者虽经合法传唤，但未获依法律规定的答辩时间，但原审法院根据其法律或者有关规定公告送达的，不属于上述情形；第五，判决是以欺诈方法取得的；第六，执行地法院就相同诉讼请求做出判决，或者外国、境外地区法院就相同诉讼请求做出判决，或者有关仲裁机构做出仲裁裁决，已经为执行地法院所认可或者执行的。此外，内地人民法院认为在内地执行香港特别行政区法院判决违反内地社会公共利益，或者香港特别行政区法院认为在香港特别行政区执行内地人民法院判决违反香港特别行政区公共政策的，不予认可和执行。

根据《内地与香港法院认可和执行判决安排》而获认可的判决与执行地法院的判决效力相同。当事人对认可和执行与否的裁定不服的，在内地可以向上一级人民法院申请复议，在香港特别行政区可以根据其法律规定提出上诉。

5. 对一事两诉的规定

在法院受理当事人申请认可和执行判决期间，当事人依相同事实再行提起诉讼的，法院不予受理。已获认可和执行的判决，当事人依相同事实再行提起诉讼的，法院不予受理。对于根据《内地与香港法院认可和执行判决安排》不予认可和执行的判决，申请人不得再行提起认可和执行的申请，但是可以按照执行地的法律依相同案件事实向执行地法院提起诉讼。

（三）仲裁裁决的承认与执行

香港地区回归后，为了使内地与香港地区之间承认与执行仲裁裁决更为便利迅捷，1999 年 6 月 18 日通过了《最高人民法院关于内地与香港特别行政区相互执行仲裁裁决的安排》（法释［2000］3 号，以下简称《内地香港执行仲裁裁决安排》），自 2000 年 2 月 1 日起施行。该安排主要规定了以下问题。

1. 可承认与执行的裁决的范围

根据该安排，可承认与执行的仲裁裁决限于内地仲裁机构依据《仲裁法》所做出的裁决，以及在香港特区内按香港特区《仲裁条例》所做出的仲裁裁决。

2. 承认与执行仲裁裁决的法院

一方当事人不履行裁决的，另一方当事人可向被申请人住所地或财产所在地的有关法院申请执行。所谓有关法院，在内地指被申请人住所地或者财产所在地的中级人民法院，在香港地区指高等法院。被申请人住所地或者财产所在地在内地不同的中级人民法院辖区内的，申请人可以选择其中一个人民法院申请执行裁决，不得分别向两个或者两个以上人民法院提出申请。被申请人的住所地或者财产所在地既在内地，又在香港特区的，申请人不得同时分别向两地有关法院提出申请。只有一地法院执行不足以偿还其债务时，才可就不足部分向另一地法院申请执行。两地法院先后执行仲裁裁决的总额，不得超过裁决数额。

3. 申请人应提交的文书

申请人申请执行在内地或在香港特区做出的仲裁裁决，应提交执行申请书、仲裁裁决书和仲裁协议。

4. 有关法院可不予执行的情况

被申请人能提供证据证明有下列情形之一的，经检查核实，有关法院可裁定不予执行：第一，仲裁协议当事人依对其适用的法律属于某种无行为能力的情形，或者该项仲裁协议依约定的准据法无效，或者未指明以何种法律为准时依仲裁裁决地的法律是无效的；第二，被申请人未接到指派仲裁员的通知，或因故未能陈述意见的；第三，裁决所处理的争议不是交付仲裁的标的或者不在仲裁协议条款之内的，或者裁决载有关于交付仲裁范围以外事项的决定的，但交付仲裁事项的决定可与未交付仲裁的事项划分时，裁决中关于交付仲裁事项的决定部分应当予以执行；第四，仲裁庭的组成或者仲裁程序与当事人之间的协议不符，或者在有关当事人没有这种仲裁协议时与仲裁地的法律不符的；第五，裁决对当事人尚无约束力，

或者业经仲裁地的法院或者按仲裁地的法律撤销或者停止执行的。

此外,《内地香港执行仲裁裁决安排》还规定了两种法院可直接不执行的情况:第一,有关法院认定依执行地法律,争议事项不能以仲裁决解决的;第二,有关法院认为执行裁决将违反本地公共秩序的。

三、内地与澳门地区之间的民商事司法协作

(一) 司法文书的送达

内地与澳门地区之间互相协助送达司法文书的法律依据是 2001 年《最高人民法院关于内地与澳门特别行政区法院就民商事案件相互委托送达司法文书和调取证据的安排》(法释〔2001〕26 号,以下简称《内地澳门送达取证安排》),以及 2009 年《最高人民法院关于涉港澳民商事案件司法文书送达问题若干规定》(法释〔2009〕2 号)。根据上述规定,内地与澳门地区之间司法文书的送达主要遵循如下规定。

1. 委托送达的司法文书范围

在内地与澳门地区之间,内地法院委托澳门特别行政区法院送达的司法文书包括:起诉状副本、上诉状副本、反诉状副本、答辩状副本、授权委托书、传票、判决书、调解书、裁定书、支付令、决定书、通知书、证明书、送达回证,以及其他司法文书和所附相关文件;澳门特别行政区法院委托内地法院送达的司法文书包括:起诉状复本、答辩状复本、反诉状复本、上诉状复本、陈述书、申辩书、声明异议书、反驳书、申请书、撤诉书、认诺书、和解书等。❶

2. 委托送达的主体

内地与澳门法院之间相互送达司法文书,应通过内地各高级人民法院和澳门特别行政区终审法院进行。最高人民法院与澳门特别行政区终审法院可以直接相互委托送达。❷

3. 委托送达申请的提出

内地和澳门法院相互委托送达司法文书时,委托方须出具盖有其印章的委托书,并须在委托书中说明委托机关的名称、受送达人的姓名或者名

---

❶ 2001 年《内地澳门送达取证安排》第 14 条。

❷ 2001 年《内地澳门送达取证安排》第 2 条。

称、详细地址及案件的性质。❶

4. 对委托申请的审查与执行

内地与澳门法院对委托申请的审查与执行，与前述内地与香港法院之间的规定相同，此处不再赘述。

（二）调查取证

目前，内地与澳门地区之间进行调查取证方面的司法协作的法律依据是 2001 年《内地澳门送达取证安排》。按照该安排，内地与澳门特别行政区法院可以相互委托代为询问当事人、证人和鉴定人，代为进行鉴定和司法勘验，以及调取其他与诉讼有关的证据。

1. 委托途径

内地与澳门特别行政区法院相互委托调取证据，均须通过各高级人民法院和澳门特别行政区终审法院进行。最高人民法院与澳门特别行政区终审法院可以直接相互委托调取证据。❷

2. 委托申请

调查取证的委托书应当以中文文本提出，并应当写明：委托法院的名称；当事人及其诉讼代理人的姓名、地址，及其他一切有助于辨别其身份的情况；委托调取证据的原因，以及委托调取证据的具体事项；被调查人的姓名、地址及其他一切有助于辨别其身份的情况，以及需要向其提出的问题等。❸

各高级人民法院和澳门特别行政区终审法院相互收到对方法院的委托书后，应当立即将委托书及所附司法文书和相关文件转送根据其本辖区法律规定有权完成该受托事项的法院。如果受委托方法院认为委托书不符合规定，影响其完成受托事项时，应当及时通知委托方法院，并说明对委托书的异议。必要时，可以要求委托方法院补充材料。❹

3. 委托事项的执行

（1）执行的方式。原则上，受托方法院应当根据本辖区法律规定受托事项。受托方法院在执行委托调取证据时，根据委托方法院可以允许委托方法院派司法人员出席。必要时，经受托方允许

---

❶ 2001 年《内地澳门送达取证安排》第 9、10 条。

❷ 2001 年《内地澳门送达取证安排》第 2 条。

❸ 2001 年《内地澳门送达取证安排》第 16 条。

❹ 2001 年《内地澳门送达取证安排》第 3 条。

院的司法人员可以向证人、鉴定人等发问。❶

（2）执行的期限。受托方法院应优先处理受托事项。调取证据最迟不得超过自收到委托书之日起3个月。受托方法院完成受托调取证据的事项后，应当向委托方法院书面说明。❷

（3）未能完成执行时的处理。如果未能按委托方法院的请求全部或部分地完成调取证据事项，受托方法院应当向委托方法院书面说明妨碍调取证据的原因，并及时退回委托书及所附全部文件。

（4）关于专属管辖权及公共秩序保留的规定。受托方法院收到委托书后，不得以其本辖区法律规定对委托方法院审理的该民商事案件享有专属管辖权或不承认对该请求事项提起诉讼的权利为由，不予执行受托事项。受托方法院在执行受托事项时，如果该事项不属于法院职权范围，或者认为执行该受托事项将违反社会公共利益，可以不予执行，但应当及时书面说明原因。❸

4. 协助安排证人、鉴定人到对方辖区出庭作证

根据《内地澳门送达取证安排》的规定，受托方法院可以根据委托方法院的请求，并经证人、鉴定人同意，协助安排其辖区的证人、鉴定人到对方辖区出庭作证。

（三）法院判决的承认与执行

现阶段内地与澳门地区之间对法院判决的相互承认与执行，主要依据2006年《最高人民法院关于内地与澳门特别行政区关于相互认可和执行民商事判决的安排》（法释〔2006〕2号，以下简称《内地澳门认可和执行判决安排》）来进行，该安排主要规定了如下事项。

1. 适用范围

《内地澳门认可和执行判决安排》适用于内地与澳门特别行政区民商事案件判决的相互认可和执行，也适用于刑事案件中有关民事损害赔偿的判决、裁定，但不适用于行政案件。

2. 申请与受理

根据安排的规定，申请的主体是当事人。内地有权受理认可和执行判

❶ 2001年《内地澳门送达取证安排》第6、18、19条。

❷ 2001年《内地澳门送达取证安排》第5、20条。

❸ 2001年《内地澳门送达取证安排》第8条。

决申请的法院为被申请人住所地、经常居住地或者财产所在地的中级人民法院。两个或者两个以上中级人民法院均有管辖权的，申请人应当选择向其中一个中级人民法院提出申请。澳门特别行政区有权受理认可判决申请的法院为中级法院，有权执行的法院为初级法院。请求认可和执行判决的申请书，应当附生效判决书副本，或者经做出生效判决的法院盖章的证明书。被请求方法院对当事人提供的判决书的真实性有疑问时，可以请求做出生效判决的法院予以确认。

3. 对申请的审查与裁定

被请求方法院应当尽快审查认可和执行的请求，并做出裁定。被请求方法院经审查核实存在下列情形之一的，裁定不予认可：第一，根据被请求方的法律，判决所确认的事项属被请求方法院专属管辖；第二，在被请求方法院已存在相同诉讼，该诉讼先于待认可判决的诉讼提起，且被请求方法院具有管辖权；第三，被请求方法院已认可或者执行被请求方法院以外的法院或仲裁机构就相同诉讼做出的判决或仲裁裁决；第四，根据判决做出地的法律规定，败诉的当事人未得到合法传唤，或者无诉讼行为能力人未依法得到代理；第五，根据判决做出地的法律规定，申请认可和执行的判决尚未发生法律效力，或者因再审被裁定中止执行❶；第六，内地认可和执行判决将违反内地法律的基本原则或者社会公共利益，在澳门特别行政区认可和执行判决将违反澳门特别行政区法律的基本原则或者公共秩序。

被请求方法院不能对判决所确认的所有请求予以认可和执行时，可以认可和执行其中的部分请求。当事人对认可与否的裁定不服的，在内地可以向上一级人民法院提请复议，在澳门特别行政区可以根据其法律规定提起上诉；对执行中做出的裁定不服的，可以根据被请求方法律的规定，向上级法院寻求救济。

经裁定予以认可的判决，与被请求方法院的判决具有同等效力。判决有给付内容的，当事人可以向该方有管辖权的法院申请执行。

4. 对于一事两诉的规定

在被请求方法院受理认可和执行判决的申请期间，或者判决已获认可和执行，当事人再行提起相同诉讼的，被请求方法院不予受理。对于根据

---

❶ 2006年《内地澳门认可和执行判决安排》第17条第2款规定，这种判决在不予认可的情形消除后，申请人可以再行提起认可和执行的申请。

《内地澳门认可和执行判决安排》第 11 条第（1）、（4）、（6）项不予认可的判决❶，申请人不得再行提起认可和执行的申请，但根据被请求方的法律，被请求方法院有管辖权的，当事人可以就相同案件事实向当地法院另行提起诉讼。

（四）仲裁裁决的承认与执行

为了在内地与澳门地区之间相互顺利便捷地认可、执行仲裁裁决，最高人民法院与澳门特别行政区签署了《关于内地与澳门特别行政区相互认可和执行仲裁裁决的安排》（法释〔2007〕17 号，以下简称《内地澳门认可和执行仲裁裁决安排》），该安排自 2008 年 1 月 1 日起实施，主要规定了以下问题。

1. 认可和执行的裁决的范围

内地法院认可和执行澳门仲裁机构及仲裁员按照澳门仲裁法规在澳门做出的民商事仲裁裁决，澳门法院认可和执行内地仲裁机构依据内地《仲裁法》在内地做出的民商事仲裁裁决。

2. 认可和执行裁决的法院

当事人认可和执行仲裁裁决的申请，可以向被申请人住所地、经常居住地或者财产所在地的有关法院提出。内地有权受理认可和执行仲裁裁决申请的法院为中级人民法院。两个或者两个以上中级人民法院均有管辖权的，当事人应当选择向其中一个中级人民法院提出申请。澳门有权受理认可仲裁裁决申请的法院为中级法院，有权执行的法院为初级法院。

被申请人的住所地、经常居住地或者财产所在地分别在内地和澳门特别行政区的，申请人可以向一地法院提出认可和执行申请，也可以分别向两地法院提出申请。当事人分别向两地法院提出申请的，两地法院都应当依法进行审查。两地法院执行财产的总额，不得超过依据裁决和法律规定所确定的数额。

---

❶ 2006 年《内地澳门认可和执行判决安排》第 11 条规定："被请求方法院经审查核实存在下列情形之一的，裁定不予认可：（一）根据被请求方的法律，判决所确认的事项属被请求方法院专属管辖……（四）根据判决做出地的法律规定，败诉的当事人未得到合法传唤，或者无诉讼行为能力人未依法得到代理……（六）在内地认可和执行判决将违反内地法律的基本原则或者社会公共利益；在澳门特别行政区认可和执行判决将违反澳门特别行政区法律的基本原则或者公共秩序。"

3. 申请人应提交的文件

申请人向有关法院申请认可和执行仲裁裁决的，应当提交申请书、申请人身份证明、仲裁协议，以及仲裁裁决书或者仲裁调解书等文件。

4. 不予认可的情况

对申请认可和执行的仲裁裁决，被申请人提出证据证明有下列情形之一的，经审查核实，有关法院可以裁定不予认可：第一，仲裁协议一方当事人依对其适用的法律在订立仲裁协议时属于无行为能力的，或者依当事人约定的准据法，或当事人没有约定适用的准据法而依仲裁地法律，该仲裁协议无效的；第二，被申请人未接到选任仲裁员或者进行仲裁程序的适当通知，或者因他故未能陈述意见的；第三，裁决所处理的争议不是提交仲裁的争议，或者不在仲裁协议范围之内，或者裁决载有超出当事人提交仲裁范围的事项的决定，但裁决中超出提交仲裁范围的事项的决定与提交仲裁事项的决定可以分开的，裁决中关于提交仲裁事项的决定部分可以予以认可；第四，仲裁庭的组成或者仲裁程序违反了当事人的约定，或者在当事人没有约定时与仲裁地的法律不符的；第五，裁决对当事人尚无约束力，或者业经仲裁地的法院撤销或者拒绝执行的。

此外，《内地澳门认可和执行仲裁裁决安排》中也同样规定，如果争议事项不具有可仲裁性，或者认可执行仲裁裁决将违反执行地的公共利益，则不予认可执行该裁决。

5. 执行的中止

一方当事人向一地法院申请执行仲裁裁决，另一方当事人向另一地法院申请撤销该仲裁裁决，被执行人申请中止执行且提供充分担保的，执行法院应当中止执行。根据经认可的撤销仲裁裁决的判决、裁定，执行法院应当终结执行程序；撤销仲裁裁决申请被驳回的，执行法院应当恢复执行。当事人申请中止执行的，应当向执行法院提供其他法院已经受理申请撤销仲裁裁决案件的法律文书。

6. 财产保全

法院在受理认可和执行仲裁裁决申请之前或者之后，可以依当事人的申请，按照法院地法律的规定，对被申请人的财产采取保全措施。

四、大陆与台湾地区之间的民商事司法联系与协作

与香港、澳门特别行政区不同，由于特殊的历史原因，目前大陆与台

湾地区之间尚未就司法协作事项达成双方共同遵循的具有法律约束力的制度安排，仅就司法文书的送达、法院判决以及仲裁裁决的认可与执行等事项制定了相关规则，以适应司法实践的需要。在这一领域，大陆与台湾地区之间尚处于司法联系阶段，即处于司法协作制度形成的过程中。如欲最终达成司法协作的制度性安排，还需要双方长期的共同努力。

（一）司法文书的送达

中国 2008 年颁布了《最高人民法院关于涉台民事诉讼文书送达的若干规定》（法释〔2008〕4 号），以调整对台湾地区文书送达的事项。

1. 委托送达的司法文书范围

在大陆与台湾地区之间，大陆人民法院向住所地在台湾地区的当事人送达或者接受台湾地区有关"法院"的委托代为向住所地在大陆的当事人送达的民事诉讼文书包括：起诉状副本、上诉状副本、反诉状副本、答辩状副本、授权委托书、传票、判决书、调解书、裁定书、支付令、决定书、通知书、证明书、送达回证，以及与民事诉讼有关的其他文书。❶

2. 委托送达的主体

当大陆人民法院需要委托送达时，应由有关的高级人民法院出具委托函。❷ 人民法院按照两岸认可的有关途径代为送达台湾地区"法院"的民事诉讼文书的，应当有台湾地区有关"法院"的委托函。❸ 而台湾"两岸关系条例"第 8 条则规定，应当向大陆地区送达司法文书的，台湾"司法机关"可以嘱托或委托"行政院"设立或指定的机构或特定的民间团体来完成。实践中，目前台湾地区"司法院"及相关机构已经委托"海基会"处理有关向大陆送达文书等事项。

3. 委托送达申请的提出

大陆法院向台湾地区委托送达时，高级人民法院出具的委托函应当写明案件各方当事人的姓名或者名称、案由、案号、受送达人姓名或者名称、受送达人的详细地址，以及需送达的文书种类。❹

4. 委托的审查与执行

对于大陆与台湾地区之间的委托申请，人民法院收到台湾地区有关

---

❶ 2008 年《最高人民法院关于涉台民事诉讼文书送达的若干规定》第 2 条。
❷ 2008 年《最高人民法院关于涉台民事诉讼文书送达的若干规定》第 7 条。
❸ 2008 年《最高人民法院关于涉台民事诉讼文书送达的若干规定》第 9 条。
❹ 2008 年《最高人民法院关于涉台民事诉讼文书送达的若干规定》第 7 条。

"法院"的委托函后，经审查符合条件的，应当在收到委托函之日起两个月内完成送达。民事诉讼文书中确定的出庭日期或者其他期限逾期的，受委托的人民法院亦应予送达。人民法院按照委托函中的受送达人姓名或者名称、地址不能送达的，应当附函写明情况，将委托送达的民事诉讼文书退回。完成送达的送达回证以及未完成送达的委托材料，可以按照原途径退回。❶

（二）法院判决的承认与执行

根据 1998 年《最高人民法院关于人民法院认可台湾地区有关法院民事判决的规定》（法释［1998］54 号），以及 2009 年《最高人民法院关于人民法院认可台湾地区有关法院民事判决的补充规定》（法释［2009］4号，以下简称《补充规定》），对于台湾地区有关法院的民事判决，当事人的住所地、经常居住地或者被执行财产所在地在其他省、自治区、直辖市的，应按照以下规定申请人民法院认可该判决：

（1）申请的提出。申请认可的台湾地区有关法院民事判决，包括对商事、知识产权、海事等民事纠纷案件做出的判决。提出申请的主体是案件的当事人，且申请认可台湾地区有关法院民事判决的，应当在该判决效力确定后 2 年内提出。当事人因不可抗拒的事由或者其他正当理由耽误期限而不能提出认可申请的，在障碍消除后的 10 日内，可以申请顺延期限。❷

（2）申请的受理。申请由申请人住所地、经常居住地或者被执行财产所在地中级人民法院受理。申请人向两个以上有管辖权的中级人民法院申请认可的，由最先立案的中级人民法院管辖。申请人向被执行财产所在地中级人民法院申请认可的，应当提供被执行财产存在的相关证据。❸ 人民法院收到申请书，经审查，符合上述申请条件的，应当在 7 日内受理；不符合条件的，不予受理，并在 7 日内通知申请人，同时说明不受理的理由。❹

（3）对申请的审查。人民法院审查认可台湾地区有关法院民事判决的申请，由审判员组成合议庭进行。申请人申请认可台湾地区有关法院民事判决，应当提供相关证据，以证明该判决真实并且效力已确定。

---

❶ 2008 年《最高人民法院关于涉台民事诉讼文书送达的若干规定》第 9、10 条。

❷ 《补充规定》第 9 条。

❸ 《补充规定》第 3 条。

❹ 《最高人民法院关于人民法院认可台湾地区有关法院民事判决的规定》第 6 条。

　　台湾地区有关法院的民事判决具有下列情形之一的，裁定不予认可：第一，申请认可的民事判决的效力未确定的；第二，申请认可的民事判决，是在被告缺席又未经合法传唤，或者在被告无诉讼行为能力又未得到适当代理的情况下做出的；第三，案件系人民法院专属管辖的；第四，案件的双方当事人订有仲裁协议的；第五，案件系人民法院已做出判决，或者外国、境外地区法院做出判决或境外仲裁机构做出仲裁裁决且已为人民法院所承认的；第六，申请认可的民事判决具有违反国家法律的基本原则或者损害社会公共利益情形的。❶

　　人民法院审查申请后，对于台湾地区有关法院民事判决不具有上述情形的，裁定认可其效力；不能确认的，裁定驳回申请人的申请。经人民法院裁定认可的台湾地区有关法院民事判决，与人民法院做出的生效判决具有同等效力。申请人依裁定向人民法院申请执行的，人民法院应予受理，并依照中国《民事诉讼法》规定的程序办理。人民法院受理申请人申请后，应当在6个月内审结。❷

　　（4）财产保全。申请人在提出认可台湾地区有关法院民事判决的申请时，或者在案件受理后、人民法院做出裁定前，可以提出财产保全申请。申请人申请财产保全的，应当向人民法院提供有效的担保。申请人不提供担保或者提供的担保不符合条件的，驳回其申请。

　　具有下列情形之一的，人民法院应当及时解除财产保全：人民法院做出准予财产保全的裁定后，被申请人提供有效担保的；人民法院做出认可裁定后，申请人在申请执行期限内不申请执行的；人民法院裁定不予认可台湾地区有关法院民事判决的；申请人撤回保全申请的。申请财产保全的其他程序，适用《民事诉讼法》及相关司法解释的规定。❸

　　（5）一事两诉问题。对于可能发生的一事两诉问题，1998年《最高人民法院关于人民法院认可台湾地区有关法院民事判决的规定》明确了如下事项：

　　第一，人民法院受理认可台湾地区有关法院民事判决的申请后，对当事人就同一案件事实起诉的，不予受理。

　　第二，案件虽经台湾地区有关法院判决，但当事人未申请认可，而是

---

❶　《最高人民法院关于人民法院认可台湾地区有关法院民事判决的规定》第9条。

❷　《补充规定》第1、8、10条。

❸　《补充规定》第5、6条。

就同一案件事实向人民法院提起诉讼的，应予受理。

第三，对人民法院不予认可的民事判决，申请人不得再提出申请，但可以就同一案件事实向人民法院提起诉讼。

第四，人民法院做出民事判决前，一方当事人申请认可台湾地区有关法院就同一案件事实做出的判决的，应当中止诉讼，对申请进行审查。经审查，对符合认可条件的申请，予以认可，并终结诉讼；对不符合认可条件的，则恢复诉讼。❶

（三）仲裁裁决的承认与执行

前述 1998 年《最高人民法院关于人民法院认可台湾地区有关法院民事判决的规定》第 19 条规定，申请认可台湾地区有关法院民事裁定和台湾地区仲裁机构裁决的，适用该规定。相关内容在上文已有详述，此处不再赘述。

---

❶ 《最高人民法院关于人民法院认可台湾地区有关法院民事判决的规定》第 12、13、15、16 条。

附录

《中华人民共和国涉外民事关系法律适用法》

（2010 年 10 月 28 日第十一届全国人民代表大会
常务委员会第十七次会议通过）

目 录

第一章　一般规定

第一条　为了明确涉外民事关系的法律适用，合理解决涉外民事争议，维护当事人的合法权益，制定本法。

第二条　涉外民事关系适用的法律，依照本法确定。其他法律对涉外民事关系法律适用另有特别规定的，依照其规定。

本法和其他法律对涉外民事关系法律适用没有规定的，适用与该涉外民事关系有最密切联系的法律。

第三条　当事人依照法律规定可以明示选择涉外民事关系适用的法律。

第四条　中华人民共和国法律对涉外民事关系有强制性规定的，直接适用该强制性规定。

第五条　外国法律的适用将损害中华人民共和国社会公共利益的，适用中华人民共和国法律。

第六条　涉外民事关系适用外国法律，该国不同区域实施不同法律的，适用与该涉外民事关系有最密切联系区域的法律。

第七条　诉讼时效，适用相关涉外民事关系应当适用的法律。

第八条　涉外民事关系的定性，适用法院地法律。

第九条　涉外民事关系适用的外国法律，不包括该国的法律适用法。

第十条　涉外民事关系适用的外国法律，由人民法院、仲裁机构或者行政机关查明。当事人选择适用外国法律的，应当提供该国法律。

不能查明外国法律或者该国法律没有规定的，适用中华人民共和国法律。

第二章　民事主体

第十一条　自然人的民事权利能力，适用经常居所地法律。

第十二条　自然人的民事行为能力，适用经常居所地法律。

自然人从事民事活动，依照经常居所地法律为无民事行为能力，依照行为地法律为有民事行为能力的，适用行为地法律，但涉及婚姻家庭、继承的除外。

第十三条　宣告失踪或者宣告死亡，适用自然人经常居所地法律。

第十四条　法人及其分支机构的民事权利能力、民事行为能力、组织机构、股东权利义务等事项，适用登记地法律。

法人的主营业地与登记地不一致的，可以适用主营业地法律。法人的经常居所地，为其主营业地。

第十五条　人格权的内容，适用权利人经常居所地法律。

第十六条　代理适用代理行为地法律，但被代理人与代理人的民事关系，适用代理关系发生地法律。

当事人可以协议选择委托代理适用的法律。

第十七条　当事人可以协议选择信托适用的法律。当事人没有选择的，适用信托财产所在地法律或者信托关系发生地法律。

第十八条　当事人可以协议选择仲裁协议适用的法律。当事人没有选择的，适用仲裁机构所在地法律或者仲裁地法律。

第十九条　依照本法适用国籍国法律，自然人具有两个以上国籍的，适用有经常居所的国籍国法律；在所有国籍国均无经常居所的，适用与其有最密切联系的国籍国法律。自然人无国籍或者国籍不明的，适用其经常居所地法律。

第二十条　依照本法适用经常居所地法律，自然人经常居所地不明的，适用其现在居所地法律。

第三章　婚姻家庭

第二十一条　结婚条件，适用当事人共同经常居所地法律；没有共同经常居所地的，适用共同国籍国法律；没有共同国籍，在一方当事人经常居所地或者国籍国缔结婚姻的，适用婚姻缔结地法律。

第二十二条　结婚手续，符合婚姻缔结地法律、一方当事人经常居所地法律或者国籍国法律的，均为有效。

第二十三条　夫妻人身关系，适用共同经常居所地法律；没有共同经常居所地的，适用共同国籍国法律。

第二十四条　夫妻财产关系，当事人可以协议选择适用一方当事人经常居所地法律、国籍国法律或者主要财产所在地法律。当事人没有选择的，适用共同经常居所地法律；没有共同经常居所地的，适用共同国籍国法律。

第二十五条　父母子女人身、财产关系，适用共同经常居所地法律；没有共同经常居所地的，适用一方当事人经常居所地法律或者国籍国法律中有利于保护弱者权益的法律。

第二十六条　协议离婚，当事人可以协议选择适用一方当事人经常居所地法律或者国籍国法律。当事人没有选择的，适用共同经常居所地法律；没有共同经常居所地的，适用共同国籍国法律；没有共同国籍的，适用办理离婚手续机构所在地法律。

第二十七条　诉讼离婚，适用法院地法律。

第二十八条　收养的条件和手续，适用收养人和被收养人经常居所地法律。收养的效力，适用收养时收养人经常居所地法律。收养关系的解除，适用收养时被收养人经常居所地法律或者法院地法律。

第二十九条　扶养，适用一方当事人经常居所地法律、国籍国法律或者主要财产所在地法律中有利于保护被扶养人权益的法律。

第三十条　监护，适用一方当事人经常居所地法律或者国籍国法律中有利于保护被监护人权益的法律。

第四章　继承

第三十一条　法定继承，适用被继承人死亡时经常居所地法律，但不动产法定继承，适用不动产所在地法律。

第三十二条　遗嘱方式，符合遗嘱人立遗嘱时或者死亡时经常居所地法律、国籍国法律或者遗嘱行为地法律的，遗嘱均为成立。

第三十三条　遗嘱效力，适用遗嘱人立遗嘱时或者死亡时经常居所地法律或者国籍国法律。

第三十四条　遗产管理等事项，适用遗产所在地法律。

第三十五条　无人继承遗产的归属，适用被继承人死亡时遗产所在地法律。

第五章　物权

第三十六条　不动产物权，适用不动产所在地法律。

第三十七条　当事人可以协议选择动产物权适用的法律。当事人没有选择的，适用法律事实发生时动产所在地法律。

第三十八条　当事人可以协议选择运输中动产物权发生变更适用的法律。当事人没有选择的，适用运输目的地法律。

第三十九条　有价证券，适用有价证券权利实现地法律或者其他与该有价证券有最密切联系的法律。

第四十条　权利质权，适用质权设立地法律。

第六章　债权

第四十一条　当事人可以协议选择合同适用的法律。当事人没有选择的，适用履行义务最能体现该合同特征的一方当事人经常居所地法律或者其他与该合同有最密切联系的法律。

第四十二条　消费者合同，适用消费者经常居所地法律；消费者选择适用商品、服务提供地法律或者经营者在消费者经常居所地没有从事相关经营活动的，适用商品、服务提供地法律。

第四十三条　劳动合同，适用劳动者工作地法律；难以确定劳动者工作地的，适用用人单位主营业地法律。劳务派遣，可以适用劳务派出地法律。

第四十四条　侵权责任，适用侵权行为地法律，但当事人有共同经常居所地的，适用共同经常居所地法律。侵权行为发生后，当事人协议选择适用法律的，按照其协议。

第四十五条　产品责任，适用被侵权人经常居所地法律；被侵权人选择适用侵权人主营业地法律、损害发生地法律的，或者侵权人在被侵权人经常居所地没有从事相关经营活动的，适用侵权人主营业地法律或者损害发生地法律。

第四十六条 通过网络或者采用其他方式侵害姓名权、肖像权、名誉权、隐私权等人格权的，适用被侵权人经常居所地法律。

第四十七条 不当得利、无因管理，适用当事人协议选择适用的法律。当事人没有选择的，适用当事人共同经常居所地法律；没有共同经常居所地的，适用不当得利、无因管理发生地法律。

第七章 知识产权

第四十八条 知识产权的归属和内容，适用被请求保护地法律。

第四十九条 当事人可以协议选择知识产权转让和许可使用适用的法律。当事人没有选择的，适用本法对合同的有关规定。

第五十条 知识产权的侵权责任，适用被请求保护地法律，当事人也可以在侵权行为发生后协议选择适用法院地法律。

第八章 附则

第五十一条 《中华人民共和国民法通则》第一百四十六条、第一百四十七条，《中华人民共和国继承法》第三十六条，与本法的规定不一致的，适用本法。

第五十二条 本法自 2011 年 4 月 1 日起施行。

参 考 文 献

[1] 韩德培. 国际私法［M］. 北京：高等教育出版社，北京大学出版社，2007.

[2] 黄进. 国际私法［M］. 北京：法律出版社，2005.

[3] 章尚锦，徐青森. 国际私法［M］. 北京：中国人民大学出版社，2011.

[4] 孟宪伟. 冲突法学［M］. 长春：吉林人民出版社，1989.

[5] 田晓云. 国际私法［M］. 北京：北京大学出版社，2010.

[6] 赵相林. 国际私法［M］. 北京：中国政法大学出版社，2011.

[7] 余先予. 国际私法学［M］. 北京：中国财政经济出版社，2004.

[8] 钱骅. 国际私法［M］. 北京：中国政法大学出版社，1992.

[9] 杜新丽. 国际私法［M］. 北京：中国人民大学出版社，2010.

[10] 张潇剑. 国际私法论［M］. 北京：北京大学出版社，2008.

[11] 李双元. 国际私法（冲突法篇）［M］. 武汉：武汉大学出版社，2001.

[12] 张仲伯. 国际私法学［M］. 北京：中国政法大学出版社，2009.

[13] 董立坤. 国际私法论［M］. 北京：法律出版社，2000.

[14] 肖永平. 国际私法原理［M］. 北京：法律出版社，2007.

[15] 李旺. 国际私法［M］. 北京：法律出版社，2010.

[16] 陈卫佐. 比较国际私法［M］. 北京：法律出版社，2012.

[17] 徐冬根. 国际私法［M］. 北京：北京大学出版社，2013.

[18] 刘仁山. 国际私法［M］. 北京：中国法制出版社，2012.

[19] 杜涛. 国际私法原理［M］. 上海：复旦大学出版社，2014.

[20] 屈广清. 国际私法导论［M］. 北京：法律出版社，2011

[21] 袁成第. 国际私法原理［M］. 北京：法律出版社，2003.

[22] 邵景春. 国际合同法律适用论［M］. 北京：北京大学出版

社，1997.

[23]［法］亨利·巴迪福尔，保罗·拉加德. 国际私法总论［M］.陈洪武，等，译. 北京：中国对外翻译出版公司，1989.

[24]［德］马丁·沃尔夫. 国际私法［M］. 李浩培，等，译. 北京：北京大学出版社，2009.

[25] Geoffrey Chevalier. *Cheshire and North Private International Law*. London：Butterworths，1987.

[26] Albert V. Dicey，J. H. C. Morris，Lawrence A. Collins. *Dicey，Morris and Collins on the Conflict of Laws*. London：Sweet & Maxwell，2012.

后　记

　　国际私法是从事涉外民商事活动的基本法律，也是中国高等学校法律学专业的必修课程。本书在结构和内容方面基本上反映了国际私法的主要内涵，适合法律学专业学生选用。

　　本书由下列人员撰写，具体章节分工如下：

第一章：赵哲伟、田晓云

第二章、第三章：宋秀梅

第四章：吴莉婧

第五章：田晓云

第六章：赵哲伟

第七章、第八章：许军珂

第九章：田晓云

第十章、第十一章、第十二章、第十三章：赵哲伟

第十四章第一节、第二节：李英

第十四章第三节：吴莉婧

全书由赵哲伟主编，设计编写大纲，组织撰稿并统稿和定稿。

　　由于编者水平有限，时间仓促，书中难免有疏漏错误，恳请读者批评指正，不胜感谢。

编者

2014 年 6 月于北京